石窟艺术研究

○ 第二辑 ○

麦积山石窟艺术研究所　编

文物出版社

图书在版编目（CIP）数据

石窟艺术研究. 第二辑／麦积山石窟艺术研究所编.
—北京：文物出版社，2017.12
ISBN 978－7－5010－5242－4

Ⅰ.①石…　Ⅱ.①麦…　Ⅲ.①麦积山石窟－文集
Ⅳ.①K879.244－53

中国版本图书馆 CIP 数据核字（2017）第 229407 号

石窟艺术研究（第二辑）

编　　　者：麦积山石窟艺术研究所

责任编辑：王　伟　周燕林
责任校对：赵　宁
责任印制：张　丽
封面设计：程星涛

出版发行：文物出版社
社　　　址：北京市东直门内北小街 2 号楼
邮　　　编：100007
网　　　址：http://www.wenwu.com
邮　　　箱：web@wenwu.com
经　　　销：新华书店
印　　　刷：北京京都六环印刷厂
开　　　本：850×1168　1/16
印　　　张：21.25
版　　　次：2017 年 12 月第 1 版
印　　　次：2017 年 12 月第 1 次印刷
书　　　号：ISBN 978－7－5010－5242－4
定　　　价：220.00 元

目　录

石窟考古

佛教美术

石窟保护

文献题记

石窟考古

大足石刻研究回顾（1945~2016 年）

米德昉 *

内容提要： 大足石刻研究发端于 20 世纪四十年代，迄今走过七十余载，回顾半个多世纪的研究历程，其发展可划分为三个阶段：发轫期（1945~1980 年）、初步发展期（1981~2000 年）与纵深发展期（2001~2016 年）。梳理以往研究，可谓硕果累累，但面对七十余处石窟与十余万言铭文题刻，仍有诸多领域有待学界进一步挖掘与探索。

关键词： 大足石刻　研究　综述

引言

川渝地区作为中国石窟艺术的中兴地之一，遗存有数以千计大小不同的石窟区。仅川东大足而言，1392 平方千米的区域内分布着百余处石窟遗迹，保存理想者 76 处。

大足境内发现最早的造像为尖山子摩崖石刻，其中有"永徽□年八月十一日"题记，学界以此为大足境内开龛造像之上限。唐前期大足地区开龛镌像活动尚未兴起，石刻遗迹除尖山子案例外，仅有圣水寺与法华寺两处，数量少，规模小。迨至晚唐，这一局面有了质的改观。景福元年（892 年），昌州刺史韦君靖在大足龙岗山筑"永昌寨"，并于寨西舍"禄俸以建浮图"①，自此五代、两宋诸朝大足开龛造像之风大兴。南宋淳熙至淳祐间，僧

---

* 作者简介：米德昉（1972 年— ），男，甘肃永登人，大足石刻研究院研究中心主任，历史文献学博士，副研究员，主要从事佛教艺术研究。

① 详见大足北山佛湾：《韦君靖碑》，重庆大足石刻艺术博物馆、重庆社科院大足石刻艺术研究所：《大足石刻铭文录》，重庆：重庆出版社，1999 年，37~43 页。

人赵智凤立教派设像行道，花毕生精力与其门人在昌（大足）、普（安岳）二地广建石窟寺，力弘其教，开创了大足石刻艺术的鼎盛期。元季遭逢兵燹及政变之影响，大足境内不再有石刻造作，明清时有所复苏，但造像气质与格调已远不及前代。

大足石刻内容关涉释、道、儒"三教"，以释教为最，尤以宝顶山"赵智凤派"禅教合一的造像最具宗教、民族、艺术与地域特色。另外石篆山、石门山、南山、妙高山、舒成岩等宋代三教造像，在内容、形式与布局等方面为国内所鲜见，是研究宋代三教融合思想难得的例证。

大足石刻在其价值上，堪与敦煌"伯仲"，与云冈、龙门"鼎足"，是中国石窟艺术在南北朝、隋唐之辉煌后，在两宋时出现的又一次鼎盛，因之被学界誉为石窟艺术晚期的"杰出丰碑"。尽管如此，其造像史实在文献中记载颇少，且语焉不详。南宋王象之《舆地纪胜》（著于南宋嘉定十四年）是最早对大足北山、宝顶、南山等有所载录的文献，但所记寥寥数语，过于简略。继之有明末曹学佺《蜀中广记》，晚清时期张澍《养素堂文集》、陆耀遹《金石续编》、刘喜海《金石苑》等文献，所载多为碑铭，石窟造像少有涉及。

20 世纪伊始，西方探险家不断进入中国西北进行调查，遂引发考古热。然早期无论是西方学者还是国人的考古活动都未涉及大足石刻。如 1914 年法国学者色伽兰、法占、拉狄格等一行对四川地区的古代石刻、崖墓、佛教遗迹的考查，活动主要在四川北部与西南一带，未到川东①。1927 年，中国西北科学考查团历时八年对中国西部、北部、中部进行了科考，四川地区未有涉及②。20 世纪 30 年代以后，有关大足石刻信息零星见于个别著述、刊物等。1930 年，陈彬龢译大村西崖《中国美术史》印行，该书中多次提及大足北山有唐宋佛像，未见详细描述③。1935 年，刘蕴华在《东方杂志》发表"四川大足之古代石刻"摄影八幅，分别为宝顶山和北山造像，是为最早直观公布大足石刻造像者④。

20 世纪 40 年代以后，这种局面渐有改观。1939～1940 年，梁思成先生与刘敦桢、莫宗江、陈明达等学者在考察西南地区古建筑、崖墓和石刻遗迹过程中，调查了大足北山、宝顶山等石刻。1947 年 4 月，梁思成在美国普林斯顿大学发表的一次学术报告中首次将大

---

① （法）色伽兰著，冯承钧译：《中国西部考古记》，上海：商务印书馆，1930 年。
② 王新春：《中国西北科学考查团考古学史研究》，兰州：兰州大学博士学位论文，2012 年。
③ （日）大村西崖著，陈彬龢译：《中国美术史》，杭州：浙江人民美术出版社，2014 年。
④ 参考《东方杂志》第三十二卷第五号，上海：商务印书馆，1935 年。

足石刻艺术介绍给国际学术界①。

但真正意义上由学界正式发起的调查活动是在 1945 年，时任中国学典馆馆长杨家骆先生得知大足石刻情况后，遂组织马衡、何遂、顾颉刚等学者一行 15 人赴大足，重点对北山、宝顶山、南山等处石窟寺进行了为期 8 天的实地调查，是为大足石刻研究史上首次正式、系统的学术考察。这次考察开启了大足石刻学术研究之门，自此之后，大足石刻"乃渐著于斯世"。

自杨家骆一行考察之始，大足石刻研究迄今走过七十余载，回顾半个多世纪的研究历程，其发展可划分为三个阶段：发轫期（1945～1980 年）、初步发展期（1981～2000 年）与纵深发展期（2001～2016 年）②。

一 发轫期（1945～1980 年）

20 世纪 40 年代至 70 年代，是大足石刻研究的起步阶段。这一阶段中国相继经历了抗日战争、解放战争、"文革"等特殊、曲折的历史时期，社会政局的动荡与变迁严重影响了学术科研事业的正常发展。尽管如此，大足石刻因杨家骆一批贤达学贵的考察而拉开学术研究之序幕。

这一时期大足石刻具代表性的研究主要以 1945 年的考察成果为主。此次考察重点为北山和宝顶山，考察团经过 8 天的工作，完成"影片一部，照片二百帧，部位图两种，摹绘二百幅，拓碑一百通，石刻目录两种"，并首次对北山佛湾、宝顶大佛湾做了窟龛编号与年代鉴定等基础工作。此外，诸学者对北山、宝顶山等处石刻之概况、缘起、作风、价值等方面做了初步探讨。其中马衡先生《大足石刻〈古文孝经〉校释》对北山古文孝经碑做了细致考证，认为此碑"可称唯一最早之古文本"。傅振伦《大足石刻南北山之体

---

① 梁思成著，林洙编：《佛像的历史》，北京：中国青年出版社，2010 年，297 页。

② 本稿之前有五篇综述性文章：陈典：《大足石刻的研究历程》，《大足石刻研究通讯》1986 年 3 期（内刊）；陈明光：《大足石刻研究述评——20 世纪 90 年代之前研究回顾》，重庆大足石刻研究会等：《大足石刻研究文选》（未出版），1992 年，22～33 页；陈灼：《大足石刻百年研究综述》，曹中建：《中国宗教研究年鉴 1999－2000》，北京：宗教文化出版社，2001 年，205～220 页；刘长久：《大足石窟研究综论》，重庆大足石刻艺术博物馆、重庆大足石刻研究会：《大足石刻研究文集》（3），北京：中国文联出版社，2002 年，12～48 页。聂盛隆：《大足石刻研究（1945－2005 年）著述统计与分析》，曹中建：《中国宗教研究年鉴 2005－2006》，北京：宗教文化出版社，2008 年，299～314 页。

范》对南山和北山石刻概况、风格、价值、镌匠等进行了探讨。陈习删《大足石刻概论》将大足石刻归结为六处（北山、宝顶山、南山、石篆山、石门山和妙高山），对各处造像内容、年代、价值、成因等进行了较有见地的论述。上述成果以图文形式汇编为《大足石刻图征初编》一卷，附载于《民国重修大足县志》卷首，其中图 15 幅，文 7 篇①。杨家骆在《大足石刻图征初编》序言中对大足石刻给予高度评价，"以为可继云冈、龙门鼎足而三"。

　　本次考察事件虽在当时颇受学界瞩目，然因受国内时局动荡之影响，此后四、五年关于大足石刻研究工作并未得到应有的推进。考察团原筹划编撰《大足石刻志》《大足石刻目录》《文史杂志·大足石刻考察专号》等皆未果。相关研究成果凤毛麟角，仅有几篇带有介绍性或初步研究的文章见诸刊物②。如 1947 年杨家骆在《中央日报·文物周刊》先后发表的大足龙岗（北山）、宝顶山及以外区《石刻记略》三篇，分别对各区石刻给予相对整体的介绍，其中对于宝顶山石窟的年代问题，纠正了明人在一些碑铭及著录中臆测其始凿于唐的说法③，认为"宝顶造像为南宋大足僧人赵智凤一手所经营，历数十年，未竟全功而殁"④。同年王恩洋在《文教丛刊》发表《大足石刻艺术与佛教》，就石刻造像与佛教、经典、信仰间的关系问题做了探讨。

　　1949 年后，随着政府对文物保护工作的重视，1952 年成立了大足县文物保管委员会，大足石刻研究活动渐有起色。然未几便经历"文革"，研究工作又跌入低谷十余年。1949～1980 年，发表或整理的成果有资料、图册、论文等，其中图书类以图册为主，数不足十，理论文章三十余篇。代表性的成果主要有：1954 年《大足县文物调查小结》，这是一份由四川省文物管理委员会第一调查小组对大足境内石刻、寺观及古墓等遗迹进行调查后

① 参考《民国重修大足县志》，重庆：中国学典馆北泉馆分社印行，1946 年。

② 在 1945～1949 年间，有关大足石刻文章十余篇。除《大足石刻图征初编》中 7 篇文章（包括《序》《剧本》各一篇）外，另有文 8 篇：吴显齐：《介绍大足石刻及其文化评价》（《新中华》1945 年第三卷 7 期）；吴显齐：《大足石刻印象记》（《和平日报》1947 年 1 月 20、21 日）；王仲博：《大足石刻参礼》（《旅行杂志》1946 年第 7 期）；李德芳：《记四川大足宝顶山唐宋石像》（《南方杂志》1946 年第 1 期）；杨家骆先后发表的大足龙岗（北山）、宝顶山及以外区《石刻记略》三篇（《中央日报·文物周刊》1947 年 2 月 2 日、9 日、16 日）；王恩洋：《大足石刻艺术与佛教》（《文教丛刊》1947 年第 7 期）。

③ 明成化十年（1474 年）寺僧超禅《恩荣圣寿寺记》碑云："宝顶寺僧超禅□□□唐宋年间，乃毗卢佛化身柳、赵二本尊开建古迹道场。"明弘治十七年（1504 年）曹琼《恩荣圣寿寺记》碑云："重庆郡属邑曰大足，去城东三十里有山曰宝顶，有寺曰圣寿，建立自唐至宋熙宁间。"（明）曹学佺：《蜀中广记》"名胜记"条云："《志》云：宝顶寺者，唐柳本尊仿吴道子笔意，环岩数里凿浮屠像，奇诡幽怪，古今所未有也。"等等。

④ 《中央日报·文物周刊》第 21 期，1947 年 2 月 9 日。另见刘长久、胡文和、李永翘：《大足石刻研究》，成都：四川省社会科学院出版社，1985 年，25～27 页。

整理的资料汇编，其中汇集了当时大足相对完整的石刻档案资料。1955 年陈习删著《大足石刻志略》，全书约十七万字，以油印本形式少量发行。该作分为《序略》《别略》《论略》三章，重点对北山、宝顶山、南山、半边庙、石篆山、石门山、妙高山七处造像、碑铭、题记等进行了较细的考证论述，兼及探讨了大足石刻之历史、宗教与艺术价值，是为有关大足石刻的第一部研究性著作①。1970 年，杨家骆弟子陈清香硕士学位论文《大足唐宋佛教崖雕之研究》，文章以四川佛教艺术发展为背景，在对大足石刻做出概览的前提下，从宗教学、图像学、考古学的角度探讨了有代表性尊像、经变与本生故事等。在当时是一篇比较专业的学术论文，具有一定的开拓意义②。另有日本学者栗原益男与日野开三郎著文对北山韦君靖碑所涉唐末军事势力及建制等问题做了考证③。另外，1957 年，张松鹤、温廷宽、潘绍棠、孙善宽等在《美术》《文物参考资料》《人民日报》等刊物发表文章，从艺术角度介绍了大足石刻的情况。同年傅扬编图册《大足石刻》作为"群众美术画库"之一出版，书内选取北山与宝顶山有代表性造像以图文结合形式做了介绍④。类似的图册还有 1958 年中国美协四川石刻考察团、1962 年四川美术学院雕塑系编的《大足石刻》等。

经上述梳理看出，起步时期最主要的工作是对北山、宝顶山、南山等几处重点石刻区进行了窟龛编号、内容辨识、年代推断、数据登记等，尚有大量石刻造像区未被发现。从研究的成果分析，体现三个特点：第一，研究总体进展缓慢，成果数量偏少；第二，大多成果以石刻概况的浅层次介绍为主，且艺术鉴赏性的探讨占据了一定的篇幅；第三，研究群体规模较小，具有深层次研究性质的著述欠缺，有待全面展开。

二 初步发展期（1981～2000 年）

进入 20 世纪 80 年代后，随着改革开放政策的推行，大足石刻研究步入正常、有序的轨道。1999 年，以北山、宝顶山、南山、石篆山、石门山为代表的石刻造像被列入世界遗

---

① 陈习删著，胡文和、刘长久校注：《大足石刻志略校注》，刘长久、胡文和、李永翘：《大足石刻研究》，成都：四川省社会科学院出版社，1985 年，185～355 页。
② 陈清香：《大足唐宋佛教崖雕之研究》，（台湾）"中国文化学院艺术研究所"硕士学位论文，1970 年。
③ （日）栗原益男：《论唐末土豪的地方势力——四川韦君靖的情况》，《历史学研究》1960 年第 243 号。（日）日野开三郎：《唐韦君靖碑中应管诸镇寨节级的一点考察》，《和田博士古稀纪念东洋史论丛》，东京：讲谈社，1961 年。
④ 傅扬：《大足石刻》，北京：朝花美术出版社，1957 年。

产，更加促进了研究事业的发展。简言之，首先，研究队伍日益壮大。1982 年，成立了大足石刻研究学会，每三年举行一次学术年会，至 2000 年已举办五届，会员由开始 50 余人发展到 200 余人。其次，研究领域逐步拓展，内容关涉石窟年代、龛窟造像、碑铭题记、佛教宗派、工匠群体等。随着调查工作的继续与深入，一些早期所忽略的石刻遗迹点不断被发现。总体而言，这一时期研究对象以北山与宝顶山石窟寺为主，兼及向周边其他石刻区横向扩展。

本阶段 20 年，正式发表和出版的各类著述有 580 余篇（部），其中著作 70 余部，文章 500 余篇。梳理本阶段的研究成果，集中在以下几方面问题的探讨。

（1）综合类研究

进入 20 世纪 80 年代后，一些资料性著述的出版为后续研究提供了便利。1984 年，四川省社科院与大足县文管所派出专人对大足石刻再度做了详细调查，之后在原有成果的基础上编订成《大足石刻内容总录》（李永翘、胡文和执笔），其中所记石刻区共 44 处，窟龛 606 座，此为当时大足石刻最为详尽的内容资料[1]。1987 年全国第二次文物普查，大足又发现 31 处石刻点，其总数增至 75 处。1999 年，大足石刻艺术博物馆（大足石刻研究院前身）对 75 处石刻区约十万字的碑铭题记经搜集整理后编纂为《大足石刻铭文录》[2]，共收铭文 1009 件，是继《大足石刻内容总录》后又一重要的资料汇编。同时，图录资料也广为公布。1999 年，《中国石窟雕塑全集·大足卷》《大足石刻雕塑全集》相继出版[3]。在此之前还出版了一些中、外文版图册，如《大足石刻》[4]《中国大足石窟》[5]《中国大足石刻》[6] 等。

这一时期论文性著述有：大足石刻研究学会于 1983 年创办了首个刊物《大足石刻研究通讯》（内刊），成为本时期展示研究成果和学术交流的重要平台之一。大足石刻艺术博物馆等编辑《大足石刻研究文集》（1、2），阶段性选取重要科研文章结集出版[7]。代表性

---

[1]　李永翘、胡文和：《大足石刻内容总录》，成都：四川省社会科学院出版社，1985 年。

[2]　重庆大足石刻艺术博物馆、重庆社科院大足石刻艺术研究所：《大足石刻铭文录》，重庆：重庆出版社，1999 年。

[3]　李巳生：《中国石窟雕塑全集·大足卷》，重庆：重庆出版社，1999 年；重庆大足石刻艺术博物馆、重庆出版社：《大足石刻雕塑全集》，重庆：重庆出版社，1999 年。

[4]　陈明光：《大足石刻》（中、英、日文版），北京：中国旅游出版社，1982 年。

[5]　白自然：《中国大足石窟》（英、法文版），北京：外文出版社，1985 年。

[6]　王庆瑜、郭相颖、黎方银：《中国大足石刻》（中、英文版），重庆：重庆出版社，1991 年。

[7]　2000 年以前《大足石刻研究文集》编有 2 册，其中录研究性文章 80 余篇。参考重庆大足石刻艺术博物馆、大足县文物保管所：《大足石刻研究文集》（1），重庆：重庆出版社，1993 年；重庆大足石刻艺术博物馆、四川社会科学院大足石刻艺术研究所：《大足石刻研究文集》（2），重庆：重庆出版社，1997 年。

的专著，如黎方银《大足石窟艺术》、郭相颖《大足石刻艺术》是对北山、宝顶山、南山等代表性窟龛造像的整体性研究①。胡文和《四川道教佛教艺术》、刘长久《中国西南石窟艺术》等著述涉及大足石刻艺术②。另有两篇台湾硕士学位论文也值得一提，刘佩瑛《宋代西方净土变相之研究——以大足宝顶山为例》，文章以大足宝顶《观经变》为中心，在分析其内涵、风格及时代意义的基础上对宋代西方净土变展开图像学研究③。黄锦珍《宝顶山大佛湾本尊教造像的研究》，以宝顶石窟寺造像所代表的意义，建构出"赵智凤派"佛教的形貌，包括论及教主行持侧重点、信仰对象的内涵及后继者传承等问题④。

（2）窟龛年代的考证

窟龛年代问题的讨论主要集中在宝顶山与北山石窟寺。关于宝顶石窟的年代，1945 年考察团断定为"南宋"赵智凤时期。20 世纪 80 年代伊始，有学者认为其"开创于初唐，经五代、两宋，历数百年而成"⑤。作为回应和再次阐明此问题，胡昭曦⑥、东登⑦、陈明光⑧等著文加以反驳，重申"南宋"说。自此争议渐息，关于宝顶石窟寺营建于南宋淳熙至淳祐间（1174～1252 年）成为学界共识。

北山石刻群留有诸多碑铭及造像、妆銮题记，大量的年代信息为其断代提供了依据。因之，除了个别造像外，大部分窟龛的年代问题相对明晰。1988 年黎方银、王熙祥《大足北山佛湾石窟的分期》一文对北山佛湾 290 龛造像做了细致的年代分期考证⑨。

另有 1996 年宋朗秋《大足石刻分期述论》，对当时统计的大足境内 70 余处石刻做了

---

① 黎方银：《大足石窟艺术》，重庆：重庆出版社，1990 年。郭相颖：《大足石刻艺术》，重庆：重庆出版社，1991年。

② 胡文和：《四川道教佛教艺术》，成都：四川人民出版社，1994 年。刘长久：《中国西南石窟艺术》，成都：四川人民出版社，1998 年。

③ 刘佩瑛：《宋代西方净土变相之研究——以大足宝顶山为例》，（台湾）文化大学艺术研究所硕士学位论文，1997年。

④ 黄锦珍：《宝顶山大佛湾本尊教造像的研究》，（台湾）华梵大学东方人文思想研究所硕士学位论文，1998 年。

⑤ 李正心：《也谈宝顶山摩崖造像的年代问题》，《文物》1981 年 8 期。

⑥ 胡昭曦：《大足宝顶山石刻浅论》，《乐山市志资料》1983 年 3 期；又见前引刘长久、胡文和、李永翘：《大足石刻研究》，65～76 页。

⑦ 东登：《再谈宝顶山摩崖造像的年代问题》，《文物》1983 年 5 期。

⑧ 陈明光：《试论宝顶山造像的上限年代》，《四川文物》1986 年《石刻研究专辑》，46～48 页。

⑨ 黎方银、王熙祥：《大足北山佛湾石窟的分期》，《文物》1988 年 8 期。

整体性分析，依据各处造像明确的年代题记，将其划分为唐、前后蜀、两宋、明清民国四个时期①。

（3）造像专题研究

这一时期以单一窟龛造像的专题研究占据了一定篇幅，在研究趋势上由以往宽泛的浅论逐步向深入探究迈进，另外，道教造像也受到关注。佛教造像方面的研究主要集中在宝顶山与北山两处石窟寺。代表性的成果有龙晦、胡文和、孙修身、镰田茂雄等对宝顶山《父母恩重经变》在梳理《父母恩重经》历史背景的基础上，通过文献分析与图像对比，重点考证了此龛造像之经典依据②。王熙祥、黎方银、胡文和、陈明光等通过对大足与安岳《柳本尊十炼图》的比较，对宝顶山第21龛的内容、年代、由来等问题进行了考证③。史岩、龙晦、胡良学、宋朗秋等对宝顶山第30龛《牧牛图》从艺术、宗教、哲学角度加以论述④。方广锠对宝顶山小佛湾"大藏塔"的经名出处做了考订，认为录自《开元释教录·入藏录》⑤。宋朗秋、孙闯针对宝顶山和剑川石钟寺十大、八大明王造像，就其经典依据、图像粉本、地域特色等问题作了比较性的探讨⑥。陈明光、顾森对石篆山"志公和尚"龛内容进行了重新辨识，纠正了过去"鲁班"之说⑦。另有李显文《大足北山佛湾摩崖造像第245窟中反映的唐代建筑及结构》、曹丹《一幅名画到石刻艺术——谈大足北山〈维摩问疾图〉》、刘旭《大足北山佛湾第149号石窟手铳管

---

① 宋朗秋：《大足石刻分期述论》，《敦煌研究》1996年3期。

② 龙晦：《大足佛教石刻〈父母恩重经变像〉跋》，《世界宗教研究》1983年3期；胡文和：《大足宝顶〈父母恩重经变相〉研究》，《敦煌研究》1992年2期；孙修身：《大足宝顶与敦煌莫高窟佛说父母恩重经变相的比较研究》，《敦煌研究》1997年2期。镰田茂雄：《大足寶頂山石刻的思想史的考察》，《國際仏教学大学院大学研究纪要》第二号，平成十一年（1999年），1～55页。

③ 王熙祥、黎方银：《安岳、大足石窟中〈柳本尊十炼图〉比较》，《四川文物》1986年S1期；胡文和：《安岳、大足"柳本尊十炼图"题刻和宋立〈唐柳居士传〉碑的研究》，《四川文物》1991年3期；陈明光：《四川摩崖造像柳本尊化道"十炼图"由来及年代探索》，《四川文物》1996年1期。陈明光、胡良学：《四川摩岩造像"唐瑜伽部主总持王"柳本尊化道"十炼图"调查报告及探疑》，《佛学研究》1995年4期。

④ 史岩：《大足石雕〈十牧〉散记》，《新美术》1993年3期；龙晦：《大足佛教石刻〈牧牛图颂〉跋》，《中华文化论坛》1994年4期。胡良学：《大足石刻禅宗〈牧牛图〉管见》，《佛学研究》1997年6期；宋朗秋：《大足石刻〈牧牛图〉艺术的美与宗教义理的结合》，《雕塑》1998年4期。

⑤ 方广锠：《四川大足宝顶山小佛湾大藏塔考》，重庆大足石刻艺术博物馆、四川省社会科学院大足石刻艺术研究所：《大足石刻研究文集》（2），重庆：重庆出版社，1997年，179～221页。

⑥ 宋朗秋：《大足宝顶山与剑川石钟山十大、八大明王的比较研究》，《敦煌研究》1999年3期；孙闯：《〈十大明王〉造像方法谈——走进大足石刻》，《雕塑》1999年1期。

⑦ 陈明光：《大足石篆山石窟"鲁班龛"当为"志公和尚龛"》，《文物》1987年1期；顾森：《大足石篆山"志公和尚"龛辨正及其它》，《美术史论》1987年1期。

窥》、黎方银《大足北山多宝塔内善财童子五十三参石刻图像》等对北山部分造像展开个案研究①。

道教造像的讨论主要集中在南山、石门山、舒成岩等几处石窟，重点对其造像内容展开辨识与讨论。主要以陈澍、石衍丰、胡文和、李远国、王家祐等学者的研究为代表②。成果总量较少，整体研究还处于相对薄弱的局面。

此外一些窟龛或造像的调查简报也是本阶段较有代表性的成果。如1994年重庆大足石刻艺术博物馆与四川省社会科学院大足石刻艺术研究所发表的《大足宝顶山小佛湾祖师法身经目塔勘查报告》《大足尖山子、圣水寺摩崖造像调查简报》《大足宝顶山小佛湾"释迦舍利宝塔禁中应现之图"碑》与《大足宝顶大佛湾"牧牛图"调查报告》③。1996年童登金、胡良学《大足宝顶山大佛湾"圆觉经变"窟的调查研究》与邓之金《大足宝顶山大佛湾"六耗图"龛调查》，1998年胡良学、陈静《大足石篆山、妙高山摩崖造像的调查研究》等④。

（4）碑铭题记的考释

大足石刻有着十余万言的铭文，内容涵盖经文偈语、造像信息、祷词愿文、人物历史、诗文游记等，是关涉宗教、历史、艺术、人文等方面极为丰富的文献，《大足石刻铭文录》是对其系统的辑录。本阶段涉及碑铭题记的研究有刘豫川、刘蜀仪、李胜、陈汝

---

① 李显文：《大足北山佛湾摩崖造像第245窟中反映的唐代建筑及结构》，《四川文物》1986年"石刻研究专辑"；曹丹：《一幅名画到石刻艺术——谈大足北山〈维摩问疾图〉》，《文史杂志》1987年6期；刘旭：《大足北山佛湾第149号石窟手铳管窥》，《四川文物》1994年2期；黎方银：《大足北山多宝塔内善财童子五十三参石刻图像》，《敦煌研究》1996年3期。

② 陈澍：《初析大足南山石刻中的道教思想》，《中国道教》1987年3期；胡文和、刘长久：《大足石窟中的宋代道教造像》，《世界宗教研究》1987年3期；石衍丰：《试释大足南山"三清古洞"石刻造像》，《四川文物》1989年2期；胡文和：《大足南山三清古洞和石门山三皇洞再识》，《四川文物》1990年4期；李远国、王家祐：《大足三清洞十二宫神考释》，《四川文物》1997年2期。

③ 重庆大足石刻艺术博物馆、四川省社会科学院大足石刻艺术研究所：《大足宝顶山小佛湾祖师法身经目塔勘查报告》，《文物》1994年2期；重庆大足石刻艺术博物馆、四川省社会科学院大足石刻艺术研究所：《大足尖山子、圣水寺摩崖造像调查简报》，《文物》1994年2期。重庆大足石刻艺术博物馆、四川省社会科学院大足石刻艺术研究所：《大足宝顶山小佛湾"释迦舍利宝塔禁中应现之图"碑》，《文物》1994年2期；四川省社会科学院大足石刻艺术研究所、重庆大足石刻艺术博物馆：《大足宝顶大佛湾"牧牛图"调查报告》，《四川文物》1994年4期。

④ 童登金、胡良学：《大足宝顶山大佛湾"圆觉经变"窟的调查研究》，《四川文物》2000年4期；邓之金：《大足宝顶山大佛湾"六耗图"龛调查》，《四川文物》1996年1期。胡良学、陈静：《大足石篆山、妙高山摩崖造像的调查研究》，《四川文物》1998年1～2期。

宽、龙腾、陈明光、陈灼等对北山《韦君靖碑》所涉诸多历史信息之真伪等问题的论述①；邓之金、草莱、虞云国就北山《赵懿简公神道碑》的镌刻年代、原由等进行的考证②；黎方银对北山石窟供养人题记的全面整理与校勘③；胡文和依据宝顶与安岳的"柳本尊十炼图"题刻和《唐柳居士传》碑，对唐末五代四川的密宗传承和赵智凤派宗教性质的探讨④；陈世松对南山《淳祐十年碑记》价值的评价⑤；陈明光关于大足石刻"天元甲子"纪年的考析等⑥。另外，20世纪90年代在尖山子发现初唐"永徽"年号造像题记，一改原来大足石刻始于晚唐时期之说⑦。

（5）教义思想的论述

关于造像思想、教派仪轨、信仰特色方面问题也是本阶段的关注点之一，主要围绕宝顶山石窟寺及其赵智凤派展开。之前以1945年考察团为代表的意见认为宝顶山石窟寺是赵智凤弘扬柳本尊教旨的"密宗道场"，此说虽为学界大多人所认同⑧。但仍有持不同意见者，如胡昭曦认为宝顶山石窟以密宗为主，是"密宗与禅宗相结合的佛教道场"，又因宣扬"孝"也是"儒家伦理的教化地"⑨；丁明夷认为宝顶石窟主要为密宗造像外，尚有显密兼修、援儒入佛的造像，这些皆缘于赵智凤的宗教改革⑩；吕建福认为赵智凤试图弘

① 刘豫川：《〈韦君靖碑〉考辨》，《重庆师范学院学报》1985年3期；刘蜀仪、张划：《有关〈韦君靖碑〉中的几个疑点浅析》，《四川文物》1986年1期；李胜：《浅谈韦君靖碑的历史价值》，《内江师范学院学报》1986年创刊号；陈汝宽：《韦君靖名讳辨证》，《四川文物》1991年2期；龙腾：《大足唐代韦君靖摩崖碑探讨》，《四川文物》1996年3期；陈明光：《唐〈韦君靖碑〉校补》，前引《大足石刻研究文集》（2），351~368页；陈灼：《北山石刻〈韦君靖碑〉"颍川"辨》，《四川文物》1999年2期；龙腾：《大足北山石刻〈韦君靖碑〉"颍川"、"河内"辩》，《四川文物》2000年5期。

② 邓之金、草莱：《赵懿简公神道碑刻在大足的年代和由来考》，《四川文物》1986年1期；虞云国：《大足〈赵懿简公神道碑〉考》，《宋史研究通讯》1987年1期。

③ 黎方银：《大足北山石窟供养人题记》，前引《大足石刻研究文集》（2），308~350页。

④ 胡文和：《安岳、大足"柳本尊十炼图"题刻和宋立〈唐柳居士传〉碑的研究》，《四川文物》1991年3期。

⑤ 陈世松：《试论大足南山淳祐十年碑记的价值》，《四川文物》1986年"石刻研究专辑"。

⑥ 陈明光：《大足石刻"天元甲子"纪年考析》，《四川文物》1987年3期。

⑦ 前引重庆大足石刻艺术博物馆、四川省社会科学院大足石刻艺术研究所：《大足尖山子、圣水寺摩崖造像调查简报》。

⑧ 参考阎文儒：《大足宝顶石窟》，《四川文物》1986年"石刻研究专辑"；郭相颖《宝顶山摩岩造像是完备而有特色的密宗道场》，《社会科学研究》1986年4期，郭相颖：《再谈宝顶山摩崖造像是密宗道场及研究断想》，《社会科学研究》1996年1期；陈明光：《大足宝顶山石窟研究》，《佛学研究》2000年10期。

⑨ 参前引胡昭曦：《大足宝顶山石刻浅论》；胡昭曦：《大足宝顶石刻与"孝"的教化》，《中华文化论坛》1995年3期。

⑩ 丁明夷：《四川石窟杂识》，《文物》1988年8期。

扬柳本尊遗教，"但从其密教造像和大足（宝顶）造像的整个布局及其内容来看，赵智凤并没有得到密宗遗法的传授"①　等。

（6）艺术风格与审美研究

从艺术角度的研究仍然占据了一定篇幅，代表性的如 1983 年浙江省工艺美术学会传统雕刻考察小组《四川大足石刻艺术考察报告》对大足石刻从题材、环境利用、美学构成等方面进行了论述②。史苇湘《信仰与审美——石窟艺术研究随笔之一》从宗教信仰与艺术审美角度论述了大足石刻艺术的特色与价值③。宁强《大足石刻中的绘画性因素试析——兼谈敦煌艺术对大足石刻的影响》通过对大足石刻艺术绘画性因素的解析，探讨了敦煌艺术对大足石刻的影响④。王官乙《大足石窟的艺术特征》从题材、布局、技法、形式及科学与艺术的结合等方面做了概括⑤。刘长久《大足佛教石窟艺术审美片论》论述了大足石刻艺术优美、典雅、精致的作风，体现了独特的审美价值⑥。李巳生《大足石刻之美》，宋朗秋《大足石窟人物造像特征的研究》认为大足石刻在一定程度上表现了中国佛教与儒、释、道三教的融合，与中国佛教的"世俗化""人间化"总趋向相吻合⑦。

三　纵深发展期（2001～2016 年）

进入 21 世纪，虽短短十余年，大足石刻研究得到空前的发展，期间出版各类著作 80 余部，发表学术论文 820 余篇。自 2005 年始，成功举办了三届大足石刻国际学术会，吸引了大量国内外知名学者的参与，不仅研究群体得到了壮大，而且学术研究的质量与国际影响力也得以提升。尤为一提的是，近年随着大足石刻研究的升温，诞生了一门新型地域性学科——"大足学"，旨在统领以大足石刻为核心，涵盖周边及川渝地区石窟造像和相关历史文化为主的学术研究。为了推进大足学学科建设和科研工作，南京师范大学、四川美术学院等一些高校相继成立了大足学研究中心，作为学术研究和专门人才的培养机构。大

---

① 吕建福：《中国密教史》，北京：中国社会科学出版社，1995 年，440 页。
② 浙江省工艺美术学会传统雕刻考察小组：《四川大足石刻艺术考察报告》，前引刘长久、胡文和、李永翘：《大足石刻研究》，47～51 页。
③ 史苇湘：《信仰与审美——石窟艺术研究随笔之一》，《敦煌研究》1987 年 1 期。
④ 宁强：《大足石刻中的绘画性因素试析——兼谈敦煌艺术对大足石刻的影响》，《敦煌研究》1987 年 1 期。
⑤ 王官乙：《大足石窟的艺术特征》，前引刘长久、胡文和、李永翘：《大足石刻研究》，127～136 页。
⑥ 刘长久：《大足佛教石窟艺术审美片论》，前引刘长久、胡文和、李永翘：《大足石刻研究》，159～167 页。
⑦ 宋朗秋：《大足石窟人物造像特征的研究》，《雕塑》1995 年 4 期。

足石刻研究院于 2016 年创办《大足学刊》出版物（每年一辑，已出版第一辑），作为大足学研究成果发表与交流的平台与阵地之一。上述举措将大足石刻研究纳入学科体系，带给西南石窟艺术研究良好的发展契机，无疑具有里程碑的意义。

分析本阶段成果，学者研究领域在深度与广度上较之前均有了很大的拓展。从研究对象而言，除了对一些代表性造像、碑记、经变等的个案化研究仍为主体外，与造像有关的宗教、历史、属性、功能等问题日益引起学界的重视与思考，尤其宝顶山石窟寺的造像性质、主题内涵、宗派特性等成为热点议题。

（1）综合类研究

这一时期国内外学者针对宝顶山、北山、石篆山等展开的整体性研究成果颇受瞩目，且多为博士学位论文或专著。代表性的研究有：美国苏默然（Thomas Suchan）《大足北山石刻造像的图像学研究》通过对北山晚唐、五代、两宋等不同历史时期造像独特性的分析，阐述其在中国佛教艺术中的重要地位[1]。龙红《风俗的画卷——大足石刻艺术》从背景、题材、技法、审美等角度论述了大足石刻艺术价值与作风[2]。释慧谨《佛教孝道的义理与实践——以大足、敦煌石窟为重点》以大足与敦煌反映孝道思想的图像为依据，从佛教义理角度论证了中国孝道的弘扬与实践方式[3]。褚国娟《北宋严逊与石篆山造像》通过对严逊个人与石篆山造像的双重考察，分析了石篆山造像诞生的各种客观和主观条件等[4]。另外一些著述关涉大足石刻研究历史、造像总貌、信仰特色、艺术作风等问题。如美国何恩之（Angela Howard）《中国大足佛窟艺术》整体上对大足石刻展开美学解读[5]、库塞拉（Karil J. Kucera）《宝顶山文本与图像》对宝顶造像与经文的关系进行比对研究[6]。李正心《儒教造像与大足石刻的儒化》、陈灼《大足石刻史话》、李小强《崖壁上的世俗文化》等著述多角度梳理、阐释了大足石刻的意义、历史及文化特性等[7]。另有几篇综述性文章如

① Thomas Suchan, *The Enternally Flourishing Stronghold: An Iconographic Study of the Buddhist Sculpture of the Fowan And Related Sites At Beishan, Dazu CA. 892 – 1155*. Ph. D. dissertation（Ohio State University, 2003）.

② 龙红：《风俗的画卷——大足石刻艺术》，重庆：重庆大学出版社，2009 年。

③ 释慧谨：《佛教孝道的义理与实践——以大足、敦煌石窟为重点》，（台北）"国立清华大学"中国文学系博士学位论文，2013 年。

④ 褚国娟：《北宋严逊与石篆山造像》，北京：北京大学美术学博士学位论文，2014 年。

⑤ Angela Falco Howard, *Summit of Treasures: Buddhist Cave Art of Dazu, China*. Trumbull: Weatherhill, 2001.

⑥ Karil kucera, *Cliff Notes: Text and Image at Baodingshan*, Ph. D. dissertation（Kansans, 2002）.

⑦ 李正心：《儒教造像与大足石刻的儒化》，北京：中国三峡出版社，2004 年；陈灼：《大足石刻史话》，北京：中国戏剧出版社，2008 年；李小强：《崖壁上的世俗文化》，北京：中国戏剧出版社，2012 年。

陈灼《大足石刻百年研究综述》（2001年）、刘长久《大足石窟研究综论》（2002年）、聂盛隆《大足石刻研究（1945～2005年）著述统计与分析》（2008年）等不同程度对一定时期内大足石刻研究现状或成果情况进行了分析。

此外，大足石刻研究院陈明光先生力作《大足石刻档案（资料）》，搜集整理了从唐永徽元年（650年）至2010年历时1360年间大足石刻的历史事件，是迄今最系统、最完善的反映大足石刻编年史、造像志、大事记等方面的档案资料①。另外胡文和、胡文成合著《巴蜀佛教雕刻艺术史》是研究川渝地区佛教造像的一部较为系统的著作，既富资料性，又具研究性。其中第六卷为大足石刻艺术专论，着重对宝顶石窟造像作风、宗教性质及"道场"问题等进行了深入探讨②。近年邓启兵与黄能迁等对宝顶山周边造像以及北山佛湾石窟展开考古调查，发现诸多过去所遗漏或忽略的造像、题记等，仅在北山就新发现了造像11龛、铭文14则，进一步完善、补充了原有的记录③。

（2）造像性质、思想与宗派等研究

本阶段除对石窟展开考古、图像等方面的研究外，关于造像性质、功能、思想及其宗派等问题的探讨占据了一定篇幅。其中宝顶山石窟寺以其特殊的地位、复杂的造像体系一直成为诸家研究的重点。

进入21世纪，对于宝顶石窟寺"密宗道场"之说出现几种不同看法，典型的有"水陆道场""俗讲道场""报恩道场"等新说。侯冲自2004年以来多次撰文力持宝顶山石窟寺是以祖觉《重广水陆法施无遮大斋仪》为指导思想建立的法施无遮为主旨，以孝为菩提心戒的"水陆道场"④。胡文和认为是以图像配合经文、韵文题刻向广大信徒传播宋代佛

---

① 陈明光：《大足石刻档案（资料）》，重庆：重庆出版社，2012年。

② 胡文和、胡文成：《巴蜀佛教雕刻艺术史》（全三册），成都：巴蜀书社，2015年。

③ 邓启兵、黎方银、黄能迁：《大足宝顶山石窟周边区域宋代造像考察研究》，大足石刻研究院：《2014年大足学国际学术研讨会论文集》，重庆：重庆出版社，2016年，262～304页；黄能迁、刘贤高、邓启兵：《大足北山佛湾石窟考古调查新收获》，大足石刻研究院：《大足学刊》第一辑，重庆：重庆出版社，2016年，1～23页。

④ 侯冲：《论大足宝顶为佛教水陆道场》，重庆大足石刻艺术博物馆：《大足石刻研究文集》（5），重庆：重庆出版社，2005年，192～213页。侯冲：《宋代信仰性佛教及其特点——以大足宝顶山石刻的解读为中心》，重庆大足石刻艺术博物馆：《2005年重庆大足石刻国际学术研讨会论文集》，北京：文物出版社，2007年，297～317页。侯冲：《再论大足宝顶为佛教水陆道场》，高惠珠等：《科学·信仰与文化》，银川：宁夏人民出版社，2007年，296～312页；侯冲：《回归佛教仪式旧有时空——三论大足宝顶为佛教水陆道场》，前引《大足学刊》第一辑，200～211页。

教义理并感化他们的"俗讲道场"①。李巳生则认为是以报四恩为宗旨，始于六趣唯心，终于修持本尊瑜伽的"报恩道场"②。李静杰去"道场"说而提出"唯心和孝道"主题思想说等③。

伴随着宝顶"道场"论而来的是与之相关的宗教特性与宗派问题的讨论。罗炤认为"柳本尊赵智凤一系传承的是既与唐密具有密切联系，又与唐密具有显著差别的密教，这一新的密教派系理所应当地被视为川密"④。黄阳兴认为"宋代赵智凤重兴四川密教，其与唐代密教流传关系至为重要，可以说是地方密教信仰的一次复兴"⑤。丁明夷认为"柳、赵一系川密，传习金刚智、不空、惠果密法，传承有序"⑥。而丹麦索罗森（Henrik H. Sorensen）的观点颇具启发意义，他认为"赵智凤及其追随者的密教，并不是一个清晰和独立的佛教类型"，具有"不确定的传播、地方性、无宗派、非正统、有经典基础"等特点，遗憾的是他并未展开深入论证⑦。上述问题的讨论今天仍在持续中，相信在诸家的聚讼中答案会愈来愈明晰。

（3）造像内容、源流与作风等研究

这一时期关于造像更多为个案研究，依然以宝顶山、北山、南山、石篆山、石门山等几处窟龛造像为主，诸多成果从造像内容、年代、渊源、意义、作风等方面展开考证与论述。随着认识的深入，新的观点、理论、方法不断涌现。如李静杰、黎方银《大足安岳宋代石窟柳本尊十炼图像解析》在以往研究成果的基础上理清十炼图像的佛教内涵与教义来源，认为柳本尊的修炼"反映了《法华经》的供养与《华严经》的布施思想"，其与毗卢佛是"凡夫与法身结合的形象表现"⑧。李裕群《大足宝顶山广大宝楼阁图像考》探讨了图像之出典、年代及意义，认为赵智凤凭借柳本尊在蜀地的影响形成自己的宗教势力，广

---

① 胡文和：《安岳、大足石窟中的"川密"教祖柳本尊像造型分类——兼论大足宝顶不是"密宗道场"》，前引《大足石刻研究文集》（5），228～235 页。
② 李巳生：《报恩道场宝顶山》，前引《大足石刻研究文集》（5），174～185 页。
③ 李静杰：《大足宝顶山南宋石刻造像组合分析》，前引大足石刻研究院：《2014 年大足学国际学术研讨会论文集》，1～38 页。
④ 罗炤：《试论川密》，《大足石刻研究》（内刊）2002 年 2 期。
⑤ 黄阳兴：《中晚唐时期四川地区的密教信仰》，《宗教学研究》2008 年 1 期。
⑥ 丁明夷：《川密：四川石窟体系的发展轨迹》，前引《大足学刊》第一辑，189～193 页。
⑦ （丹麦）索伦森：《密教与四川大足石刻艺术》，前引《2005 年重庆大足石刻国际学术研讨会论文集》，374～398 页。
⑧ 李静杰、黎方银：《大足安岳宋代石窟柳本尊十炼图像解析》，前引《2005 年重庆大足石刻国际学术研讨会论文集》，190～223 页。

大宝楼阁图像与其修行方式密切相关①。马世长《大足北山佛湾176与177窟——一个奇特题材组合的案例》通过分析得出该二窟是以泗州与弥勒为主的组合造像，其依据为《僧伽和尚欲入涅槃说六度经》②。米德昉《唐宋时期大足药师造像考察》比较系统地调查了唐宋时期大足境内的药师造像情况，新辨识出药师造像5龛，从而使其数量增至24例③。

关于道教造像的研究，代表性的成果主要是针对南山"三清古洞"和石门山"三皇洞"（圣府洞）主体造像尊格问题展开的讨论。如景安宁《三清古洞的主神位次与皇家祭祖神位》认为三清洞主体造像为"三清"与"六御"，其中"六御"依次为玉皇大帝、北极大帝、天皇大帝、圣祖、后土、圣祖母，文章通过对洞内道教神系的解读论证了主神位次与皇室祭祖神位的密切关系④。李淞《以大足为中心的四川宋代道教雕塑——中国道教雕塑述略之六》通过对大足境内多处道教造像的梳理分析，对石门山"三皇洞"造像提出新见，以为主尊是天、地、水府"三官"，表达了解厄、赐福、赦罪的主题⑤。李俊涛《南宋大足圣府洞道教三帝石刻造像的图像分析》对"三皇洞"造像体系结合经典进行了重新考证，以为主尊非"三皇"，而是北极紫微大帝和大明、夜明三帝⑥。胡文和《大足宋代道教造像的神祇图像源流再探索》对"三皇洞"主尊造像，推测中为紫微北极天皇大帝，其左右两侧为"天一"和"太一"；文中对于南山三清古洞主体造像中的"六御"依次定为北极大帝、天皇大帝、玉皇大帝、东华木公、后土、金母元君，认为整体造像系统是"宋代唯一以雕刻形式表现的道教的'朝元图'"⑦。小林正美《金箓斋法与道教造像的形成与展开——以四川省绵阳、安岳、大足摩崖道教造像为中心》认为巴蜀地区大多数的道教造像都是依据金箓斋法雕刻的，其供养人都是信仰天师道"道教"的道士及信仰者⑧。其余尚有一些有关大足道教造像特征、作风等方面的文章暂略不谈。

---

① 李裕群：《大足宝顶山广大宝楼阁图像考》，前引《2005年重庆大足石刻国际学术研讨会论文集》，190~223页。

② 马世长：《大足北山佛湾176与177窟——一个奇特题材组合的案例》，前引《2005年重庆大足石刻国际学术研讨会论文集》，5~22页。

③ 米德昉：《唐宋时期大足药师造像考察》，前引《大足学刊》第一辑，37~63页。

④ 景安宁：《三清古洞的主神位次与皇家祭祖神位》，前引《2005年重庆大足石刻国际学术研讨会论文集》，345~354页。

⑤ 李淞：《以大足为中心的四川宋代道教雕塑——中国道教雕塑述略之六》，《雕塑》2010年1期。

⑥ 李俊涛：《南宋大足圣府洞道教三帝石刻造像的图像分析》，《宗教学研究》2012年2期。

⑦ 胡文和：《大足宋代道教造像的神祇图像源流再探索》，前引《大足学刊》第一辑，243~257页。

⑧ 小林正美著，白文译：《金箓斋法与道教造像的形成与展开——以四川省绵阳、安岳、大足摩崖道教造像为中心》，《艺术探索》2007年3期。

（4）造像碑铭研究

分析本阶段有关碑铭、题记的研究，诸家不仅注重挖掘一些铭文所反映的宗教内涵、史学背景与文化价值，更注重对许多细节问题的考辨、校释及补充。重点围绕《韦君靖碑》（晚唐）、《严逊记》（北宋）、《唐柳本尊传》（南宋）三大碑记展开讨论。关于《韦君靖碑》，王家祐、徐学书、陈明光、唐志工、王滔韬、雷娟等对碑中所反映的晚唐地方行政机构与官职、晚唐之际川东史及节度使、节级校名等加以辨正考释①。《严逊记》碑的研究主要有胡昭曦、褚国娟、高秀军等对碑文所涉人物、造像、寺院等展开分析考证②。《唐柳本尊传》碑的研究，主要有胡文和、陈明光等对碑文内容进行了考证，认为碑中"天福"应是"天复"之误，同时胡氏对赵智凤与柳本尊关系及其教法性质等问题做了考述③。

结　语

大足石刻从20世纪40年代之前沉睡在草莽间不为外界所知，到21世纪初发展为国际学界所关注的研究热点，其间凝聚了无数专家学者、仁人志士、文物工作者的卓越智慧与勤劳血汗。总结七十年来所取得的科研成就，有以下几点特征：

第一，研究领域主要集中在宝顶山、北山、南山、石篆山、石门山、舒成岩等几处代表性石窟造像，其中以宝顶山与北山关注较多，尤其宝顶山石窟因其造像的特殊性与复杂

①　王家祐、徐学书：《大足〈韦君靖碑〉与韦君靖史事考辩》，《四川文物》2003年5期；王滔韬、雷娟：《大足石刻〈韦君靖碑〉题名研究》，《重庆交通学院学报》2006年1期；陈明光：《唐韦君靖"节度使"辨正——与〈大足石刻《韦君靖碑》题名研究〉作者商讨》，《重庆交通大学学报》2007年6期；陈明光：《唐〈韦碑〉节级校名衔刊误拾零》，《重庆历史与文化》2007年1期；王滔韬、雷娟：《再论韦君靖并非"静南军节度使"——与大足石刻研究会陈明光先生商榷》，《重庆交通大学学报》2008年第6期；唐志工：《韦君靖碑反映的晚唐地方行政机构与职官》，《唐史论丛（第十二辑）——中国唐史学会第十届年会第二次会议暨唐史国际学术研讨会专集》，西安：三秦出版社，2009年。
②　胡昭曦：《遂州希昼与"宋初九僧"希昼——大足石刻宋碑〈书《严逊记》〉辨析》，重庆大足石刻艺术博物馆编：《2005年重庆大足石刻国际学术研讨会论文集》，北京：文物出版社，2007年；褚国娟：《宋无佛会寺——对石篆山〈严逊记〉碑的分析》，《湖南工业大学学报》2014年1期；高秀军：《大足石篆山〈严逊记〉碑补正及相关问题考略》，《敦煌学辑刊》2016年1期。
③　胡文和：《安岳、大足"柳本尊十炼图"题刻和宋立〈唐柳居士传〉碑的研究》，《四川文物》1991年3期；陈明光《〈宋刻《唐柳本尊传碑》校补〉文中"天福"纪年的考察与辨正——兼大足、安岳石刻柳本尊"十炼图"题记"天福"年号的由来探疑》，《世界宗教研究》2004年4期。

性一直是学界争论的焦点。需要提及的是，大足境内很多分散的小型石窟因资料公布欠缺，外界知之甚少，仍然是目前研究的空白区。因其重要性不可忽视，故有待报告公布。

第二，从整体成果之质而言，缺乏具有开拓性、代表性的上乘之作，有影响力的学术专著极少；从量而言，1945～2016 年，出版发表的相关著述、图录、论文等总共 1300 余部（篇），平均每年不到 20 部（篇），总量偏少。究其原因，一方面专门从事大足石刻研究的人员较少；另一方面研究队伍中缺少学术骨干与精英。但这种局面正在发生着迅速的改观，近几年的成果无论从质量还是数量均在逐步提升，研究的队伍亦愈以壮大，愈来愈多的具有高学历的青年才俊成为大足石刻研究的新生力量。

第三，宝顶山石窟作为佛教"赵智凤派"之根本道场，以其独特的格局与作风被视为中国晚期石窟艺术中最具地方化、民间化与世俗化的个案。因于这种特殊性而备受学界关注，因之集中了相对较多的成果。尽管如此，对于宝顶石窟造像性质及其"赵智凤派"的认识众说纷纭，总体印象是旧论囿于成见，新说流于表象，目前尚没有哪家提出令学界十分信服的高论，足见问题之复杂。可以预见，近年围绕宝顶山石窟展开的讨论将会持续下去，其神秘莫测之真相必将逐渐浮出水面。

敦煌石窟个案研究之省思与检讨

沙武田　梁　红[*]

内容提要：敦煌石窟个案研究是近年来敦煌学的新趋势，较为丰富的学术成果也可以说明洞窟个案（即单窟）研究的美好前景。个案（单窟）的研究，除了图像本身的解读之外，更重要的是涉及洞窟营建的历史背景、功德主思想观念、时代审美等多方面的问题，而对洞窟功能的探讨，往往是单窟研究得以提升的核心内容。因此，考古学、历史学、图像学、艺术史、文献学、宗教学等多学科的运用，同样是单窟研究的基本要求。而从学术方法而言，石窟个案研究本身会变得越来越有历史趣味性，会不断地超出艺术史解读的范畴，而还原历史的本来面貌，尽可能复原一些中古历史的画面及人与事。因此，从方法论角度对敦煌石窟个案研究作些省思与检讨，就显得很有必要了。

关键词：敦煌石窟　原创性洞窟　洞窟个案　洞窟研究方法论

一　敦煌石窟研究方法学学术史的简单梳理

从学术史角度出发，每一门学科都有其发展的历史线索，在研究方法上也有其内在的发展轨迹。敦煌学是国际"显学"，敦煌石窟是敦煌学的主要研究对象。对于敦煌石窟的研究，从学术史的考察而言已有百年的时间，若从近现代学术史角度看中国人文学术史，敦煌学是和国际汉学差不多前后兴起的学术门类，总体而言，百余年时间的学术成果，在"新材料""新问

---

* 作者简介：沙武田（1973 年— ），男，甘肃会宁人，陕西师范大学丝绸之路历史文化研究中心教授，博士生导师。梁红（1975 年— ），女，吉林磐石人，陕西师范大学《中国历史地理论丛》编辑部副研究员。

题"的推动下，敦煌石窟的研究呈现出颇为繁荣的局面和格局。单就研究方法学的视角而言，敦煌石窟的研究也经历了不同的时间阶段，在不同的时期会有不同的研究中心、研究热点和对相应研究方法的探索、思考与总结。著名的敦煌学家李正宇先生在总结敦煌学研究的基本内容时指出，敦煌学研究的内容和题目虽然很广、难以尽数，但归纳起来，不外乎三个方面：一是对敦煌学材料的研究；二是在敦煌学材料研究的基础上，对敦煌文明进行多侧面、多角度的研究；三是对敦煌学及其分支学科的理论、方法、发展过程与发展现状的研究。

李先生同时对以上三个方面作了具体的分析：认为第一步对敦煌材料的研究，是敦煌学研究的基础和起点；第二步对敦煌文明多侧面、多角度的研究，正是敦煌学的中心目标；第三个方面对敦煌学及其分支学科之理论、方法、发展过程和现状的研究，是为前两个研究服务，并在学科发展过程中具有指导意义①。

李先生所言，虽然针对的是整个敦煌学的研究，毫无疑问同样适用于敦煌石窟的研究。另一方面，李先生所言，虽然是从敦煌学研究内容入手，但其中包含着先生对敦煌学研究方法的真知灼见。我在这里特别强调先生所提及之利用敦煌材料对敦煌文明进行"多侧面""多角度"的研究，窃以为此一点正是敦煌学研究的核心目标。如果再放大一步，其实可以总结为"利用敦煌资料，对中国古代文明进行多侧面、多角度的研究"，只有这样才是真正意义上回归敦煌学研究的最终目标。至于先生提出的敦煌学分支学科的理论、方法的研究，正是本文所要探讨的问题。

敦煌石窟被誉为人类文明的宝藏、世界艺术的长廊，保存有从十六国北朝时期到清代民国近 1500 年时间的 800 余个洞窟，单有壁画和塑像者近 600 窟，壁画共 50000 余平方米，彩塑 3000 余身。如此重要的中古文化遗存，站在学术的立场看，无疑是中古史研究无比珍贵的资料，正是著名敦煌艺术史家段文杰先生所倡言之"形象的历史"②。对于如此浩瀚的佛教石窟和壁画，学术界的研究成果可谓汗牛充栋，所涉及的领域和学科方向更是层出不穷。若从研究方法上而言，在不同的学术史发展时间阶段，会有不同方法的使

---

① 李正宇：《敦煌学导论》，兰州：甘肃人民出版社，2008 年，216 页。在本书的第十二章，李先生专设"敦煌学通常使用的研究方法"，提出了"本体研究法"——描述法、还原法、阐释法，"拓展研究法"——系列研究法、比较研究法、引申研究法，"考证法""实验研究法"等诸多敦煌学研究的基本方法和常见方法，并逐条分析，可参考。
② 段文杰：《形象的历史——谈敦煌壁画的历史价值》，《敦煌学辑刊》第 1 集，1980 年，4～17 页；另载氏著：《敦煌石窟艺术论集》，兰州：甘肃人民出版社，1988 年，108～134 页；氏著：《段文杰敦煌石窟艺术论文集》，兰州：甘肃人民出版社，1994 年，108～134 页；氏著：《敦煌石窟艺术研究》，兰州：甘肃人民出版社，2007 年，269～293 页。

用。总体而言，可以把一百年来敦煌石窟的研究概括为以下几个阶段：

第一阶段，即 20 世纪初到 1949 年，该阶段主要是对敦煌石窟的调查、资料登录和资料公布，同时对石窟做了初步的分期，对一些内容做了简单的考证；第二阶段，即 1950 年至 1976 年，是敦煌石窟研究的发展期，本阶段开始对敦煌石窟从历史、艺术、佛教等多角度进行研究，考古学的研究也开始起步；第三阶段，1976 年至 2000 年，是敦煌石窟研究全面发展阶段，主要包括石窟内容调查、登录和石窟考古报告的编写，石窟遗址与洞窟的清理发掘，石窟的断代和分期研究，敦煌石窟内容的研究，敦煌石窟与历史的研究等更加广泛的领域①。2000 年之后一直到今天的研究，可以认为是敦煌石窟研究进入一个冷静思考的阶段，是多角度、多层面研究的探索阶段，敦煌石窟的研究表现出更加丰富的历史性和思想性，研究群体也明显在扩大，从以往的以考古、美术为主的研究群体向更加广泛的专业方向发展，也不再局限在有限的专业单位之间，随着数字化技术和网络媒体的传播，敦煌的魅力也向社会各界展示，并引起强烈的共鸣，越来越多的研究人员自觉进入石窟研究的领域，大大丰富了石窟艺术研究的学术史。

综观以上几个阶段的研究状况，伴随着学术研究的发展，也必然有研究方法的不断更新。总体而言，前三个阶段的研究主要是对石窟资料的公布和洞窟、壁画、彩塑等内容考证为主，当以图像考证、考古分期断代、历史阐释等方法为主。另一方面，前三期的研究多属开创性资料工作，因此在方法的运用上多是不自觉的。

在这个阶段，无论是学术史还是研究方法上，对于其后敦煌石窟的研究具有标志性学术导向和启迪意义的当属贺昌群、松本荣一、向达、宿白、姜伯勤、巫鸿、赖鹏举等及敦煌研究院专家学者段文杰、史苇湘、贺世哲等先生的研究。

1931 年，贺昌群发表《敦煌佛教艺术的系统》一文②，这是中国学者对敦煌石窟进行全面系统研究的第一篇文章，因此具有标志性学术意义。虽然是中国学者起步的研究，但已经注意到敦煌的历史、敦煌藏经洞写本与石窟的关系、佛教艺术的渊源、发展和流变的关系。

---

① 可参考樊锦诗：《敦煌石窟研究百年回顾与展望》，《敦煌研究》2000 年 2 期。
② 贺昌群：《敦煌佛教艺术的系统》，《东方杂志》第 28 卷第 17 号，1931 年，69～90 页；载《敦煌学文选》（上），兰州大学编印，1983 年，400～437 页；载《中国敦煌学百年文库·艺术卷》1，兰州：甘肃文化出版社，1999 年，20～43 页；载《贺昌群文集·第 1 卷·史学论丛》，北京：商务印书馆，2003 年，171～204 页

1937年，日本学者松本荣一出版巨著《敦煌画の研究》（图1）①，这是松本先生据斯坦因和伯希和在敦煌探险考察时拍摄的照片和藏于英法的部分藏经洞绢画、麻布画、纸画，对敦煌壁画图像进行第一次全景式的解读，主要是对具体经变画及其画面与经文对照的考释，不仅是敦煌图像定名的开拓者和集大成者，更重要的是为敦煌图像考证和释读建立了规范和标准。

向达先生在20世纪40年代初考察了敦煌石窟，撰写《莫高、榆林二窟杂考——瓜沙谈往之三》②，以对历史的稔熟解读了对二窟群中部分洞窟的考察，是从大背景出发对石窟历史的研究，有重要的时代意义。

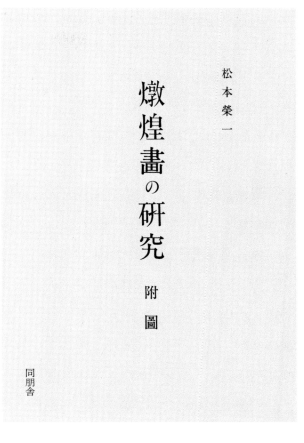

图1　《敦煌画の研究》书影

1962年，宿白先生应敦煌文物研究所的邀请，在敦煌讲授《敦煌七讲》，第一次把敦煌石窟放在佛教石窟考古的方法学下进行梳理，开启敦煌石窟考古的先河③。

20世纪80年代，日本东京艺术大学美术学部先后组织了三次敦煌石窟专题考察，由美术史专家组成的学术团队有计划地对敦煌石窟进行个案的研究，其中第一次即是对莫高窟第285窟④的全面调查，可以归为单窟研究在资料收集方面的代表。

1994年，段文杰先生结集出版了自己几十年来对敦煌石窟艺术研究的系列论文⑤，段

---

① （日）松本荣一：《燉煌画の研究》，同朋舍，1937年。

② 向达：《莫高、榆林二窟杂考——瓜沙谈往之三》，《文物参考资料》第2卷第5期，1951年；载氏著：《唐代长安与西域文明》，北京：生活·读书·新知三联书店，1957年，393～416页；载《中国敦煌学百年文库·考古卷》1，兰州：甘肃文化出版社，1999年，92～106页；载《中国敦煌学百年文库·地理卷》1，兰州：甘肃文化出版社，1999年，312～325页。

③ 宿白：《敦煌七讲》，敦煌文物研究所整理稿（油印稿），1962年。

④ （日）平山郁夫研究代表：《敦煌石窟学术调查（第一次）报告书》，东京：东京艺术大学美术学部，1987年。

⑤ 段文杰：《段文杰敦煌艺术论集》，兰州：甘肃人民出版社，1994年，后再版命名《敦煌石窟艺术研究》，兰州：甘肃人民出版社，2007年。

先生以敦煌石窟的时间为线索，以美术史研究的方法，第一次从美术史的角度给敦煌石窟艺术研究建立了一个基本的框架和结构。

史苇湘先生长期从事敦煌石窟的临摹、考证、研究工作，被誉为掌握敦煌资料的第一人，他从佛教艺术审美和艺术产生的社会基础两个重要的视角出发，阐释敦煌佛教艺术产生、发展、流变的原因，往往有精彩而重要的观点产生①，同时他也是"以窟证史""石窟皆史"方法的倡导者和实践者②。

贺世哲先生作为敦煌石窟图像义理、思想、功能研究的第一人，从 20 世纪 80 年代初期就开始了自己对敦煌北朝图像全面综合的研究③，可以认为是敦煌石窟功能学研究的典范，为敦煌石窟研究开辟新的研究空间。

姜伯勤先生的研究是把敦煌艺术放在中西文化交流或中古史、艺术史大背景下的考察，及其与历史、文献、考古新资料的联系与比较，往往是宏大的学术视野和微观的图像解读，并且有扎实的史学文献功底支撑，及其对历史、考古、艺术、宗教等多种方法的运用，实可认为是敦煌图像研究方法学的典范④。

2000 年前后，伴随着国内新一轮高校人文社会科学研究的热潮，以及国家层面上对文化建设的重视，国内高校对艺术史教学和研究从人文精神层面上的提升，以及大量硕博士学位论文撰写的需求，敦煌石窟研究，如同全社会的研究热潮一般，展现出全新的格局；另一方面，随着电脑技术、高清数码科技、数字化、多光谱等科技手段不断引入人文社会科学研究中来，使得不可移动的敦煌石窟走出敦煌，使研究者获取资料的途径不再局限于实地考察；同时，随着网络媒体、敦煌研究院各类展览、学术活动的不断提升和加强，使得外界对敦煌石窟的认知也在不断地更新；特别是国际范围内对中国文化研究从艺术史层面上的认知的加强，以及国际艺术史学界"图像证史"理论与方法的广泛运用，"形象史学"新的学术流派的兴起，敦煌无疑被推向学术的前沿。在这样的背景下，当代敦煌石窟的研究，与前三个阶段比较，已经展示出完全不同的学术视野与时代格局，方法的更新，是这一阶段最吸引人的一个侧面。

著名的艺术史家巫鸿教授在中国艺术史的很多领域都有研究和贡献，发表过一系列代

① 史苇湘：《敦煌历史与莫高窟艺术研究》，兰州：甘肃教育出版社，2002 年。
② 马德：《一代尊师，学界楷模——史苇湘先生的献身精神与学术成就》，《敦煌研究》2000 年 3 期。
③ 贺世哲：《敦煌图像研究——十六国北朝卷》，兰州：甘肃教育出版社，2002 年。
④ 姜伯勤：《敦煌艺术宗教与礼乐文明——敦煌心史散论》，北京：中国社会科学出版社，1996 年。

表自己独到而精辟见解的文章。同样，对中古艺术史长廊敦煌石窟的解读，也是巫鸿先生关注的重要对象。从 1999 年以来，巫鸿先生开始从一些独特的视角研究敦煌的洞窟及其壁画艺术，包括从绘画语言解读洞窟经变画①，洞窟绘画与画家之间关系的互动②，"原创性"洞窟概念的提出等一系列研究，旨在从观察方法、思考角度、美术史论的引入等更加理论、高层的视角提升敦煌石窟的研究，给人耳目一新之感觉。

而 2009 年赖鹏举先生出版《敦煌石窟造像思想研究》一书，在贺世哲先生研究的基础上，以石窟造像的思想、义理为核心解读的对象，从佛教思想和图像功能的角度尝试对敦煌图像的全面解读，开拓了敦煌石窟新的学术视野，打开一个新的学术窗口③。总体观察，台湾学者的研究，更多的是自觉地把佛教思想与义理引入图像的解读，能够为从根本上解读石窟空间图像提供更多的思考空间，其中像李玉珉、颜娟英、陈清香、郭祐孟、赖文英等学者的研究均属此方面研究的代表作，可供参考④。

至于自 2000 年以来国内高校历史学、考古学、艺术史等领域围绕敦煌石窟的研究学位论文，往往展示出新一代学人从不同的研究视角出发，对敦煌石窟不同侧面的解读和历史阐释，围绕敦煌石窟艺术的艺术性、历史性，而把其引入更加深刻的历史趣味中来，是新世纪敦煌石窟研究的特点。而"原创性"石窟的研究，应该是其中最引人入胜的理论与方法。

二　"原创性"石窟概念与方法的提出

敦煌石窟群是由一个个完整的单体洞窟组合的整体佛教石窟寺，虽然专题的研究往往不限于某一洞窟，但是客观来讲，任何利用敦煌石窟资料的研究，或者说任何敦煌石窟的资料，其构成最基本的单元格划分即是一个个完整的、不同时代的洞窟。对于研究者而言，每一个洞窟如同一本本有完整主题的图册，其中的洞窟功德记或发愿文，即是图册的文字纲要；这样的洞窟也可理解成一个洞窟即是一本历史文献专书，当然主要内容是图像

---

①　巫鸿：《什么是变相——兼谈敦煌艺术与敦煌文学的关系》，《段文杰敦煌研究五十年纪念文集》，北京：世界图书出版公司北京公司，1996 年，139～143 页；《中国敦煌学百年文库·艺术卷》3，兰州：甘肃文化出版社，1999 年，105～109 页。

②　巫鸿：《敦煌 172 窟"观无量寿经变"及其宗教、礼仪和美术的关系》，《礼仪中的美术——巫鸿中国古代美术史文编》，北京：生活·读书·新知三联书店，2005 年，405～417 页。

③　赖鹏举：《敦煌石窟造像思想研究》，北京：文物出版社，2009 年。

④　参见郑炳林、郑阿财主编：《港台学者敦煌学文集》，兰州：甘肃人民出版社，2015 年。

文献，但也有文字，如发愿文、榜题、供养人题名等文字。如此说来，敦煌石窟群可以理解为以一个个洞窟为基本构成元素的历史文献资料库。在这样一个稀见的资料库中，单窟无疑是漫长历史在敦煌这样一个丝路交通重镇和西北边陲小镇的分册与画面定格，其研究的空间是无限的。当然，就单窟本身而言，无论是其作为图册，还是文献专书，因为艺术性使然，从学术研究的角度观察，在具体的表现上是有侧重点的，是可以供选择的，因此就有了洞窟划分的问题，从考古学角度上有"纪年窟"、标型窟、代表窟，同时也就有了"原创性"洞窟的概念。

巫鸿先生在对莫高窟初唐第 323 窟讨论的专文中，从"研究佛教艺术方法"的角度出发，继续倡导他针对汉代画像石等汉代绘画时提出的基本研究方法，即"建筑和图像程序"①（architectural and pictorial program），在此方法的前提下，针对敦煌石窟作为具体的佛教洞窟的研究，更具体地提出了对"原创性"（originality）洞窟研究的重要理念与方法，即："挑出一批具有'原创性'（originality）的石窟作为首要研究对象"，并对如何选择洞窟进行了诠释，他提出的"原创性"洞窟，是有十分明确的定义的："所谓'原创性'，是指这些石窟的设计和装饰引进了以往不见的新样式。这些样式有的是昙花一现，未能推广；有的则成为广泛模拟的对象。"在确定所要研究的洞窟之后，"就可以进而确定所体现的特殊建筑和图像程序（或称'样式'）的特点和内涵，并思考这种样式产生的原因或传入敦煌的社会、政治、宗教背景。"②

巫鸿先生提出的"原创性"石窟是基于宏大的敦煌石窟群而言，如前所述，敦煌石窟是一个内含与结构庞杂的资料库，这是敦煌石窟的基本定性和认知，也是此概念提出的背景思考；另一方面，是研究选择的问题，要思考这样一个延续了千余年时间的历史、艺术、宗教的宝库，还得仔细地划分，因为如果不能全面的把握，就得从细小处入手，采取各个突破的办法；单窟的研究在此之前并没有受到学术界的特别关注，至少没有明确地提出来。强调单窟，其实是对敦煌资料库基本单元要素的理解和尊重，是基于最小却是最核心单元的观察。

至于"原创性"的关键要素，即是巫先生提出的"新样式"，是针对窟内的所有可视

---

① Wu Hung, *The Wu Liang Shrine：The Ideology of Early Chinese Pictorial Art*, Stanford, Stanford University Press, 1995, pp. 68 – 70. 巫鸿：《汉画读法》，载《文化的馈赠——汉学研究国际会议论文集》，北京：北京大学出版社，2000年，188 ~ 191 页。

② 巫鸿：《敦煌 323 窟与道宣》，胡素馨主编：《佛教物质文化：寺院财富与世俗供养国际学术研讨会论文集》，上海：上海书画出版社，2003 年，333 ~ 348 页。另载巫鸿著，郑岩、王睿编，郑岩等译：《礼仪中的美术》（下），北京：生活·读书·新知三联书店，2005 年，418 ~ 430 页。

对象观察辨析的结果，更为重要的是他强调的对"原创性"洞窟"建筑和图像程序""特点和内涵"的研究，最终落实到对洞窟"新样式""建筑与图像程序"产生原因或传入敦煌的社会、政治、宗教背景的研究，上升到更高层次的研究。

但是任何形式的划分，包括巫鸿先生提出的"原创性"洞窟的概念在内，剔除其中学术理性的思维色彩，我们要强调的是，不要因此而把洞窟的价值或学术研究的意义做等级的划分，否则就人为地给敦煌艺术的价值贴上了等级划分的标签，显然是不科学的。我们从巫先生的论述中看到的是对学术方法的思考，而不是对洞窟价值的划分。

"原创性"洞窟研究，在巫先生提出之后，成为敦煌石窟研究领域越来越受到大家重视的学术选题和研究方向，在今天国内高校硕博士学位论文选题中已然成为考古学、图像学、艺术史等方向的学术热点。从今天学术界对此方法的运用，我们可以把巫先生所倡导的此理论与方法总结为"敦煌石窟个案研究"的思考与现象。

三　敦煌石窟个案（单窟）研究学术史

简单梳理敦煌石窟研究的学术史，以单窟为研究对象的个案研究，早在巫鸿先生提出"原创性"概念之前，已有多位专家学者进行过这方面的成功工作与努力，敦煌本土的专家，敦煌文物研究所（敦煌研究院前身）的研究人员，在这方面的研究上应该更有发言权，其中以贺世哲先生对莫高窟第285窟的系列研究为代表[①]。早在1985年，贺先生就开始发表他长期以来对第285窟单窟研究的系列成果，据说当时敦煌文物研究所计划出版第285窟的考古报告，因此贺先生在20世纪80年代初即有针对性地撰写第285窟研究的专题论文，可惜此考古报告一直没有出版，但也可以看到敦煌研究院早年围绕洞窟考古报告在研究方面的规划和努力，其实是非常有意义的工作，只可惜此项工作并没有得到有效展

---

① 贺世哲先生对285窟的研究论文主要有：1.《关于二八五窟之宝应声菩萨与宝吉祥菩萨》，《敦煌研究》1985年3期；《中国敦煌学百年文库·考古卷》2，兰州：甘肃文化出版社，1999年，86～89页；《敦煌石窟论稿》，兰州：甘肃民族出版社，2004年，128～134页。2.《莫高窟第285窟窟顶天象图考论》，《敦煌研究》1987年2期；《中国敦煌学百年文库·考古卷》2，兰州：甘肃文化出版社，1999年，185～199页；《敦煌石窟论稿》，兰州：甘肃民族出版社，2004年，65～88页。3.《敦煌莫高窟第285窟西壁内容考释》，《敦煌研究》1988年2期；《1987年敦煌石窟研究国际讨论会文集·石窟考古编》，沈阳：辽宁美术出版社，1990年，350～382页；《中国敦煌学百年文库·考古卷》2，兰州：甘肃文化出版社，1999年，340～356页；《敦煌石窟论稿》，兰州：甘肃民族出版社，2004年，89～121页。

开，此规划也没有最终得到实现。倒是启示我们敦煌石窟考古报告与专题研究同步进行对石窟研究的意义。

与此同时，台湾地区学者和海外学者在研究中，也开始尝试单窟研究的工作，较早有李玉珉先生对莫高窟第 259 窟的研究①，何重华（Chung wa Ho）对莫高窟第 249 窟的研究②，阿部贤次（Stanley K. Abe）对莫高窟第 254 窟的研究③，可以看得出来，台湾地区学者和海外学者较早就开始关注从单窟入手对敦煌石窟的思考。

到了 20 世纪 90 年代，在段文杰先生的主持下，敦煌研究院联合江苏美术出版社，选择敦煌石窟中的代表窟，在专题研究的基础上，公布洞窟的图像资料，先后出版 22 本图书（图 2）④。此系列成果，一直到今天，仍是从事洞窟个案研究、美术研究的主要参考资料，可以认为是洞窟个案研究的一种有益尝试。但是可惜的是，由于此计划最后流于图版公布，对洞窟的研究工作深入严重不够，加上分册主编承担任务明显偏重，一人承担多册，水平层次不一，专业兴趣不同，最后导致对列入其中的每个洞窟的研究多停留在较低的水平，最后成为图像资料公布。另一方面，在具体的洞窟图像资料的公布上，并没有充

---

① 李玉珉：《敦煌莫高窟二五九窟之研究》，《国立台湾大学美术史研究集刊》1982 年 2 期。又见《1994 年敦煌学国际研讨会文集·石窟考古编》，兰州：甘肃民族出版社，2000 年，74～90 页。

② Chung wa Ho, *Dunhuang Cave 249: A Representation of the Vimalakirtinirdesa*, Volume 1, Yale University, Judy, May, 1985.

③ 阿部贤次：《莫高窟第 254 窟的艺术和佛教实践活动》，《东方艺术》第 20 期，1991 年；另见《1990 年敦煌学国际学术研讨会文集·石窟艺术编》，沈阳：辽宁美术出版社，1995 年，160～165 页。

④ 段文杰编著：《敦煌石窟艺术·榆林窟第二五窟附第一五窟（中唐）》，南京：江苏美术出版社（下同），1993 年。杨雄编著：《敦煌石窟艺术·莫高窟第四五窟附四六窟（盛唐）》，1993 年。梁尉英编著：《敦煌石窟艺术·莫高窟第九窟、第一二窟（晚唐）》，1994 年。胡同庆编著：《敦煌石窟艺术·莫高窟第一五四窟附第三二一窟（中唐）》，1994 年。谢成水编著：《敦煌石窟艺术·莫高窟第二九〇窟（北周）》，1994 年。杨雄编著：《敦煌石窟艺术·莫高窟第二四九窟附第四三一窟（北魏、西魏）》，1995 年。张元林编著：《敦煌石窟艺术·莫高窟第二五四窟附第二六〇窟（北魏）》，1995 年。赵声良编著：《敦煌石窟艺术·莫高窟第五七、三二二窟（初唐）》，1995 年。李月伯编著：《敦煌石窟艺术·莫高窟第一五六窟附第一六一窟（晚唐）》，1995 年。赵声良编著：《敦煌石窟艺术·莫高窟第六一窟（五代）》，1995 年。段文杰编著：《敦煌石窟艺术·莫高窟二八五窟（西魏）》，1995 年。梁尉英编著：《敦煌石窟艺术·莫高窟第三二一、三二九、三三五窟（初唐）》，1995 年。梁尉英编著：《敦煌石窟艺术·莫高窟第一四窟（晚唐）》，1995 年。胡同庆编著：《敦煌石窟艺术·莫高窟第三〇三、三〇四、三〇五窟（隋）》，1996 年。杨雄编著：《敦煌石窟艺术·莫高窟第四六五窟（元）》，1996 年。杨雄编著：《敦煌石窟艺术·莫高窟第四二〇、第四一九窟（隋）》，1996 年。梁尉英编著：《敦煌石窟艺术·莫高窟第四六四、三、九五、一四九窟（元）》，1997 年。梁尉英编著：《敦煌石窟艺术·莫高窟第二九六窟（北周）》，1998 年。施萍婷、贺世哲编著：《敦煌石窟艺术·莫高窟第四二八窟（北周）》，1998 年。刘永增编著：《敦煌石窟艺术·莫高窟第一五八窟（中唐）》，1998 年。梅林编著：《敦煌石窟艺术·莫高窟第一一二窟（中唐）》，1998 年。梅林编著：《敦煌石窟艺术·莫高窟第八五窟附第一九六窟（晚唐）》，1998 年。

图 2　《敦煌石窟艺术》书影（全 22 本）

分考虑洞窟全面信息，往往缺少对洞窟整体画面的拍摄，更令人遗憾的是绝大多数洞窟甬道、前室图像资料完全缺失，如果从专业的角度看，此系列大型丛书编排的理念主要停留在美术的层面，以完好图像公布和审美为主要旨趣，而未能进入到考古、历史、宗教的层面来。

到了 21 世纪，随着石窟基础资料的公布，和越来越多的研究者参与进来，对敦煌石窟的研究呈现出不一样的格局，其中单窟个案的研究成为新的时代热点，而此学术热点的推动，则以巫鸿先生对莫高窟第 323 窟的研究为重要的"里程碑"，具体则以"原创性"洞窟概念的提出为标志。

就第 323 窟研究本身而言，在巫先生之前，几位学者如马世长、史苇湘、孙修身等已经有深入的研究成果可供参考①，但由于他们研究所关注的只是洞窟局部内容的解读，没有深入到对整窟的思考，因此并不属于严格意义上对敦煌石窟个案研究的范畴。

———————————

① 马世长：《莫高窟第 323 窟佛教感应故事画》，《敦煌研究》试刊第一期，1981 年。史苇湘：《刘萨诃与敦煌莫高窟》，《文物》1983 年 6 期。孙修身：《敦煌石窟全集·佛教东传历史故事卷》，北京：商务印书馆，2000 年。

　　在巫先生对"原创性"洞窟概念的提出并以第 323 窟为案例的研究之前，他已指导研究生从事此方面的选题作为学位论文，其中以宁强对莫高窟第 220 窟的研究为代表①，宁强先生研究的成果，初步彰显此方法和选题的重要意义。

　　受巫先生方法论意义的启示和相关研究的鼓舞，自 2000 年以来 10 余年时间内，敦煌石窟个案的研究，已然成为新时代学术背景下的敦煌石窟研究的热点话题。

　　2004 年，公维章著《涅槃、净土的殿堂——敦煌莫高窟第 148 窟研究》，作为郑炳林、樊锦诗主编的"敦煌学研究文库"之一种，由民族出版社正式出版，此作品是作者在兰州大学敦煌学研究所攻读博士学位的学位论文，指导老师是敦煌研究院的老专家施萍婷先生。此研究成果意义重大，可以说是新世纪以来洞窟个案研究的一个起点，也是国内高校硕博士学位论文以敦煌石窟个案研究为选题的一个开端和标志，又是敦煌研究院研究人员指导下的研究成果，可以一定程度上体现敦煌研究院石窟专家对此研究从重视到付诸实践所跨出的一大步。

　　之后，以国内高校和敦煌研究院中青年研究人员为代表的敦煌石窟研究新生力量，涌现出一批单窟的研究成果，分别有敦煌研究院赵晓星《莫高窟第 361 窟研究》（甘肃人民美术出版社，待版），沙武田《敦煌图像中的唐蕃关系——榆林窟第 25 窟研究》（国家973 计划项目和敦煌研究院院级课题），梁红《敦煌石窟个案研究——归义军首任节度使张议潮功德窟莫高窟第 156 窟研究》（国家社科基金青年项目）等，中央美术学院博士学位论文：王中旭《阴嘉政窟——礼俗、法事与家窟艺术》（2009 年）对莫高窟中唐阴家大窟第 231 窟作了集中的研究，郑怡楠《敦煌法荣窟研究》（2014 年）对莫高窟晚唐都僧统功德窟第 85 窟的研究。另有兰州大学敦煌学研究所的博士学位论文：郭俊叶《莫高窟第454 窟研究》（2010 年），米德昉《敦煌莫高窟第 100 窟研究》（2013 年），赖文英《榆林25 窟研究》（2015 年），及兰州大学敦煌学研究所博士后研究报告：邹清泉《曹元忠时代的佛教文化与视觉形象——敦煌莫高窟第 61 窟研究》（2012 年），兰州大学敦煌学研究所硕士学位论文：魏健鹏《生天与净土——莫高窟第 9 窟研究》（2012 年）。首都师范大学博士学位论文：贾维维《榆林窟第 3 窟研究》（2014 年），常红红《东千佛洞第 2 窟研究》（2015 年）等，以及以上各院校硕博士正在从事的单窟研究，像美国芝加哥大学东亚艺术

---

① 宁强：《艺术、宗教与政治——敦煌莫高窟第 220 窟研究》，美国哈佛大学博士学位论文。Ning Qiang：Art, Religion, and Politics in Medieval China：The Dunhuang Cave of the Zhai Family. Honolulu：University of Hawaii Press, 2004.

中心冯安宁对莫高窟第 172、171 二窟的专题研究等，把单窟的研究推向一个新的学术境界，描摹出此研究美妙的学术前景。

和以往的研究相比较，越来越多的研究者选择单窟研究，除了学术研究专题化、深入化发展的原因之外，这样的选题也表明在学术界的认识中，敦煌的一个个洞窟，构成一个完整的历史"语境"，可以借此来解读构建一段精彩的敦煌本地历史，进而加深对整体艺术史特别是佛教美术史的理解，也可以为不同时期敦煌历史的点滴增加鲜活的形象资料。因此，敦煌石窟个案单窟的研究，虽然表面上缩小了观察的视角，但实际上是在"小题大做"思路的引领下，扩大对敦煌石窟解读的空间维度，恰是从基础的底层研究出发，以单窟为切入点，对宏观的佛教艺术史、敦煌历史、中古宗教信仰的观察。

四　石窟个案（单窟）研究方法之省思与检讨

对于洞窟个案单窟的研究，在方法上与以往传统的单一或专题图像的考察研究有本质的区别，单一或专题图像的研究，主要包括时代、艺术风格特征、图像内容的考证、图像元素的历史性等具体的问题。而单窟的研究，针对的毕竟是一所全窟，是对一所洞窟的全方位多角度的思考，学术研究所要解决的核心问题包括洞窟的功德主身份、营建的时代背景、营建的目的、窟内壁画之间的关联即图像程序、窟内图像的"原创性"特征与意义等，两相比较，前者关注的是微观的研究，后者要解决的均是宏观的历史现象和问题。

佛教艺术研究中对单一洞窟的研究，巫鸿先生同样有着自己极为精辟的见解和指导性意义的论述："这种方法概括为'建筑和图像程序'（architectural and pictorial program）的研究。……简而言之，其基本前提是以特定的宗教、礼仪建筑实体为研究单位，目的是解释这个建筑空间的构成以及所装饰的绘画和雕塑的内在逻辑。……根据这种方法，研究者希望发现的不是孤立的艺术语汇，而是一件具有历史意义的完整作品。"在这里强调的是洞窟内容的整体性，其核心是把洞窟作为"一件具有历史意义的完整作品"，换句话说，就是对洞窟整体历史意义的解读。在此理论基础上，巫先生接着以敦煌石窟为讨论的对象，指出："大部分装饰有绘画和雕塑的敦煌石窟都可以看作是这样的'作品'（work）。每一个石窟均经过统一设计：哪个墙面画什么题材，作什么雕塑，肯定在建造时都是有所考虑的。这种内在而具体的'考虑'是这些石窟'历史性'（historicity）所在。但是如果把石窟的建筑空间打乱，以单独图像为基本单位做研究的话，石窟的这种历史性就消失了。"① 应该说通过先生的论述，给敦煌单窟的研究建立了一个基本的方法论依据，其中有两个关键词：整体性、历史性，前者强调的是针对研究对象本身，后者强调的是研究的终极目标，或者说学术方向的把握。作为艺术史家，巫先生在这里一再强调洞窟"作品"的"历史性"，抛开以往艺术史家更多关注的诸如图像志、风格特征、艺术发展脉络等话题，而从艺术的形式主义解读到历史主义的阐释，本身即是艺术史研究思想、理论、方法、视角的巨大革新。

因此，可以毫不夸张地讲，敦煌石窟个案研究的"整体性"与"历史性"，正是敦煌石窟本质特征所决定了的。首先，敦煌的任何一个洞窟，都是特定历史时期的产物，时代特征集中而明显；其次，敦煌的每一所洞窟，都是一个完整的宗教建筑空间，有特定的形制，有完整的图像结构，洞窟功德主、窟主、施主等供养人身份明确；第三，敦煌的任一洞窟，可以独立存在，是以建筑空间、彩塑组合、壁画布局三位一体而构成的历史记载，属历史解读的完整对象。如果再进一步思考，应该说洞窟的"历史性"更为重要，因为对于学术研究而言，"历史性"的阐释，可以渗透到洞窟研究的方方面面，包括单幅壁画的解读、细小画面的研究和整体历史层面上的探讨。无论如何，任何洞窟都是历史的产物，脱离历史的任何解读，都是对研究对象本身挑战和可能产生误读的原因。

肯定了单窟个案研究的方法论意义，让我们把讨论的中心回到具体的洞窟研究中来，从方法论角度反思此研究之历史轨迹。

敦煌石窟群数量巨大，时间跨度千余年，其保存之完整，数量规模之庞大，历史时间之长，内容之丰富，没有第二例，加上可以和洞窟绘画结合研究的藏经洞绢画、麻布画、纸画、木雕等艺术品，如此庞大的中古绘画美术学、艺术史、图像学、历史学、考古学、宗教学资料，从研究方法上而言，如何更好地把握确实不易，但若从大的学科专业角度，结合百年来已有的研究成果，不外乎以上所列中古绘画美术学、艺术史、图像学、历史学、考古学、宗教学的运用，并产生大批量的研究成果，可以说，直到今天，这样的研究仍在有效进行，未来也会一直进行下去。

但就本文所论，我们关注的是对单窟个案研究方法的省思与检讨，检索已有的学术成

① 巫鸿：《敦煌323窟与道宣》，载胡素馨主编：《佛教物质文化：寺院财富与世俗供养国际学术研讨会论文集》，上海：上海书画出版社，2003年，333~348页。

果，从大的宏观的视角观察，敦煌洞窟个案单窟的研究不外乎以下几种方法、思路或手段。

（1）整体性和历史性研究（即对洞窟思想与功能的探讨与解读）

此研究代表即是巫鸿先生对莫高窟第323窟的研究，把窟内图像内容和道宣著《集神州三宝感通录》所记内容作了有机的联系，可以看到窟内整体图像结构上是对道宣作品强烈的图像呈现，最后把第323窟的营建和唐初长安道宣南山律宗思想及其传播关联在一起，让我们看到了唐初佛教传播过程中南山律宗在敦煌的影响①。这样的研究始终把洞窟内容的图像作为整体思考，又和历史作了有机的联系，是对"整体性"和"历史性"有机的关联，能够深入洞窟的核心思想，最终解决了包括历史背景、图像结构关联、功德主推导、思想基础、功能体现在内的单窟个案研究核心思想，有重要的方法论和史学研究的启示。

前述李玉珉先生对莫高窟第259窟的研究，何重华（Chung wa Ho）对莫高窟第249窟的研究，阿部贤次（Stanley K. Abe）对莫高窟第254窟的研究，宁强对莫高窟第220窟翟家窟的研究，均可归入此类"整体性"和"历史性"研究范畴。另有台湾学者叶佳玫对莫高窟420窟的研究②，及赖文英、赖鹏举对榆林窟第25窟的研究——二先生均以"佛顶尊胜密法"坛场对榆林窟第25窟的洞窟思想和功能作了整体的研究③。另有马休·凯普斯坦（Matthew T. Kapstein）对榆林窟第25窟功德主和建窟动机思想的探讨，归为反映唐、吐蕃、回鹘三家会盟思想纪念窟的研究④，虽然其结论是不可靠的，但是研究思路的整体性和历史性极强，可供参考。

此研究方法和思路的优点是以最直接的形式切入研究洞窟的主题思想和功能，并能够以有效的线索把窟内各图像作有机的联系，图像程序是比较清楚的，其缺点是对窟内单个图像的重视程度或解读尝试不够，而使读者对具体的图像了解有限，也因此人为地忽略窟

---

① 巫鸿：《敦煌323窟与道宣》，载氏著：《礼仪中的美术——巫鸿中国古代美术史文编》，北京：生活·读书·新知三联书店，2005年，418~430页；另载《佛教物质文化：寺院财富与世俗供养国际学术研讨会论文集》，上海：上海书画出版社，2003年，333~348页。

② 叶佳玫：《敦煌莫高窟420窟研究》，台湾大学艺术史硕士学位论文，1996年。

③ 赖文英：《唐代安西榆林25窟之卢舍那佛》，《圆光佛学学报》1999年4期。赖鹏举：《中唐榆林25窟密法"卢舍那佛"与佛顶尊胜系造像的形成》，《中国藏学》2007年4期。

④ Matthew T. Kapstein: *The Treaty Temple of De – ga g · yu – tshal: Identification and Iconography Beijing*，August 10 – 12，2002. 马休·凯普斯坦：《德噶玉采的会盟寺：比定和图像》，载霍巍、李永宪主编：《西藏考古与艺术国际学术讨论会论文集》，成都：四川人民出版社，2004年，98~127页。

内图像所包含的重要历史信息。

台北"中央研究院历史语言研究所"研究员颜娟英先生曾以《佛教艺术方法学的再检讨》为题，就佛教艺术的研究从方法学的角度进行了总结、回顾与评论①，文中主要以20世纪50年代以来佛教艺术研究的成果为基本参数，就佛教艺术研究的三种方法：考古学方法、图像学方法、功能学方法，分别加以介绍与述评，其中先生所讲功能学的研究，与我们此处所谈洞窟研究的"整体性""历史性"是一致的。

（2）单个问题突破（即以窟内诸多疑点或新现象为线索，逐一解析）

此研究最典型的即是贺世哲先生对莫高窟第285窟的系列研究成果，采取的是图像各个击破的办法，即针对所要研究的单窟内的彩塑、壁画内容，分别作研究，但均是从新的问题出发，研究成果均有新的结论或观点产生，而不是一般的泛泛的解说。另像李玉珉先生对莫高窟北周大窟第428窟图像源流的研究②，是相同的方法和运用。以上的研究，虽然是一篇篇看似独立的论文，但往往单元中有整体，因此，此类研究在分散的基础上不失整体性效果，颇有参考价值。另如赵晓星博士对莫高窟中唐第361窟研究，可从其系列研究成果中观察此研究的重要价值和学术意义③。笔者从事榆林窟第25窟的研究④，采取的是同样的思路与方法。

此类研究最大的特点是可以对单窟内造像题材作有重点的突破，采取的思路是对窟内图像始终抱有强烈的"问题意识"，发现问题点是思路得以展开的关键所在，在对重要图像解读的基础上，归纳或总结出洞窟整体性和历史性问题，其优点是对窟内所含具体图像的深入解读解析，缺点是对图像程序的关注度不高，因此缺少对图像有机联系的深入探讨，最后使得洞窟的整体性和历史性的解读显得不集中，但是如果阅读者有图像基础的认识，并不妨碍对洞窟整体性和历史性的了解与认知。

① 颜娟英：《佛教艺术方法学的再检讨》，《中华民国史专题论文集——第四届讨论会》，1998年，647～666页。
② 李玉珉：《敦煌四二八窟新图像源流考》，《故宫学术季刊》第十卷第四期，1993年，1～34页；另载《中国敦煌学百年文库·考古卷》3，兰州：甘肃文化出版社，1999年，105～124页。
③ 赵晓星莫高窟第361窟系列研究论文：《莫高窟第361窟的文殊显现与五台山图》，《五台山研究》2010年4期；《莫高窟第361窟的中唐供养人》，《艺术设计研究》2010年3；《莫高窟第361窟南北两壁经变画考察》，《山西档案》2012年3期；《莫高窟第361窟与第14窟之关系》，《十院校美术考古文集》，上海：上海大学出版社，2014年，157～166页；《莫高窟第361窟与周边中唐洞窟之关系》，《敦煌研究》2015年3期。
④ 沙武田：《榆林窟第25窟八大菩萨曼荼罗图像补遗》，《敦煌研究》2009年5期；《关于榆林窟第25窟营建时代的几个问题》，《藏学学刊》第五辑，成都：四川大学出版社，2009年；《榆林窟第25窟T形榜子再探》，《敦煌研究》2011年5期；《文化认同与艺术选择——以榆林窟第15窟、25窟为例看吐蕃密教艺术进入敦煌的尝试》，载《首届大兴善寺与唐密文化国际学术研讨会论文集》，西安：陕西师范大学出版社，2012年；《一座反映唐蕃关系的"纪念碑式"式洞窟——榆林窟第25窟营建的动机、思想及功德主试析》（上、下），《艺术设计研究》2012年4期、2013年1期。

（3）全面解读（即对洞窟全部内容做拉网式解析）

目前所见较为流行的单窟研究，尤其以前举各高校硕博士学位论文，多以此方法为主。研究者会以所选洞窟内现存壁画为单元结构，把窟内的图像（以经变画为主）分章节进行解读，类同于之前单一图像或专题研究的方式，把图像的经典依据、流行时代关系、艺术风格特征与变化等作详细的解释，同时也必然会讨论洞窟时代、营建历史背景、功德主的信仰和功德观念、洞窟整体思想性等关乎洞窟整体性和历史性的问题，以公维章对莫高窟第 148 窟为起点，后续者较多。

这种研究偏向于基础研究，而创新的地方少，过多地注重窟内图像内容的存在，以图像志研究为重点，由于过多地着眼于窟内图像的基本信息的解读而束缚了观察的视野，更不能放开学术思想创新的手脚，研究的重点是力图挖掘窟内图像的差异性贡献，而不能过多地关注图像程序、洞窟的整体性和历史性，对于学术研究而言最核心的理念即"问题意识"不强，因此研究本身的深度和高度受到一定限制。

如果对以上三类研究作简单的分级评价，"整体性和历史性研究"无疑是高层次的研究，解决的是思想与功能等关乎洞窟研究的核心问题；"单个问题突破"的研究是中等层次的研究，但强烈的"问题意识"及研究本身的创见性，和一系列新观点的产生，以外围向中心靠拢的方式，间接地解决像诸如洞窟思想与功能等核心问题；而采取"全面解读"的研究则属基础和低层次研究，这种研究更多关注的是窟内单一图像本身，较少关注图像的整体性和历史性。以上的分类线索是从学术研究思想和认识高度上的划分，属史学理论的把握，是宏观与微观的区别，但并不表示学术水平的高低优劣，往往在低层次和基础研究上有新的发现，像贾维维对榆林窟第 3 窟的研究，解读了诸多前人未注意到的现象，把图像志的解读回归到深入的文本的层面上，且有历史背景的密切关联，又有涉及对新领域和新图像的首次解读，往往是一般研究者不能达到的水平，也是其后研究不可避开的奠基之石。

五　石窟个案（单窟）研究的前景和关键问题

"原创性"无疑是敦煌石窟个案研究的核心前景和关键词。敦煌石窟的"原创性"是一个多元的概念，基本立足点是敦煌艺术中不断出现的"新"元素及其历史动因。此"新"可以在两个层面上理解：一个层面是在特定时间和历史条件下出现的前所未见的图像、风格和建筑样式，如洞窟形制的变化、新绘画题材和风格的出现、彩塑组合的关系、图像结构的调整、色彩的变化、壁画和雕塑技法的创新、供养人图像的选择、洞窟功德主的影响等等；第二个层面是一些在特殊历史节点上，引进了新的建筑和艺术模式的特定石窟和石窟组合。这两个层次互相连接而不可分割。对累层出现的新艺术元素的精确把握有助于确定在敦煌艺术发展中起了关键作用的一批石窟。而对这些特殊石窟的深入讨论又可以加深我们对敦煌艺术整体发展中内在逻辑的认识。

总之，敦煌石窟"原创性"研究课题，关注的是敦煌石窟中创新性的内容——"新样"，新与旧，变化与停滞，是本课题中的关键词。在总的概念上，这一研究课题将敦煌艺术理解为一个在历史上被不断创造，富有主体性的有机而能动的文化艺术传统，而不是一个由艺术风格的自动进化或外来影响所主导的被动演进过程。"原创性"这个概念的意义在于引导研究者去探究敦煌艺术创造中的主体性和历史契机。这个项目中所有的研究计划和选题因此都将围绕着这个概念开展，既可以是平行的研究也可以是交叉式研究①。

也就是把握了图像和样式的"原创性"特征，敦煌石窟的研究前景将会展现不一样的格局，之所以要如此来界定，是因为敦煌学百余年来的研究，基础和常规的研究成果丰富，要有突破口，就得找新的现象和因素，而"原创性"正是此问题的关键所在。

当然"原创性"只是个宏观的研究理念和方向指导，要如何实现这一理念，则还得回到具体的问题、具体的方法、具体的要求、具体的步骤中来。考虑到敦煌石窟个案（单窟）研究关键问题"整体性"和"历史性"，结合敦煌石窟作为历史考古和图像资料的基本特征，外加现今学术界流行的"图像证史"理论方法和"形象史学"的规范与启示，笔者以为，敦煌石窟个案研究，重点在以下四个方面的认识和把握。

（1）图像亦是文献

敦煌石窟的研究，主要对象是彩塑、壁画，即属于图像学研究的范畴。以往的研究，多停留在艺术、美术、绘画层面的认识，因此多关注画面的审美性、艺术性，对诸如艺术风格特征、图像结构、艺术源流等问题的研究用力较多，而这些问题的研究多不关涉历史文献文本的检索和运用，属于主观解读的层面多，对图像历史客观的阐释少。但事实上敦煌洞窟的任何内容，都是历史的产物，是不同历史时期的图像记忆，是以艺术品的形式记录下来的历史，因此，图像实是历史文献的一类，只不过表面上非文字文献，是图像文

---

① 以上诸多观点，是 2016 年 3 月 22 日在芝加哥大学北京中心笔者与巫鸿先生、林伟正先生一起讨论"敦煌石窟'原创性'"课题时的巫鸿先生所教示，特此致谢！

献，但图像的画里画外同样是历史的记录和画工画匠的历史书写。

有了这样的认识，把敦煌的每一个窟，每一幅壁画，每一身彩塑都可看作是如同文字文献一样的历史记载，属于图像形式的历史书写，那我们再回过头来观察洞窟时，就会有完全不一样的历史认同感，才会从思想认识和学术理论的高度去探究洞窟的"历史性"，自然会有完全不一样的结果。

正因为图像亦是文献，因此"图像证史"① 理论，"形象史学"② 理论才会成立，图像才会成为历史研究的重要资料，同时图像作为历史文献的运用，史学的研究才会因为有可以看得见的图像而变得更加丰富多彩，更加的鲜活，而且作为历史文献的图像要比纯文字文献更加富有可读性，"尽信书不如无书"，历史文献记载的主观性、历史书写的选择性等因素均可导致文献的不可靠性，此一点已是今天史学界讨论成熟的看法，不必在此详说。因此，理性分辨"图像证史"的"陷阱"③ 之后，像敦煌石窟一样，所保存下来的不同时期原始面貌的绘画作品，无疑是可靠的图像，是较为客观的历史画面，当然也是颇为可靠的历史文献记载与历史的书写了。

（2）历史文献是洞窟研究的一把钥匙

我们知道，敦煌的任何洞窟都是特定时期由特定的功德主营建的功德窟，在洞窟的相关位置如主室西壁龛下，或主室门上，或前室门上等位置书写建窟的功德记、发愿文（也有重修的功德记文等），或在洞窟前室立碑（有石碑，有墙壁上的泥碑）记载洞窟营建相关史事，加上洞窟存在的供养人及题名，这些文字资料告诉我们，敦煌的任何洞窟均有相应的原始文献记载洞窟的营建时间、功德主、营建的原因、所画内容等基本的历史信息。只可惜这些文献的记载大多不存，或漫漶不清，或残损严重，或被后期重修。但作为单窟的研究，作为研究者，在思考洞窟的相关问题时，就不得不对这一现象有所重视，或从供养人背景入手，或从藏经洞写本入手，去寻找和洞窟相关的历史文

① 曹意强：《包罗万象史的观念与西方美术史兴起》，《思想学术文评述》第 2 辑，1997 年；《图像与历史》，《新美术》2000 年 1 期；《可见之不可见性：论图像证史的有效性与误区》，《新美术》2004 年 2 期；《倾听历史的寂静之声》，《中华读书报》2002 年 5 月 15 日；《丹纳与图像证史》，《中华读书报》2004 年 9 月 15 日；《布克哈特的艺术观》，《中华读书报》2004 年 8 月 4 日；《图像证史——两个文化史经典实例》，《新美术》2005 年 2 期；《历史与艺术》，杭州：中国美术学院出版社，2001 年。
② 张弓：《从历史图像学到形象史学》，中国社科院历史研究所文化史研究室编：《形象史学》，北京：人民出版社，2013 年，3～9 页。郑岩：《从图像、史境到形象史学》，《中国社会科学报》2014 年 9 月 12 日第 A06 版。刘中玉：《形象史学：文化史研究的新方向》，《河北学刊》2014 年 1 期。
③ 缪哲：《以图证史的陷阱》，《读书》2005 年 2 期。

献。这方面，以莫高窟为主，结合藏经洞写本和供养人题名，贺世哲先生①、金维诺先生②、马德先生③等已在洞窟的营建方面做出巨大的贡献，这些贡献即是在掌握历史文献这把钥匙的基础上的突破。

以上所讲主要针对洞窟功德记和发愿文的文献记载和文本的解读对洞窟研究的意义，是可以从洞窟本身或敦煌本地相关资料中寻找的历史文献。事实上，除此之外，我们的研究也不能完全拘泥于敦煌本地历史文献资料的运用，而是要把阅读的视野扩大，诸如要研究莫高窟初唐时期洞窟中经变画，观察眼光就不能不移到当时的两京寺观壁画中来，必须要把唐人对佛寺壁画的记载如段成式《寺塔记》、张彦远《历代名画记》等文献中的内容和敦煌作有机的联系。道理很简单，敦煌唐前期的经变画大多都是来自长安或内地其他地方的粉本画稿作用的结果，因此我们可以在敦煌壁画中看到唐长安的诸多"影像"。其中最具代表性的是为大家所熟知的营建于贞观十六年（642 年）的莫高窟第 220 窟，其中北壁的药师七佛变相中的大型乐舞场景，经过我们和唐代相关文献的仔细解读，壁画反映的正是唐长安上元燃灯，长安城大型灯会的场景再现④。敦煌壁画的研究，一定要回到历史的本来"语境"中来，一定要通过历史大场景或大的历史背景的解析才能展示其应有的历史研究价值，而这样的研究，无疑是要大量历史文献的支撑。

（3）历史中人的活动与洞窟的关联

敦煌石窟是历史的产物，是珍贵的历史文化遗产，因此对于敦煌石窟的研究，最终是

---

① 贺世哲：《从供养人题记看莫高窟洞窟的营造年代》，敦煌研究院编：《敦煌莫高窟供养人题记》，北京：文物出版社，1986 年，194～236 页；另载《中国敦煌学百年文库·考古卷》4，兰州：甘肃文化出版社，1999 年，92～147 页；再载敦煌研究院编：《敦煌研究文集·敦煌石窟考古篇》，兰州：甘肃民族出版社，2000 年，306～453 页；见氏著：《敦煌石窟论稿》，兰州：甘肃民族出版社，2004 年，496～593 页。

② 金维诺：《敦煌窟龛名数考》，《文物》1959 年 5 期；另载金维诺：《中国美术史论集》，北京：人民美术出版社，1981 年，326～340 页；《中国美术史论集》（下），台北：台北南天书局有限公司，1995 年，338～345 页；《中国敦煌学百年文库·考古卷》4，兰州：甘肃文化出版社，1999 年，17～26 页；《敦煌研究文集·敦煌研究院藏敦煌文献研究篇》，兰州：甘肃民族出版社，2000 年，322～335 页。金维诺：《敦煌窟龛名数考补》，《敦煌研究》1988 年 2 期；另载敦煌研究院编：《1987 年敦煌石窟研究国际讨论会文集·石窟考古编》，沈阳：辽宁美术出版社，1990 年，32～39 页；《中国美术史论集》（下），台北：台北南天书局有限公司，1995 年，346～348 页；《敦煌研究文集·敦煌研究院藏敦煌文献研究篇》，兰州：甘肃民族出版社，2000 年，336～342 页。

③ 马德：《敦煌莫高窟史研究》，兰州：甘肃教育出版社，1996 年。马德：《敦煌石窟营建史导论》，台北：台北新文丰出版公司，2003 年。

④ 沙武田：《唐韵胡风——敦煌莫高窟第 220 窟舞蹈图与唐长安风气》，载陕西历史博物馆编：《陕西历史博物馆馆刊》第 20 辑，西安：三秦出版社，2013 年，189～205 页。沙武田：《一幅珍贵的唐长安夜间乐舞图——以莫高窟第 220 窟舞蹈图中灯为中心的解读》，《敦煌研究》2015 年 5 期。

历史的研究，而任何历史，都是人类生产生活的结果，离开人的基本因素，历史将不复存在。因此著名的历史学者蔡鸿生先生强调，做历史研究一定要"见物见人"①，不能讲空洞的历史。一样的道理，敦煌石窟的研究，不仅要"见窟"，更要"见人"，"见窟"容易"见人"难，否则洞窟的研究会变成僵化的艺术史阐释，或仅是图像的专题或细部的历史解释，缺少了与洞窟相关的人的活动，洞窟的研究是不能"活"起来的，仍然是"死"的历史。

此处所言单窟研究中"见人"的问题，概括起来有几个方面的情况：

一是狭义的理解，即对洞窟功德主供养人的研究，因为很早就公布了洞窟中的供养人题记②，使得这方面的研究成果颇多，包括对窟主、施主的考察，对窟内供养人相互关系的研究等。近年来我也参与敦煌研究院张先堂研究员主持的"敦煌供养人图像研究"课题，深感供养人研究与洞窟关联时因资料所限而产生的困难，即如何把握供养人与洞窟营建除基本的佛教供养功德观念之外的其他观念，如信仰的表达、窟内供养或礼拜的礼仪、洞窟与功德主修行的关系、窟内壁画与功德主的历史选择等均多是不可解的疑问。

二是广义的理解，即洞窟中的任何内容或信息与历史中人的关联的研究，这种研究则不能局限在功德记、发愿文、供养人及其题记所提供的历史人的信息，而是扩大到同时期更大范围存在人的历史解读。如前述对莫高窟第 220 窟经变画粉本、整窟样式来源及乐舞图的研究，最终和长安的艺术家、寺观壁画、上元燃灯等活动及其相关的人与事结合起来，给我们解读出一幅长安城夜晚盛世景象。另如学者们关注较多的对莫高窟第 285 窟的研究，贺世哲先生把窟主归为从洛阳来的北魏宗室元荣，窟内图像的选择体现了元荣个人的信仰，同时也带来中原的图像，因此在窟顶出现诸多不合佛教常规图像的内容③。而日本学者须藤弘敏则把关注的重心放在窟内禅修的比丘和僧人中来④，张元林先生则以第

① 参见林中泽主编：《华夏文明与西方世界》一书林悟殊、林中泽《弁言》，香港：博士苑出版社，2003 年。

② 敦煌研究院编：《莫高窟供养人题记》，北京：文物出版社，1986 年。

③ 贺世哲：《莫高窟第 285 窟窟顶天象图考论》，《敦煌研究》1987 年 2 期；另载《中国敦煌学百年文库·考古卷》2，兰州：甘肃文化出版社，1999 年，185～199 页；又见氏著：《敦煌石窟论稿》，兰州：甘肃民族出版社，2004 年，65～88 页。贺世哲：《敦煌莫高窟第 285 窟西壁内容考释》，《敦煌研究》1988 年 2 期；载《1987 年敦煌石窟研究国际讨论会文集·石窟考古编》，沈阳：辽宁美术出版社，1990 年，350～382 页；载《中国敦煌学百年文库·考古卷》2，兰州：甘肃文化出版社，1999 年，340～356 页；《敦煌石窟论稿》，兰州：甘肃民族出版社，2004 年，89～121 页。贺世哲：《莫高窟第 285 窟北壁八佛考释》，载敦煌研究院编：《1990 年敦煌学国际研讨会文集·石窟考古编》，沈阳：辽宁美术出版社，1995 年，236～255 页；载《中国敦煌学百年文库·考古卷》3，兰州：甘肃文化出版社，1999 年，294～305 页。

④ （日）须藤弘敏著，陈家紫译：《禅定比丘图象与敦煌 285 窟》，《敦煌研究》1988 年 2 期；载敦煌研究院编《1987 年敦煌石窟研究国际讨论会文集·石窟考古编》，沈阳：辽宁美术出版社，1990 年，393～413 页。

285 窟图像中的外来因素，强调了该窟与来自中亚的粟特胡人的关系①。无论如何，这些研究都是以历史中人的因素为核心的考察，结果不尽一样，却彰显了洞窟研究精彩的篇章。另如莫高窟晚唐初期的第 161 窟，长期以来因为坛上的吐蕃装两身彩塑像的存在，而使得洞窟的研究扑朔迷离，但是后来经我们考察，发现该洞窟虽然无任何供养人和题记对洞窟营建史的记载，但是实际却和吐蕃译经三藏法成有密切的关系，极有可能即是法成的功德窟②，对此窟的解读因为和汉藏史上有重要影响的高僧法成的关联，使得此窟的研究价值和历史意义大大提升。这样的事例在敦煌石窟并不鲜见。我们研究莫高窟第 156 窟张议潮功德窟，同样旨在把洞窟与功德主及相关人的活动结合起来，使得洞窟的解读成为对历史人的阐释，使得洞窟内容"活"起来。

三是洞窟作为膜拜对象，与观者、信众的相互呼应关系。洞窟作为一处宗教场所，除了基本的供养功德之外，大多的洞窟从理论上讲是与进窟的观者、信众在时刻发生宗教信仰、艺术审美、唤醒历史记忆的多重交流，洞窟因为人在其中的膜拜、观瞻而使得本来静止的画面活动起来，洞窟的空间也因此而成为一个灵动的有功能的空间，如同今天的参观，游客在洞窟中听讲解、自己观察、思考，都是人与洞窟发生的关联，所有这些现象的产生，是离不开进窟人的活动。因此，我们今天在思考洞窟设计和营建之初，当时的艺术家、工匠、宗教人士与功德主之间是如何来协调认识，在历史时期的他们的思想中是如何表达洞窟的这一功能的？于向东博士曾经对第 45 窟的设计思想作过研究③，一定程度上让我们看到了洞窟这一功能中对人的关怀。

（4）宗教实践和仪轨的解读

宗教实践活动并非针对所有的洞窟，但是敦煌的部分洞窟仍存有僧人在其中进行佛事活动的迹象，或有的洞窟形制和图像内容本身即决定了其特有的实践功能，如莫高窟第 285 窟、第 196 窟，榆林窟第 32 窟，因为窟内有独特的中心佛坛建筑的设置，结合反映戒律的壁画内容，赖鹏举先生认为此三处洞窟即是敦煌历史时期的"比丘戒坛"和"大乘菩萨戒坛"所在④。另如莫高窟晚唐第 14 窟，中心塔柱窟形，正面开龛，塔柱以窟顶西坡的

---

① 张元林：《粟特人与莫高窟第 285 窟的营建——粟特人及其艺术对敦煌艺术的贡献》，云冈石窟研究院编：《2005 年云冈国际学术研讨会论文集·研究卷》，北京：文物出版社，2005 年，394～406 页。

② 沙武田：《敦煌吐蕃译经三藏法师法成功德窟考》，《中国藏学》2008 年 3 期。另载敦煌研究院编：《敦煌吐蕃文化学术研讨会论文集》，兰州：甘肃民族出版社，2009 年，156～165 页。

③ 于向东：《莫高窟第 45 窟佛龛的设计意匠——兼谈与该窟观无量寿佛经变的关系》，《敦煌研究》2006 年 1 期。

④ 赖鹏举：《敦煌石窟造像思想研究》第九章《莫高窟戒坛的造像思想》，北京：文物出版社，2009 年，300～328 页。

佛塔壁画作了强调，窟内壁画以汉传密教图像为主，郭祐孟先生研究指出，此窟的形制、造像思想均体现出高僧在窟内修行密法进行佛教实践的基本功能，而对其相关仪轨的检索最终落实到法华密教的文本中来[①]。总体来看，部分洞窟宗教实践和仪轨的解读，涉及复杂的佛教思想与义理的研读，若无深厚的佛学背景，则其艰难程度可想而知。此研究对单窟的研究往往是瓶颈，但也正是目前敦煌石窟个案研究的核心所在。

六　结语

敦煌石窟个案单窟的研究，方兴未艾，就现阶段已有研究成果而言，可以分为高、中、低三个层次的不同研究视角与方法规范下的学术道路，虽然各有优点，但从研究的高度和深度及所解决问题的学术影响力，无疑关注"整体性和历史性研究"的高层次研究要略胜一筹，当然这种高层次研究的前提和基础仍然是对所研究洞窟低层次基础研究对象内容清楚、中等问题研究不再是非不明的情况下而展开的理性思维，一定不是空中楼阁，无源之水。

如今，随着艺术史学的社会地位和人文影响的增加，以及作为人文素养和历史文明重要表现的学科门类，越来越多的艺术史研究者和敦煌学人涉入敦煌洞窟个案的研究中来。的确，对单窟的解读往往可以呈现一些精彩的历史画面，使得对洞窟的诠释变得有血有肉，中古敦煌的历史也因此而鲜活起来。因此，这种富于感观和画面感的历史阐释，毫无疑问是建立在深厚艺术史、观念史、图像理论基础上的结果，但我们更需要强调的是洞窟研究过程中对历史文献、对历史文本、对历史中人的关怀，而不要囿于洞窟壁画本身画面的内容，一定要时刻把握洞窟的"整体性"和"历史性"，同时不要忘记洞窟研究的终极目的是"见窟见人"，其中"见人"更为重要。

有了以上认识和规范，相信对敦煌石窟个案的研究会呈现更加精彩的历史片断，反过来也会促使石窟个案研究本身变得越来越有历史趣味性，会不断地超出艺术史解读的范畴，而还原历史的本来面貌，尽可能复原一些中古历史的画面以及当时的人与事。

基金项目：国家社科基金重大项目"敦煌西夏石窟研究"（16ZDA116）阶段性成果。

---

① 郭祐孟：《敦煌密教石窟体用观初探——以莫高窟 14 窟为例看法华密教的开展》，《圆光佛学学报》第 10 期，2006 年，139～167 页。

浅议后秦佛教对麦积山、炳灵寺石窟的影响

姜　涛　陈雪雪[*]

内容提要： 后秦是"十六国"时期的北方强国，在羌人姚氏的统治下，佛教兴盛，在中国佛教史上占有重要地位。后秦佛教之兴不仅体现为译经事业盛极一时，出现了鸠摩罗什、竺佛念、弗若多罗、佛陀耶舍、昙摩耶舍等译经僧传译佛典，而且体现在对佛教石窟的营建。本文拟结合历史文献及现存考古材料，考察后秦佛教对麦积山石窟的开凿及早期洞窟中的"三世佛"、禅修等题材的影响，同时探讨后秦禅僧玄高及后秦译经与炳灵寺石窟的凿建特别是第 169 窟造像、壁画题材的联系。

关键词： 后秦　佛教　麦积山　炳灵寺

　　后秦，亦称姚秦，是"十六国"时期羌人豪强姚苌以长安为中心建立的割据政权。从 384 年姚苌于渭北拥兵自立，改元白雀，自称秦王起，至 417 年姚泓归降东晋，共历三主，立国三十二年[①]。这期间，姚苌时，后秦初创，根基未稳，战乱频繁。姚兴称帝后，励精图治，后秦遂发展成为"十六国"时期北方地区的强国，版图包括今陕西省的

---

* 作者简介：姜涛（1981 年— ），男，辽宁铁岭人，兰州大学历史文化学院考古及博物馆学研究所讲师，主要从事佛教考古研究；陈雪雪（1981 年— ），女，甘肃镇原人，兰州城市学院外国语学院讲师，中国美术学院在读博士，主要从事艺术史及翻译学研究。

① （清）万斯同撰：《晋僭伪诸国世表》亦以东晋孝武帝太元九年（即后秦白雀元年，384 年）作为后秦的起始，以东晋安帝义熙十三年（即后秦永和二年，417 年）作为后秦的终结。然若以此计，后秦应立国三十四年，但《晋僭伪诸国世表》却言其立国"凡三十二年"。参见（清）万斯同撰：《晋僭伪诸国世表》，（载二十五史刊行委员会编：《二十五史补编（三）》，北京：中华书局，1995 年，3966 页。）之所以如此，笔者以为主要是因为姚苌虽于 384 年僭越称王，改元白雀，却并未称帝。直至 386 年，其率军攻入长安，方才称帝定都。改元是政权更替的重要标志，故可视为后秦之始，但后秦真正立国的时间还应以称帝建都之时为准。

大部分和甘肃、宁夏、山西诸省的一部分。末帝姚泓执政不久，后秦即为东晋所灭。虽然后秦在中国的历史舞台上仅存三十余年，如昙花一现般短暂。但其"佛教兴盛"①，特别是姚兴统治期间，社会相对安定，加之鸠摩罗什等高僧的东来，不仅译经事业盛极一时②，而且境内"慕道舍俗者，十室其半"③"事佛者十室而九矣"④，佛教颇为隆盛。虽然由于种种原因，今天我们很难在现存石窟寺的窟龛中找到后秦时期的造像或壁画，但结合考古发掘和文献记载，我们依然能够发现后秦佛教与麦积山、炳灵寺石窟间有着千丝万缕的联系。本文拟结合后秦佛教的基本情况及考古、文献相关材料，考察其在凿建、题材等方面对麦积山、炳灵寺石窟的影响。

一　后秦佛教与麦积山石窟

麦积山石窟地处西秦岭北麓的小陇山林海之中，自古便被誉为"秦地林泉之冠"⑤，兼有南秀北奇之景。石窟开凿于状如麦垛的山崖之上，仰望巍峨险峻，俯首幽深眩目，与敦煌莫高窟、大同云冈石窟和洛阳龙门石窟并称为"中国四大石窟"，又因其保存有十六国至明清的大量精美佛教雕塑，亦被称为"东方雕塑博物馆"。

关于麦积山的开凿，南宋嘉定十五年（1222 年）所立《四川制置使司给田公碑》⑥ 有云："因群山围绕，中间突起一峰，镌凿千龛，现垂万像，上下万仞，中有三泉，文殊普贤观音圣水，万民祈祷，无不感应。始自东晋起迹，敕赐无尤寺……"⑦ 碑文中虽未说明麦积山石窟开凿的确切时间，却为我们提供了东晋时期（317～420 年）这样一个时间段，其间便包含北方"十六国"的姚秦统治时期。

另外，麦积山第 3、4 窟栈道旁的崖面上原有一方宋人题记，文曰："麦积山阁胜迹，始

---

① 任继愈主编：《中国佛教史（第三卷）》，北京：中国社会科学出版社，1988 年，75 页。

② 据姜涛：《后秦佛教研究——以译经为中心》所考，最终确定见于史载之后秦译经僧有鸠摩罗什、竺佛念、弗若多罗、佛陀耶舍、昙摩耶舍五人，现存后秦译经共四十四部，合四百五十四卷。兰州：兰州大学博士学位论文，2011 年，26 页。

③ （梁）释慧皎撰，汤用彤校注，汤一玄整理：《高僧传》，北京：中华书局，1992 年，240 页。

④ （唐）房玄龄等撰：《晋书》，北京：中华书局，1974 年，2985 页。

⑤ （宋）祝穆编撰：《方舆胜览》（影印本），上海：上海古籍出版社，1986 年，584 页。

⑥ 此碑现刊于麦积山瑞应寺天王殿前檐山墙内。

⑦ 张锦秀编撰：《麦积山石窟志》，兰州：甘肃人民出版社，2002 年，171 页。

建于姚秦，成于元魏，约七百余年，四郡名显……"① 此处，则明载麦积山建于姚秦时期。

又，宋祝穆撰《方舆胜览》亦载："麦积山在天水县东百里，状如麦积（原文为象形两竖），为秦地林泉之冠，上有姚兴所建寺"；"瑞应院在麦积山，后秦姚兴凿山而修，千崖万象，转崖为阁，乃秦州胜境。"② 明崇祯十五年（1642 年）立《麦积山开除常住地粮碑》③ 复载："麦积山为秦地林泉之冠，其古迹系历代敕建者有碑碣可考，自姚秦至今一千三百余年，香火不绝。"④ 上述记载皆可与题记相印证。

综上可证，麦积山石窟确为姚秦时所开凿。但均未涉及当时开窟造像的具体情况，下面，笔者将结合对后秦佛教及麦积山石窟相关情况的分析，对麦积山石窟的兴建、题材等问题略加探讨。

1. 麦积山石窟的兴建

首先，后秦政权历姚苌、姚兴、姚泓三主。姚苌建立后秦政权后，疲于应战，无暇旁顾。姚泓作为末代君王，登基不久，国即告破。唯姚兴统治时，尊儒敬佛，国力强盛，具备开窟造像的实力。

其次，姚兴崇佛，不仅对高僧倍加礼敬，而且大力支持译经事业，甚至还亲自参与佛教义理的研讨。所以，他深知营造石窟、塔庙所获功德⑤，对此也十分热衷。《晋书·姚兴载记》就曾记载，姚兴"起浮图于永贵里，立波若台为中宫"⑥，宋代宋敏求的《长安志》中更加详细地写道："起造浮图于永贵里，立般若台，居中作须弥山，四面有崇岩峻壁，珍禽异兽，林木极精奇，仙人佛像俱有，人所未闻，皆以为希奇"⑦，其奢华由此可见一斑。能够如此营造塔庙，开窟造像亦应无二。

第三，在姚兴的扶植和鸠摩罗什等僧侣的共同努力下，包括秦州在内的后秦佛教盛极一时。不仅僧侣众多，"沙门自远而至者五千余人""慕道舍俗者，十室其半"⑧，而且信

---

① 金维诺：《麦积山石窟的兴建及其艺术成就》，载天水麦积山石窟艺术研究所编：《中国石窟·天水麦积山》，北京：文物出版社；东京：平凡社，1998 年，165 页。

② （宋）祝穆编撰：《方舆胜览》（影印本），上海：上海古籍出版社，1986 年，584 页。

③ 现立于麦积山石窟东崖门口。

④ 张锦秀编撰：《麦积山石窟志》，兰州：甘肃人民出版社，2002 年，174 页。

⑤ 《法华经》中便讲道："建立诸形像，雕刻成众相，皆已成佛道"（《大正藏》卷九，8 页下）。

⑥ （唐）房玄龄等撰：《晋书》，北京：中华书局，1974 年，2985 页。

⑦ （宋）宋敏求撰：《长安志》卷五，《四库全书》（文渊阁本）第 587 册，上海：上海古籍出版社，2003 年，111 页。

⑧ （梁）释慧皎撰，汤用彤校注，汤一玄整理：《高僧传》，北京：中华书局，1992 年，240 页。

众庞大，"州郡化之，事佛者十室而九矣"①。这些佛教徒通过鸠摩罗什等人的新译佛经或老僧讲解知道了开窟造像的功德后，也难免会有开窟建寺的要求。

第四，以鸠摩罗什为代表的后秦译经僧们译出了包括《妙法莲华经》《维摩诘经》《禅法要解》等在内的众多新经。这些译经所表现的佛学思想和具体场景能够很好地为麦积山石窟的开凿提供理论依据与脚本。

第五，后秦姚氏原为西羌大姓，根基就在秦州，所以，一直十分重视对秦州的经营。崇奉佛法的姚氏宗亲姚嵩②就曾被任命为秦州刺史，在其任职期间，多次与姚兴探讨佛法义理，书信往来频繁。《广弘明集》卷十八《安成侯姚嵩表》中就有这样的记载："奉珠像，承是皇后遗嘱所建，礼觐之日，永慕罔极。伏惟感往增怀。臣言，先承陛下亲营像事。每注心延望，迟冀暂一礼敬。不悟圣恩垂及，乃复与臣供养此像。既功宝并重，且于制作之理，拟若神造中来，所见珠像，诚当奇妙。然方之于此信，复有间瞻。奉踊跃实在无量。"③ 上述材料所说的"陛下亲营像事"，很可能就是指姚兴开凿麦积山石窟之事。

最后，姚兴修凿麦积山石窟很可能受到东晋高僧慧远"营筑龛室"④ 的影响。据《高僧传》卷六《慧远传》所载，庐山慧远"闻天竺有佛影……志欲瞻睹。会有西域道士叙其光相，远乃背山临流，营筑龛室，妙算画工，淡彩图写，色疑积空，望似烟雾，晖相炳暖，若隐而显……"⑤ 由此可见，当时慧远在西域道士的指导下，确实在背山面河之处开窟建龛，且在其中绘佛影像。当时，"长安、庐山声气相通"⑥，故慧远此举极有可能对姚兴造成影响，再加上后秦境内亦有不少西域高僧游学，其在麦积山修造石窟比之慧远更具优势。

2. 麦积山石窟开窟造像的题材

目前，学界公认的麦积山最早的一批石窟是现编号为第 51、74、78、90、165 等窟。其中，第 51、74、78、90 窟均为三佛题材。虽然这些洞窟中的造像均经过后世重修，但其

---

① （唐）房玄龄等撰：《晋书》，北京：中华书局，1974 年，2985 页。

② 《晋书》卷一一八《姚兴载记下》载："秦州刺史姚嵩入羊头陕"。见（唐）房玄龄等撰：《晋书》，北京：中华书局，1974 年，2996 页。

③ 《大正藏》卷五二，228 页下～229 页上。

④ （梁）释慧皎撰，汤用彤校注，汤一玄整理：《高僧传》，北京：中华书局，1992 年，213 页。

⑤ （梁）释慧皎撰，汤用彤校注，汤一玄整理：《高僧传》，北京：中华书局，1992 年，213 页。

⑥ 汤用彤著：《汉魏两晋南北朝佛教史》，北京：北京大学出版社，1997 年，250 页。

窟龛形制和造像组合还是保留了较为原始的状况，特别是保存相对完整的第 74、78 两窟。杜斗城先生就曾以第 74、78 两窟为例，从后秦国主姚兴出于维护政治利益的目的而与鸠摩罗什对"三世实有"以及窟龛的规模等方面进行讨论，说明"三世佛"题材的思想来源，进而证明"这批'三佛窟'为后秦无疑"①。笔者完全同意杜斗城先生的论述，并且希望在此基础上，通过对后秦译经的分析，进一步说明麦积山开窟造像之初确为"三世佛"题材。

通过对后秦译经的分析，笔者发现后秦"三世佛"的造像题材不仅与姚兴"三世有佛"的思想密切相关，而且可能还受到了后秦译经中宣扬"三世佛"思想的影响。从对后秦译经的分析可知，后秦译经中鸠摩罗什译的《菩萨藏经》《妙法莲华经》《十住毗婆沙论》《坐禅三昧经》《不思议光菩萨所问经》及竺佛念译的《中阴经》《菩萨处胎经》等，都曾提到"三世佛"，他们或以过去、现在、未来的形式出现，或以七佛一弥勒的形式出现。下面，就以鸠摩罗什新出《妙法莲华经》为例，述其对后秦"三世佛"题材的影响。虽然在鸠摩罗什之前，已有西晋竺法护的《正法华经》译本流行，但罗什应姚嵩之请译出《新法华经》后，遂取而代之，以至于"十六国以来，《法华经》造像可以说弥漫天下"②。《法华经》中宣讲"三世佛"，从《序品》就开始在长行和偈颂中反复讲说过去燃灯佛、现在释迦牟尼佛和未来弥勒佛这"三世佛"的传承，其后的《方便品》又说"三世佛"为众讲说"一佛乘"，并说众人应当供养"三世佛"③。虽然自《从地踊出品》之后，开始强调释迦牟尼佛的"久远实成"，但与"三世佛"思想并不相悖，这里只是为释迦又赋予了法身的意义而已。这种情况，表现在石窟中即释迦牟尼佛处于正壁主尊的位置，且往往略为高大一些。炳灵寺石窟第 169 窟第 9 龛和第 23 龛的西秦"三世佛"造像即是如此④。但麦积山的情况比较特殊，三佛基本同样大小。笔者认为这可能与姚兴"三世一统，循环为用，过去虽灭，其理常在"⑤ 的观念有关，这也恰好说明后秦的"三世佛"题材，是在姚兴和译经的共同作用下产生的。

另外，《高僧传》卷十一《玄高传》中亦曾谈到当时麦积山的情况："释玄高，姓魏，

---

①　杜斗城：《麦积山早期三佛窟与姚兴的〈通三世论〉》，《敦煌学辑刊》2007 年 1 期。

②　赖鹏举：《关河的三世学与河西的千佛思想》，《东方宗教研究》1994 年 4 期。

③　上述详见《大正藏》卷九，2 页中～10 页中。

④　参见杜斗城、王亨通主编：《炳灵寺石窟内容总录》，兰州：兰州大学出版社，2006 年，188、203 页。

⑤　《大正藏》卷五二，228 页中。

本名灵育，冯翊万年（今陕西临潼北）人也……（弘始）四年（402年）二月八日生……专精禅律，闻关中有浮驮跋陀禅师在石羊寺弘法，高往师之。旬日之中，妙通禅法……高乃杖策西秦，隐居麦积山。山学百余人，崇其义训，禀其禅道。时有长安沙门释昙弘，秦地高僧，隐在此山，与高相会，以同业友善。"①

　　上述材料虽然没有提及麦积山开窟造像的题材，但是却为我们提供了有益的线索。从材料中我们可以看出，麦积山早期必然禅修甚盛。否则便不会有"山学百余人"跟从玄高在麦积山"禀其禅道"，更不会有同业禅僧昙弘隐修于此。另，《晋书·姚兴载记》所谓"沙门坐禅者恒有千数"②，并文献所载后秦鸠摩罗什及佛陀跋陀罗精通禅法，且有徒众从其受学，这些皆可印证后秦禅修之盛。

　　佛教对禅定非常重视，不仅将它视为"三学"之一，亦将其列入"六度"之列。且后秦以前，东汉安世高、西晋竺法护等皆有禅经译出，明修禅法要，叙禅定之功。正因为如此，禅定作为僧人出家修行的重要内容，在"十六国"、北朝特别流行。僧人坐禅，专注一境，使分散浮躁的精神得到集中，达到"入定"，以求解脱。"若在冢间，若在树下"③，抑或"凿仙窟以居禅，辟重阶以通述"④。而麦积山石窟坐落于林泉之间，幽深僻静，又距当时来往长安的交通要道不远，堪称习禅的理想处所。这也是麦积山禅修宏盛的一个重要原因。

　　在坐禅的实践中，往往需要观像。"观像主要是观释迦牟尼佛、释迦多宝对坐佛、十方三世诸佛、无量寿佛、四方佛、七佛和弥勒菩萨等。"⑤ 开窟造像，描绘壁画，不仅能够满足坐禅观像的要求，而且能够为开窟者造作功德。据此，我们就可以推知麦积山石窟开凿之初很可能会以上述观像内容作为造像或壁画的主要题材，而以禅修观像作为洞窟的重要功能。

　　此外，鸠摩罗什在长安译出的讲解禅修的《禅法要解》《坐禅三昧》《禅秘要法》《佛说首楞严三昧》等经，也会对当时的禅修起到推动和指导作用。而且，包括这些经典在内的后秦译经，还能够为上述观像题材提供理论依据和绘塑脚本。如《坐禅三昧经》对应观

---

① （梁）释慧皎撰，汤用彤校注，汤一玄整理：《高僧传》，北京：中华书局，1992年，409～410页。
② （唐）房玄龄等撰：《晋书》，北京：中华书局，1974年，2985页。
③ 《大正藏》卷一五，252页上。
④ 《大正藏》卷五二，339页中。
⑤ 魏文斌：《麦积山石窟初期洞窟调查与研究》，兰州：兰州大学博士学位论文，2009年，200页。

释迦牟尼佛的相好有着较为详细的描述①，《法华经·见宝塔品》② 能够为释迦多宝对坐提供绘塑脚本，《禅秘要法》《法华》等经都含有观三世十方诸佛乃至千佛的思想③，《禅秘要法》《弥勒下生经》《弥勒成佛经》及佛陀耶舍译《长阿含经》则能够为观弥勒提供理论依据④。

特别需要注意的是，从上述禅观的角度同样可以证明"三世佛"题材是麦积山石窟开凿之初的重要题材。

二　后秦佛教与炳灵寺石窟

姚秦灭后，西秦继起，佛教亦盛，至今炳灵寺第 169 窟还保留着以西秦"建弘元年（420 年）"⑤ 无量佛龛为代表的较多佛教造像和壁画。温玉成先生曾言："西秦的佛教文化应主要受到后秦的影响。"⑥ 事实的确如此。下面，笔者就从后秦高僧玄高和炳灵寺现存西秦造像壁画的题材两方面，略述后秦佛教对炳灵寺石窟的影响。

《高僧传》卷十一《玄高传》讲罢玄高在麦积山与长安禅僧昙弘同业授徒修禅之事，继言："时乞伏炽磐跨有陇西，西接凉土。有外国禅师昙无毗来入其国，领徒立众，训以禅道。然三昧正受，既深且妙，陇右之僧禀承盖寡。高乃欲以己率众，即从毗受法。旬日之中，毗乃反启其志。时河南有二僧，虽形为沙门，而权侔伪相。恣情乖律，颇忌学僧，昙无毗既西返舍夷。二僧乃向河南王世子曼谗构玄高，云蓄聚徒众，将为国灾。曼信谗，便欲加害，其父不许，乃摈高往河北林阳堂山……高徒众三百，往居山舍……学徒之中，游刃六门者，百有余人。有玄绍者，秦州陇西人。学究诸禅，神力自在……绍后入堂术山，禅蜕而逝。昔长安昙弘法师，迁流岷蜀，道洽成都。河南王藉其高名，遣使迎接。弘既闻高被摈，誓欲申其清白，乃不顾栈道之难，冒险从命。既达河南，宾主仪毕，便谓王曰：'既深鉴远识，何以信谗弃贤？贫道所以不远数千里，正欲献此一白'。王及太子赧然愧悔，即遣使诣高，卑辞逊谢，请高还邑……王及臣民，近道候迎。内外敬奉，崇为国

①　详见《大正藏》卷一五，276 页上 ~ 第 277 页上。

②　详见《大正藏》卷九，32 页中 ~ 第 34 页中。

③　参见《大正藏》卷一五，267 页下及卷九 7 页上、下。

④　参见《大正藏》卷一五，268 页下；卷一四，423 页下 ~ 425 页下、428 页中 ~ 434 页中；卷一，41 页下。

⑤　杜斗城、王亨通主编：《炳灵寺石窟内容总录》，兰州：兰州大学出版社，2006 年，186 页。

⑥　温玉成：《中国早期石窟寺研究的几点思考》，《敦煌研究》2000 年 2 期。

师。河南化毕，进游凉土……既达平城，大流禅化……"①

这段记载中有些信息对于了解玄高对西秦佛教特别是炳灵寺地区禅修的影响是非常有益的。

首先，传中讲到外国禅师昙无毗"领徒立众，训以禅道"，而玄高进入西秦的初衷正是从其受法。此"昙无毗"亦可见于炳灵寺第169窟"建弘元年"墨书题记之下的供养人题名中②。据此可知，昙无毗必曾于炳灵寺弘禅，玄高从其受法，可能就在此处。

其次，玄高虽遭恶僧陷害被摈"河北林阳堂山"，却依然有"徒众三百"，"游刃六门者"百余人。这里所说的"河北林阳堂山"，或即炳灵寺石窟。因为相对于西秦国都枹罕（今甘肃临夏）所处的"河南"（黄河之南）而言，炳灵寺即在"河北"；"堂山"或为"堂术山"之误或简称；"林阳"则可理解为"河北"附近山林之南。另外，从其徒众所学的情况来看，"徒众三百""游刃六门者，百有余人"。就是说，玄高在西秦收徒授业，弘宣佛法，徒众三百，专精禅法者百余人。这就证明玄高所授并非仅为禅法，亦有其他。

再次，传中说到玄高门下精通禅修的弟子玄绍"入堂术山，禅蜕而逝"。堂术山即今之炳灵寺石窟所在地③。玄绍于此禅化，亦可说明玄高或曾在此弘宣禅法。

第四，据传中所记可知，与玄高在麦积山同修的昙弘亦应西秦国主乞伏炽磐之请在西秦弘法授业。前文已述，昙弘是禅学高僧，他在西秦弘法，想必亦以禅学为重。最后，传中讲玄高被西秦国主乞伏炽磐"崇为国师"。以国师身份，玄高则可以在西秦境内更加方便、更有影响地大弘其道。

总而言之，玄高对西秦佛教特别是炳灵寺附近禅修的宏盛必定产生过重要影响。

前文已述，玄高其人，生于后秦弘始四年（402年），出家后因从后秦石羊寺浮驮跋陀禅师学习而"妙通禅法"，实为后秦佛教特别是禅学的代表人物。他对西秦禅法特别是炳灵寺禅修兴盛所起的推动作用，即可视为后秦佛教于炳灵寺石窟乃至西秦佛教影响的一个缩影。

从炳灵寺石窟现存西秦造像和壁画的题材来看，亦可说明后秦佛教对炳灵寺石窟产生过一定影响。

---

① （梁）释慧皎撰，汤用彤校注，汤一玄整理：《高僧传》，北京：中华书局，1992年，410～411页。
② 参见杜斗城、王亨通主编：《炳灵寺石窟内容总录》，兰州：兰州大学出版社，2006年，186页。
③ 参见《法苑珠林》卷三十九之记载。（唐）释道世撰，周叔迦、苏晋仁校注：《法苑珠林校注》，北京：中华书局，2003年，1247页。

　　造像题材方面，炳灵寺第 169 窟中第 9 龛、第 14 龛、第 23 龛及第 7 龛、第 16 龛皆为"三佛"造像①，笔者认为这些"三佛"题材应该是在后秦佛教的影响下产生的。前文已述，后秦国主姚兴力主"三世实有"，《法华经》等佛典也宣扬"三世"思想，"三世佛"又是坐禅观像的重要内容，故麦积山后秦窟龛的造像题材即为"三世佛"。另外，后秦统治期间，西秦国主乞伏乾归、乞伏炽磐曾向姚秦称臣②。后秦灭亡后，西秦又占领了原后秦所辖的秦州。这些历史交往无疑会促使后秦佛教思想和新译佛经迅速传至西秦属地，并对其发生影响。"三世佛"题材在炳灵寺西秦窟龛的延续即应如此。

　　炳灵寺西秦窟龛中所塑坐佛，多为结跏趺坐、手结禅定印的形象。第 20 龛中更有释迦禅定苦修像③。这些题材都反映出炳灵寺乃至西秦禅修流行，而西秦时禅法之所以能够流行不仅与玄高等后秦禅僧的弘宣密切相关，而且可能还与《禅法要解》《坐禅三昧》《禅秘要法》《佛说首楞严三昧经》等禅经的译出、流通关系密切。

　　壁画题材方面，炳灵寺第 169 窟西秦壁画的题材主要包括无量寿佛、释迦多宝、维摩诘变以及千佛。这些壁画的绘制通常都是以佛经作为依据或脚本的。如无量寿佛的形象多依据《无量寿经》绘制；释迦多宝重在表现《法华经·见宝塔品》；维摩诘变则多选取《问疾品》作为脚本。虽然上述佛经在后秦之前均有翻译，但从前文对各部佛经的分析可以看出，鸠摩罗什译本译出后，随即广为流传。故与后秦地缘相近、往来频繁的炳灵寺石窟，其西秦壁画极有可能就是以鸠摩罗什译本为依据或脚本绘制的。另外，上述壁画题材也都是禅观的重要内容。联系前文所述以玄高为代表的后秦高僧对炳灵寺禅修的推动可知，后秦佛教的禅观亦对西秦壁画题材有所影响。

　　综上可知，无论是通过高僧的践行还是译经的弘传，后秦佛教都对西秦特别是炳灵寺石窟产生过重要影响。

---

① 参见杜斗城、王亨通主编：《炳灵寺石窟内容总录》，兰州：兰州大学出版社，2006 年，188、193、203 页；及张宝玺：《炳灵寺的西秦石窟》，载甘肃省文物工作队、炳灵寺石窟文物保管所编：《中国石窟·永靖炳灵寺》，北京：文物出版社；东京：平凡社，1989 年，186 页。

② （唐）房玄龄等撰：《晋书》，北京：中华书局，1974 年，3123 页。

③ 参见杜斗城、王亨通主编：《炳灵寺石窟内容总录》，兰州：兰州大学出版社，2006 年，201 页。

麦积山第 4 窟开凿时间考论

——以对庾信铭文的解读为切入点

董广强[*]

内容提要：本文通过对庾信所做的《秦州天水郡麦积崖佛龛铭并序》进行深入的解读和分析，认为麦积山第 4 窟具体开凿时间应该是在建德元年前后开工，在建德三年周武帝灭佛之时，整个工程已接近尾声，但不得不停止。在恢复佛法之后，又进行了一些收尾工作（彩绘），并同时请庾信撰写了铭文，撰写铭文的时间应该在北周大象元年（579 年）左右。

关键词：麦积山第 4 窟　庾信铭文　开凿时间　周武帝灭佛

一　问题的提出

麦积山石窟第 4 窟位于麦积山石窟东崖，是一个宫殿形的大型洞窟，对于这个洞窟，多数学者都依据北周文学家庾信所作的《秦州天水郡麦积崖佛龛铭并序》认为是北周时期的大都督李充信所开凿的。

但对于这个洞窟具体的开凿时间目前却有两种意见，一种是阎文儒先生所提出，他认为："既然李充信为宇文广的故吏，他作秦州刺史，必定是在天和三年宇文广死了以后，但在建德三年（574 年），周武帝又曾经禁止过佛教，那么李充信开凿的七佛阁，又必在

---

* 作者简介：董广强（1969 年—　），男，河南许昌人，麦积山石窟艺术研究所副研究员，从事于石窟考古、文物保护、遗产监测等多方面的研究工作。

天和三年以后、建德三年以前的六年之内"①。另一种是何静珍女士的意见，认为："'天嘉六年（周保定五年）庚寅周主入秦州，八月丙子还长安'。鉴于在565年即周武帝保定五年七八月间，当周武帝行幸秦州时，庾信始有可能列文班侍驾来秦州和看到麦积山，从他撰《秦州天水郡麦积崖佛龛铭并序》来看，这时，李充信所开七佛阁已经完全修好，因此，过去所说此窟开凿在保定、天和年间的说法，应予纠正。其具体的开凿年代，应该在保定五年以前，绝不会在天和以后。"②

应该讲，这两种意见都有比较可靠的史料依据，阎文儒先生是从李充信的官职作为出发点，因为在庾信所作的铭文中有"大都督李充信"一语，在《周书》中也有"（宇文广）故吏仪同李充信"③，这两条史料相结合，阎先生认为李充信是承袭了宇文广的官职，担任了开府仪同三司都督秦州刺史，那么他开凿洞窟的时间也只有是在宇文广去世以后和周武帝灭佛以前的这一段时间。而何静珍女士则是从庾信有可能来麦积山的时间来推断的。

然而，这两种意见在论据上都显得有些单薄，没有进行细致而深入的论证，而最近笔者在对庾信《秦州天水郡麦积崖佛龛铭并序》反复阅读和推敲后，对年代问题有了新的认识，现冒昧提出，敬请方家指正。

在庾信的文章中，用了很多的典故，这是南北朝文人最常用的手法，其中的典故多出自古代的各种历史、地理、文学等各种书籍或文章，没有深厚的古代文化知识，完全读透这篇文章是很困难的，温玉成先生在对文中"度杯远至"一语的分析，得出了麦积山早期发展的重要研究成果④，限于修养和学力，笔者也仅是对其中一些相关的词句进行推敲和分析。

麦积崖者，乃陇坻之名山，河西之灵岳。高峰寻云，深谷无量。方之鹫岛，迹遁三禅。譬彼鹤鸣，虚飞六甲，鸟道乍穷，羊肠或断。云如鹏翼，忽已垂天。树若桂华，翻能拂日。是以飞锡遥来，度杯远至。疏山凿洞，郁为净土。拜灯王于石室，乃假驭风；礼花首于山龛，方资控鹤。大都督李充信者，籍于宿植，深悟法门。乃于壁之南崖，梯云凿道，奉为王父造七佛龛。似刻浮檀，如攻水玉，从容满

① 阎文儒：《麦积山石窟》，兰州：甘肃人民出版社，1983年，1~14页。
② 何静珍：《麦积山石窟大事记》，兰州：甘肃人民出版社，1983年，201~215页。
③ （唐）令狐德棻等撰：《周书》卷一〇，北京：中华书局，1976年，156页。
④ 温玉成：《中国早期石窟寺研究的几点思考》，《敦煌研究》2000年2期。

月，照曜青莲。影现须弥，香闻忉利。如斯尘野，还开说法之堂；犹彼香山，更对安居之佛。昔者如来追福，有报恩之经；菩萨去家，有思亲之供，敢缘斯义，乃作铭曰：

镇地郁盘，基乾峻极，石关十上，铜梁九息。百仞崖横，千寻松直，荫兔假道，阳乌回翼。载辇疏山，穿宠架岭，纠纷星汉，迥旋光景。壁累经文，龛重佛影，雕轮月殿，刻镜花堂，横镌石壁，暗凿山梁。雷乘法鼓，树积天香，噭泉氓谷，吹尘石床。集灵真馆，藏仙册府。芝洞秋房，檀林春乳，冰谷银砂，山楼石柱。异岭共云，同峰别雨。冀城余俗，河西旧风。水声幽咽，山势崆峒。法云常住，慧日无穷。方域芥尽，不变天宫。①

二　铭文中引用典故的词句变化

在描述麦积山的山形景色时，文中有："高峰寻云，深谷无量"，这是采用了《淮南子》中的语句，近似的语句在庾信文集中出现了三次，另外两次分别是在《周大将军琅邪定公司马裔墓志铭》和《周大将军上开府广饶公郑常墓志铭》中，现将相关文字摘录于后：

周大将军琅邪定公司马裔墓志铭

公讳裔，字遵□，河内温人也，……朝廷以汉之功臣，须开上将之府，晋代之胄，宜绍琅邪之国，迁骠骑大将军开府，改封琅邪公，食邑一千五百户……王道既平，丝言惟允，寻除始州刺史、都督始州军事。……蛮夷持险，狼愿鸱张，高山寻云，深谷无景，九地纵横，三门起伏，峰危马束，水险桥飞，遂得谷静山空，冰消雾散。仍为信州刺史，都督信州诸军事，精兵守于白帝，足惧巴州之城，船柿下于荆州，弥动西陵之戎，即授使持节、大将军、都督西宁州诸军事、西宁州刺史，将启北户之人，向通云南之国，闻龙若警，奋从深夜。天和六年正月十八日亡，春秋六十五，诏赠本官，加怀、邵、楚、晋四州刺史，谥定公，礼也，以建德元年七月十三日，葬于武功郡之三畤原。②

---

① （清）倪璠：《庾子山集注》卷一二，北京：中华书局，1980 年，672 页。
② （清）倪璠：《庾子山集注》卷一二，北京：中华书局，1980 年，962 页。

周大将军上开府广饶公郑常墓志铭

公讳常，字某，荣阳人也。……保定三年，授使持节、都督迁州诸军事、迁州刺史。即总领金州兵马，开拓北戎。<u>高山寻云，深谷无景</u>。授持节、开府仪同大将军。柏梁高宴，有大将军之诗，幕府初开，有平陵侯之国。……九州都督，须得其才，千里诸侯，宝□其政，乃为使持节、都督东徐州诸军事、徐州刺史。寻迁南兖州刺史。……春秋末高，奄然过疾。以大象元年薨于州镇，时年六十三。①

在《淮南子》中，有"山高寻云，谿肆无景"②，在司马裔和郑常的墓志中，变成了"高山寻云，深谷无景"，变动了两个字，而麦积山七佛阁铭文中，变成了"高峰寻云，深谷无量"，在墓志文字的基础上又变动了两个字，《周大将军琅邪定公司马裔墓志铭》从时间上看应该是写作于建德元年（572 年）七月以后，而《周大将军上开府广饶公郑常墓志铭》则应该是写作于大象元年（579 年）或者略后一段时间。

按照一般的写作规律，作者在引用古典文献时，应该是先直接使用，之后，在仔细推敲、斟酌，然后在原词语的基础上进行化用。在两则墓志铭中，庾信将《淮南子》的原文语句"山高寻云，谿肆无景"引化成了"高山寻云，深谷无景"，变动了两个词，其他两个词完全相同，而在麦积山七佛阁这一篇文章中，又将曾在墓志文中使用的"高山寻云，深谷无景"变成了"高峰寻云，深谷无量"，将"高山"变成"高峰"，"无景"变成"无量"。这个短句的演变情况应该是这样的：山高寻云，谿肆无景→高山寻云，深谷无景→高峰寻云，深谷无量，无论是从字面还是从文字的内涵看，麦积山的铭文和墓志铭比较接近，而和《淮南子》中的文字有一定的距离。这个词组由四个词组成，从《淮南子》中的"山高寻云，谿肆无景"到墓志铭中的"高山寻云，深谷无景"实际上是变动了两个词，"山高"变成了"高山"，"谿肆"变成了"深谷"；而如果将《淮南子》中的"山高寻云，谿肆无景"和麦积山铭文中的"高峰寻云，深谷无量"相比，则变动了三个词，首先从量的变化就可以看出墓志铭中的词句更接近于《淮南子》中的原文。而从单个词语来看，词的变化排序："山高""高山""高峰"更合理一点，各个词之间存在递进关系，而"山高""高峰""高山"的排序就不符合词句的变化规律，这样的排列则属于跳跃关系。

---

① （清）倪潘：《庾子山集注》卷一二，北京：中华书局，1980 年，982 页。
② 许匡：《淮南子全译》，贵阳：贵州人民出版社，1993 年，894～895 页。

这样很明显地就可以看出，《秦州天水郡麦积崖佛龛铭并序》这一篇文章的写作时间应该是在这两篇墓志铭的后面，也就是在大象元年（579 年）以后，因为如果麦积崖佛龛铭写在两篇墓志之前，庾信已经将"高山寻云，谿肆无景"化用成了"高峰寻云，深谷无量"这样更成熟和更贴切的语句，那么在之后的文章中再次使用同样的语句时，不使用成熟和贴切的语句，又重新使用化用之前的词句就于理不通了。

三　铭文中的语言环境

单独的词句在文章中不会孤立存在，应该是和其他词句之间有呼应关系。从描述的情形来看，司马裔的任职地区是在南方，这里"蛮夷持险，狼愿鸥张，高山寻云，深谷无景，九地纵横，三门起伏，峰危马束，水险桥飞，遂得谷静山空"，地形山势都非常险要，在这种峰危马束、水险桥飞的情况下，蛮夷才有险可持，更符合于"高山寻云，深谷无景"的情形，而出生和成长在南方的庾信对这种地形自然是很熟悉的，而在这篇文章中首次使用了"高山寻云，深谷无景"也是在情理之中的，因为所描述的地形符合南方的情况。

这可能是庾信认为在描述山水时比较恰当的一个词句，所以在之后的郑常的墓志也原文照用，但相关的地形描述却简单得多，相比较而言，"高山寻云，深谷无景"在郑常墓志中显得单薄了很多，缺乏一种前后文之间呼应和对照关系。继续推敲之后，在麦积山也使用了这个词，但是词句之间同样缺乏对应关系。而我们知道麦积山除了个别的山形比较险峻以外，大多是一般性起伏的山峰，而又和黄土高原的边缘地带连接，庾信在面对这种山水时，是很难创造性地激发出"高峰寻云，深谷无量"一类的词句，只能是借用原有的语句。因此，《秦州天水郡麦积崖佛龛铭并序》这一篇文章的写作时间绝对不可能早于前两篇墓志铭。

四　铭文中的具体现象

文章中还有"壁累经文，龛重佛影"的语句，"龛重佛影"在石窟中是很正常的，无论是对麦积山整体的描述还是对七佛阁个体的描述都是比较恰当的；"壁累经文"是讲壁面上有刻写的经文，但是我们目前却无法找到对应的现象。我们在整个七佛阁的所有部位寻找，都没有找到"壁累经文"的现象，就是在整个麦积山石窟也没有这种现象，甚至是个别的遗留都未发现。所以，可以肯定地讲，庾信在写作铭文时，在李充信开凿的洞窟中甚至在麦积山的全部洞窟中，都没有"壁累经文"的这种现象。

庾信的文章中，无论是铭、赋、诗等，许多的内容都是文学性的虚写，而并不是实指，在七佛阁这篇铭文中，许多的词语都是这种情况，都难以具体对应。但是，"壁累经文"却是一种很具体现象，如果作者没有直接的感官体验，是不可能写出这样的语句的，它不同于"高峰寻云，深谷无量。方之鹫岛，迹遁三禅。譬彼鹤鸣，虚飞六甲，鸟道乍穷，羊肠或断。云如鹏翼，忽已垂天。树若桂华，翻能拂日……百仞崖横，千寻松直，荫兔假道，阳鸟回翼。载葺疏山，穿龛架岭，糺纷星汉，迴旋光景"等这样的描述，这些语句仅凭一般的体验和古典史籍知识，就可以思想纷飞、下笔如流，不受任何的约束而进行文学创作，而这正是文学的自由空间。"龛重佛影"这样的语句或许可以凭空想象，因为在石窟或庙宇中，有佛就有龛，有龛就有佛，这是社会常识，但是"壁累经文"就绝对无法凭空而出，因为这个具体现象在石窟或寺庙中不具备有普遍性，就目前来讲，也仅有个别石窟中有这种"壁累经文"的现象，所以作者不会从一般的社会佛教活动中获得这种知识而依此进行文学创作。

既然，麦积山石窟没有"壁累经文"的现象，我们对这种情况就只有一种解释，那就是作者在写作这篇文章之前，在某地明确地看到了这种"壁累经文"的现象，在写作时，出于文字对仗（和"龛重佛影"对应）等原因，将它处"壁累经文"的现象移植到了这里，从文学角度看，这是很正常的现象。

在古代典籍中，我们未发现在寺庙中有在壁面上写经或刻经的历史记载，就可以排除庾信在寺庙中看到了这种现象，另外，庾信所描写的是一个佛阁洞窟，虽然在文字上有许多文学性的夸张描述，但其基本性的印象应该是从石窟中得到的，所以，我们的视点也该集中在石窟中。

目前，在石窟中有写经或刻经现象并且有一定规模的石窟有炳灵寺（169窟）①、邺城地区石窟②和陕西北部的唐宋石窟③，但陕西石窟的年代比较晚，和本题没有关系，暂且不论，我们只讨论庾信可能是在炳灵寺或者是邺城地区石窟看到"壁累经文"的现象，并

---

① 张宝玺：《建弘题记及其相关问题的考释》，载《炳灵寺石窟》，兰州：甘肃人民出版社，1993年，163～165页。
② 李裕群：《北朝晚期石窟寺研究》，北京：文物出版社，2003年，211～261页。
③ 李淞：《陕西古代佛教美术》，西安：陕西人民教育出版社，2000年，108页。

从其生平经历考证出到达炳灵寺或者是响堂山的时间，依此得出文章写作的相对时间。

炳灵寺169窟中的墨书建弘元年题记和《佛说未曾有经》是所有从事石窟研究的学者所共知的，这种情况似乎也应该算是"壁累经文"，另外，从庾信的生平来看，他有可能来到河西并参观炳灵寺应该是在建德五年二月以后，因为根据《庾子山集注》的作者（清代学者倪璠）考证，庾信在建德五年二月曾出使吐谷浑，由于各种原因滞留至建德六年正月才回到洛州（洛阳，庾信当时任洛州刺史）①，所以，如果庾信是在炳灵寺石窟的169窟墨书题记和经文中得到了"壁累经文"的基本印象，那么麦积山七佛阁的这一篇铭文的写作时间就应该是在建德五年正月以后。而庾信在吐谷浑期间又不可能受到李充信的所托写铭文，因此，铭文的书写时间应该在建德六年正月以后。

在南、北响堂山石窟、安阳小南海石窟、宝山灵泉寺石窟、香泉寺石窟、娲皇宫石窟、八会寺等石窟中都有刻经现象，这是在当时末法思想的影响下所形成的一种地域性佛教艺术风格②。这些都是"壁累经文"的具体反映，当时都在北齐境内。但是，除了南、北响堂山石窟以外，其他几个石窟的规模都很小，而且地理位置相对偏僻，庾信作为一个高级官吏，无论是在北周境内游历或是在某个时候出使北齐，都很难到这些地方。所以，我们只考虑和分析庾信在某个时期在响堂山看到了这些刻经，然后在心中积累了"壁累经文"的基本印象。

北响堂南洞窟内外以及廊柱都刻有佛经，据统计共有十种之多，在洞窟外有北齐《晋昌郡公唐邕刻经记》记载，南洞窟刻经始于天统四年（568年），完成于武平三年（572年）五月二十八日。南响堂石窟多个洞窟都有刻经现象，据记载，刻经始于天统元年（565年），完工时间不晚于周武帝灭齐之年（577年）③。如果庾信是这两处地方看到了这些刻经洞窟，那么年代最早也应该是565年以后。

庾信在554年滞留北方以后，未见有出使北齐的记载，而在北周、北齐对峙期间，双方主要是以军事对抗为主，特别是北周武帝即位以来，对北齐的军事进攻进一步加强，在这种情况下，双方的相互遣使行动应该是比较有限的，即使有未载于史籍的庾信出使北齐的行动，在军事斗争的形势下，也不太可能有太多的时间和精力去游览这些名胜古迹一类的地方，基于这种分析，在北周灭齐以前，庾信是不太可能看到这些刻经的。

---

① （清）倪璠：《庾子山集注》卷一二，北京：中华书局，1980年，11～40页。
② 李裕群：《北朝晚期石窟寺研究》，北京：文物出版社，2003年，211～261页。
③ 李裕群：《北朝晚期石窟寺研究》，北京：文物出版社，2003年，211～212页。

北周建德六年二月，周武帝率军灭北齐，庾信对这个事件是很关注的，在文集中有《奉和平邺应召》诗和《贺平邺都表》等文章①，在这种情况下，庾信就有可能来到邺城，而响堂山南北石窟营造活动有北齐的高官、贵族（齐主高欢、丞相高阿那肱、晋昌郡公唐邕等）参与其中，所以，在这里参观游览也就在情理之中。而看到满洞窟的经文后，一种"壁累经文"的印象也自然产生，并作为其以后创作的基本素材，由此判断，庾信写《秦州天水郡麦积崖佛龛铭并序》的时间当在北周灭齐之后，也就是在建德六年二月以后。

无论庾信是在炳灵寺看到墨书的经文题记，还是在响堂山看到洞窟中的刻经，其年代都是相同的。但是，我们可以做更细致的情理分析：第一，炳灵寺石窟在北周时期的发展相对来讲是一个低落时期，所开凿的洞窟数量有限；第二，169 窟在窟区的最高层，而且栈道险要，北周时期栈道是否可以通达也是值得考虑的问题；第三，响堂山石窟在多数洞窟中有规划、整齐有序洞窟壁面上的刻经和炳灵寺 169 窟在不规则的洞窟壁面上墨书题记相比，响堂山石窟刻经对一般人的基本印象似乎更符合"壁累经文"这种说法。依此推论，庾信在响堂山石窟看到了刻经现象而在稍后的《秦州天水郡麦积崖佛龛铭并序》文章中写出了"壁累经文"这个语句的可能性最大。

五　铭文中出现的地域

在庾信铭文的最后，有"冀城余俗，河西旧风"一语，"河西旧风"应该是指河西地区兴盛的佛教活动，无论是各种文字记载或是现实都有大量的资料和实例，在庾信文集中有多处对河西或敦煌的描写，如："僧徒云集，不远敦煌之城，学侣相牵，更合华阴之市"等，庾信对河西地区的佛教发展是了解很多的，但是"冀城余俗"一语却值得考虑，一般学者认为"冀城"是指附近的甘谷县，在北周时期曾称为"冀城"②，这种解释从地理位置、地名等因素看似乎是顺理成章。但是，甘谷县虽然也可称为古代丝绸之路上的一个点，有著名的大像山石窟（唐代开凿），但是在北朝时期，无论是在各种历史记载还是实际的文化遗留，我们都没有发现这个地区在北朝时期有很兴盛的佛教活动的痕迹，即使有

---

① （清）倪璠：《庾子山集注》卷一二，北京：中华书局，1980 年，504 页。
② （唐）魏征：《隋书》卷二九，北京：中华书局，1976 年，813 页。

一些未见于史籍的佛教活动记载，也只是个别的，在整体上远远不能和"河西旧风"相对应，另外在附近的武山县有北周时期秦州总管尉迟炯主持开凿的水帘洞石窟，但是在开窟题记中明确地指出这里是"渭州仙岩"，庾信也断然不会将在"渭州"开凿石窟的活动认为是"冀城余俗"，因为在古代这是最基本的地理概念，那么，"冀城余俗"究竟是指什么？

和"河西旧风"相对应，当然是指"冀城"这个地区有兴盛的佛教活动，查《中国古今地名大辞典》，在河北地区，十六国及北朝时期曾有冀县和冀州之设①，而且该地区佛教活动很是兴盛，目前发现这一地区有许多传世的青铜佛教造像，一些著名的高僧都曾在这里传布佛法，所以，庾信文章中的"冀城余俗"应该是指当时冀州地区的佛教活动。温玉成先生也持同样的观点②，并认为铭文中的高僧杯度可能就是冀州人。

同我们前面的考证一样，庾信只有深入了解"冀州"地区的佛教活动后，才可以得出"冀城余俗"这样的语句，那么他有机会了解冀州地区的佛教情况的时间只能是在北周灭齐以后，也就是在建德六年之后。

六　铭文中的乡关之思

庾信滞留北方之后，常有乡关之思，在其作品中多有体现。另外，庾信本人并不信仰佛教，但常常用自己的文学手法将佛教内容进行糅合，按照自己的理解进行文学化的描述，在《冥报记辑书》中就有批评庾信"妄引佛经杂糅。俗书诽谤佛法"③ 而在地狱中受苦的描述。

庾信在麦积山的这篇铭文中也有杂糅佛经的现象，文中有"昔者如来追福，有报恩之经；菩萨去家，有思亲之供"，其提到的"报恩之经"和"思亲之供"应该都是庾信自己对佛经的理解，在北朝时期并没有出现这样的经典。这种引用或化用其他典籍中的资料，在庾信的作品中是常见现象，如前面谈到的"高峰寻云，深谷无量"。佛经和佛教活动对于庾信来讲，只是一个文学写作的素材，没有特别的意义。

庾信铭文中的"昔者如来追福，有报恩之经；菩萨去家，有思亲之供"，从表面看是

---

①　臧励和：《中国古今地名大辞典》，香港：商务印书馆香港分馆，1984 年，1212 页。

②　温玉成：《中国早期石窟寺研究的几点思考》，《敦煌研究》2000 年 2 期。

③　（唐）道世：《法苑珠林》，《大正藏》，第五十三册，2122 页。

对李充信为王父开凿佛龛祈福这个事件的描述，这种开凿活动被庾信理解为报恩和思亲的行为。但是，我们结合庾信在北周期间的相关事件，则可以更深刻地理解这句话深层的含义。"周孝闵帝践阼，封临清县子，除司水下大夫。出为弘农郡守。迁骠骑大将军、开府仪同三司、司宪中大夫，进爵义城县侯。俄拜洛州刺史。信为政简静，吏人安之。时陈氏与周通好，南北流寓之士，各许还其旧国。陈氏乃请王褒及信等十数人。武帝唯放王克、殷不害等，信及褒并惜而不遣。"① 在这样的事件背景下，庾信心中思亲和思乡的感觉就更为浓重，在为李充信撰写铭文时，自然就有意或者是无意间反映出自己的乡关之思。我们把铭文中"昔者如来追福，有报恩之经；菩萨去家，有思亲之供"放置这样的背景下审视，其含义重点是在报恩和思亲，认为佛祖都可以报恩和思亲，大都督李充信可以开凿佛龛为王父祈福，而自己身居北方，远离故土，却无法报恩，含蓄地表达了自己思亲之情。而在武帝放回王克、殷不害的事件之后，庾信的思亲之情就更为浓烈，写出这样的语句就更为符合情理。这个事件的时间应该是在庾信为洛州刺史之后（建德六年，577 年），所以，可以推定铭文书写时间也该在 577 年之后。

七　对以上文字细节推敲后的综合分析

通过以上的分析，我们把庾信写《秦州天水郡麦积崖佛龛铭并序》的时间确定在了建德六年（577 年）或是在大象元年（579 年）以后。这样似乎就出现了矛盾，因为按照常理，写铭文应该在洞窟完工之后，而从建德三年到宣政元年（578 年），北周武帝一直执行其灭佛政策，李充信当然不会在这个时间段内开窟造像，所以，李充信如果在周武帝以后在麦积山开凿洞窟，只能是 579 年以后，但庾信在开皇元年（581 年）去世，在这两三年的时间里，而且是在一个王朝的末期，再排除庾信在去世之年体躯衰弱，不可能再做出文采飞扬的文章，留给李充信开凿洞窟的时间极为有限，在麦积山开凿一个规模巨大的洞窟而且又请庾信作序，从时间和历史背景上的可能性基本上不存在，那么，李充信的时间就只能是在建德三年周武帝颁布灭佛政策以前，而这样，开凿洞窟的时间和庾信铭文写作的时间就拉开了一个时间差。为什么会出现这种情况呢？

结合前面的考证，就只有一种解释可以说明这种情况：那就是李充信在建德三年武帝

---

① （唐）令狐德棻等撰：《周书》卷一〇，北京：中华书局，1976 年，156 页。

颁布灭佛政策以前就已经基本开凿好了这个洞窟，塑像和壁画也只剩下了一些收尾工程，在武帝灭佛的几年中，停止了营建。武帝之后，佛教复兴，李充信将该工程继续营建，并请庾信写了铭文。

我的这种解释并不是凭空得出，除了前面的文字史料考证外，在洞窟中经过认真的考察，也发现了中途停工的痕迹。

第4窟各个帐形龛的上方有七幅大幅飞天壁画，这些飞天的面部、手、脚等肌肉裸露部位采用了浅浮雕的手法，用优质细泥塑出，具有极强的艺术观赏效果，这就是著名的"薄肉塑"飞天壁画，这种壁画是这个洞窟最引人注目的艺术作品，在美术史中占有重要的地位。令人奇怪的是这七幅飞天壁画，却只有从东向西的五幅壁画采用了"薄肉塑"的手法，而西侧的两幅却没有采用"薄肉塑"的手法。后两幅壁画壁面光洁平整，也没有脱落的痕迹，在面部也没有绘出五官形象，仅仅是简单地涂色。仔细观察，后两幅壁画的色彩甚至地仗泥质都和前面五幅不同，明显不是一次性完成的。许多研究者包括参观者都对此疑惑不解。因为这是这个洞窟艺术水平最高超、最奇特、最引人注目的地方，但却是不完整的，而如果用中途停工来解释这个问题就可以顺理成章了。

"薄肉塑"飞天艺术具有独创性，关于它的艺术源流，笔者认为是受到了西域凹凸画法的影响，南朝的张僧繇用这种凹凸画法曾在一乘寺画过壁画，使之有"远视凹凸，就视乃平"的艺术效果。麦积山石窟的这处"薄肉塑"应该是在这种艺术的基础上进行的艺术再创造，而这种创造的跨越性是令人惊叹的。而这种艺术手法在当时来讲，无论是在浮雕艺术、绘画艺术、整体构图艺术等都可以称为上乘之作，不但是在艺术造诣还是在制作技巧上都可以称为是北朝时期的艺术精品之作，以当时的情形分析，这种艺术手法在艺术和技术方面都应该是极为个别的艺术家掌握的，而不是一种普遍性的技艺，甚至可以讲只有一名艺术家掌握这种艺术手法，这样高水平的艺术家很大可能是来自当时的都城长安，代表着北周时期最高的艺术水平和成就，所以才造成了仅在麦积山一处有这种空前绝后的佛教艺术作品。

从制作方法看，这些飞天的"薄肉塑"部分（面部、脚、手等）是和地仗结合在一起的，而不是将壁画地仗制作完以后再做"薄肉塑"部分，从一些脱落的部位看，"薄肉塑"是连带地仗一起脱落的，这说明，在制作壁画地仗的同时，就将整个画面的布局、位置都经营好了，地仗和"薄肉塑"是同时制作的，这样才能保证凸出部位的泥质更牢固长久，而且制作材料也和其他的壁画不同，泥质细腻、坚固，显然这些泥质也是用特殊工艺制作的，而这些具体制作，可能也是由这位艺术家亲自着手的，因为其他工匠并没有这种制作经验和体会，难以掌握这种独具匠心的艺术手法。

我们可以作这样的推断，在建德三年周武帝灭佛时，第4窟的工程正是最后的尾声，窟内的塑像也已经全部完工，可能只剩下壁画的绘彩工作，而各个龛顶部的"薄肉塑"飞天壁画前面五幅的制作已经完成，后面两幅尚准备制作。而这时，武帝灭佛的诏令颁布，工程不得不停止下来，艺术家也因此而离去。579年以后，佛法复兴，该工程重新进行施工，在很短的时间内就将各种遗留的后期工作完成（主要是壁画和塑像的上色、绘彩工作）。但是，这位制作"薄肉塑"的艺术家却因为某种原因没有再来这里进行剩余的工作，其他的艺术家和工匠又难以完成这种在艺术和技艺上要求都很高的工作，在这种情况下，李充信也只好因陋就简，将"薄肉塑"部分仅仅简单地涂色处理，这就造成了我们目前所看到的不完整的壁画。

这种推断虽然没有更多的直接依据，但是历史的发展不可能将所有资料都保留下来，这就形成了一些历史的空白点。而我们在谨慎论证的基础上，对这些空白点适当地进行联想和推测，将历史的发展有效地连接起来，从而恢复其本来面目。

八　庾信是否来麦积山以及和铭文的关系

上述分析中似乎有一个问题得不到解释，这个问题就是何静珍女士认为庾信在李充信的工程完工之后有机会来到麦积山（保定五年七、八月）才可以写出这样的文章，而我这一种时间的解释对这个问题就难以解答，晚年的庾信没有时间也不太可能来到麦积山，那么，他凭什么写出《秦州天水郡麦积崖佛龛铭并序》这篇铭文呢？

庾信是一位才华横溢的文学家，撰写了许多神采飞扬、华丽典雅的文章，但是，如果我们仔细地阅读这些文章，就会发现，他所写的文章，大多数是文学性的虚写，就麦积山《秦州天水郡麦积崖佛龛铭并序》这一篇铭文看，情况同样如此，很少有具体和有所指的词句，这也许是时代和他自己的特点。

《秦州天水郡麦积崖佛龛铭并序》可以分为两部分，前一部分是写麦积山以及这篇铭文的写作起因，后一部分是对所开凿洞窟的描写，我们先看其中具体描写麦积山的词句：

> 麦积崖者，乃陇坻之名山，河西之灵岳。高峰寻云，深谷无量。……是以飞锡遥

来，度杯远至。疏山凿洞，郁为净土。拜灯王于石室，……大都督李充信者，籍于宿植，深悟法门。乃于壁之南崖，梯云凿道，奉为王父造七佛龛……

除了以上这些文字以外，其他的都是文学性的描述。在有关麦积山的描述文字中，作者是不需要到麦积山参观就可以获得这些基本情况，因为麦积山在发展的初期，就有长安的高僧昙弘等和玄高一起在这里修禅①，在北魏、西魏期间，这种联系就更紧密了，尤其是西魏文帝皇后乙弗氏在麦积山自尽并凿龛而葬的历史应该是惊动朝野②，长安各个阶层人士对麦积山并不陌生，而庾信作为文学家，就可以从多渠道获得有关麦积山的山形、地势、历史、人文等，所以，从这个角度看，并不能认定庾信写了《秦州天水郡麦积崖佛龛铭并序》就一定来过麦积山。

在对洞窟的描写中，有针对性的描写文字就更少了，仅仅有："……壁累经文，龛重佛影……横镌石壁，暗凿山梁。……山楼石柱……"，而这些也仅是相对地是针对性的描写，前面已讨论过，"壁累经文"并非是麦积山的现象，而"龛重佛影"也是寺庙或石窟中的一个普遍现象，不是麦积山所独有的，"横镌石壁，暗凿山梁"也是在山崖上开凿洞窟所必需的工序，所以这几句话都不是很具有针对性，离开麦积山这个环境，这些语句在其他石窟中同样适用。

而"雕轮月殿，刻镜花堂"也不是明确有指，有些学者认为其中的"刻镜"是指在北周时期帐形洞窟的帐杆连接的角部雕刻有"镜"的形象③，但这有点断章取义的感觉。我们仔细分析这句话，"月殿"也称为"月宫"，是指月天子的宫殿④，花堂，也称"花亭"，是在佛诞日造小亭，为安置佛降生像，以红白之众花交覆作瓦状，宝盖垂幡亦皆累花而成之者。而第 4 窟供奉的是七佛，并没有月殿和花堂之类的建筑或陈设，如果庾信亲自登上了散花楼，看到了这些塑像，想必就不会有这样的描述。另外，"雕轮"中的"轮"有多种解释，如①佛足下千辐轮相，②塔顶上相轮（承露盘），③藏经楼中所使用之书架，设置机轮便于旋转，称为轮藏；轮藏创始于梁代善慧大士傅翕。④转轮圣王⑤。而结合文意，第三种解释应该更符合所描述的情形。而"刻镜"中的"镜"即是实用物，

---

① （梁）慧皎：《高僧传》，《大正藏》，第五十册，2059 页。
② （唐）李延寿：《北史》卷一三，北京：中华书局，1976 年，506～507 页。
③ 傅熹年：《麦积山石窟所见建筑》，《中国石窟·天水麦积山》，北京：文物出版社，1998 年，201～218 页。
④ 丁福保：《佛学大辞典》，北京：文物出版社，1984 年，348 页。
⑤ 丁福保：《佛学大辞典》，北京：文物出版社，1984 年，1321 页。

同时也可以作为庄严具。在第 4 窟帐龛内部，并没有"镜"的雕饰，而在第 27 窟的洞窟角部却有镜的雕饰，除此之外，其他帐形洞窟中（包括第 4 窟），在帐杆的连接处，都明确地雕饰出莲花图案。第 27 窟镜的雕饰是细部结构，庾信是否可以注意到这个洞窟细节是个疑问，即便是注意到了，这个"镜"在内容和形式上是否可以和前面的"轮藏"相提并论，所以，"月殿""花堂""轮（藏）"都不是洞窟中的景象，而"（刻）镜"也很勉强。

也有学者认为铭文中"石关十上，铜梁九息"中的"石关"是指通向第 4 窟的梯道（编号第 168 窟）的石台阶[1]。但是，文中的"铜梁"是指四川地区的铜梁山，在描写地理山形时庾信的文章中也曾数次提到，以形容山势高峻险要，而作为文字对仗，"石关"自然不可能是指这里的石台阶，应该是指蜀道中的某处险要关口。

以此来看，在铭文中具体描述洞窟的可能也只剩下"山楼石柱"这一句了，而这种情况，一方面是北朝时期的文体和庾信本人的写作风格所造成的，也就是讲，即使庾信看到了第 4 窟完工以后的情形也不会有更多有针对性的描写。另一方面，那就是庾信根本就没有来过麦积山或是直接看到第 4 窟完工以后的情形，在这种情况下同样可以完成这一篇华彩飞扬的铭文的写作。

当然，这篇铭文也不会是凭空而作，正如绘制壁画或制作塑像需要一个粉本，建设一个大型建筑则更需要一个图纸或模型，因为这不但需要许多的人共同工作，而且大量的建筑构件需要往一起拼装组合，而开凿第 4 窟这样大规模的洞窟则更是如此，没有一个精确的图纸或是模型而完成这个洞窟的施工是完全不可能的。关于建筑画问题，在北周时期已经完全成熟，其他的历史资料暂且不论，就在第 4 窟的平綦壁画中，绘有一些建筑画，内容有城池、院落等，其绘画技法、透视、设色等和现今的建筑画完全相同。在这种情况下绘制或制作一个工程图样是很简单的事情。而在洞窟开凿前，主持工程的工匠肯定要将工程的规模、形象、效果等绘制一个图样或制作一个模型来向李充信进行说明和展示，使李充信在洞窟位置、工程投资、需要时间、工匠人员构成（石匠、塑匠、画家等）等方面做到心中有数。同样，在聘请庾信写铭文时，也可以将这个图样给庾信看，使庾信有一个基本印象，如此一来，庾信即使远在长安，不来到麦积山，也可以完成这一篇铭文写作。所

---

[1]　李月伯、何静珍、陈玉英：《麦积山石窟的主要窟龛内容总录》，《麦积山石窟》，兰州　甘肃人民出版社，1983年，158 页。

以，庾信是否来过天水和麦积山石窟，并不是影响铭文写作的关键因素。

古代文人撰写各种铭文多数情况下是受人所托，比如撰写墓志铭之类的，在这种情况下作者和死者并不一定熟识，只是受死者后辈所托，简单了解死者生平后便可撰写。而庾信撰写许多铭文也是这种情况。《周书》记载庾信"群公碑志，多相请托"，对于麦积山石窟第4窟开凿的这样建设性工程也是同样的道理，作者并不一定要到工程现场目睹工程后才可以撰写文章。

以上几点，单独一个方面的证据都是属于推测，无法确定第4窟的开凿时间。当数条证据都指向一个方向时，我们所推论的结果就会更接近实际情况。另外，我们还可以从整个时代背景来进行推测。

天和二年（567年），卫元嵩给周武帝上书，提出灭佛建议，但当时武帝态度并未明朗。建德二年（573年），武帝召集儒、释、道三家讨论，"帝升高坐，辨释三教先后，以儒为先，道教为次，佛教为后"，这个时候，武帝抑制佛教的态度已经很明显。而后在整个武帝执政时期，都是严格执行灭佛政策的；即使灭佛政策在某些地区未严格执行，但是至少大规模的开窟造像活动是不可能出现的。所以，从建德二年十二月到武帝宣政元年六月（573年12月~578年6月），李充信在麦积山石窟开凿这样大体量的洞窟是不可能的。而庾信在大象元年（579年）初就去世了。因此，第4窟开凿的时间只能前推到周武帝建德三年灭佛之前。

通过以上论证，我们就可以得出以下的结论：我们假定开凿第4窟的时间需要两年，第4窟应该是在建德元年的某个时期开工，在建德三年六月武帝灭佛时，整个工程已经接近尾声，但不得不停止，在恢复佛法之后，李充信又组织了收尾工程，同时，请庾信撰写了这篇铭文。周武帝灭佛造成了整个工程中途有较长时间的停顿，而对其开凿时代的判断也造成了一定的影响，通过对铭文内容的细致解读，就顺利地解决了这个问题。

当然，有关第4窟的开凿尚有许多需要进一步解决的问题，本文只是解决了其中的一个方面，限于篇幅，其他方面的问题拟另文研究，此不多叙。

莫高窟考察纪行

韩树伟[*]

内容提要：莫高窟自前秦时期修建以来，已有 1650 年。国内外对莫高窟文化的挖掘、继承与发扬，形成今日国际之显学。文章是在敦煌研究院马德先生带领下，笔者于 2017 年 1 月 11 日～14 日赴敦煌莫高窟，对将近 60 个洞窟进行细致的观察、记录与研讨后写成，这不仅有助于对莫高精神、莫高文化的认知与敬畏，而且对进一步深入了解祖国的文化瑰宝和民族精神具有重要的意义。

关键词：敦煌　莫高窟　城城湾　洞窟

2017 年 1 月 11 日～14 日，敦煌研究院马德先生带领我们 20 人，对甘肃敦煌莫高窟进行了为期四天的考察和学习。第一天主要考察莫高窟南边的城城湾遗址，后三天对莫高窟早中晚期洞窟进行了观摩、记录、讨论。四天时间转瞬而逝，却是如此的充实，这得益于马老师的精心安排，我们的内心充满了深深的感恩。对莫高窟的考察，笔者从三个方面进行叙述。

一　考察城城湾遗址[①]

2017 年 1 月 11 日上午，我们一行 20 人抵达敦煌，安排好食宿，吃完午饭后跟随马德

---

* 作者简介：韩树伟（1989 年—　 ），男，汉族，甘肃陇西人。兰州大学敦煌学研究所博二，主要从事敦煌学、法制史研究。

① 参考马德：《莫高窟前史新探——宕泉河流域汉晋遗迹的历史意义》，《敦煌研究》2017 年 2 期。

老师去莫高窟南边约 3 公里外的城城湾参观考察。考察前，马老师在微信群发了一篇他写的论文《莫高窟前史新探——宕泉河流域汉晋遗迹的历史意义》，以便大家对城城湾遗址的了解，为下午的出行提供指引。这篇文章令人受益匪浅，所经所历，都会从文章中得到答案，更让人欣慰的是，能给人思考和更多的遐想。"城城湾"作为地名，是近代敦煌当地百姓随意命名，如果还其本来面目，应该是敦煌遗书所记"仙岩寺"①；再参照壁画《五台山图》《峨嵋山图》等，我们可将敦煌遗书 P. t. 993 命名为《宕泉大圣仙岩寺图》，即《仙岩寺图》。说到城城湾，就不得不提到敦煌遗书 P. t. 993，它是一幅风景画：画上有山谷，一条弯弯的小河，在佛塔与树木环绕的台地上，有一处类似佛寺的建筑院落，画内有藏文题书。20 世纪 80 年代初，法藏敦煌遗书缩微胶卷即收此图；法国学者拉露目录作《山屋图》②。1996 年，日本与法国联合举办"丝绸之路大美术展"展出此图，日本出版展览图录说明作《僧院风景图》，认为系敦煌地方寺院的印象之作；虽然也提到藏文铭文，但未作译解，只是据其说明该画受到吐蕃影响云云③。2012 年，赵晓星博士发表《莫高窟吐蕃时期塔、窟垂直组合形式探析——吐蕃统治敦煌时期的密教石窟之五》，将此画定名为 P. T. 993《吐蕃寺庙图》，以探讨莫高窟塔、窟垂直组合的形式的源流和风格特征，该文对图中和藏文题记 Shod kyi bshad kang dang dge vdun gyi knas khang 翻译为"下部的讲堂和僧舍"④。译文后经笔者请教西北民族大学的杨本加教授和青海师范大学才项多杰教授而得以确认，这就给笔者从事了多年的莫高窟历史的研究打开了新的思路。

我们按照一张现藏于法国的唐代画，对画中的遗迹，也就是我们的目的地城城湾，进行了一次探险和考察。这是一个被河流环绕的小型山坡（或者说半山腰上的"台子"），山坡上有两座花塔，时间皆为宋代，第一座稍高大些，北边受自然风化影响，残破不堪，南面保存完整，据马老师介绍，此塔乃在隋代舍利塔旧址的基础上重建。塔有塔基、塔身、塔顶，保存完好，南面依稀可见龙纹，塔壁是白灰皮所贴，甚是细腻，不仔细看，有点像今人所为，可见古代技术之精湛。

此处与印度王舍城灵鹫山释迦说法处在地形上有些相近，与建于公元 2 世纪的犍陀罗

① 目前所见记载莫高窟仙岩寺者为敦煌文献《莫高窟记》，可见莫高窟第 156 窟前室及敦煌遗书 P. 3720V。
② 转引自王尧主编：《法藏敦煌藏文注记目录》，北京：民族出版社，1999 年，130 页。
③ 日本东京国立博物馆编：《丝绸之路大美术展》，东京：读卖新闻社发行，1996 年，110 页。
④ 赵晓星：《莫高窟吐蕃时期塔、窟垂直组合形式探析——吐蕃统治敦煌时期的密教研究之五》，《中国藏学》2012 年 3 期。

塔夫提拜山岳寺院的地形环境和建筑格局完全一致①。所不同者，是僧舍与讲堂周围多出许多佛塔，多为当地僧人灵骨之塔。因吐蕃时代上距塔夫提拜山岳寺院已有七八百年之久，相隔数千里之遥，故建筑方面有些变化也是可以理解的。而 P. t. 993 残卷的左上角，残存一塔的檐角和基座，与僧舍和讲堂隔河相望。

自花塔往上再爬，可见一四方形庄廓，为仙岩寺旧址，寺院以前分上、中、下三院，五代至宋还有，后来因自然、人为破坏，成现今之情形。据马老师介绍，仙岩寺早于莫高窟半个世纪。如今仙岩寺成为背枕千沟万壑、前有一条河流经过的荒凉之地，而莫高窟却发扬光大，在海内外享有声誉，令人感慨万千。仙岩寺再往上的山顶，离现存唐代烽燧约百米处，据说有汉代烽燧，由沙土、碎石与红柳、芦苇层层压盖、筑垒、夯实而成，虽然只剩底部，但堆积层也有七、八米之高；这种就地取材，用石块、砂土、芦苇、红柳、芨芨草等一层层筑垒起来的大型烽燧遗迹，是敦煌一带现存汉代长城与烽火台建筑的典型构筑形式——即砂石积薪压盖垒筑形式；顶部被风沙碎石的薄薄遮盖下，有很厚的褐色生活灰层；在这个建筑遗迹的东南西三面斜坡上我们还看到大量的陶片，是典型的汉代灰陶残片。经过粗略地丈量，山包上部的人工堆积层的直径十米有余②。从遗迹尺寸看，当时这里是一处颇具规模的军事设施，应该可容纳一定数量的军士兵卒驻守防戍。

汉、唐两座烽燧犹如姊妹组合，在莫高窟大景区中的位置十分突出。现存唐代烽燧也应该是在汉代遗址上重建而成。据马老师说，曾有唐代画家在一山顶处作了此画，可鸟瞰仙岩寺及莫高窟。于是我和另外一位摄影师前往山顶，山路行走不便，而且有积雪，于是我们顺着阳面雪融化过的地方爬了上去。接着又有 7 个人跟着上来，可见大家都想感受古人“一览众山小”之感。站在画家曾画画的地方，周围的景象一览无余，鸟瞰仙岩寺，一条小溪环绕“台子”从南流向北，又来个“S”形大转弯，一直扭到莫高窟，远眺莫高窟、三危山，清晰可见，尤其是莫高窟前白花花的白杨林，格外耀眼。马德老师说，仙岩寺、莫高窟、鸣沙山形成了三大塔群。由一幅图引发的“探险”，令大家难忘，给了大家一个印象，即仙岩寺早于莫高窟，修建时代大致为魏晋时期，其建构中的上、中、下三寺结构不仅影响了莫高窟，而且还影响了方广寺上、中、下等建筑的构建，同时给了大家一

---

① 贾应逸：《印度到中国新疆的佛教艺术》，兰州：甘肃教育出版社，2002 年，113～114 页。
② 李并成先生早年就此做过叙述（参见《汉敦煌郡的乡、里、南境塞墙和烽燧系统考》，《敦煌研究》1993 年 2 期），引用他人之说以此处汉代遗址为沙坡墩烽燧，且其中相关的数据，如“覆斗形”、与唐烽燧相距“半里”等，有失偏颇。沙坡墩烽燧指现存的唐烽燧；汉烽燧现为废墟，谓烽燧建筑形制“覆斗形”更是无从谈起。

个思考：画师为何要画此风景图？马老师介绍：

> 城城湾是佛教圣地或先贤圣迹。在莫高窟唐以后的壁画中，描绘佛教在中国传播的历史传说、圣迹、人物的画面比比皆是，其中如凉州瑞像和《五台山图》《峨眉山图》等，都是描绘在中国境内的佛教圣迹，都是用风景画的形式表现山川地貌，展示佛教建筑群；特别是《五台山图》，从吐蕃时期就多次出现，以至后来成为敦煌壁画形像地图之集大成者。而就莫高窟城城湾讲，它可能不仅是画家所处的吐蕃时代的重要活动场所，而且很可能是重要的佛教圣迹。

这山望着那山高，于是马老师带大家又去了河对岸的山上，看了几处只有土堆的塔遗址、清代作为路标的"五个墩"，还有采石场岩边上的唐人题记，上有上元元年（唐高宗年号，674 年，唐肃宗年号，760 年）、乾宁元年（唐昭宗年号，894 年）之记载。

二　对洞窟断代的认识

据笔者粗略统计，此次考察近 60 个洞窟。在原计划的基础上稍有调整，按照考察顺序，早期洞窟（十六国至北朝）有 275、272、263、259、257、254、249、285、428、288、290、294、296、292、311、314，中期洞窟（隋与唐前期）有 419、420、427、428、407、409、329、331、332、336、323、321、45、44、71、79、96、220、103、201、202、203、204、205、172、12、148，晚期洞窟（中晚唐五代宋元）有 9、16 – 17、55、61、72、231、98、100、156、158、159、138。下面从洞窟形制、年代、内容等方面对此次考察的一些洞窟做一个简单的记录。

296 窟：北周。窟形为覆斗顶。进入甬道约一米，可见对面（正壁或西壁）龛内有一弥勒坐佛、二小菩萨，正壁两边又有小菩萨，为五代、清重修。左（南壁）、右侧（北壁）画千佛。东北墙角下有一泥封的洞，乃当时王道士为方便穿越隔壁洞窟所开。洞窟保存完好。

428 窟：北周。窟檐前很宽，窟檐顶有画。主室前部为人字披，室内宽敞。为莫高窟最大的中心塔柱窟，塔柱四面各开一龛。东壁有连环画式的佛本生故事，北壁有降魔变，西壁北侧有一铺莫高窟最早的涅槃图。画的供养人是敦煌石窟中最多的。据学界推测窟主是北周王室的贵族建平公于义。

292 窟：隋代。中心柱洞窟，人字披窟顶。前室有两天王。正壁可见一立佛、二弟子塑像，左（南壁）、右两侧（北壁）为三世佛，清代进行过修复。此窟主题明确，即三世佛，特点是塑像头比较大，俯视角度亦大，四壁千佛在色彩上黯淡，突出佛的形象。飞天飘带棱角分明，速度敏捷。

311 窟：隋代。双层薄龛，覆斗顶。一佛、四菩萨、二弟子，四面千佛，清代进行过修复。壁画上四种色彩为一组，有简单的说法图。左壁（南壁）下方有一泥封洞。

314 窟：隋代。小甬道。早期的中心塔柱被覆斗顶殿堂式所代替，壁画颜色土红，较鲜艳，正龛内一佛、二弟子、四菩萨，龛外两侧绘有维摩诘经变，东壁北侧绘有树下说法图。

419 窟：隋代。小甬道，人字披顶。西壁龛内有一佛、二弟子、二菩萨，龛楣有龙纹，绘法华经变千佛，南壁画文殊菩萨，北侧画维摩诘经变。左壁下角有泥封洞。

420 窟：隋代，覆斗顶殿堂窟。小甬道。甬道上有小明窗，正壁一佛、二弟子、四菩萨，南、北两壁各有一龛，并画千佛。窟内空间较大。窟顶佛脸有贴金，氧化导致窟顶色彩呈黑色。右壁下角泥封洞。此窟为现存塑像保存最好的洞窟之一。

427 窟：隋代。木构窟檐有宋代题记，归义军曹元忠统治时重修。天王、力士并不狰狞，甬道墙壁上有供养人，主室前部为人字披，后部平顶中心柱窟。主室为巨型三组佛菩萨塑像，中心柱正面立佛左手食指、中指无，左右两壁画有千佛。本窟窟檐为莫高窟窟檐规模最大的。甬道塑像全是宋朝时期塑造。

407 窟：隋代。覆斗形顶，窟顶绘三兔莲花飞天井心，四披绘制千佛。正壁（西壁）开内外双层方口佛龛，龛内塑佛二身（其中右手塑像下身绘蓝色者为清代重修）、弟子一身、菩萨四身（清代重修）。南北两壁为千佛，下部为宋代绘制的男女供养人。东壁门上为"宝池莲座裟释迦说法图"。窟内整体颜色为土黄色。左右墙角下有泥封洞。

328 窟：初唐。窟形平面为正方形，覆斗顶中心绘交杵莲花藻井图案，具有立体效果。壁画精美，保存完好。正壁一佛、二弟子、四菩萨，其中迦叶在北，被称为"头陀第一"，阿难在南，被称为"多闻第一"，龛内左手边缺一半跪供养菩萨，为 1924 年美国人华尔纳所盗，现存于哈佛大学赛克勒艺术馆。龛前两边各有半跪菩萨。四壁佛像特别清晰。南北两壁及东壁上方均为净土变，东壁下为西夏时期的八身供养菩萨，门壁北面为西夏四菩萨。地砖为西夏时期修造。整个窟除了西壁龛内为唐时原作外，其余的为西夏时期修造。西壁龛内群像，具有很高的艺术价值，反映出繁荣开放的大唐气象。

329 窟：初唐。东壁门外墙上有两洞，并未通内。南北两壁氧化严重呈黑色，正壁一佛、二弟子、四菩萨，经清代重修，已非原貌。龛顶画佛传故事乘象入胎、夜半逾城。覆斗顶，四面斜坡内收至中心成方形倒斗，窟顶是莲花飞天藻井，整铺围绕一个佛故事画。北壁（右手）弥勒经变，南壁阿弥陀经变，有一小壁画被华尔纳粘走。飞天很特别，按逆时针方向转动，飞天是佛教天龙八部护法神之一，又名乾闼婆、香音神，是歌舞散花之神，在莫高窟洞窟中最具代表性。

331 窟：初唐。覆斗顶方形窟，顶上北、西壁无画，南北两壁氧化呈黑色。东壁上外有两洞，前室壁画保存完整，前室门南有一方壁画被华尔纳盗走。甬道顶部为盝形顶，两侧各有龛，龛内还有一层壁画，为唐时期所绘。正壁一佛、二弟子、四菩萨，龛外南、北两侧画文殊、普贤变。东壁门上绘法华经变，东壁北有胁侍菩萨说法图。南壁（左边）为弥勒经变，北壁（右边）为西方净土变。

332 窟：初唐。主室前部人字披顶，后部中心塔柱、平顶窟。前室只留有两天王脚座，窟顶有壁画，前室南侧原立有《李君莫高窟佛龛碑》，1921 年被白俄军折断，仅存残碑一段，所幸前有徐松等作了拓片，碑文又见敦煌遗书 P. 2551 号，可知此碑乃武周圣历元年（698 年）立，敦煌莫高窟的创建年代，就是根据此碑确定的。甬道壁画完整。中心柱正壁、南北两壁前各塑三铺立佛说法像，即法身（毗卢遮那）、报身（卢舍那）、应身（释迦牟尼）。中心塔柱后西壁有一龛，龛内有涅槃像枕南朝北，涅槃是"常乐我净"，是不死之死，即从死中转化出的永生。北壁绘维摩诘经变，南壁绘涅槃经变，涅槃经变是初唐的代表之作。东壁门北画灵鹫山说法图，门南绘有一佛五十菩萨图（据文献记载，其出现在北齐，初唐时十分流行，是信仰西方净土的僧人们在禅定时感悟到的一种瑞相）。

334 窟：初唐。覆斗顶方形窟。表、里两层甬道（1983 年推移表层甬道，露出底层甬道南、北壁五代画菩萨各二身），第二层甬道覆斗顶部绘千佛，顶西无画。窟四壁、窟顶画千佛。西壁（正壁）一佛、二弟子、四菩萨（清修），正壁两侧下方有狼、狗塑像。西壁绘弥勒经变，北壁绘阿弥陀经变，东壁门上为十一面观音（莫高窟最早的密宗菩萨画像，直到元代莫高窟艺术终结）。

335（335－337）窟：初唐。前室南边一龛编为 336 窟（晚唐）。甬道门高，甬道右（北）有一龛编为 337 窟（晚唐），龛内亦有北龛。主室覆斗顶，正壁一佛、二弟子、四菩萨。正壁龛内顶部绘法华经变，两侧绘劳度叉斗圣变（在敦煌壁画中最早出现于北魏，初唐仅此一幅，晚唐后大量出现）。正壁下两侧各有一小台，无菩萨。南北两壁氧化呈黑色，南壁西方净土变，北壁维摩诘经变。东壁门上画阿弥陀佛等一铺，门南画说法图五铺、药师佛一身及千佛。此窟有垂拱二年（686年，主室东壁甬道门上壁画阿弥陀佛等圣众的北上角发愿文）、长安二年（702年，正壁龛外北侧观音像下）题记，据此可知修建于武则天时期。

323（323－325）窟：初唐。前室平顶，左（324窟）、右（325窟）两侧各凿一盝形龛。窟顶有烟熏痕迹，甬道门外上有两熏黑的洞，甬道一人高。前室及甬道壁画均为西夏时绘。主室覆斗方形顶，窟顶藻井画团花井心，四披千佛。正壁塑像为清代重塑，一佛、二弟子、二菩萨，正壁龛造型特别，像山水图，龛内佛坐在莲花上，两腿垂直。南北两壁为佛教史迹画（有石佛浮江、张骞拜别汉武帝、佛陀洗衣池、佛图澄故事、阿育王拜外道尼乾子塔、康僧会故事等，是佛教中国化的标志），东壁门南北两侧为戒律画（表现了《涅槃经》里为守戒而发的种种誓愿）。南壁有发愿文空白痕迹。此窟与道宣创立的"律宗"有关。其山水画标志着莫高窟唐代山水画的高峰。

321窟：初唐。覆斗方形洞窟，窟顶南披无画，有泥补，甬道顶南北亦是。正壁龛内一佛、二弟子、二菩萨、二天王，龛顶为弥勒说法图、菩提树双飞天，龛外两侧绘观音、大势至菩萨。北壁为阿弥陀经变，南壁十轮经变（仅存于敦煌321、74窟）。东壁门上三铺说法图，门南接引佛，门北十一面观音。

71窟：初唐。登台阶直入修复之甬道。窟顶熏黑，东、西披有泥皮，画有千佛。正壁为平顶敞口龛，内塑一佛、二弟子、二菩萨。南壁仅有上部三分之一画弥勒经变，北壁画阿弥陀经变。阿弥陀佛座下有一身思维菩萨壁画，融合了西域技法。

96窟：初唐。众所周知的九层楼，莫高窟最大的建筑物，是莫高窟标志性建筑。前室南一鼓，北一钟，下台阶，可见西夏遗迹，唐代架穴，元代地面，西夏地面，唐代地面。弥勒大佛，高35.5米，敦煌石窟最大的塑像，唐代被称为"北大像"，高度仅次于乐山大佛、荣县大佛，是唐代强盛的象征。佛像倚坐，两腿自然下垂，目光俯视，给人高大威严之觉。佛右手上扬作施无畏印，示拔除众生痛苦之意。左手平伸作与愿印，含满足众生之愿望。大佛两脚后人补。台下有两洞。主室空间很大。据文献记载，此窟建于唐延载二年（695年），时为四层，9世纪之前改为五层，后历经宋、西夏、清等重修。民国将大殿改为九层。

220窟：初唐。过表、里两层甬道，左壁有龛，右壁无龛。西龛顶二分之一无画。主室有玻璃护栏。二层覆斗顶，西无壁画。正壁开一龛，龛内一佛、二弟子，龛北侧一菩萨左臂缺；缺二菩萨，龛前缺二天王。西壁南侧有普贤菩萨像。南壁西方净土变是莫高窟出现最早、场面最大的净土变。东壁维摩诘经图。甬道北壁有供养人翟奉达图，北壁药师经变，南壁阿弥陀经图。1943 年将表层宋代壁画剥离后，发现了保存完好的初唐壁画，并在东壁和北壁发现了两个贞观十六年（642 年）的墨书题记，为壁画提供了确凿的断带依据。

202 窟：初唐。有前室，室顶脱落露出砂岩。上台阶，有篆形门，与甬道相接，门内甬道两侧有宋代绘画。主室宽敞，覆斗顶，是标准的殿堂式礼佛窟。窟顶藻井为宋代绘的卷瓣莲花团龙井心。四披千佛。壁画仅完成西壁龛内的绘塑和东壁门上的说法图，其余诸壁于中唐、宋代增补完成。西龛一佛、二弟子、二菩萨、二天王。龛顶斜坡向上。龛离地面将近一人高。龛顶绘法华经变，龛顶正中央绘释迦、多宝二佛并坐的多宝塔。龛外上两侧为中唐绘制的文殊变、普贤变。南壁绘中唐弥勒经变，东壁门上方初唐绘释迦说法图，两侧为药师经变、阿弥陀经变。

203 窟：初唐。前室左右各一龛。室顶破坏。甬道约为一人高。主室覆斗顶很低。土黄色鲜艳，龛很浅，很特别，佛微微后躺，左手放肚子上，右手垂下，据考证这身像塑的是刘萨诃所预言的番禾瑞像（凉州瑞像）。二菩萨，二天王。北天王右手无。台下两侧各塑有一只狮子，可能是地面较高，所以从视觉上觉得此窟很特别。南北壁中央对称各画说法图，如维摩诘经变。

204 窟：初唐。前室很窄，无画，上台阶低头过一人高甬道，主室内覆斗顶，正壁龛内一佛、二弟子、四菩萨。佛右手无。背光蓝色。南北两壁千佛，中央画说法图各一画幅。西壁龛外北侧有胁侍菩萨、龛内北侧画乘龙天人[①]。

205 窟：初唐。前室可见壁画，前室上部左右两侧各补有泥皮，甬道两侧有供养人，北女南男。主室覆斗顶。设中心佛坛，无龛，就在地上塑一佛、二弟子、二菩萨、二天王。二弟子头毁，二天王头毁。两台上缺像。塑像为初唐所作，保存至今。故此窟具有重要的研究价值。东壁两侧供养人很大。北壁西方净土变，南壁西侧有观音普门品。

45 窟：盛唐。前室四壁壁画残损。台阶一铺到内。甬道盝形顶。覆斗藻井顶，四披画千佛，二层覆斗顶。正壁龛内一佛、二弟子、二菩萨。二天王无，仅存 6 身。南壁观音经变，北壁观无量寿经变。东壁南、北两侧为地藏、观音菩萨。北壁东侧有未生怨、西侧有十六观。此窟是莫高窟盛唐时期的代表窟之一，其修复得到日本大洞龙明先生与夫人大洞

---

① 敦煌文物研究所整理：《敦煌莫高窟内容总录》，北京：文物出版社，1982 年，第 71 页。

顺子女士 300 万日元的资助。

44 窟：盛唐（五代重修）。甬道修复，前室靠甬道门有台阶。前室窟顶损坏严重。登台阶、过宽甬道，进入内室。中心柱窟，主室前部人字披，后部平顶。柱上正面开一龛，有一佛、一弟子（南），柱南、北壁各开二龛，南龛内无，北龛内各有佛像。柱正面龛前立两菩萨，有一莲花灯座。因有玻璃护栏，故无法探知中心柱后情况。其修复得到日本人大洞龙明先生 300 万、朴茂生先生 300 万资助。

79 窟：盛唐。走下现代修复的台阶，可见前室，甬道门上有两洞，两洞间有一龛，已毁。甬道门下部南边露出砂砾，未采取保护措施。莲花藻井二层覆斗顶，正壁为盝顶帐形龛，龛内一佛、二弟子、四菩萨、二天王。塑像后装饰有六扇屏风。窟东、南、北壁绘千佛。窟顶东北坡间有儿童倒立图。

103（103－105）窟：盛唐。左右各一龛，龛内还有一龛。左龛编号 105 窟（晚唐），右龛编号 104 窟（晚唐）。前室有烟熏。过甬道，二层覆斗顶，窟顶绘千佛。正壁龛内为平顶，塑一佛、二弟子、二菩萨、二天王，龛内西壁残损，龛内北壁菩萨左手断腕。洞窟南壁画佛顶尊胜陀罗尼经变。北壁观无量寿经变，两侧画未生怨和十六观。东壁画维摩诘经变。洞窟南壁西侧画佛陀波利来五台山故事，用青绿山水画来描绘，这是唐代流行的李思训的画风。其修复受日本人水谷博昭和山口敦德两先生 300 万日元资助。

172 窟：盛唐。主室覆斗顶，顶坡千佛。前室顶破坏严重，门上四个洞，右边（北侧）有小窟，窟内还有北、东、西三龛，北龛有一修行坐僧。入甬道，南有一龛，龛深，内有观音。正壁一佛、二弟子、四菩萨、二天王。南北壁观无量寿经，其通壁画的大型经变画格外吸引人。观无量寿经变在唐代异军突起，与当时净土宗的发展不无关系。十六观是辨别观无量寿经变的重要标志。此窟南北两壁均是以中堂条幅三联式来表现观无量寿经变的。东壁两侧绘文殊、普贤。

158 窟：中唐。为涅槃窟。甬道顶部有画，北壁有供养人画像题记，为吐蕃统治时期开凿的洞窟提供了证据。篆形门。南壁西侧有脱落。内有卧佛，枕南朝北。形制为长方形篆顶形。卧佛下有龛。南（过去世迦叶佛）、北（未来世弥勒佛）两壁各一立佛，左边立佛左臂无，右边立佛右手无。东壁北侧中有一块发愿文空白处。西壁上排有 19 身菩萨画像，下排 17 身罗汉画像。东壁门南绘密严经变、北侧绘金光明最胜王经变。

201 窟：中唐。前室很挤，右边（北侧）有大龛，二层覆斗顶方形窟，顶部为环枝茶花图案，外侧一圈团花图案。顶坡千佛。西龛（正壁）内塑像荡然无存，仅存有佛光、弟子等部分残画。龛前天王亦无。两壁为观无量寿经变，画中保存有中国古代建筑，填补了中国建筑史资料的空白。因此敦煌壁画又被称为"墙壁上的图书馆"。

12（11－13）窟：晚唐，敦煌的晚唐时期又称为归义军时代，是历经吐蕃统治70年后重归唐朝统治的时期，内容及壁画的布局与中唐期的洞窟大致相同。晚期洞窟约60个，此窟是典型的家窟。有前室，左（13）、右（11）两边各一龛，甬道很宽很高。多层窟斗顶，顶上有一头狮子，窟坡有千佛。正壁为盝顶帐形龛，龛内一佛、二弟子、四菩萨、二天王。南壁从右往左，依次为法华经变、观无量寿经变、弥勒经变。下有屏风15扇，共30扇。北壁从左往右依次为华严经变、药师经变、天请问经变。东壁南报恩经变、北维摩诘经变。甬道北壁左边头戴凤冠天公主身穿黑衣服，右边头戴桃形冠身穿红衣服，南壁为供养人曹议金。

9窟：晚唐，建于唐僖宗大顺至景福年间（890～893年）。后补修有前室，原前室很窄小，上有四个洞，左右两边各有一窟，右边（北）一个透过玻璃栏看上去很深。甬道高宽，南北靠西各有身穿红色衣服的供养人，北壁为张承奉、李弘愿，南为索勋、李弘谏。窟形为中心柱窟，前部覆斗顶，后部平顶，盝顶帐形龛，是个结合了多种窟形制的洞窟。正壁龛内一佛、二弟子、四菩萨、二天王。多层窟顶。南壁劳度叉斗圣变（依据《降魔变文》绘制），北壁通壁绘维摩诘经变（晚唐在构图上把吐蕃赞图像从中唐时期的显要地位回归到唐前期的列队中去）。东壁门上为男供养人题记，南侧为骑象普贤菩萨，北侧为骑狮文殊菩萨，北侧下方左为供养人、右为比丘尼。东壁南侧与北侧对称。

16－17窟：晚唐。窟主为高僧洪辩法师，因其俗姓吴，也叫"吴和尚窟"。他在吐蕃统治时期总管河西地区佛教事务，是一个具有重要影响力的人物。根据洞窟甬道南壁碑文所记，第16窟外的三层楼为王圆箓于1906年主持修建。其甬道北壁一小窟便是举世闻名的敦煌"藏经洞"（17窟）。前室木构建筑，左鼓右钟。跨入木门，进入高深甬道。右手为藏经洞，洞内靠西有一告身碑，乃从甬道南壁搬进去的，靠北便是洪辩像，是从364窟搬到里面的，僧像后北壁有菩提树。甬道南壁有一通王道士镶嵌的木碑。甬道北壁有持花供养菩萨画像，据马老师说时间为宋代。主室空间特别大，设马蹄形佛坛，后有通顶背屏。四壁千佛，为重层，表层北宋（西夏）所绘绿底千佛，底层为晚唐壁画。正壁一佛、二弟子、二菩萨。中心柱很特别，南北宽，东西窄。中心柱后西壁上方西南角、西北角有脱落。两层覆斗顶。中心柱正壁佛前有两对小供养菩萨。台子两边似缺塑像。

156 窟：晚唐。先要进入 162 窟的木门，往左登上洞道，方可参观此窟。有前室，下台阶，北侧有一洞，左上角处有咸通六年（865 年）题记，具有重要的研究价值。甬道两边有供养人，甬道顶部无，为泥皮（没有所谓的曼荼罗）。主室为覆斗顶，被烟熏黑，窟顶南有泥皮。西壁龛内仅存一身无首佛像，篆顶帐形龛。北壁有报恩经变，南壁下层有张议朝出行图，北壁下部宋国夫人出行图，有玻璃护栏。

61（61~63）窟：五代（元代重修）。前室有人字披。甬道顶有画。覆斗顶殿堂式洞窟。中心佛坛，背屏。四角有专门的画。东南角无。东南北三壁下方为曹氏家族的女供养人，画像远较之前时期画像变大。东壁北侧第七身根据题记为于阗公主，身份最为显贵。东壁下北侧供养人前三为比丘尼。西壁有五台山图，故此窟又称"文殊堂"，主要是为供奉文殊菩萨所建。

100 窟：五代。甬道上面有修复的椽板，南北两壁有供养人画像。南男北女，归义军时期曹家窟。塑像清代重修。覆斗顶，比起前面看的窟顶坡稍缓。窟顶四角有天王图。西壁龛内存有一佛、二弟子，龛前有普贤（南）、文殊。有玻璃护栏。龛顶损坏，仅有泥皮。窟顶有两燕窝。南壁窟顶坡中间下部有脱落。甬道门有坍塌现象，故加固。

409 窟：五代。回鹘、清重修。主室前部人字披顶，后部平顶，人字披顶上绘有西夏花团图案。正壁龛内一跌坐佛、二弟子、二菩萨、二天王，龛下左右两侧各为乘象普贤、骑狮文殊。南北两壁绘千佛。东壁门两侧画有供养人像，南侧为男性，头戴回鹘式头冠，北侧为两身回鹘王妃，头上立有桃形冠。

55 窟：宋，窟主曹元忠，修建于宋建隆元年（960 年）前后。表层为西夏壁画。规模巨大是曹氏家族统治时期开窟的一大特点。进门，入长、高甬道。高覆斗顶。同 16 窟一样，洞窟平面呈纵长方形，中心偏后置马蹄形佛坛，坛上塑三组十身塑像（一佛、一弟子北、一天王南、一菩萨南、两佛、两菩萨、四天王），表现弥勒三会，与窟顶西披、南壁东侧所画的弥勒经变相呼应，是莫高窟宋代塑像中的精品。前有甬道，后有背屏连接窟顶。窟顶四角均有凹入的浅龛，画有四大天王（北多闻手托佛塔、南增长天手持弓箭、东持国手持琵琶、西广目手持宝剑）。北壁有药师经变，南壁报恩经变。

以上是对部分洞窟考察的大体情况，通过近距离的瞻仰佛像、识读题记、直观洞窟形制，了解壁画内容，对每一个洞窟进行了不同角度的探知和深究①，加上晚上八点的讨论

———————————

① 成员中不仅有历史学专业，还有佛教、艺术学、建筑设计、美术设计等专业人员。

和问答[1]，对莫高窟石窟壁画有了进一步的了解，真正做到了理论与时间的结合。这种学习效果，远远大于教室授课。

三　参观敦煌藏经洞陈列馆

参观敦煌藏经洞陈列馆，大家第一次目睹了文书的原貌，进一步了解了藏经洞的发现与劫难。有两句话令人深思：第一句是庭院中北边石头上刻的陈寅恪的话，"敦煌者吾国学术之伤心史也"；第二句是于右任写的《敦煌纪事诗》，"敦煌文物散全球，画壁精奇美并收。同拂残龛同赞赏，莫高窟下做中秋。斯氏伯氏去多时，东窟西窟亦可悲。敦煌学已名天下，中国学人知不知"。余以为，我们对现有文物的认知和记录，就是对宝贵财富的最好保护。几千年前，那些开凿洞窟的人，不论是工匠、画师，还是达官贵族、僧人，根本没料到几千年后的我们对莫高窟的故事却一无所知，仅仅从零零星星的文本碎片中找寻。而这些碎片，却有幸的给我们提供了重要的线索。所以，我们做好对莫高窟的研究记录，以史为鉴，为后人了解和认知莫高窟提供些许线索。

最后，感谢马德老师为我们考察所做的努力和付出，没有他的帮助，我们就无法长久、多次的从莫高窟中间看到南北两边，从莫高窟上层看到莫高窟下层。这是一次难得的机会，正是因为有这样负责任、默默奉献的老师，才让我们这些满怀好奇心、对知识充满渴望的年轻人有了近距离接触莫高窟、认真学习莫高窟的契机。我们要珍惜机会，向前辈们学习，踏踏实实，努力钻研，继续在敦煌学领域开疆拓土。短短四天生活、学习，让我们对那些曾住在莫高窟、为莫高窟做出贡献的先辈们有了更深地体会，被他们身处艰苦环境却不怕困难，勇于奉献的精神所感动。这种精神我们要继续传承下去！再次感谢马老师，朝拜敦煌、相约敦煌、难忘敦煌。

---

[1]　在白天观摩的过程中，有问题亦可随时请教马德老师。晚上八点集中问答，效果特别好。

佛教美术

广元千佛崖藏佛洞造像考

王洪燕*

内容提要： 广元千佛崖摩崖造像群中有一龛藏传佛教系统的造像，是金牛道上少有的藏传佛教造像。本文将根据千佛崖藏传佛教造像艺术特征及其题记，搜集整理相关文献资料，探讨广元藏佛洞主尊问题，分析供奉者及其开凿的缘由。

关键词： 广元　藏传佛教　造像　藏佛洞

一　广元千佛崖藏传佛教造像

广元千佛崖摩崖造像位于广元城北 4 公里，嘉陵江东岸，金牛古蜀道上，历史悠久，雕刻技艺精湛。石窟始凿于北魏晚期，兴盛于唐朝，止于清代，历经千年，从而形成一座佛崖长近 388、高 45 米，造像 848 余龛、7000 余尊的佛教石刻艺术宝库。佛龛层叠分布，密如蜂巢，最密集的区域达 13 层之多，是四川规模最为宏伟的石刻摩崖造像。1961 年被国家公布为第一批全国重点文物保护单位。清道光二十二年（1842 年）四世章嘉活佛开凿的藏佛洞（223 号），是千佛崖唯一一龛藏传佛教系统的造像，也是金牛古蜀道上鲜有的精美藏传佛教艺术作品。

藏佛洞（223 号）位于千佛崖中段最底层，方形平顶窟，窟高 217、宽 206、深 203 厘米。全窟彩绘，造像雕刻精美，造型特别、装扮华丽。窟内主尊为一尊清代雕刻的祖师像（图1①），

---

* 作者简介：王洪燕（1985 年—　），女，馆员，专门史研究。

① 图片引自王振会：《广元石刻精品集》，上海：上海人民美术出版社，2011 年，119 页。

图1　千佛崖藏佛洞清代祖师像（引自《广元石刻精品集》）

像高117、头高37、肩宽66厘米，有桃形头光和舟形身光，桃形头光内彩绘蓝色的云气双雁，头光和身光边缘饰联珠纹一周，外饰彩绘火焰纹，朱红色地子。两侧有缠枝莲花，身光两侧彩绘蝙蝠和祥云。祖师头戴红色莲花帽，帽前饰日月合璧，五星联珠的图案，长发披肩，肩着蓝色云字头云肩，云肩下披红色袒右肩袈裟，内有衬领。颈饰项链，戴手镯。祖师右手执金刚杵（残），举置胸前，左手托嘎巴拉碗，碗中置长寿瓶，左臂间夹金刚降魔宝杖。面相方额广颐，浓眉大目，嘴唇上有八字形胡须，下颌上有丁字形短须。结跏趺坐于束腰仰覆莲圆座上，座高77厘米，座基为八角形束腰须弥座，须弥座束腰处有二地鬼承托，地鬼之间有双狮滚绣球，座上部正面有二龙戏珠。祖师像左（汉文）、右侧（满文）分别以满汉文刻写相同内容的造像铭文。左侧汉文占壁面高72、宽21厘米，右侧满文题记与汉文题记左右对称，大小布局一致。

二　广元千佛崖藏佛洞主尊考

关于千佛崖藏佛洞主尊问题曾有学者认为该窟的主尊为三世章嘉呼图克图若必多吉

之像①。马云华《清宫藏传佛教祖师像考述》一文中有关于乾隆五十一年（1786 年）章嘉国师圆寂后乾隆帝为他所造镀金银像，"据档案记载，像重六百九十九两一钱。章嘉国师长方圆脸，鼻宽口阔，眉目疏朗，神态安详。右面颊有一小包，是章嘉的面相特征，匠师细心塑出，可见是具有写实性的肖像作品"②。王家鹏的《章嘉呼图克图像小考——兼谈乾隆皇帝与章嘉国师的关系》一文对该尊像进行了更为细致的描述："这尊银质座像通高 75 厘米，像高 55 厘米，莲花座高 20 厘米，宽 52 厘米。章嘉呼图克图头戴尖顶桃形喇嘛帽，长长的帽耳垂于肩头。身着僧衣披袈裟，结跏趺坐于仰覆莲花座上。长方脸形，鼻宽口阔，眉目疏朗。双眼微眯，内含笑意义，神态安详。其右臂平揣，右手掌心朝外，屈拇指、食指作环状，这种手势佛教称为'说法印'。左臂自然下垂，左手平放在左脚上，是为'定印'"③（图2④）。同时在王家鹏《藏传佛教金铜佛像图典》一书中也引用了该尊佛像，在该书中作者还收录了 18 世纪西藏收藏的黄铜镀金章嘉若必多吉像（图3⑤），高 16.5 厘米。综上所述，结合千佛崖藏佛洞祖师像的造像艺术风格来看，广元千佛崖藏佛洞主尊不应为三世章嘉呼图克图若必多吉之像。

图 2　三世章嘉活佛呼图克图镀金银像（引自《章嘉呼图克图像小考——兼谈乾隆皇帝与章嘉国师的关系》）

---

① 温玉成：《广元千佛崖藏佛洞考察》，《四川文物》2003 年 3 期。"既然坐像是四世章嘉呼图克图伊希丹毕坚赞敬谨镌供，则可进一步推断该像应是三世章嘉呼图克图若必多吉（1716～1786 年）之像。造像时三世章嘉呼图克图若必多吉已去世 56 年，后世乃作为佛像供养。此像已按佛像规格制作，有头光和身光，坐于须弥莲花宝座之上。"又雷玉华、王剑平：《广元千佛崖藏佛洞》，《西藏研究》2004 年 4 期。也有推测："另外，根据藏传佛教之传统，此像是第一、二、三世章嘉活佛的可能性都有，但因三世章嘉活佛学问高，弘法效果好，因此千佛崖所镌像，表现的极有可能就是三世章嘉活佛，若是则在国内的石窟中是十分珍贵的，不过，藏佛形象的最终确认还须进一步考证。"
② 马云华：《清宫藏传佛教祖师像考述》，中国史学会清宫史研究委员会编：《2011 年多维视野下的清宫史研究——第十届清宫史学术研讨会论文集》，沈阳：现代出版社，2011 年，425 页。
③ 王家鹏：《章嘉呼图克图像小考——兼谈乾隆皇帝与章嘉国师的关系》，《故宫博物院院刊》1987 年 4 期。
④ 图片引自王家鹏：《章嘉呼图克图像小考——兼谈乾隆皇帝与章嘉国师的关系》，《故宫博物院院刊》1987 年 4 期。
⑤ 图片引自王家鹏：《藏传佛教金铜佛像图典》，北京：文物出版社，1996 年，369 页。

图 3　三世章嘉活佛呼图克图镀金黄铜像
（引自《藏传佛教金铜佛像图典》）

马云华《清宫藏传佛教祖师像考述》："清宫保留下来的莲花生铜像共有二尊，明清时期各一尊。像均戴宁玛派独特的莲花帽，面部泥金，双目圆睁，眉毛上扬，表情瞋怒。卷曲髭须，长耳珰，呈生动的印度大师的面相。披宽厚的袈裟，右手持金刚杵，左手布拉碗，碗中立宝瓶，左肩还应夹持一柄天杖，现已失。这些都是他的标志性法器。明代莲花生像底座为仰覆莲座，底板为特质。此造像为15 世纪早期作品。清代莲花生上师全跏趺坐于单层仰莲座上，造像线条粗重，衣褶凌乱，具有蒙古地区 18 世纪后期的造像特点。"①

韩冰《莲花生大师造像艺术特征及其政治需要》一文中对首都博物馆藏的三尊莲花生大师像进行了描述："莲花生大师造像的形象常见的是双腿结跏趺坐，头戴红色带边沿的帽子。左手拿骷髅碗，置于双膝上，左臂夹持一根金刚降魔宝杖，右手持金刚杵置于胸前。嘴角有两绺上翘的胡须，表情威严沉静。此造像出自明代，藏于首都博物馆，铜镀金，全结跏趺坐于仰覆莲花座上，头戴莲花帽，顶上有日月装饰，圆形耳珰垂肩，表情严肃浓重，两撇胡须自然简约。其右手执金刚杵，举置胸前，左手托嘎巴拉碗，一根金刚降魔宝杖夹持在造像左臂，衣着僧装，简朴大方。整尊造像生动形象，细节刻画到位，印度人特征明显（图 4 - 1）。此造像出自清代，藏于首都博物馆，铜镀金，半结跏趺坐姿。头戴红色莲花帽，耳珰垂肩，颈饰项链，身着祖右肩袈裟，内穿交领坎肩和裙，外披僧氅，着短靴，衣纹自然流畅。其右手执金刚杵，左手托嘎巴拉碗，碗中置长寿瓶，金刚降魔宝杖缺失。此造像的写实性极强，无论是面部表情、衣纹服饰，还是手部细节，均生动有力、流畅自如，是典型的藏族人的风格（图 4 - 2）。此造像出自明代，藏于首都博物馆，铜

---

① 马云华：《清宫藏传佛教祖师像考述》，中国史学会清宫史研究委员会编：《2011 年多维视野下的清宫史研究——第十届清宫史学术研讨会论文集》，沈阳：现代出版社，2011 年，419 页。

1　　　　　　　2　　　　　　　3

图 4　首都博物馆藏三尊莲花生大师像（引自《莲花生大师造像艺术特征及其政治需要》）

镀金，结跏趺做于莲花座上，头戴莲花帽，帽前饰日月图案，顶饰半金刚杵。其面相方圆，神态庄肃，身着僧坎和袒右肩袈裟，右手执金刚杵，左手托嘎巴拉碗，左臂间夹金刚降魔宝杖（图 4 −3）。上师左右两侧各站有一弟子。此造像比较完整，具有西藏人的典型特征。"①

佟春燕的《略述藏传佛教祖师像》一文提到："莲花生的标准像是头戴佛冠，头冠两侧和前部向上卷起，冠上插有金刚杵和翎羽，身披袈裟，左手托颅器，右手持金刚杵，左臂挽三髑天杖。莲花生的造像是所有祖师像中比较独特的一位，他是高僧，因此他头戴佛冠，代表其密宗学识；他还是密宗咒师，所以他会持颅

图 5　西藏镀金铜质莲花生像（引自《藏传佛教金铜佛像图典》）

器、金刚杵这样的法器。"王家鹏《藏传佛教金铜佛像图典》一书中引用了西藏藏品 18 世纪造的铜镀金的莲花生像（图 5②），高 29 厘米。

---

① 韩冰：《莲花生大师造像艺术特征及其政治需要》，《首都博物馆论丛》第 29 辑，北京：北京燕山出版社，2015 年，269 页。

② 图片引自王家鹏：《藏传佛教金铜佛像图典》，北京：文物出版社，1996 年，315 页。

从上述莲花生大师像的描述及图片来看，千佛崖藏佛洞祖师像的艺术特征与其一致。第一是头饰，莲花生大师是宁玛派的上师，戴红色莲花形帽子。千佛崖藏佛洞祖师像头戴莲花帽，帽子上刻日月，象征着智慧与方便。莲花帽上饰红色彩绘，顶上装饰残。头饰与首都博物馆馆藏清代莲花生像（图 4-2）一致。第二是标志性的法器。千佛崖藏佛洞主尊右手执金刚杵（残），举置胸前，左手托嘎巴拉碗，碗中置长寿瓶，左臂间夹金刚降魔宝杖。这与上述莲花生造像是一致的，而且造像完整，法器齐全。第三是千佛崖藏佛洞祖师像面相方额广颐，浓眉大目，嘴唇上有八字形胡须，下颌上有丁字形短须。这与首都博物馆藏莲花生像及西藏铜镀金、清宫留下的莲花生像基本一致。综上所述千佛崖主尊应为莲花生大师无疑。

三　藏佛洞开凿者——四世章嘉活佛

祖师像左（汉文）、右侧（满文）分别以满汉文刻写相同内容的造像铭文。左侧汉文占壁面高 72 厘米、宽 21 厘米：

/钦差赴藏灌顶普善广慈大国师章嘉呼图克图敬谨/镌供/道光二十二年十月吉立

从题记可确知，藏佛洞是 1842 年由四世章嘉呼图克图伊希丹毕坚赞所开凿。四世章嘉呼图克图伊希丹毕坚赞（1787～1846 年），诞生于青海大通县。4 岁出家为僧，7 岁时，在喇嘛扎森额尔德尼座下剃度授沙弥戒。8 岁入京朝见乾隆帝，后由热河返回佑宁寺学习佛法。1800 年入藏学习佛法，"十四岁，仁宗谕旨，令往西藏，仁宗预为设备一切。"[1] 20 岁随八世达赖喇嘛受比丘戒。杨嘉铭《历辈章嘉呼图克图与达赖喇嘛的师徒关系》一文中提到："《诸世章嘉呼图克图》一文载称：1798 年（嘉庆三年），四世章嘉奉诏入藏学法，到藏后首先拜谒了第八世达赖喇嘛强白嘉措；以后拜几个大寺庙大喇嘛为师。20 岁在拉萨受了大戒后，回北京朝觐。"[2] 道光二年（1822 年）六月二日，十世达赖喇嘛楚臣嘉措（1816～1837 年）在布达拉宫坐床，36 岁的四世章嘉呼图克图伊希丹毕坚赞奉命入藏照料。这是四世章嘉的第二次入藏。道光十四年（1834 年）受大国师金印。道光二十二年

---

[1]　转引自杨嘉铭：《历辈章嘉呼图克图与达赖喇嘛的师徒关系》，《青海民族研究》2013 年 4 期。原文载于《蒙藏佛教史》，102 页。

[2]　杨嘉铭：《历辈章嘉呼图克图与达赖喇嘛的师徒关系》，《青海民族研究》2013 年 4 期。

（1842 年）四月十六日，十一世达赖喇嘛克主嘉措（1838～1855 年）在布达拉宫坐床，四世章嘉呼图克图伊希丹毕坚赞代表朝廷主持了坐床典礼，这是四世章嘉第三次入藏。

1841 年 8 月丙申，道光皇帝谕旨："达赖喇嘛于明年四月十六日坐床，届期着派孟保（驻藏大臣）会同成都副都统什蒙额及章嘉呼图克图看视。章嘉呼图克图由京驰驿前往，着由广储司赏银三百两制办行装。所有颁给金册，即着章嘉呼图克图赍往。"同年 9 月壬申，因什蒙额告病，改派"帮办驻藏大臣海朴会同孟保、章嘉呼图克图照看达赖喇嘛呼毕勒罕坐床"[①]。清代入藏，川藏、滇藏、青藏三线中，川藏线为主要路线。"《西藏图考》对川藏、青藏、滇藏交通作了准确的评价：'惟云南中甸之路峻戏重阻，故军行皆由四川、青海二路，而青海路亦出河源之西，未入藏前，先经蒙古草地千五百里，又不如打箭炉内皆腹地，外环土司，故驻藏大臣往返皆以四川为正驿，而互市与贡道亦皆在打箭炉云。'"[②] 从诏书上看，道光皇帝要求章嘉呼图克图与成都副都统什蒙额会同驻藏大臣孟保一起照看达赖喇嘛呼毕勒罕坐床，由此可见四师章嘉呼图克图是由川藏线入藏，必经金牛古道到成都。开窟题记记载："……道光二十二年（1842 年）十月吉立"，又达赖喇嘛 1842 年 4 月 16 日坐床，因此，四世章嘉呼图克图是在返京途中，抵广元在千佛崖开窟造像。

四　四世章嘉活佛供奉莲花生大师的缘由

藏传佛教强调"四皈依"，即上师、佛、法、僧。上师为弟子开启修持密法之门，是弟子与佛法僧三宝的桥梁，教授和弘扬佛法，被尊奉为"祖师"，包括各派的创始人，因此藏传佛教各派供奉祖师成为普遍现象。为何四世章嘉活佛会凿莲花生大师像呢？

这当然与莲花生在藏传佛教中的地位密不可分的。莲花生大师是印度祖师，是乌伏那国（古印度国名，今属巴基斯坦）的太子，后出家，在印度四处游学，遍访名师，擅长咒术。八世纪中期应西藏吐蕃普赞赤松德赞之邀请入藏传播印度金刚乘密法，改吐蕃本土宗教苯教为佛教，为佛法赢得了传播的土壤。创建了西藏历史上第一座寺庙桑耶寺，距今有

①　转引自杨嘉铭：《历辈章嘉呼图克图与达赖喇嘛的师徒关系》，《青海民族研究》2013 年 4 期。原文载于《清代起居注册》道光朝，64 页（联合报文化基金会国学文献馆影印，1985 年 11 月），037498 页，037672～037373 页。

②　转引自潘能龙：《清代入藏交通与西藏军事安全》，郑州：郑州大学硕士论文，2010 年，36 页。原文载于《西藏研究》编辑部编：《西招图略·西藏图考》，拉萨：西藏人民出版社，1982 年，78 页。

1200 多年的历史，坐落于西藏山南扎囊县境内雅鲁藏布江北岸，是藏族人民向往和朝拜的圣地，从它建立开始就成为藏族人民精神殿堂中的象牙塔，是藏传佛教及藏族主体文化的发源地、传承地和弘扬地，是莲花生信仰的载体之一。佛教寺院建成之后，莲花生和寂护共同主持了盛大的开光仪式，由寂护担任堪布（堪布，是指藏传佛教中主持授戒者的称号），选派 7 名藏族青年出家，莲花生任密法教师，与其他 12 位印度班智达（班智达的称号来源于印度，意思是学识渊博的大学者，这里特指懂佛法的博学者），一起给他们剃度出家，这是吐蕃第一批出家弟子。莲花生在吐蕃建寺造塔，广招门徒，健全了藏传佛教"佛、法、僧"三宝，开创了藏传佛教，在青藏高原上扎下了佛教的根，并翻译大量佛经，为弘扬佛法奠定了基石。他倡导"佛教法律"，向国王提出"定纲纪，佛教法律须严明"，由此进一步加强了藏族历史上佛法治国的传统，"佛教法律"称为藏族社会政治制度的条例，从赤松德赞以后历代赞普们都依照此传统，立法执政，发展到噶丹颇章时期（明末）形成政教合一的政治社会体制。佛法在法律制度的保障下，佛教僧侣的地位得到了非常明显的改善和提高，佛教兴盛。莲花生大师除了开创藏传佛教外，还开创了藏传佛教的伏藏。伏藏"如同佛法的明灯"，是佛菩萨为了使众生脱离苦海，将佛法以不同的方式隐藏以留给后代，在藏地伏下了佛法经典及修行法要，如今已有众多的伏藏被发掘出来。吐蕃伏藏经论，播下佛教兴盛的种子，841 年，赞布朗达玛灭法时，也未灭掉佛法在藏区的根，一百年以后进入后弘时期，藏区佛法再度兴盛[①]。

　　莲花生是藏传佛教兴盛的创造者，宁玛派的开山祖师，他对佛教，尤其是密宗教法在西藏的传播与发展做出了巨大贡献，是一位领导时代思潮的伟人，他使佛教思想渗透到藏族文化的各个领域，他的一生是弘传佛法的一生，开创了藏传佛教前弘期的兴盛，并为后弘期藏传佛教的复兴和传播奠定了基础，他影响了上千年藏族人民的思想，被誉为"第二佛陀"[②]，且广受藏传佛教各宗派之尊奉，因此被四世章嘉呼图克图所供奉也不足为奇了。

① 　该部分内容参见蒲文成：《莲花生大师其人其事》，《青海民族研究》2013 年 4 期；索南才让：《莲花生及其对藏传佛教的贡献》，《西藏民族学院学报（社会科学版）》1996 年 4 期。
② 　白玛措：《莲花生信仰研究》，成都：四川大学博士学位论文，2005 年。

富县石泓寺金代早期第2窟天井图案分析

李　静[*]

内容提要：富县石泓寺金代早期第2窟天井图案内容丰富而独特，中间主体图案和周围地纹因素主要来源于先前的北宋与辽代文化，亦流行于同时期的南宋和金代其他地方，反映了不同地域及王朝文化交汇融合情况。宝盖藻井与条幡及七言诗组合，形成法会背景场面并说明洞窟主题思想，在中国石窟中独一无二。

关键词：富县石泓寺　金代石窟　天井图案

石泓寺石窟，位于陕西省富县直罗乡川子河北岸，故又名川子河石窟，在东西约70米崖面上分布着10个洞窟。最早者开凿于唐中宗景龙年间，主要洞窟完成于北宋、金代，最晚者为明代开凿。1956年，陕西省博物馆与文管会组织陕北文物调查征集工作组，对该窟群进行了考察，之后刊布调查报告，简述了各个石窟的基本情况，并绘制了主要洞窟的实测平面图和剖面图[①]。20世纪80年代，员安志再次调查了石泓寺石窟并刊布报告[②]。以上报告简略地介绍了石窟基本情况，但并未做详细分析。2006年7月与2012年7月，清华大学和台北艺术大学联合组成陕北石窟考察队，先后两次就该石窟群进行了比较系统的记录、测绘和拍照。本稿以这两次调查资料为基础，就金代早期第2窟天井图案进行具体分析，行文时以物象为基准确定左右方位。

---

[*]　作者简介：李静，女，江西科技师范大学美术学院副教授。

[①]　陕西省博物馆、陕西省文管会：《鄜县石泓寺、阁子头寺石窟调查简报》，《文物》1959年12期。当时将本文所述石泓寺万佛洞编号为第6窟。

[②]　员安志：《陕西富县石窟寺勘察报告》，《文博》1986年6期。该文以"皇经楼"为中心编号，以东为1－7号窟，以西为8－9号窟，万佛洞在"皇经楼"的后面，编号为第2窟，本稿采用该编号。

图 1　富县石泓寺金代早期第 2 窟天井图案线描图（陈红帅绘）

石泓寺第 2 窟，开凿于金皇统元年—贞元二年（1141～1154 年）前后[①]，窟室面阔 10.3、进深 10.7、通高 5.4 米，室内中心凿成佛坛，佛坛四隅凿成通顶方柱，佛坛上圆雕释迦佛与文殊、普贤二胁侍菩萨，四壁浮雕造像，属于超大型设支柱佛坛窟。此石窟天井图案内容特殊且十分丰富（图 1）。天井主体可以分为前、后两个部分，中心佛坛两后方柱前缘通至后壁天井区域为后部主体图案部分（图 2），两后方柱前缘通至两前方柱前缘天井区域为前部主体图案部分（图 3），主体图案为浮雕表现，其余天井地纹为线刻表现。

---

① 靳之林：《对〈延安地区的石窟寺〉一文的订正》，《文物》1984 年 12 期。该文对富县川子河石泓寺主窟万佛洞（即石泓寺第 2 窟）的开凿年代作了订正。还有，员安志《陕西富县石窟寺勘察报告》一文中也简述了石泓寺石窟的开凿时间问题。

图 2　富县石泓寺金代早期第 2 窟后部天井图案（陈怡安摄）

图 3　富县石泓寺金代早期第 2 窟前部天井图案（陈怡安摄）

一　后部天井主体图案

后部天井主体图案是整个石窟天井最重要的组成部分。可以细分为宝盖、条幡与七言诗三项内容。宝盖凿刻于石窟天井偏后部中间对应主尊的部位，宝盖藻井与后壁之间书写七言诗，宝盖与七言诗左右两侧各浮雕一长条形幡。

（1）宝盖图案

宝盖（图 4）呈穹窿顶藻井式，中心高浮雕单层单瓣上面观大莲花，莲心表现漩涡纹，周围浮雕缠枝牡丹、佛像，下缘雕刻成内向连弧的八边形，边缘形成八个均等毯纹①。毯纹内减地平雕折枝花纹，可分为折枝牡丹花叶纹、单枝中心对称牡丹花叶纹、两枝左右对称牡丹花叶纹与单枝中心对称卷草纹。

宝盖中心雕刻上面观花卉，边缘表现均等毯纹的构图形式，当时广为流行。如山西平阳侯马牛村古城南出土金代仿木构砖室墓（编号65H4M102）落地门罩中的砖雕绣球②（图5），作四等分式布局，每个毯纹内减地平雕中心对称花卉，四毯纹围成内向连弧四边形，中间刻一朵上面观花卉，细部及整体布局与石泓寺第2窟天井宝盖内向连弧毯纹异曲同工。这种在圆形边缘表现毯纹的设计亦见于同时期的南宋，如四川彭州南宋窖藏出土盒式银熏炉盖③（图6）。可见，圆形与毯纹组合成为宋金时期具有时代气息的纹样。

图4　富县石泓寺金代早期第2窟天井宝盖藻井图案（李静杰摄）

图5　侯马牛村古城南出土金代仿木构砖室墓落地门罩中砖雕绣球线描图（李静绘）

图6　彭州南宋窖藏盒式银熏炉盖（出自《四川彭州宋代金银器窖藏》彩版53－1）

① 毯纹原为格子门格眼的一种，由相互扣合的圆弧组成。参见陈明达：《营造法式辞解》，天津：天津大学出版社，2010年，319页。

② 崔元和编：《平阳金墓砖雕》，太原：山西人民出版社，1999年，图版60。

③ 成都市文物考古研究所、彭州市博物馆编著：《四川彭州宋代金银器窖藏》，北京：科学出版社，2003年，彩版45。

　　石泓寺第 2 窟宝盖莲花莲心内刻阴线漩涡形（图 7），周围排列八瓣单层莲瓣，莲花之下刻放射状线的圆形衬底。类似表现见于延安清凉山金代早期第 4 窟天井平棊圆形图案，在莲花莲心内雕刻漩涡形，周围雕刻三层单瓣莲花（图 8），与石泓寺第 2 窟宝盖莲花比较，只是莲瓣的层数上有多寡，而造型十分相似。这种表现可以上溯到更早时间，在河北张家口宣化辽墓中，多个墓室顶部中心表现彩绘莲花纹，有的还在莲花周围彩绘星图以示天界（图 9）[1]，与石泓寺第 2 窟天井宝盖中心莲花及清凉山第 4 窟平棊莲花形似。同样，宣化辽代晚期张世卿墓出土的瓷盘中心饰双层单瓣莲花纹，莲心表现漩涡纹[2]，与石泓寺第 2 窟天井莲花莲心表现相似。可以说，金代石窟天井莲花因素有其由来。

　　宝盖中心莲花周围雕刻缠枝牡丹纹样，类似设计见于陕北安塞沐浴村金代早期石窟天井，该窟天井中心偏后部刻有三个四角叠涩图案，其中右边四角叠涩中表现缠枝牡丹环绕双层单瓣大莲花（图 10），与石泓寺第 2 窟中心表现最为接近。缠枝牡丹纹样在宋代已经广泛流行，如传世的宋代缠枝花纹铜镜以纽为中心[3]，一根茎蔓分枝回卷，其中三枝向左旋，一枝右旋，各方枝蔓顶端托一牡丹花。陕北金代缠枝牡丹纹应来自北宋同类纹样。

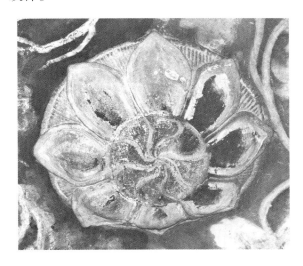

图 7　富县石泓寺金代早期第 2 窟后部天井宝盖中心莲花（李静杰摄）　　　图 8　延安清凉山金代早期第 4 窟天井平棊圆形图案之一（林宝尧摄）

---

① 河北省文物研究所编：《宣化辽墓——1974～1993 年考古发掘报告》下册，北京：文物出版社，2001 年，彩图17。

② 河北省文物研究所编：《宣化辽墓——1974～1993 年考古发掘报告》下册，北京：文物出版社，2001 年，图版122。

③ 河北省文物研究所编：《历代铜镜纹饰》，石家庄：河北美术出版社，1996 年，图版174。

 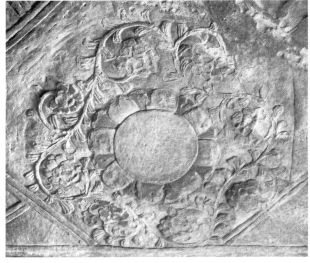

图9　宣化辽代张匡正墓后室天井中心彩绘莲花与星图（出自《宣化辽墓—1974～1993 年考古发掘报告》下册彩图 17）

图10　安塞沐浴村金代早期石窟天井平棊图案之一（李静杰摄）

（2）条幡图案

条幡，在宝盖藻井与七言诗左右两侧，各雕刻一长条形幡。条幡包括顶端三角形区域、中间刻字区域、下部中间长条装饰带，以及中间和下部两侧花边。左右三角形区域均雕刻莲花三叶纹。刻字区域左右两边分别为"释迦如来""香花供养"。长条装饰带雕刻缠枝牡丹纹，中间与下部两侧花边雕刻卷草纹（图11）。

图11　富县石泓寺金代早期第 2 窟后部天井条幡局部卷草纹（林保尧摄）

条幡装饰的缠枝牡丹纹与卷草纹圆润优美，每个条幡中双排缠枝牡丹纹枝蔓两两相对排列，形成连续双茎桃形构图，茎顶端托一牡丹花，各条幡的两枝卷草纹左右两两相对，自上而下蔓延开来，茎蔓在凸起处左右分叉，一枝回卷，一枝继续呈波浪式卷曲延伸，构成二方连续图案。此种卷草纹，在宋金时期砖墓中也十分流行。诸如，河南安阳小南海北宋晚期墓葬门券壁画绘卷草纹[1]、安阳新安庄西地北组北宋 44 号墓志边缘刻划卷草纹[2]，

①　李明德、郭艺田著：《安阳小南海宋代壁画墓》，《中原文物》1993 年 2 期。

②　中国社会科学院考古研究所安阳工作队：《河南安阳新安庄西地宋墓发掘简报》，《考古》1994 年 10 期。

以及河南荥阳槐西村北宋朱三翁石棺雕刻卷草纹等①。

（3）七言诗

七言诗，文字以横四排方格式排列，依宝盖至后壁方向书写："我佛当殿住三界，镇得魔军心胆碎，众多善友结良缘，过世便是龙花会。"显然，此诗翻录了洞窟的主题思想。

宝盖藻井处在主尊的正上方，左右两侧刻幡，用于庄严佛陀，形成类似说法会场的设置。另一方面，宝盖中莲花连同周围雕刻的佛陀，还象征着纯净美好的佛国世界，是人们期待往生的净土。七言诗内容表述了降魔成道的深层寓意，通常降魔成道代表释迦征服自我烦恼，获得最高觉悟或达成法身的过程，但七言诗所述之魔应指大环境中戕害生民之魔，消除战乱、百姓安居乐业才是本石窟降魔成道像的真正含义②。

二　前部天井主体图案

前部天井主体图案用作装饰，由三层装饰带组成，依宝盖方向，从后向前第一层表现四个方形适合纹样，第二层表现两枝缠枝牡丹纹样，第三层表现双排卷草纹样。这些纹样种类繁多，刻画流畅，布局在统一中求得变化，用意在于将天井装饰成悦人心目的空间。

（1）第一层图案

第一层为四个方形适合纹样装饰区块，天井纵向中轴线右侧方形以菱形为中心，菱形内雕刻折枝牡丹纹，菱形边框刻划连续己字形纹样。外围上下左右各装饰二分之一上面观折枝牡丹纹，牡丹纹上方刻划一束枝叶，或左右刻划一对叶片（图12）。纵轴线左侧雕刻仿木质簇八重毯纹窗花图

图12　富县石泓寺金代早期第2窟前部天井第一层牡丹纹（李静杰摄）

① 张帆：《豫北和晋南宋金墓杂剧形象的比较研究》，《中原文物》2009年4期。

② 李静杰：《陕北宋金石窟佛教图像的类型与组合分析》，《故宫学刊》第十一辑，北京：故宫出版社，2014年，92~120页。

案。两侧外方形区域均雕刻牡丹花卉纹样，左侧为上面观牡丹纹，右侧为折枝牡丹纹，虽然表现形式有所不同，但构图基本左右对称，反映了匠人在对称设计中寻求变化的努力。

中轴线右侧适合纹样在菱形框中表现折枝牡丹纹，菱形边框上下左右雕刻六个二分之一上面观折枝牡丹纹，类似表现见于陕西彬县出土五代后周冯晖墓，在甬道东西壁砖雕彩绘男女腊鼓的鼓肚上，亦雕刻此种内容和布局①（图13），鼓肚形成一个近似长方形区域，以上面观牡丹为中心，周围上下左右表现二分之一上面观牡丹纹，可以看作金代同种图像的前身。菱形边框中连续己字形纹样，在同时期延安清凉山第4窟天井图案中就有较多的类似表现（图14），在天井平棊中间的圆形边缘装饰带中，己字形或同向连续排列，或两两相对为一组连续排列。又如，邯郸峰峰矿区出土金代瓷塑红绿彩释迦像底座连续己字纹同向排列②。这种纹样北宋已流行开来，如安阳北宋韩琦与崔氏合葬墓出土石函盖四周边缘，减地平雕连续己字形纹样装饰带③（图15）。己字形纹也常见于宋代瓷器，如故宫藏河南修武当阳峪窑北宋剔花瓷罐④，磁州窑北宋白釉刻花莲瓣形枕⑤，以及吉州窑南宋海水纹炉⑥，呈现由宋到金连续发展脉络。

图13　彬县出土五代后周冯晖墓甬道东壁砖雕彩绘男答腊鼓（出自《五代冯晖墓》第11页图版12）

图14　延安清凉山金代早期第4窟天井平棊图案之二（林保尧摄）

---

① 咸阳市文物考古研究所编著：《五代冯晖墓》，重庆：重庆出版社，2001年，图版12、31。
② 峰峰矿区文物保管所藏。邯郸市文物研究所编：《邯郸古代雕塑精粹》，北京：文物出版社，2007年，图版150。
③ 河南省文物局编著：《安阳韩琦家族墓地》，北京：科学出版社，2012年，彩版55。
④ 刘炜、段国强主编：《国宝·瓷器》，济南：山东美术出版社，2012年，168页。
⑤ 北京市文物局编：《北京文物精粹大系·陶瓷卷》（上），北京：北京出版社，2003年，图版192。
⑥ 江西省博物馆藏。刘炜、段国强主编：《国宝·瓷器》，济南：山东美术出版社，2012年，195页。

图 15　安阳北宋韩琦与崔氏合葬墓出土石函盖局部拓本
（出自《安阳韩琦家族墓地》彩版 55）

图 16　富县石泓寺金代早期第 2 窟前部天
井第一层浮雕簇八重毯纹（李静杰摄）

图 17　洛阳涧西北宋晚期 15 号墓门扉浮雕
簇八重毯纹格眼拓本（出自《洛阳考古集
成·隋唐五代宋卷》第 531 页图 19）

　　中轴线左侧雕刻仿木质簇八重毯纹（图 16），营造法式注释将由六个毯纹组成的门格
子眼称作"簇六重毯纹"①，而石泓寺第 2 窟天井中仿木质毯纹图案表现八个，沿用梁思
成注释营造法式的命名方式，可以称为"簇八重毯纹"。河南洛阳涧西北宋晚期 15 号墓门
扉雕刻簇八重毯纹格眼（图 17）②，与石泓寺第 2 窟天井中的簇八重毯纹十分相似。四斜

①　梁思成：《〈营造法式〉注释》，北京：生活·读书·新知三联书店，2013 年，556 页。
②　杨作龙、韩石萍主编：《洛阳考古集成·隋唐五代宋卷》，北京：北京图书馆出版社，2005 年，531 页，图 19。

或四直毯纹通常表现在木质建筑门格子上①，作门扉窗花装饰②，在宋辽金时期十分流行，而簇八重毯纹实例并不多见。不难看出，簇八重毯纹类似"米"字形的构成，是由四斜毯纹与四直毯纹这两种图案相加而来的。

中轴线两外侧分别表现折枝牡丹纹、上面观牡丹纹。右侧折枝牡丹纹（图18），花朵由内而外分三层雕刻，第一层为中心阴线刻花蕊，第二、三层刻双曲瓣、三曲瓣，每层由六个花瓣组成，饱满圆润，第三层花瓣外围刻划六瓣连弧形衬底，衬底上刻划放射状线，装饰性极强。牡丹纹周围雕刻宽大的枝叶，叶子或波浪卷曲，或直线舒展，生动优美。左侧表现上面观牡丹纹（图19），四隅三角形区域刻划卷曲云纹与线性地纹，组成一个方

图18　富县石泓寺金代早期第2窟前部天井第一层右侧折枝牡丹纹（李静杰摄）

形适合纹样。上面观牡丹纹分内外五层，第一层花心模糊不清，第二层与第四层均雕刻三曲式花瓣，每层亦由六个花瓣组成，第三层雕刻圆形衬底，阴线刻放射状线，第五层花瓣上刻划密集的放射状线。左右两侧牡丹纹分别在第三、五层衬底上刻划放射线作法，反映了有意制造视觉差异的设计意图，匠人不仅考虑构图上左右对称的形式美感，还寻求细部变化，使天井图案具有均衡对称中的变化之美。同时期三曲瓣的花朵表现，还见于在延安清凉山金代早期第4窟天井平棊圆形图案内雕刻上面观单层牡丹纹，彭州南宋窖藏五曲金盏中心錾刻单层五瓣上面观牡丹纹③（图20），又在周围阴线錾刻五片宽大的叶子。这种表现北宋已出现，安阳北宋韩琦与安国夫人崔氏合葬墓出土墓志石，四周边缘均阴线刻上面观双层三曲瓣牡丹纹④，与石泓寺第2窟牡丹纹中的三曲瓣表

---

① 四斜毯纹，通常表现为四个呈四十五度角的毯纹，两两上下倾斜，四个毯纹上下左右分别倾斜排列组成"×"字形。四直毯纹，是由四个毯纹呈直线，两竖两横，上下左右分别排列组成"＋"字形。

② 梁思成：《〈营造法式〉注释》，北京：生活·读书·新知三联书店，2013年，552页。

③ 成都市文物考古研究所、彭州市博物馆编著：《四川彭州宋代金银器窖藏》，北京：科学出版社，2003年，彩版3。

④ 河南省文物局编著：《安阳韩琦家族墓地》，北京：科学出版社，2012年，拓片10、11，28～29页

图 19　富县石泓寺金代早期第 2 窟前部天井第一层左侧上面观牡丹纹（李静杰摄）

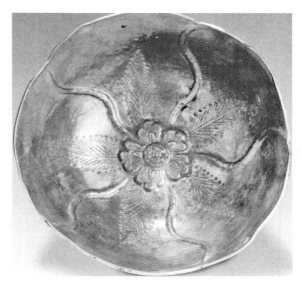

图 20　彭州南宋窖藏五曲金盏（出自《四川彭州宋代金银器窖藏》彩版 3）

图 21　富县石泓寺金代早期第 2 窟前部天井第一层左侧卷草纹（李静杰摄）

现极为相似。可见，三曲瓣造型元素有其北宋来源。上面观牡丹纹适合纹样至左后柱前缘小区域浮雕卷草纹（图 21），茎蔓圆润饱满。

（2）第二层图案

第二层为缠枝牡丹纹（图 22），两枝茎蔓在中轴线处交缠，呈左右对称形式向两边蔓延，茎蔓于下个卷曲处分枝，一枝回卷，另一枝反向卷曲延伸，回卷枝端均雕刻侧面观六瓣牡丹纹，以花蕊为中心左右对称配置，枝蔓上叶片或曲或直，优美生动。

缠枝纹在宋代的铜镜中比较常见，如前引河北博物院藏宋代缠枝花镜（图 23）、彭州南宋窖藏出土盒式银熏炉亦表现此类缠枝纹①，以上两者造型与石泓寺第 2 窟天井图案的缠枝

_____

① 成都市文物考古研究所、彭州市博物馆编著：《四川彭州宋代金银器窖藏》，北京：科学出版社，2003 年，彩版 52 - 2。

图 22　富县石泓寺金代早期第 2 窟前部天井第二层缠枝牡丹纹（陈怡安摄）

图 23　河北省博物院藏宋代缠枝花铜镜拓本（出自《历代铜镜纹饰》图版 174）

牡丹纹十分相似，只是构图形式有所不同而已。缠枝纹，因其结构连绵不断，故有生生不息的美好寓意。缠枝牡丹纹在唐草纹的基础上发展而来，极富中华民族特色，盛行于宋代，持续流行于元明清时期。

（3）第三层图案

第三层为卷草纹①，双排对称表现，形成连续双茎桃形结构（图 24），两枝茎蔓依右柱左侧内缘向左柱右侧内缘延伸，刻画圆润饱满。

类似纹样北宋已出现，但数量有限，河南巩义西村北宋至道三年（997 年）章怀潘皇后陵东列望柱表现双排对称卷草纹样，中间刻画瑞鹿（图 25）②，与石泓寺第 2 窟天井中卷草纹相近。相对而言，单排卷草纹样比较流行，延安清凉山金代早期第 4 窟天井平綦的圆形边缘装饰带表现单排卷草纹，卷草茎蔓呈曲线式连续排列，每个曲线凸起处分叉向左右两边延伸，蔓叉表现卷曲叶片，相比石泓寺第 2 窟的卷草纹略显简洁。北京房山周口店龙门口村太祖阿骨打睿陵（金贞元三年改葬）地宫出土汉白玉龙纹石椁东壁③（图 26），凤纹石椁东壁与南壁边缘装饰带④，以及山西平阳稷山马村金代 1 号墓南

① 多取忍冬、荷花、兰花、牡丹等花草，经处理后作"S"形波状曲线排列，构成二方连续图案，花草造型多曲卷圆润，通称卷草纹，因盛行于唐代故又名唐草纹，是中国最常见的传统图案之一。
② 河南省文物考古研究所编：《北宋皇陵》，郑州：中州古籍出版社，1997 年，图 36。
③ 北京市文物研究所编：《北京金代皇陵》，北京：文物出版社，2006 年，88～89 页，图 53。
④ 北京市文物研究所编：《北京金代皇陵》，北京：文物出版社，2006 年，78～81 页，图 42、44。

图 24　富县石泓寺金代早期第 2 窟前部天井第三层卷草纹（陈怡安摄）

图 25　巩义西村北宋至道三年（997 年）章怀藩皇后陵东列望柱局部拓本
（出自《北宋皇陵》图 36）

图 26　房山龙门口村出土金贞元三年（1155 年）太祖阿骨打睿陵地宫出土汉白玉
石椁东壁拓本（出自《北京金代皇陵》88～89 页图 53）

壁①等，均表现较为饱满多叶的单排连续卷草纹样。在北宋时期，河南巩义西村镇至道三年（997年）太宗赵光义永熙陵西列武士绣抱肚花纹②、巩义南郊治平四年（1067年）英宗赵曙永厚陵东列石象鞯褥③、巩义芝田镇八陵村元符三年（1100年）哲宗赵煦永泰陵西列上马石④，以及安阳小南海宋墓南壁壁画⑤、禹县白沙1号宋墓壁画等⑥，亦表现此类纹样。以上实例充分说明，金代的卷草纹在沿用北宋同类纹样的基础上发展变化，变得更加繁缛。

三　天井地纹

石泓寺第2窟天井除主体图案外，其余部分还线刻许多细致、整齐的地纹，规则或不规则排列，映衬主体图案。地纹主要用于填充天井的空白区域，起装饰、美化作用，有些特殊地纹还具有一定寓意。根据地纹的表现形式与出现频率，可以细分为普通地纹与特殊地纹。

（1）普通地纹

普通地纹，指石窟天井中普遍流行且一般化表现的地纹。主要有直线纹、直线三角纹两种。直线纹主要线刻在主体图案周围、边带及间隔边带部位，作规则或不规则平行排列，或直或斜，或长或短，统一中有变化。直线三角地纹（图27），主要线刻在前部天井第一层左侧上面观牡丹纹周围，与前部天井右侧主体图案至右壁区域，直线条渐次从短至长平行排列，组成三角形轮廓，或规则重复或呈折线重复排列，具有一定装饰作用。这种直线纹与直线三角纹在其他陕北宋金石窟天井中十分流行。

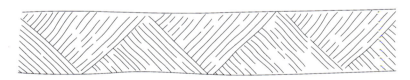

图27　富县石泓寺金代早期第2窟前部天井第一层左侧牡丹纹周围刻划
直线三角地纹线描图（李静绘）

---

①　崔元和编：《平阳金墓砖雕》，太原：山西人民出版社，1999年，53页，图版3。
②　河南省文物考古研究所编：《北宋皇陵》，郑州：中州古籍出版社，1997年，80页，图62。
③　河南省文物考古研究所编：《北宋皇陵》，郑州：中州古籍出版社，1997年，179页，图158。
④　河南省文物考古研究所编：《北宋皇陵》，郑州：中州古籍出版社，1997年，276页，图254。
⑤　李明德、郭艺田：《安阳小南海宋代壁画墓》，《中原文物》1993年2期。
⑥　宿白：《白沙宋墓》，北京：文物出版社，2002年，图版29-2。

（2）特殊地纹

特殊地纹，指石窟天井中出现频率较低且表现特殊的地纹。主要有波浪纹与四角叠涩纹两种。波浪纹（图 28）主要线刻在后部天井右条幡的右边部位，共两排平行排列，呈波浪曲线形连续，不见于其他陕北宋金石窟。四角叠涩纹（图 29、30）主要线刻在后部天井左条幡左侧与前部天井第三层至前壁区域，四角叠涩地纹呈二方连续排列，由内向外为二层方形，依次压角叠涩而成，外层四角叠涩三角内线刻四十五度斜线，从短至长渐次平行排列，组成三角形轮廓，内层叠涩菱形区域线刻平行直线纹，或横或竖，或横竖组合，装饰感极强。陕北子长钟山北宋治平四年（1067 年）第 3 窟天井中已经出现此类四角叠涩地纹。

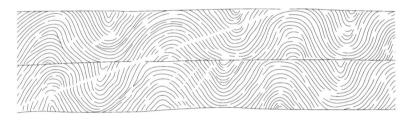

图 28　富县石泓寺金代早期第 2 窟后部天井右条幡右侧线刻波浪地纹线描图（李静绘）

图 29　富县石泓寺金代早期第 2 窟后部天井左条幡左侧线刻四角叠涩二方连续地纹线描图（李静绘）

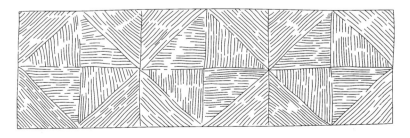

图 30　富县石泓寺金代早期第 2 窟前部天井第三层至前壁区域线刻四角叠涩二方连续地纹线描图（李静绘）

小结

富县石泓寺金代早期第 2 窟天井图案，无论布局与内容，在陕北地区石窟天井图案中都是十分特殊的一例。整个天井图案内容丰富且精美，多种图案将天井装饰得美轮美奂，构成一个丰富多彩的纹样世界，是陕北宋金石窟天井图案中最精彩的一例。五代、辽、宋与金代的文化元素在此交融在一起，尤其是后部天井宝盖、条幡与七言诗图案的结合，再现了庄严法会的背景场面，并说明该洞窟主题思想，在中国石窟中仅此一例。

本篇论文得到清华大学美术学院李静杰导师的悉心指导，在此特别鸣谢！

中原北方唐宋时期卢舍那法界佛像述论

李静杰*

内容提要： 本稿讨论了中原北方唐宋时期 8 尊卢舍那法界佛像，包括 3 尊唐前期金铜佛像、2 尊唐后期白石佛像、2 尊辽代线刻佛像和 1 尊北宋壁画佛像。这些实例在吸收北朝以来同类佛像因素基础上，产生大智风轮、摩顶授记、善财参访等图像，辽代此类佛像更成为三身佛的组成部分。唐宋时期卢舍那法界佛像在表现莲花藏世界海的同时，注重刻画佛陀教化、救济众生，以及修菩萨行并成就法身内容，深刻地反映了华严经思想。

关键词： 卢舍那法界佛像　华严经　莲花藏世界海　唐宋时期

卢舍那法界佛像，即主要依据华严经在身体上表现世界形象的特殊佛像。卢舍那法界佛像创始于西域南道的古于阗国，而后波及西域北道龟兹文化区域，向东传播到敦煌和中原北方，在西域、敦煌约流行于 6~9 世纪，在中原北方约流行于 6~11 世纪。

汉译华严经为敦煌及其以东地区卢舍那法界佛像的经典依据。汉译全本华严经一者为东晋元熙二年（420 年），中印度佛驮跋陀罗于建康（今南京）译 60 卷《大方广佛华严经》（简称《六十华严》）；另一者为武周圣历二年（699 年），于阗国实叉难陀于东都洛阳译 80 卷《大方广佛华严经》（《简称《八十华严》）。《八十华严》译出之后，代替《六十华严》成为主要流通本，卢舍那法界佛像的经典依据大概也是如此。

中原北方北朝时期随着华严学（即地论学）的发展，卢舍那法界佛像在 6 世纪下半叶前后流行一时，并出现集中表述华严经思想的莲花藏世界海观图像。唐宋时期历时久远，

---

* 作者简介：李静杰（1963 年— ），河北平泉人，清华大学教授，主要从事佛教物质文化研究。

此间卢舍那法界佛像实例则比较有限，新的社会环境和佛教思潮使得此类佛像呈现新时代面貌。下文基于已知 8 例佛像情况，分为三个阶段具体阐述，继而论及一些相关问题。

一　唐前期卢舍那法界佛像

1. 现存实例

已知唐前期卢舍那法界佛像，凡有 3 例，均为传世金铜佛像。

实例①，堪萨斯纳尔逊艺术博物馆藏唐代青铜卢舍那法界佛像①（图 1、2）。佛立在束腰仰覆莲台座上，左手垂下，右手举向右前方（以造像自身为基准确定左右方位，下

图 1　堪萨斯纳尔逊艺术博物馆藏唐代青铜卢舍那法界佛像正面（出自《中国仏教彫刻史論》图版 466a）

图 2　堪萨斯纳尔逊艺术博物馆藏唐代青铜卢舍那法界佛像背面局部（出自《中国仏教彫刻史論》图版 466b）

---

① 通高 7.9 厘米，青铜。基座缺失。松原三郎：《中国仏教彫刻史論》，东京：吉川弘文馆，1995 年，图版 466a、b，本文编 305 页。松原三郎断代该像为 6 世纪下半叶遗物，应存在认识误差。

同），着通肩式袈裟。脸庞作长圆形，腰部收缩，躯体与四肢轮廓清晰，通体比较瘦削，具有初唐后段（高宗、武则天时期）造像特征。

左右肩分别表现圆轮和偃月，圆轮上刻画鸟雀，应为金乌，各自代表日、月的存在。在胸腹部，团状物中竖起一柱状物，有蛇形物缠绕其上，顶端设置一有鸱尾的五开间宫殿。应为香水海中拔起须弥山，以及其上天宫的表现，蛇形物则是龙王。两大腿部各有一人相对而立，其中右腿部人双手合十，似在礼拜左腿部一人。在佛背面中间刻画一口三足大釜，釜中露出一人头，大釜左外侧一牛头狱卒握叉，叉向前上方一无头者，大釜右外侧一者单腿盘坐，左手指向大釜。大釜下方刻画一具木枷，应为受釜刑者原来披戴刑具。

实例②，巴黎集美博物馆藏唐代金铜卢舍那法界佛像①（图3～图6）。佛两腿平行而

图3　巴黎集美博物馆藏唐代金铜卢舍那法界佛像正面

图4　巴黎集美博物馆藏唐代金铜卢舍那法界佛像背面（出自《中国佛教彫刻史論》图版639a）

---

① 通高14.1厘米，青铜鎏金。后肩部有凸出榫头，头光、台座缺失。松原三郎：《中国佛教彫刻史論》，东京：吉川弘文館，1995年，图版638，图版639a、b，本文编326页。

图 5　巴黎集美博物馆藏唐代金铜卢舍
那法界佛像右侧面

图 6　巴黎集美博物馆藏唐代金铜卢舍
那法界佛像左侧面

立，左手伸向前下方，右手举向右前方，着通肩式袈裟。脸庞作方圆形，胸部和大腿部肌肉
隆起显著，躯体与四肢空间关系明确，通体比较厚实，具有武周至玄宗开元年间造像特征。

　　左右肩稍下部位分别表现日轮与偃月，日轮上刻画三足鸟雀，应为金乌，各自代表
日、月的存在。在胸腹部，水状物中两条龙王绕柱而上，柱顶为山峦形平台，平台中间上
方设置一座有鸱尾的宫殿。应为香水海、须弥山、天宫、龙王的表现。宫殿前方一佛倚坐
山顶上，山顶左右两端各有一者倚坐其间。在两大腿部位，两外侧各有一棵大树，二树之
间表现上下两层建筑。上层在山崖形外轮廓的近方形区域，中央为有鸱尾的宫殿，其中一
佛结跏趺坐施禅定印，宫殿外两侧各有一菩萨内侧身合掌侍立。下层山峦中间设置一较小
曲尺形屋顶建筑，其中没有物象。上下层建筑都置于两棵大树之间，表明两者相互关联，
应有特殊意涵。两小腿部位画面亦分为上下两层，上层表现在袈裟下缘，左右各有一棵大
树，左树内侧一站立比丘摩一倚坐者头顶，右树内侧一站立比丘摩一跪坐者头顶。左右两
树外侧各有一者内侧身合掌侍立。下层画面表现在内衣下缘，中间刻画一口三足大釜，釜
中有三人，大釜左外侧一者叉举一人投向釜中，大釜右外侧一牛头狱卒向大釜走来。下层左

端一者单盘左腿面内而坐，右端一者执花面内而立。在佛左右肩部，日月轮之上各有一天人向前飞来，日月轮之下两臂外侧各有一者走向前来，两大腿外侧大树下各有一者向前走来。

在佛像背面，左下方一者戴冠倚坐其间，身后侍立一者。从倚坐者座下向左上方发出五道光束，由上而下第一道光束上二天人飞来，似均作合掌状。第二道光束上伫立二者，其中一者执花。第三道光束上一者三头四臂叉腿而立，上方两臂各擎日、月。第四道光束上一鸟、一兽向右而行。第五道光束上肋骨嶙峋二者向右走去。该画面颇似当时流行的地藏菩萨与五道众生表现，但也不排除阎罗王与五道众生的可能。

实例③，故宫博物院藏唐代金铜卢舍那法界佛像①（图 7、8）。佛结跏趺坐在束腰覆莲台座上，左手放在膝上，右手举向右前方，着右肩半披式袈裟。脸庞作方圆形，两臂与两腿轮廓清晰，躯干形态表现比较抽象，具有武周至玄宗开元年间造像特征。

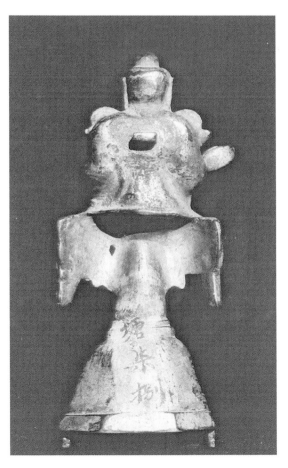

图 7　故宫藏唐代金铜卢舍那法界佛像正面　　图 8　故宫藏唐代金铜卢舍那法界佛像背面

① 高 14.1 厘米，青铜鎏金。后肩部有凸出榫头，头光（或身光）与基座缺失。李静杰主编：《中国金铜佛》，北京：宗教文化出版社，1996 年，图版 142。李静杰、田军：《一尊罕见的卢舍那法界金铜佛像》，《文物天地》1997 年 4 期。

左右肩部分别在云朵之上表现日轮、月轮，日轮上刻画三足鸟雀，应为金乌，月轮上刻画一者持刀砍树，应为吴刚伐树表现，各自代表日、月的存在。在胸腹部，束腰状物上表现一座有鸱尾并设置两扇门的宫殿，应为须弥山、天宫的表现。在台座覆幛前方表现一齿状物，其上刻画两道弦纹，应为风轮的表现。在台座覆帐左右端，分别表现伫立持棒牛头狱卒、伫立竖发恶鬼。

以上 3 例金铜佛像，从造型特征观察均为初盛唐时期遗物，具体应界定在高宗至玄宗开元年间。就唐代佛教造像发展背景考虑，西京长安成为金铜佛像制作中心，推测此三件造像原初可能出自那里。

2. 实例分析

上述 3 例金铜佛像呈现一些共同和个性特征。其一，佛胸腹部都表现了须弥山相关物象，繁简有所不同。实例①、②有香水海、须弥山、天宫、龙王因素，其中实例①龙王数目不明，实例②为两龙王。实例③只有须弥山、天宫因素，实例②须弥山上另有坐佛等。这些图像不仅处在最重要位置，所占画面也最大，反映了古印度世界观，亦关乎此类佛像的属性。

西晋法立、法炬译《大楼炭经》卷 1《阎浮利品》："佛言，'比丘，是地深六百八十万由旬，其边无限。其地立水上，其水深四百六十万由旬，其边际无有限碍。大风持水，其风深二百三十万由旬，其边际无限。比丘，其大海深八百四十万由旬，其边际无崖底。比丘，须弥山王入大海水，深八万四千由旬，高亦八万四千由旬，下狭上稍稍广，上正平。种种合四类在上止，悉满无空缺处。诸大尊神亦在上止，诸尊复尊大神，悉在上居止。忉利天宫在须弥山上，过忉利天上有焰天，过焰天有兜率天上，过兜率天有尼摩罗天，过尼摩罗天上有波罗尼蜜和耶越致天，过是上有梵迦夷天。过是天上有魔天，其宫广长二十四万里，宫壁七重，栏楯七重，刀分七重，行树七重。'"[①] 认为物质世界系立体构成，大风托起大海，海中生出大地，大地上耸立须弥山，须弥山作束腰形，顶端平整。须弥山顶有忉利天宫，其上虚空中又有多重天及天宫。上述实例的图像表现基本符合这些记述，尤其实例②、③所见须弥山顶端平整，如果没有参考经典，山峦表现应该不会如此。又，后秦佛陀耶舍、竺佛念译《长阿含经》卷 21《世纪经·战斗品》："尔时，难陀龙王、跋难陀龙王以身缠绕须弥山七匝，震动山谷，薄布微云，渧渧稍雨，以尾打大海水，海水

---

① 《大正藏》第一册，277 页上、中。

波涌至须弥山顶。"① 所谓有两条大龙王缠绕在须弥山上,兴云作雨。总体而言,由下而上大风、大海、大地、须弥山、诸天与天宫、龙王构成物质世界的基本内容,应该就是上述实例的经典依据。《长阿含经》和属于该经系统的单本经《大楼炭经》,均为原始佛教典籍,如实地反映了古印度世界观。

《六十华严》卷3《卢舍那佛品》:"尔时,普贤菩萨欲分别开示故,告一切众言,'诸佛子,当知此莲华藏世界海是卢舍那佛本修菩萨行时,于阿僧祇世界微尘数劫之所严净,于一一劫恭敬供养世界微尘等如来,一一佛所净修世界海微尘数愿行。佛子,当知有须弥山微尘等风轮,持此莲华藏庄严世界海。最下风轮名曰平等,彼持一切宝光明地。次上风轮名种种宝庄严,持清净光宝地。次上风轮名功德势,持密宝地。次上风轮名曰宝焰,持日不坏宝地。次上风轮名普庄严,持具足宝光明地。次上风轮名离垢清净平等,持宝华焰地。次上风轮名曰方行,持一切真珠地。次上风轮名曰一切年,持一切时、一日、半月、一月、一年。次上风轮名普持势,持一切须弥山地。次上风轮名庄严光明,能持一切有。如是次上有须弥山微尘等风轮,最上风轮名胜藏,持一切香水海。彼香水海中有大莲华,名香幢光明庄严,持此莲华藏庄严世界海。此世界海边有金刚山周匝围绕。'"② 该经吸收了《长阿含经》以来的记述,认为世界由下而上有风轮、大地、须弥山、香水海,金刚围山,统称为莲花藏世界海。进而指出此世界系卢舍那佛过去无数劫修菩萨行时所严净,表明其佛超越时空、无有限量,将莲花藏世界海表现在胸腹部,亦说明其佛具有无所不包的法界属性。

其二,佛两肩部均表现日月图像,具体形式有所差异。实例①、②月作偃月形,3例日轮中均表现金乌,且实例②、③明确为三足乌,实例③月轮中刻画吴刚伐树,系唐代绘画作品中常见表现。3实例图像因素比较有限,而日月成为必选因素,表明受到非常重视。

《六十华严》卷34《宝王如来性起品》:"佛子,譬如日出,先照一切诸大山王,次照一切大山,次照金刚宝山,然后普照一切大地。日光不作是念,'我当先照诸大山王,次第乃至普照大地。'但彼山地有高下故,照有先后。如来、应供等正觉亦复如是,成就无量无边法界智慧日轮,常放无量无碍智慧光明,先照菩萨摩诃萨等诸大山王,次照缘觉,

---

① 《大正藏》第一册,143页上。
② 《大正藏》第九册,412页上、中。

次照声闻，次照决定善根众生，随应受化，然后悉照一切众生，乃至邪定，为作未来饶益因缘。如来智慧日光不作是念，'我当先照菩萨，乃至邪定。'但放大智光，普照一切。佛子，譬如日月出现世间，乃至深山、幽谷，无不普照，如来智慧日月亦复如是，普照一切无不明了。但众生希望善根不同故，如来智光种种差别。"① 这段文字记述了两层意思。一者佛陀智慧犹如日月，普照世界、惠及一切众生，再者因众生根器不同，佛陀教化众生故有先后。

其三，佛陀腿部图像，3 实例各有特征。实例①大腿部一者双手合十，似在礼拜另一者。双手合十本为一般化佛教礼仪，在华严经中则频繁出现在入法界品，善财童子参访五十三位善知识过程，往往伴随有合掌礼拜的动作。譬如，《六十华严》卷 47《入法界品》："尔时，善财一心观察海幢比丘，念彼三昧法门，思惟不可思议菩萨境界。（中略）叹未曾有，合掌白言，'甚奇。大圣，如此三昧最为甚深，如此三昧最为广大，如此三昧境界无量，如此三昧不可思议神力自在。（中略）其有菩萨入此三昧，能为一切除灭众苦，永绝地狱、饿鬼、畜生一切楚毒，远离诸难。'"② 以此推测，实例①双手合十人物，存在作为善财童子表现的可能。

实例②大腿部表现两层建筑，上层建筑中趺坐一佛，两外侧胁侍二菩萨，下层建筑空置，应为佛陀说法场面。总观华严经结构，《六十华严》七处八会的第八会、《八十华严》七处九会的第九会场景，最接近画面表现。《六十华严》卷 44《入法界品》："尔时，佛在舍卫城祇树给孤独园大庄严重阁讲堂，与五百菩萨摩诃萨俱，普贤菩萨、文殊师利菩萨而为上首。"③ 又，《八十华严》卷 60《入法界品》："尔时，世尊在室罗筏国逝多林给孤独园大庄严重阁，与菩萨摩诃萨五百人俱，普贤菩萨、文殊师利菩萨而为上首。"④ 两种译本内容基本一致，会场均为给孤独园大庄严重阁讲堂，其时以普贤、文殊为上首的五百菩萨参加。由此而言，画面中二层建筑应为给孤独园重阁讲堂，胁侍二菩萨则是文殊、普贤。《入法界品》主张，修行者应深入世俗社会并开发心性，融会禅宗参禅悟道之体验，努力寻求觉悟的途径，修菩萨行而成就法身，是为华严经的旨归。可见，所以选择华严经最后一会，应是全面考虑的结果。

---

① 《大正藏》第九册，616 页中。
② 《大正藏》第九册，697 页上。
③ 《大正藏》第九册，676 页上。
④ 《大正藏》第十册，319 页上。

实例②两小腿上方树下，各有一比丘摩另一者顶，身后各有一合掌赞叹者。在华严经中，见有十方诸佛各伸右手摩普贤菩萨、金刚幢菩萨、金刚藏菩萨顶的记述，其中金刚藏菩萨被摩顶后，陈述了十地为菩萨根本修行之道。此外，亦有普贤菩萨伸右手摩善财童子顶的记述[①]。对比可知，画面中比丘摩另一者顶的表现，有别于经典记述诸佛摩菩萨顶，或普贤菩萨摩善财童子顶情况，出现这种差异的原因尚不明了，有待将来加以说明。

实例③台座覆幛前表现齿轮状物，该物象处在须弥山下方，符合前引长阿含经类所谓大风持水，以及华严经所谓风轮承托莲花藏世界海的记述，尤其接近后者。《六十华严》卷 33《宝王如来性起品》："譬如有四风轮依虚空住，能持水轮，何等为四？所谓安住、不动、常住、坚固，是名为四能持水轮。水轮能持大地令不散坏，是故说大地依水轮，水轮依风轮，风轮依虚空，虚空无所依，虚空虽无所依，能令三千大千世界而得安住。如来应供等正觉亦复如是，依如来起四种无碍大智风轮，能持一切众生善根。何等为四？所谓摄取众生皆令欢喜大智风轮，分别诸法令众生乐求大智风轮，守护众生一切善根大智风轮，决定了知无漏法界大智风轮，是名四种大智风轮。"[②] 与经典对照可知，作为物质世界组成部分的风轮，用来象征佛陀四种无碍智慧，养护众生善根，开发众生智慧。相对于北朝晚期、隋代莲花藏世界海观图像所见，承托香水海和须弥山的袋状风轮，这种带齿状风轮表现更为形象，意图更加明了。

其四，佛身躯边缘与背面图像，属于六道众生内容。实例①佛背面表现地狱场面。实例②佛肩臂部表现天、人二众，小腿下部表现地狱，刻意将善道、恶道众生分别表现在身体上下端。该像又在背面表现地藏菩萨与五道众生。实例③在佛像台座左右侧覆幛上分别表现畜生、恶鬼，意在凸显恶道内容。《六十华严》卷 4《卢舍那佛品》："此世界海中，刹性难思议。（中略）或有泥土刹，众生常苦恼，常冥离光明，光明海能照。诸畜生趣中，受无量种身，随宿行业故，长受无量苦。阎罗王界中，饥渴苦常逼，登上大火山，长受无量苦。或有七宝刹，平正住庄严，清净业力起，微妙善安隐。彼佛刹土中，唯见人天趣，

---

① 《六十华严》卷 7《贤首菩萨品》："一切十方诸如来，悉皆普现贤首前，各伸右手摩其顶，贤首菩萨德无量。以其右手摩顶已，一切如来赞叹言，善哉善哉真佛子，快说是法我随喜（《大正藏》第九册，441 页中）。"又，《六十华严》卷 14《十回向品》："尔时，诸佛各伸右手摩金刚幢菩萨顶（《大正藏》第九册，488 页中）。"又，《六十华严》卷 23《十地品》："尔时，十方诸佛皆伸右手摩金刚藏菩萨顶（《大正藏》第九册，543 页上）。"又，《六十华严》卷 60《入法界品》："尔时，普贤菩萨即伸右手摩善财顶。摩已，善财复得一切世界微尘等诸三昧门（《大正藏》第九册 785 页上）。"《八十华严》见有一一对应上述《六十华严》的记述，此不赘述。

② 《大正藏》第九册，614 页上。

功德果成就，常受诸快乐。一一毛孔中，不思议亿刹，无量形庄严，种种业所起。"① 说明六道为不可思议莲花藏世界海的一部分，由各自业力所生，以此教化众生修菩萨行，以期免受三恶道苦。

实例②表现地藏菩萨（或阎罗王）与五道众生图像，似乎别有用意。唐法藏集《华严经传记》卷4：文明元年（684年）京师（即长安）人，姓王，失其名。既无戒行，曾不修善，因患致死。被二人引至地狱门前，见有一僧，云是地藏菩萨，乃教王氏诵一行偈。其文曰，'若人欲求知，三世一切佛，应当如是观，心造诸如来。'菩萨既授经文，谓之曰，诵得此偈能排地狱。王氏尽诵，遂入见阎罗王。王问此人，'有何功德'，答云，'唯受持一四句偈'，具如上说，王遂放免。当诵此偈时，声所及处受苦人皆得解脱。王氏三日始苏，忆持此偈向诸沙门说之。参验偈文，方知是华严经第十二卷，夜摩天宫无量诸菩萨云集说法品。王氏向空观寺僧定法师说云，然也"②。据大正藏本，出于《六十华严》卷10《夜摩天宫菩萨说偈品》。这段记述将地藏菩萨救济众生与华严经联系起来，强调了奉持华严经的重要性。将画面与上述传说记事比较，可以发现两者间联系十分紧密。

从以上分析可知，3实例图像共性大于个性特征，实例①、②共性特征又多于实例③。内容大体可以归纳为两个方面，一方面是莲花藏世界海，包括香水海、须弥山、诸天及天宫、龙王构成的立体世界，以及生存其间的六道众生。另一方面是佛以无量无碍智慧教化众生，包括日月、风轮等。给孤独园重阁讲堂法会则属于特殊情况。

二　唐后期卢舍那法界佛像

1. 现存实例

已知唐后期卢舍那法界佛像，共有2件，均为白石造像。

实例④，波士顿艺术博物馆藏唐代石刻卢舍那法界佛像③（图9～图12）。佛结跏趺坐在

---

① 《大正藏》第九册，415页。
② 《大正藏》第五十一册，167页上。
③ 该像上端残缺，残高95.3厘米，白石。原在旧金山亚洲艺术博物馆，1974～1997年归于密歇根收藏家，1997年入藏波士顿艺术博物馆。现展示牌标记为辽代，应存在认识误差。造像背屏两侧作平齐形状，原初似乎与胁侍像组合安置。

图9　波士顿艺术博物馆藏唐代石刻　　　图10　波士顿艺术博物馆藏唐代石
卢舍那法界佛像正面　　　　　　　　刻卢舍那法界佛像左侧面

仰莲台座上，着双领下垂式袈裟，两臂残缺。残缺的圆形头光上保存着2尊莲花跏坐化佛，从化佛排列位置推测，原初应有5尊化佛。台座之下为两头狮子承托的亚字形基座。在仰莲台座莲瓣上，各有一佛结跏趺坐在双树之下。

在胸腹部，一龙王缠绕在束腰形物上，束腰形物顶端有中央上下两组、左右各一组山峦，每组山峦前方各有一人跏坐其间，头部均不存，主要物象应为须弥山、龙王表现。在束腰形物两外侧龛中，各有一菩萨内侧身坐台座上。佛两腿前的袈裟前摆上部浮雕物象残缺，前摆下部方形池子中置一大釜，旁边一者双手持物搅动大釜中物，应为地狱场景。佛两肩部袈裟上浮雕有一朵朵模糊物象，应为空中楼阁。

主尊左上方背屏面题记："……十五日，易州满城 县 □山村李□昂，□ 伯 李忠选、/……姑净光、姑夫 赵超 越、昂□ 思 □□□。"该造像由于上部残缺，题记已不完整，恰巧缺失纪年内容，所幸还保留着造像属地信息。题记表明，该像为李□昂及其家族人所造。"易州满城县□山村"记述，不仅明确说明造像所在，还隐含着重要年代信息。

图 11 波士顿艺术博物馆藏唐代石刻卢舍那法界 佛像正面上部

图 12 波士顿艺术博物馆藏唐代石刻 卢舍那法界佛像正面背光题记

据《旧唐书》地理志，同时设置易州与满城县的起始时间应在唐乾元元年（758 年）[①]。《旧五代史》郡县志已经没有易州记述[②]。又据《辽史》地理志，唐代易州之地在 五代及稍后，先后隶属于定州节度使、辽国、后周、北宋，辽国统和七年（989 年）再次 据有其地，在那里设置高阳军[③]，直至国亡。可见，满足同时设置易州与满城县时间，应 在唐乾元元年（758 年）至唐末（907 年）的中晚唐时期[④]（图 13）。那么，波士顿艺术

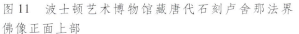

① （后晋）刘昫等撰：《旧唐书》卷 39《地理志·河北道》："易州，中。隋上谷郡。武德四年，讨平窦建德，改为易 州，领县易、涞水、永乐、遂成、道五县。五年，割道县置北义州。州废，以道来属。开元二十三年，分置五回、 楼亭、板城三县。天宝元年，改为上谷郡，复隋旧名。乾元元年，复为易州。旧领县五，（中略）今领县六。（中略） 满城，汉北平县地，后魏置永乐县，隋不改。天宝元年，改为满城。"北京：中华书局，1975 年，1512、1513 页。

② （北宋）薛居正等撰：《旧五代史》卷 150《郡县志·河北道》："魏州大名府、镇州真定府、沧州、景州、德州、 邢州、磁州、澶州、贝州、相州、泰州、雄州、幽州、新城县、定州、博州、莫州、深州、瑞州、静安军。"北 京：中华书局，1976 年，2012 页。

③ （元）脱脱等撰：《辽史》卷 40《地理志·南京道》："易州，高阳军，上，刺史。汉为易、固安二县地。隋置易 州，隋末为上谷郡。唐武德四年复易州。天宝元年仍上谷郡。乾元元年又改为易州。五代隶定州节度使。会同九 年孙方简以其地来附。应历九年为周世宗所取，后属宋。统和七年攻克之，升高阳军。有易水、涞水、狼山、太 宁山、白马山。统县三：易县、（中略）涞水县、（中略）容城县。"北京：中华书局，1974 年，498、499 页。

④ 谭其骧主编：《中国历史地图集 5·隋、唐、五代十国时期》，北京：中国地图出版社，1982 年，49 页"唐时期· 河北道南部"。

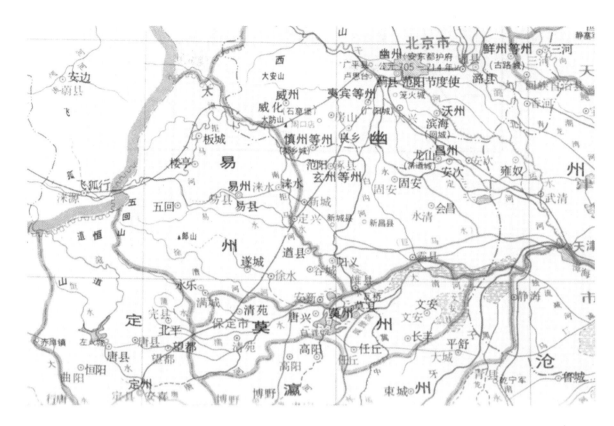

图 13　唐代易州位置图（出自《中国历史地图集 5·隋、唐、五代十国时期》49 页）

博物馆藏唐代石刻卢舍那法界佛像，应断代为中晚唐遗物。

实例⑤，旧金山亚洲艺术博物馆藏唐代石刻卢舍那法界佛像① （图 14～图 17）。佛结跏趺坐在仰莲台座上，着双领下垂式袈裟，两臂残缺。残缺的圆形头光上保存着 4 尊莲花趺坐化佛，从化佛配列情况推测，原初应有 7 尊化佛。台座之下为两头狮子承托的亚字形基座。在仰莲台座莲瓣上，各有一佛结跏趺坐在双树下。

在胸腹部，一条龙王缠绕在束腰形物上，两前爪前抓后蹬，遒劲有力。束腰形物顶端山峦中央、左右各有一组宫殿。应为须弥山、龙王、天宫的表现。束腰形物左右两侧各一坐菩萨，其中右侧者双手合掌。束腰形物下方，佛陀头向右方枕右手而卧，卧佛身后一者伏在佛身上，脚下一者似在抚摸佛足，再后方一立者捶胸顿足，痛不欲生，应为佛入涅槃表现。佛前方浮雕四颗珠状物。

①　该像上端残缺，残高 101.1、宽 45.7、侧宽 40.6 厘米，白石。造像背屏两侧作平齐形状，原初似乎与胁侍像组合安置。现展示牌与何恩之断代为唐，参见 A. F. Howard, *The Imagery of the Cosmological Buddha*, Leiden, 1986. 笔者 1999 年误判为辽代遗物，参见李静杰：《卢舍那法界图像研究》，《佛教文化》增刊，中国佛教文化研究所，1999 年，35 页。

图 14　旧金山亚洲艺术博物馆藏唐代
石刻卢舍那法界佛像正面

图 15　旧金山亚洲艺术博物馆藏唐代
石刻卢舍那法界佛像左侧面

图 16　旧金山亚洲艺术博物馆藏唐代石刻
卢舍那法界佛像正面上部

图 17　旧金山亚洲艺术博物馆藏唐代
石刻卢舍那法界佛像左肩部

佛袈裟前摆中部表现三组宫殿，在两侧宫殿中各有一者乘骑而出，左侧者似骑狮，右侧者似乘象，前方各有躬身礼拜者，推测为善财童子参访文殊、普贤的表现。袈裟前摆下部上层，左侧一者坐在桌案后断案，桌案前方二者内侧身相对跪坐，应为受审判者。桌案左侧一者、桌案右侧二者面向断案者躬身拱手而立，再右侧一者牵引一戴枷者离去，应为牢狱差使。下部下层，左侧一牛头狱卒双手握叉搅动大釜中物，右侧五人面向狱卒或躬身立，或仰倒，或蹲坐。在佛两肩部袈裟上各浮雕上下三云朵，每云朵上各有宫殿。

　　上述两件佛像的图像模式和雕刻风格别无两样，它们可能为同一批工匠雕刻所为。此两件佛像的白石材料问题也值得注意，北朝隋唐时期，太行山东麓存在以曲阳为中心的定州白石造像系统①。隋代易州易县百姓曾前往曲阳造白石像②，唐宋时期更为遥远的五台山寺院也到曲阳造白石像③，况且相对易县、五台山，满城县到曲阳更加近便，由此推想，上述两件白石卢舍那法界佛像应该属于定州系白石造像。

2. 实例分析

　　上述 2 例白石卢舍那法界佛像共性大于特性。其一，胸腹部须弥山与二胁侍菩萨，2 实例大同小异。须弥山上均缠绕一条遒劲有力的大龙王，画面十分醒目，其重要性甚至超过须弥山。在大龙王两外侧各有一尊菩萨内侧身坐，有的双手合十供养，二菩萨实际作为大龙王的胁侍存在，这种表现十分特别。两侧有胁侍菩萨的龙王，自然超出了作为物质世界生灵存在的龙王，必有其特殊内涵。

　　《八十华严》卷 51《如来出现品》："佛子，譬如阿那婆达多龙王兴大密云遍阎浮提，普霔甘雨，百谷苗稼皆得生长，江河泉池一切盈满，此大雨水不从龙王身心中出，而能种种饶益众生。佛子，如来应正等觉亦复如是，兴大悲云遍十方界，普雨无上甘露法雨，令一切众生皆生欢喜，增长善法，满足诸乘。（中略）譬如摩那斯龙王将欲降雨，未便即降，

---

①　李静杰：《论定州系白石佛像》，《艺术史研究》第 6 辑，广州：中山大学出版社，2004 年，205～257 页。

②　易县隋开皇十一年（591 年）马长和等造像记："易州易县固安陵云乡民，……往诣定州洪山，敬造玉石大像一佛二菩萨，有□运来。佛□丈八，七宝□成。"造像记所谓"定州洪山"疑即当时曲阳黄山，狭义定州范围本无山。北京图书馆金石组编：《北京图书馆藏中国历代石刻拓本汇编》，郑州：中州古籍出版社，1989 年，第九册 75 页。

③　（北宋）延一重编：《广清凉传》卷 2《法照和尚入化竹林寺》："中台慈恩和尚先化黑白五百人，雕造玉石功德一十二尊，并大殿一座。于大宋元祐五年（1090 年）春月，三人故放火烧毁，殿上钉自济玉石功德盉化为灰粉。僧省瑞再化十方四众，同力修营，于定州黄山雕造到玉石释迦、文殊、普贤等一十二尊，将至中台并殿。绍圣五年（1098 年）六月日终毕（《大正藏》第五十一册，1116 页中）。"此"定州黄山"无疑就是当时曲阳黄山。

先起大云弥覆虚空凝停七日，待诸众生作务究竟。何以故？彼大龙王有慈悲心，不欲恼乱诸众生故，过七日已降微细雨普润大地。佛子，如来应正等觉亦复如是，将降法雨，未便即降，先兴法云成熟众生，为欲令其心无惊怖，待其熟已然后普降甘露法雨，演说甚深微妙善法，渐次令其满足如来一切智无上法味。（中略）譬如海中有大龙王名大庄严，于大海中降雨之时，或降十种庄严雨，或百，或千，或百千种庄严雨。佛子，水无分别，但以龙王不思议力令其庄严，乃至百千无量差别。如来应正等觉亦复如是，为诸众生说法之时，或以十种差别音说，或百，或千，或以百千，或以八万四千音声说八万四千行，乃至或以无量百千亿那由他音声各别说法，令其闻者皆生欢喜。如来音声无所分别，但以诸佛于甚深法界圆满清净，能随众生根之所宜，出种种言音皆令欢喜。（中略）譬如娑竭罗龙王，欲现龙王大自在力，饶益众生咸令欢喜，从四天下乃至他化自在天处，兴大云网周匝弥覆。（中略）既震雷已，复起凉风，令诸众生心生悦乐，然后乃降种种诸雨，利益安乐无量众生。从他化天至于地上，于一切处所雨不同。（中略）佛子，诸佛如来随众生心，雨如是等广大法雨，充满一切无边世界。佛子，如来应正等觉其心平等，于法无吝，但以众生根、欲不同，所雨法雨示有差别。"① 这段文字以世界四大龙王为喻，说明应众生需求不同、承受力不同，各条龙王采取不同方式降雨。佛成正觉亦复如是。因众生需求不同、根器不同，说法方式有所差别。在北朝晚期至隋代，流行过四大龙王兴云降雨的卢舍那法界佛像②，此二唐代后期实例以一条大龙王代替四条龙王，而意涵不应有别。

两侧胁侍菩萨应为华严经中反复出现的二上首菩萨文殊、普贤，代表修行过程即因，透过现象认识事物本质，因缘和合所成各种事物如梦幻泡影，本来无实，悟此真谛即修行之果——成就法身毗卢遮那佛。

其二，实例⑤佛腹部涅槃图像和四颗宝珠的表现。在已知卢舍那法界图像中，这是唯一所见佛入涅槃图像。《八十华严》卷52《如来出现品》："佛子，菩萨摩诃萨欲知如来大涅槃者，当须了知根本自性。（中略）诸佛如来为令众生生欣乐故出现于世，欲令众生生恋慕故示现涅槃，而实如来无有出世，亦无涅槃。何以故？如来常住清净法界，随众生心

① 《大正藏》第十册，269 页。

② 李静杰：《北齐～隋の卢舍那法界佛像の图像解释》，《佛教艺术》第 251 号，东京：每日新闻社，2000 年，13～47 页。又，李静杰：《北齐至隋代三尊卢舍那法界佛像的图像解释》，《艺术学》第 22 期，台北：觉风佛教艺术文化基金会，2006 年，81～128 页。

示现涅槃。"① 说明佛陀是法界身、不可坏身，无有出世亦无涅槃，为教化众生，使之生恋慕之心而示现涅槃。

河南高寒寺北齐卢舍那法界佛像出现《六十华严》描述的方形四种宝珠，此实例⑤所见四颗宝珠表现尚无他例。《八十华严》卷 51《如来出现品》："佛子，譬如大海有四宝珠，具无量德，能生海内一切珍宝，若大海中无此宝珠，乃至一宝亦不可得。何等为四？一名积集宝，二名无尽藏，三名远离炽然，四名具足庄严。佛子，此四宝珠一切凡夫诸龙神等悉不得见，何以故？娑竭龙王以此宝珠端严方正置于宫中深密处故。佛子，如来应正等觉大智慧海亦复如是，于中有四大智宝珠，具足无量福智功德，由此能生一切众生声闻、独觉、学无学位及诸菩萨智慧之宝。何等为四？所谓无染着巧方便大智慧宝、善分别有为无为法大智慧宝、分别说无量法而不坏法性大智慧宝、知时非时未曾误失大智慧宝。若诸如来大智海中无此四宝，有一众生得入大乘，终无是处。此四智宝薄福众生所不能见，何以故？置于如来深密藏故。此四智宝平均正直，端洁妙好，普能利益诸菩萨众，令其悉得智慧光明。"② 这里以大海中能生众宝之宝的四颗宝珠，譬喻佛成正觉亦有四种智慧宝珠，能够开发声闻、缘觉、学无学人、菩萨四种修行者智慧，使之成就佛陀智慧。

其三，2 实例台座莲瓣上树下坐佛表现。后秦鸠摩罗什译《梵网经卢舍那佛说菩萨心地戒品》卷 1："尔时，卢舍那佛即大欢喜，现虚空光体性本原成佛，常住法身三昧，示诸大众。'是诸佛子谛听，善思修行，我已百阿僧祇劫修行心地，以之为因，初舍凡夫成等正觉，号为卢舍那，住莲花台藏世界海。其台周遍有千叶，一叶一世界为千世界，我化为千释迦据千世界。后就一叶世界，复有百亿须弥山、百亿日月、百亿四天下、百亿南阎浮提、百亿菩萨，释迦坐百亿菩提树下，各说汝所问菩提萨埵心地。其余九百九十九释迦，各各现千百亿释迦，亦复如是。千花上佛是吾化身，千百亿释迦是千释迦化身，吾已为本原名为卢舍那佛。'"③ 据此可知，台座上坐者为卢舍那佛，台座莲瓣上坐者为坐菩提树下千释迦佛，以化身千释迦佛衬托法身卢舍那佛。

此外，实例⑤佛腿前物象疑为善财童子参访骑狮文殊、乘象普贤图像，如果判断不误，则是代表入法界品善财童子五十三参表现。至于佛肩部天宫、袈裟覆摆上地狱等图像，依然为不思议莲花藏世界海的表现，用以教化众生。

---

① 《大正藏》第十册，276 页中。
② 《大正藏》第十册，271 页中。
③ 《大正藏》第二十四册，997 页下。

三 辽宋卢舍那法界佛像

1. 现存实例

已知中原北方宋辽金时期卢舍那法界佛像凡有 3 例，包括辽代 2 例、北宋 1 例。

实例⑥，朝阳北塔天宫辽代砌筑石函线刻三身佛像①（图 18）。1988 年，在修缮加固朝阳北塔过程中，于接近塔顶的第 12 层发现辽代天宫。天宫中用 6 块砂岩石板砌成石函，长 140、宽 117、高 126 厘米。石函南内壁线刻假门和守门天王，北内壁线刻中心胎藏界大日如来与周围八大菩萨。石函东内壁线刻三身结跏趺坐像，由左而右第一身佛施说法印，第二身佛胸前残存香水海和须弥山部分图像，两手部残缺，第三身作菩萨形姿者双手于胸前结印，三身像分别题记"化身佛、报□□、法□□"，应即三身佛组合，而第三身结印

图 18 朝阳北塔天宫辽代砌筑石函线刻华严经三身佛像（出自《朝阳北塔——考古发掘与维修工程报告》图 21 - 1）

---

① 辽宁省文物考古研究所、朝阳市北塔博物馆编：《朝阳北塔——考古发掘与维修工程报告》，北京：文物出版社，2007 年，63～67 页，图 21 - 1。

图 19　朝阳北塔天宫出土辽代木胎银函錾刻华严经三身佛像

似为密教金刚界大日如来智拳印，可以看作华严经毗卢遮那佛与大日如来混淆造型。石函西内壁图像剥蚀殆尽，尚存"……世 尊灭 □□□□□百九十二年，第三……"。

实例⑦，朝阳北塔天宫出土辽代木胎银函錾刻三身佛像①（图 19、20）。天宫石函后部原置木胎银函（简报名为木胎银棺）一具，历史时期遭雷击火烧，仅存原包钉在木胎外面的银片 3 块。3 块银片尺寸接近，长 33～33.1、高 17～18.1、厚 0.1 厘米，从出土位置推测，原来分别钉在棺的东、西、北三壁。北壁银片錾刻三身结跏趺坐像，由左而右第一身作菩萨形姿，两手结智拳印，第二身佛两手伸向左右上方，胸前表现香水海、须弥山和诸天界，第三身佛施说法印，

图 20　朝阳北塔天宫出土辽代木胎银函錾刻华严经三身佛像局部

①　朝阳北塔考古勘察队：《辽宁朝阳北塔天宫地宫清理简报》，《文物》1992 年 7 期。

此三佛与上述石函三身佛像造型一致，应为相同尊格的三身佛像。东壁银片錾刻释迦佛入涅槃图像与天王。西壁银片錾刻图像发掘简报解释为帝后礼释迦佛图像。其佛倚坐，双脚垂下各踏在一朵莲花上，右手上举，实为唐宋时期弥勒佛说法图像的一般化表现。在弥勒佛左右下方，分别为内侧身跪坐的戴冕旒冠并执笏板帝王、戴花冠并双手合十王后，可视为帝后礼佛表现。简报推测木胎银棺为方函，合乎情理，也就是说方函一面本没有图像。依据上述天宫中木胎银函摆放位置，三面图像应如下图（图21）所示。

东壁		北壁			西壁	
释迦佛入涅槃图像	天王	化身佛	报身佛	法身佛	天王	弥勒佛说法图像

图 21　朝阳北塔天宫木胎银函三壁图像组合实际摆放复原示意图

如图 21 所示，东、西壁天王恰好朝向北壁华严三身佛方向，形成三身佛像的守护者，合乎图像配置逻辑。但是，在北朝晚期以来石窟之中，通常将代表未来世界教主的弥勒佛表现在左壁，即东方（或假想东方），那是太阳升起的地方，意味着新生事物出现，与此相对，将代表逝后世界的阿弥陀佛表现在右壁，即西方（或假想西方），那是太阳降落的地方，意味着事物的消逝。由此而言，上图所示弥勒说法图像、释迦佛入涅槃图像所在位置，有悖于佛教方位情理。再者，经典记述释迦佛入涅槃姿态为头北面西，若依上图入涅槃释迦佛则头南面东，亦不合逻辑。如果将上图平行旋转 180 度，则形成弥勒说法图像在东，释迦佛入涅槃图像在西，而且入涅槃释迦佛头北面西的图像组合。弥勒说法图像一方面代表人们希望出现的理想世界，另一方面与释迦佛入涅槃图像组合，表述佛法传承思想。所以，出现木胎银函实际摆放方位违背佛教逻辑的情况，推测应是原初放置时疏忽所致。正确图像组合与摆放应如下图（图22）。

西壁		南壁			东壁	
释迦佛入涅槃图像	天王	化身佛	报身佛	法身佛	天王	弥勒佛说法图像

图 22　朝阳北塔天宫木胎银函三壁图像组合逻辑复原示意图

值得注意的是，简报所述 3 块银片中的 1 片，即弥勒佛说法图像与天王组合者，原本分为两块，弥勒佛说法图像与天王分别占总宽度的 3/5、2/5。后来正式研究报告基于汉式棺材头大尾小的形制特征，认为这两块银片应分别处在棺材的前后挡板，并与另两块银片一起钉在量身定做的木棺四面[1]，这样一来，所有图像都不能形成合乎佛教逻辑的图像配

---

[1]　辽宁省文物考古研究所、朝阳市北塔博物馆编：《朝阳北塔——考古发掘与维修工程报告》，北京：文物出版社，2007 年，69～72 页，图版 47。

置，大不可取。实际，释迦佛入涅槃图像与天王组合表现在一块银片上，也可以用来证明原初简报将弥勒佛说法图像与天王连缀在一起是合理的。

同天宫中嵌镶"延昌寺大塔下，重熙十二年（1043年）四月八日再葬舍利记"铭文砖。上述砌筑石函、木胎银函应为同时期遗物。

实例⑧，山西高平开化寺大雄宝殿北宋壁画卢舍那法界佛像（图23）。开化寺大雄宝殿壁画系现存唯一有详实内容的宋代地面寺院壁画，绘制于北宋元祐七年（1092年）至绍圣三年（1096）间。据谷东方细致研究，该殿西壁与北壁西部绘制了大方便佛报恩经变9种故事61个场面，北壁东部与东壁分别绘制了弥勒上升经变、华严经变。就东壁4铺华严经

图23　高平开化寺大雄宝殿北宋壁画卢舍那法界佛像

变而言，其人将画面中场景和人物与经典记述比较分析，认为由北而南依次表现了第五兜率天宫会、第一菩提道场会、第九逝多林给孤独园会、卢舍那法界佛像①，论述卓有成效（图24）。

第一铺（北侧）	第二铺（北中）	第三铺（南中）	第四铺（南侧）
第五兜率天宫会	第一菩提道场会	第九逝多林给孤独园会	卢舍那法界佛像

图24　高平开化寺大雄宝殿东壁北宋壁画华严经变排列示意图（据谷东方文章制作）

东壁四铺经变各高260厘米，通宽1102厘米，其中第四铺卢舍那法界佛像画面宽275厘米。卢舍那佛腹部上方与胸部表现束腰形须弥山，须弥山两侧表现日月轮，须弥山上方表现多重宫殿以示诸天。腹部下方圆形区域表现两侧十佛摩中间结跏趺坐菩萨顶图像，谷东方已找出《八十华严》中十方诸佛在不同场合分别摩普贤菩萨、金刚幢菩萨、金刚藏菩萨顶记述，并倾向该图像为十方诸佛摩普贤菩萨顶表现。在身体其余部位描绘着16组场

---

① 谷东方：《高平开化寺北宋大方便佛报恩经变壁画内容考释》，《故宫博物院院刊》2009年4期。谷东方：《高平开化寺北宋上生经变和华严经变内容解读》，《焦作师范高等专科学校学报》2015年3期。

面，大多漫漶不清，但多数场面依稀可见有一衣带飘扬的合掌而立童子，其人据此认为这些画面为善财童子五十三参表现。

2. 实例分析

2 辽代实例、1 北宋实例各有特征，又有共同时代特征。

其一，佛两手各举向外上方的特殊造型，细部表现稍有差异。保存完好的实例⑦佛左手掌心向上，右手掌心向下，实例⑧佛两手掌心都向上，这种特殊手印不见于以往的卢舍那法界图像。石田尚丰在研究日本相同手印华严经类图像时指出其杭州来源①，实际中国诸多宋辽金时期同类手印佛像，亦当来源于此。

杭州飞来峰青林洞入口外右壁北宋卢舍那佛会图像（图 25），在尖拱形龛中浮雕卢舍那佛、骑狮文殊与乘象普贤菩萨、四胁侍菩萨、四天王、驭狮和驭象者、二飞天、二童子，合计十七人。龛外右侧题记："弟子胡承德伏为四恩三有，命石工镌/卢舍那佛会一十七身，所期来往观瞻/同生净土。时大宋乾 兴 □□ 四月日记。"乾兴为北宋真宗年号，仅

图 25　杭州飞来峰青林洞外浮雕北宋卢舍那佛会图像

---

① 　石田尚丰：《日本の美術》第 270 号《華厳経絵》，东京：至文堂，1988 年，60～62 页。

有一年（1022年），即是此龛雕刻时间。此龛卢舍那佛结跏趺坐在束腰仰莲台座上，头戴宝冠，身着通肩式袈裟，饰项圈，左右手举向两外上方，掌心向上。其卢舍那佛何以两手举向外上方，难寻经典依据，亦不明其意。这种手印一经在杭州出现之后，迅速波及南北方广大地域，除上述中原北方实例外，还见有云南大理国实例①。

其二，佛胸腹部图像。实例⑦在束腰须弥山左右侧分别表现日轮、月轮，须弥山外有三重山，其中第二重山左、右、前面分别表现半月形、圆形、倒梯形物，须弥山上方中央表现七重楼阁。实例⑥残存须弥山的前方也见有倒梯形物，推测其原初整体图像与实例⑦一致。

后秦佛陀耶舍、竺佛念译《长阿含经》卷21《世纪经·阎浮提州品》："佛告诸比丘，'如一日月周行四天下，光明所照，如是千世界，千世界中有千日月、千须弥山王、四千天下、四千大天下、四千海水，（中略）是为小千世界。如一小千世界，尔所小千千世界，是为中千世界。如一中千世界，尔所中千千世界，是为三千大千世界。如是世界周匝成败，众生所居名一佛刹。'佛告比丘，'今此大地深十六万八千由旬，其边无际，地止于水，水深三千三十由旬，其边无际，水止于风，风深六千四十由旬，其边无际。比丘，其大海水深八万四千由旬，其边无际，须弥山王入海水中八万四千由旬，出海水上高八万四千由旬，下根连地，多固地分，其山直上，无有阿曲，生种种树，树出众香，香遍山林，多诸贤圣，大神妙天之所居止。'②（中略）'须弥山顶有三十三天宫，宝城七重、栏楯七重、罗网七重、行树七重，乃至无数众鸟相和而鸣，亦复如是。过三十三天由旬一倍有焰摩天宫，过焰摩天宫由旬一倍有兜率天宫，过兜率天宫由旬一倍有化自在天宫，过化自在天宫由旬一倍有他化自在天宫，过他化自在天宫由旬一倍有梵加夷天宫。'（中略）佛告比丘，'须弥山北有天下，名欝单曰，其土正方，纵广一万由旬，人面亦方，像彼地形。须

① 大理国张胜温画卷卢舍那佛界佛像，总长1635.5厘米，宽30.4厘米，台北故宫博物院藏。画师张胜温绘制于大理国盛德五年（1180年），其中一幅为卢舍那法界佛像。卢舍那佛结跏趺坐在仰覆莲台座上，左右手举向两外前方，着通肩式袈裟，胸腹部表现香水海、须弥山和天宫，两上臂表现天、人等物象，两腿部袈裟及台座覆帐上表现各种物象。身后附着圆形头光和圆形身光。卢舍那佛左右上方分别有3人、4人乘坐浮云而来。卢舍那佛右下方表现一王者并二侍从，题记"奉册圣感灵通大王"，王者前方有象、马各一，王者上方空中悬浮一轮，象、轮属于转轮圣王七宝内容，以此推测该王者可能为转轮圣王。卢舍那佛左下方表现一戴冠跪坐并执香炉者，身后侍立一男二女三人。左右下方画面形成呼应关系，亦即戴冠者在向王者行香。李昆声主编：《南诏大理国雕刻绘画艺术》，昆明：云南人民出版社、云南美术出版社，1999年，图242。

② 《大正藏》第一册，114页中、下。

图26   奈良东大寺大佛奈良时代青铜台座莲瓣图像

弥山东有天下，名弗于逮，其土正圆，纵广九千由旬，人面亦圆，像彼地形。须弥山西有天下，名俱耶尼，其土形如半月，纵广八千由旬，人面亦尔，像彼地形。须弥山南有天下，名阎浮提，其土南狭北广，纵广七千由旬，人面亦尔，像此地形。'（中略）'须弥山边有山名伽陀罗，（中略）去佉陀罗山不远有山名伊沙陀罗，（中略）去伊沙陀罗山不远有山名树巨陀罗，（中略）去树巨陀罗山不远有山名善见，（中略）去善见山不远有山名马食上[1]，（中略）去马食山不远有山名尼民陀罗，（中略）去尼民陀罗山不远有山名调伏，（中略）去调伏山不远有山名金刚围，高三百由旬，纵广三百由旬，其边广远，杂色间厕，七宝所成，去调伏山六百由旬，其间纯生四种杂花，芦苇、松、竹丛生其中，出种种香，香气充遍。'。"[2] 将该经文与实例⑦图像比较可知，两者基本可以一一对应，应该就是该图像的经典依据。

日本奈良东大寺大佛奈良时代青铜台座莲瓣刻画须弥山世界[3]（图26），与上述辽代实例十分接近，尤其两者须弥山周围四天下的各自形状和配置方位几乎一致，只是东大寺实例须弥山周围表现了忠实于经典的七重山，须弥山上方诸天各自表现多座天宫和众生。东大寺实例从侧面说明，唐代应该流行过基于《长阿含经》表现的须弥山世界图像，而后又成为辽代同种表现的粉本。实例⑧在须弥山两侧表现日轮、月轮，须弥山上方垂至表现多层殿堂的做法，与辽代实例⑦一致，反映了共同的造型理念。

关于实例⑧佛腹部十方诸佛摩菩萨顶表现，在《八十华严》中相对于十方诸佛摩

①   《大正藏》第一册，115 页。

②   《大正藏》第一册，116 页上。

③   奈良六大寺大观刊行会编：《奈良六大寺大観（補訂版）第十卷 東大寺 二》，东京：岩波书店，2000 年，169 页。

普贤菩萨、金刚幢菩萨顶简略记述，当摩金刚藏菩萨顶时，此菩萨阐述了十地修行为最上菩提道，亦是清净光明法门的理念①，代表华严经根本思想，可能更契合图像思想。

　　其三，作为报身佛的卢舍那法界佛像。实例⑥、⑦卢舍那法界佛像作为报身佛表现，成为三身佛的组成部分，大不同于以往的同类实例。《六十华严》卷34《宝王如来性起品》："尔时，普贤菩萨摩诃萨告诸菩萨言，'佛子，云何菩萨摩诃萨知见如来应供等正觉？此菩萨摩诃萨知见如来，具足成就无量功德。（中略）成就无量法、无量行、无量身、无量刹，平等教化一切众生故。佛子，譬如虚空一切色处、非色处，无处不至，而非至非不至，何以故？虚空无形色故。如来法身亦复如是，至一切处、一切刹、一切法、一切众生，而无所至，何以故？诸如来身非是身故，随所应化示现其身。'"② 据此可知，华严经教主卢舍那佛本质为无形的法身，随所应化而为有形佛陀，即应身（或化身）佛，卢舍那法界佛像应兼有法身和应身性质。

　　小乘佛教与法华经代表的初期大乘佛教，以释迦牟尼佛为法身佛。中国汉文化地区华严经思想兴起之后，出现大乘华严经三身佛概念。北魏菩提流支译《十地经论》卷3《初欢喜地》："一切佛者有三种佛。一应身佛，二报身佛，三法身佛。"③ 隋智顗《妙法莲华经文句》卷9："三如来者，……非因非果，有佛无佛，性相常然，遍一切处而无有异为如，不动而至为来，指此为法身如来也。法如如智，乘于如如真实之道，来成妙觉，智称如理，从理名如，从智名来，即报身如来。……八相成道转妙法轮，即应身如来。……法身如来名毗卢遮那，此翻遍一切处。报身如来名卢舍那，此翻净满。应身如来名释迦文，此翻度沃焦。是三如来若单取者则不可也。"④ 而后，华严经教主毗卢遮那佛代替释迦牟尼佛，成为法身佛，原来具有法身性质的释迦牟尼佛转化为应身佛。朝阳北塔三身佛造型，

① 《八十华严》卷34《十地品》："尔时，十方诸佛各伸右手摩金刚藏菩萨顶。摩顶已，金刚藏菩萨从三昧起，普告一切菩萨众言，'诸佛子，诸菩萨愿善决定，无杂不可见，广大如法界，究竟如虚空，尽未来际遍一切佛刹，救护一切众生，为一切诸佛所护，入过去、未来、现在诸佛智地。佛子，何等为菩萨摩诃萨智地？佛子，菩萨摩诃萨智地有十种，过去、未来、现在诸佛，已说、当说、今说，我亦如是说。何等为十？一者欢喜地，二者离垢地，三者发光地，四者焰慧地，五者难胜地，六者现前地，七者远行地，八者不动地，九者善慧地，十者法云地。（中略）此是菩萨摩诃萨向菩提最上道，亦是清净法光明门。'（《大正藏》第十册179页中）"
② 《大正藏》第九册，616页上。
③ 《大正藏》第二十六册，138页中。
④ 《大正藏》第三十四册，127页下。

与当时流行的华严经三身佛一致，只是将应身佛名为化身佛。与此三身佛组合的涅槃图，作为应身佛"八相成道"的一环表现，反映了大乘佛教权道、化现的思想①。这种思想也流行于北宋地域，如定州北宋雍熙三年（986 年）"创修净众院记"碑记述："大觉金仙，权三身而应化，总名曰佛，具十号以称尊，运四智而慈流法界，现八相而悲投有情"②。华严经三身佛思想尽管早已有之，但是与卢舍那法界图像结合在一起，尚不见唐代及其以前图像。

为了弄清楚中原北方唐宋时期卢舍那法界佛像在同类造像体系中的位置，还需要对一些相关问题有基本了解和认识。

四　相关问题

1. 西域的卢舍那法界佛像

西域的卢舍那法界佛像分布在西域南道的古于阗国区域，以及西域北道的古龟兹国和龟兹文化区域。不少研究者认为于阗国或许是华严经最后编纂成书的地方，那里应该是卢舍那法界佛像的产生地，龟兹国连同文化面貌与之接近的古焉耆国流行小乘佛教说一切有部，其地较晚时间在于阗国影响下出现卢舍那法界佛像。

和田巴拉瓦斯特遗址出土壁画卢舍那法界佛像③（图 27、28），系已知古于阗国最重要的实例，其属性学界几乎没有疑义。该像面形圆浑，腰部收束，肌体平实，比较接近中印度笈多王朝鹿野苑风格佛像，可能为 6 世纪前后绘画，在现有卢舍那法界佛像中应处在早期位置。由于该像出土在华严经故乡且内容丰富，对于研究其他地域同类佛像具有非同寻常意义，所以向来受到重视。不过，学界关于该像的图像解读基本是各抒己见，笔者1999 年提出其图像内容为抽象须弥山世界、救济众生马王、种种形体的世界形象等④，现以此为基础做进一步解读。

---

①　李静杰：《中原北方宋辽金涅槃图像考察》，《故宫博物院院刊》2008 年 3 期。

②　1972 年定州净众院遗址出土。定县博物馆：《河北定县发现两座宋代塔基》，《文物》1972 年 8 期。

③　新德里国立博物馆藏。田边胜美编：《世界美術大全集 東洋編第 15 卷・中央アジア》，东京：小学馆，1999 年，图版263。又，Gerd Gropp, *Archaologische Funde aus Khotan Chnesisch – Ostturkestan.* Verlag Friedrich Rover, Bremen, 1974，P132.

④　李静杰：《卢舍那法界图像研究》，《佛教文化》增刊，北京：中国佛教文化研究所，1999 年，39 ~ 41 页。

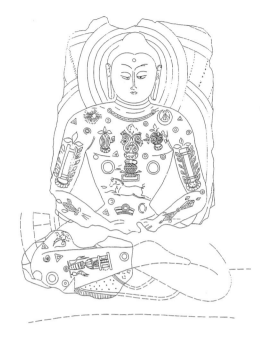

图27　和田巴拉瓦斯特遗址出土壁画卢舍那法界佛像（出自《世界美術大全集東洋編第15卷·中央アジア》图版263）

图28　和田巴拉瓦斯特遗址出土壁画卢舍那法界佛像复原线描图（出自 *Archaologische Funde aus Khotan Chnesisch – Ostturkestan*）

第一，胸部柱状体由下而上分别为方形物、束腰花篮形物上缠绕两条蛇、二珠状物、钵形物、正反S形构图的花卉。《六十华严》卷3《卢舍那佛品》："'佛子，当知有须弥山微尘等风轮，持此莲华藏庄严世界海。最下风轮名曰平等，彼持一切宝光明地。（中略）次上风轮名普持势，持一切须弥山地。（中略）最上风轮名胜藏，持一切香水海。彼香水海中有大莲华，名香幢光明庄严，持此莲华藏庄严世界海。'"①此记述基本可以一一对应上述图像因素，其柱状体从下往上应是大地、须弥山、香水海、香幢光明庄严大莲花的抽象表现，须弥山上缠绕二蛇图像则另有所据，应为前述《长阿含经》卷21《世纪经·战斗品》记述的难陀龙王、跋难陀龙王。在已知的卢舍那法界佛像群体中，这是唯一表现这种抽象须弥山世界的实例。

第二，佛两胸部分别有一置于莲花台座上的多面体柱状物、椭圆形珠状物，均放射着叶片形光明，胸腹部与四肢部位绘若干平面重圆形、重三角形。《六十华严》卷3《卢舍那佛品》："尔时，普贤菩萨告诸菩萨言，'佛子，诸世界海有种种形，或方，或圆，或非

---

①《大正藏》第九册，412页上、中。

方圆，或如水洄渡，或复如华形，或种种众生形者.'①（中略）尔时，普贤菩萨告诸菩萨言，'佛子，诸世界海有种种体，悉应当知，所谓一切宝庄严体，或一宝体，或金刚坚固地体，或众香体，或日珠轮体.'"②对比可知，那些几何形、珠状体，应该就是组成世界海的种种形、种种体，类似表现也见于巴拉瓦斯特遗址出土壁画立佛像，这种表现不见于于阗之外地域，反映了卢舍那法界佛像的原始面貌。

第三，腰部一匹奋力向右奔驰的骏马，占有较大画面，系着力表现内容。就所在位置分析，该奔马没有可能代表六道众生的畜生类，已知其余卢舍那法界佛像的畜生形象几乎表现在佛像下缘，或左右边缘。佛经不乏以马为喻的记述，大体可以分为两种，一种用于描述不可捉摸的现象，或如白驹过隙形容瞬间即逝，比喻五蕴皆空的思想③，而马的周围表现须弥山世界和组成世界的种种形体，不应表述这种思想。另一种描述为救济众生的马王④，华严经自身也有类似表述。《六十华严》卷51《入法界品》："尔时，（婆娑婆陀）夜天告善财言，（中略）若有众生，遭于海难、云难、山难、大风洄渡，及以波浪迷惑失道，不见边岸，遭如是等种种海难，我于尔时或作船形，或作马王、象王、狗王、阿修罗王、海神王形，作如是等形，方便度脱众生海难。"⑤又，《六十华严》卷60《入法界品》：

---

① 《大正藏》第九册，410 页下。

② 《大正藏》第九册，411 页上。

③ （东晋）瞿昙僧伽提婆译：《增一阿含经》卷 27《邪聚品》："多耆奢白佛言，'色者无牢，亦不坚固，不可睹见，幻伪不真。痛者无牢，亦不坚固，亦如水上泡，幻伪不真。想者无牢，亦不坚固，幻伪不真，亦如野马。行亦无牢，亦不坚固，亦如芭蕉之树，而无有实。识者无牢，亦不坚固，幻伪不真.'重白佛言，'此五盛阴无牢，亦不坚固，幻伪不真.'"（《大正藏》第二册，701 页中）"

④ （东晋）瞿昙僧伽提婆译：《增一阿含经》卷 41《马王品》："佛告比丘，汝今愚人，不信如来神口所说乎？吾今当说。过去久远婆罗奈城中有商客名曰普富，将五百商人入海采宝。然彼大海侧有罗刹所居之处，恒食啖人民。是时，海中风起吹此船筏堕彼罗刹部中。是时，罗刹遥见商客来欢喜无量，即隐罗刹之形化作女人，端正无比，语诸商人曰，'善来，诸贤，此宝渚之上，与彼天宫不异，多诸珍宝数千百种，饶诸饭食，又有好女（《大正藏》第三册，769 页下）皆无夫主，可与我等共相娱乐.'比丘当知，彼商客众中其愚惑者见女人已，便起想着之念。是时，普富商主便作是念，'此大海之中非人所居之处，那得有此女人止住？此必是罗刹，勿足狐疑.'是时，商主语女人言，'止，止，诸妹，我等不贪女色.'是时，月八日、十四日、十五日，马王在虚空周旋，作此告勅，'谁欲渡大海之难，我能负度.'比丘当知，当尔之时，彼商主上高树上遥见马王，闻音响之声欢喜踊跃，不能自胜，往趣马王所。到已，语马王曰，'我等五百商人为风所吹，今来堕此极难之处，欲得渡海，唯愿渡之.'是时，马王语彼商人曰，'汝等悉来，吾当渡至海际.'是时，普富长者语众商人曰：'今马王近在，悉来就彼共渡海难.'（中略）尔时商主者舍利弗比丘是也，（中略）是时马王者今我身是，尔时五百商人者今五百比丘是。以此方便，知欲为不净想，今故兴意起于想着乎？（《大正藏》第三册，770 页）"（三国·康僧会）康僧会译：《六度集经》卷 6《精进度无极章》记述了类似的马王故事，参见《大正藏》第三册，33 页中、下。

⑤ 《大正藏》第九册，720 页中、下。

"尔时，善财自见己身在诸佛所，见如是等诸奇特事。（中略）又见弥勒赞叹诸佛，恭敬供养；或为医王，疗治众病；失正路者，示以正道；或为大船师，导至宝洲；或为马王，荷负众生，令离鬼难；或为论师，造诸经论；或为转轮王，十善化世。"① 即婆娑婆陀夜天、弥勒菩萨化作马王救济危难中众生，十分契合华严经菩萨行思想。再者，中原北方北齐、北周、隋代三尊卢舍那法界佛像，均在两大腿之间部位表现马王正面像，其两侧表现护法神王，这种表现的源头应该就在于阗，从侧面说明巴拉瓦斯特佛像身上的奔马应为救济众生的马王。

第四，左右肩分别表现偃月、日轮。一如前引《六十华严》卷34《宝王如来性起品》所述，以日月普照世界为喻，佛陀智慧教化一切众生、不舍一切众生。日月表现对其他地域产生很大影响。

第五，佛两上臂各绘置于莲花台上经夹，两下臂各绘金刚杵，周围均放射叶片形光明。两小腿部绘窣堵波。经夹象征佛法的存在，窣堵波意味着成就法身，二者代表佛教真理或法身，金刚杵则用于守护佛法或法身。这些表现基本不见于其他地域。

总观该佛像的图像内容大体可以归纳为三个方面，即抽象须弥山世界、组成世界的种种形体，共同构成莲花藏世界海；日月与马王代表佛陀教化、救济众生；经夹与窣堵波则代表法身的存在。通过该实例不仅可以了解古于阗国卢舍那法界佛像的面貌，又对研究其他地域同类佛像提供重要参考。

西域北道卢舍那法界佛像实例主要有焉耆锡克沁石窟壁画、拜城克孜尔第17窟左右甬道壁画二铺、库车库木吐喇第9窟壁画、库车克孜里亚山阿艾石窟壁画。其中焉耆石窟佛像两腿平行直立，多少带有于阗造型特征，约为6、7世纪遗迹。拜城石窟佛像身体呈S形，呈现7世纪前后龟兹风貌，库车石窟佛像则属于8、9世纪汉族、回鹘族统制时期遗迹。这些实例均在两臂、两腿上描绘成一个个椭圆或圆形区域，其间表现六道众生等，似乎为前引《六十华严》卷3《卢舍那佛品》所述"种种形""种种众生形"的表现，成为共同地域特征。除阿艾石窟佛像外，均在胸部表现坐佛列，有的处在宫殿中，形成该地域又一特征。《六十华严》卷3《卢舍那佛品》："尔时，普贤菩萨告诸菩萨言，'佛子，当知一一世界海有世界海尘数诸佛出兴于世，所谓有佛兴世，色身示现遍满法界，或有短寿，或无量劫，如是一一

---

① 《大正藏》第九册，781页中、下。

图 29 库车克孜里亚山阿艾石窟唐代壁画卢舍那法界佛像（出自《丝绸之路·新疆佛教艺术》59 页）

世界海有世界海尘数佛出兴于世。'"① 由此可知，胸部诸佛系化现所为，构成莲花藏世界海的组成部分。再者，这些实例都有须弥山图像，只是拜城石窟 2 例为抽象表现，其余 3 例则为具象表现。

库车克孜里亚山阿艾石窟壁画卢舍那法界佛像表现较为特殊②（图 29），胸部须弥山上方表现交脚坐者并四胁侍，交脚坐者或为忉利天等天王，或为兜率天上弥勒菩萨。左臂由上而下依次表现人、阿修罗、畜生，意在构成六道众生。从臂上图像来看，须弥山上交脚坐者为某天王的可能性较大，用来代表天道众生。推测已经消失的小腿部画面原初可能表现恶鬼、地狱道众生。须弥山下方表现一匹奔马，显然吸收了来自于阗的因素，应是救济众生的马王。左右肩部分别表现钟、鼓，难以找出对应经典依据，可能用来象征佛陀法音流布，以种种音声教化众生，这种表现也见于库木吐喇第 9 窟卢舍那佛。佛左侧膝盖表现一男一女合掌礼拜，右侧膝盖表现二身着盔甲武士，可能分别为供养人、护法天王。

西域北道卢舍那法界图像总体来说，注重表现须弥山世界、六道众生和化佛，也就是莲花藏世界海的内容。仅库车 2 例见有教化、救济众生内容。

2. 中原北方与敦煌北朝隋代卢舍那法界佛像

卢舍那法界佛像为卢舍那佛像的特殊形式，一般卢舍那佛像身体上不表现世界形象，就已知实物资料，后者出现时间早于前者，数量亦多于前者。卢舍那法界佛像流行与华严学发展密

---

① 《大正藏》第九册，411 页下。

② 该像题记："清信佛弟子寇庭俊敬造卢舍那佛"。霍旭初、祁小山编著：《丝绸之路·新疆佛教艺术》，乌鲁木齐：新疆大学出版社，2006 年，59 页。又，彭杰：《新疆库车新发现的卢舍那佛像刍议》，《故宫博物院院刊》2001 年 2 期。

切关联。中原北方华严学（即地论学）经历了洛阳北魏晚期初步发展、邺都东魏北齐时期大发展，以及长安隋代进一步发展阶段。华严学的发展促使相关造像活动也发展起来，就已知实物和文献资料，北魏晚期还没有出现相关造像，最早的东魏早期实例出现在距离洛阳不远的密县，应为洛阳华严学影响下的产物。而后直至隋代，在中原北方两种卢舍那佛像获得巨大发展①。

卢舍那法界佛像又可细分为两种，一种主要基于《六十华严》的《卢舍那佛品》表现，基本内容为莲花藏世界海，即须弥山世界、六道众生、诸佛等图像，少许加入《宝王如来性起品》所述教化、救济众生内容。典型实例如中山大学藏卢舍那法界佛像②，层次分明地表现了须弥山世界、六道众生、诸佛，又如安阳灵泉寺隋开皇九年（589 年）大住圣窟中尊卢舍那法界佛像，仅表现了六道众生图像。这种相对简单的图像，意在表明卢舍那佛是法界身，天下无所不容。

敦煌莫高窟北周 428 窟与隋代 427 窟壁画卢舍那法界佛像，表现了须弥山世界、六道众生、佛菩萨等内容，在须弥山前方表现高大阿修罗成为显著地域特征③，其中北周 428 窟像在腹部形象地表现了四大部洲图像，不见于其他实例。此二敦煌实例连同前述西域实例，都属于相对简单表现的卢舍那法界佛像。

另一种基于《六十华严》的《卢舍那佛品》《宝王如来性起品》《金刚幢菩萨十回向品》表现，在《卢舍那佛品》记述莲花藏世界海的基础上，强化了《宝王如来性起品》所述教化、救济众生的内容，甚至《金刚幢菩萨十回向品》记述修菩萨行（特别是修布施行）也成为重要内容，形成由菩萨行而成就法身卢舍那佛，进而教化、救济众生的系统化表现，着重反映了华严经的十地修行思想。这种相对复杂的卢舍那法界图像，应该就是邺都北齐灵干法师创造的"莲花藏世界海观"图像，即华严经学人或地论师用作禅观修行的图像，目前所知仅有尚存拓本的河南高寒寺北齐佛像，以及华盛顿弗利尔美术馆藏北周、隋代佛像 3 例佛像④。这

---

① 李静杰：《北朝晚期と隋代の盧舍那佛像について》，《美学美術史研究論集》第 19 号，名古屋：名古屋大学，2001 年，1～25 页。

② 姚崇新、刘青莉：《中山大学图书馆藏北齐卢舍那法界人中像及相关问题》，《艺术史研究》第 11 辑，广州：中山大学出版社，2009 年，161～208 页。

③ 殷光明：《敦煌卢舍那法界图像研究之一》，《敦煌研究》2001 年 4 期。

④ 李静杰：《北斉～隋の盧舍那法界佛像の図像解釈》，《佛教艺术》第 251 号，东京：每日新闻社，2000 年，13～47 页。又，李静杰：《北齐至隋代三尊卢舍那法界佛像的图像解释》，《艺术学》第 22 期，台北：觉风佛教艺术文化基金会，2006 年，81～128 页。关于华盛顿弗利尔美术馆藏隋代卢舍那法界佛像，该像具有典型青州隋代造像特征，其石灰岩质地也无异于一般青州风格造像，应归入青州风格造像系统。但是，在临漳邺城遗址曾经出土过隋代青州风格石灰岩佛像，存在青州工匠利用青州石料为邺城佛寺造像的可能。

些实例无论图像内容还是表述思想，均达到卢舍那法界佛像发展的顶峰。

本稿论述的唐前期实例③表现大智风轮，比喻佛陀无碍智慧，唐后期实例④、⑤表现有胁侍菩萨的龙王，比喻佛陀采用种种方式说法，都强调了教化众生内容，可能受到从前莲花藏世界海观图像影响。唐前期实例②与宋代实例⑧都表现了摩顶授记图像，强调菩萨行思想，不同于隋代同类图像的授记表现，实例⑧（或者还包含实例①）表现善财童子五十三参，实例②可能为代表《入法界品》内容的给孤独园大庄严重阁讲堂表现，亦关乎善财童子五十三参，强调在现实世界中获得觉悟法门，这些内容反映了唐宋时期卢舍那法界佛像新发展的情况。辽代⑥、⑦卢舍那法界佛像，由以往的法身佛转化为报身佛，系辽代华严经三身佛思想流行的产物。唐宋时期不复存在北朝、隋代华严学的氛围，也没有相应的禅观需求，已而集中表现华严经思想的莲花藏世界海观图像不再出现，中原北方唐宋时期卢舍那法界佛像内容比较简略，但佛陀教化众生、修菩萨行等表现突出，有助于佛教徒们领悟其造像思想，更好地发挥传道布教的作用。

附记：未注明出处图片为笔者实地拍摄。

麦积山石窟北朝佛衣类型

陈悦新 *

内容提要：麦积山石窟现编号 221 个，其中，北朝窟龛数量多、规模大、延续时间长。根据考古类型学的分期，麦积山北朝窟龛可分作五期。第一期约北魏孝文帝初期至宣武帝景明时期（471~503 年），佛衣以覆肩袒右式为主，有少量通肩式；第二期约宣武帝景明时期至北魏灭亡（500~534 年），佛衣以上衣搭肘式为主，底端有两种表现方式，一种呈三分或四分，一种呈二分；第三期约西魏时期（535~556 年），佛衣仍流行上衣搭肘式，但底端均呈二分；第四期约北周时期止于废佛前（557~574 年），佛衣主要有通肩式、露胸通肩式和中衣搭肘式三种类型；第五期约当隋代（581~618 年），佛衣以中衣搭肘式为主。麦积山石窟的这几种佛衣样式受到南北朝文化中心平城、洛阳、建康或成都及邺城佛教造像的影响，其与麦积山石窟所在地天水位于东西、南北交通的咽喉所在有密切关系。

关键词：麦积山石窟　北朝　佛衣类型

麦积山地处秦岭西端北麓，位于天水市东南，距市区 45 公里。山高 142 米，窟龛群就开凿在陡峭壁立的南向崖面上[1]，最低的洞窟距地面 20 米，最高者距地面达 80 米[2]。因潮

---

* 作者简介：陈悦新（1964 年— ），宁夏银川人，北京联合大学应用文理学院教授，主要从事佛教考古及汉唐考古研究。

[1] （宋）李昉等编：《太平广记》卷三九七"麦积山"条引五代阙名撰《玉堂闲话》："麦积山者，北跨清渭，南渐两当，五百里冈峦，麦积处其半，崛起一石块，高百万寻，望之团团，如民间积麦之状，故有此名。其青云之半，峭壁之间，镌石成佛，石龛千室，虽自人力，疑其神功。"北京：人民文学出版社，1959 年，3181 页。

[2] 张锦秀：《麦积山石窟志》，兰州：甘肃人民出版社，2002 年，2 页。

湿多雨，又几经地震，崖壁中部崩塌较甚，一般将遗存窟龛分布划作西崖和东崖两个区域。1941 年初度调查编号 121 个窟龛，1953 年编号增至 194 个，21 世纪初又三度补编，现麦积山窟龛号共 221 个①。麦积山石窟以北朝窟龛数量多、规模大、延续时间长最为著称②。根据考古类型学分期，麦积山北朝洞窟可分为五期③。

第一期约北魏孝文帝初至景明时期（471～503 年），洞窟多集中在西崖中部，如 74、78、70、71、128、76、115、114、155 窟等。

第二期约北魏景明时期至北魏灭亡（500～534 年），洞窟分布仍以西崖为主，如 163、159、132、131、92、122、126、142、133、112、154、85、87、83、101、138、140、81 窟等。

第三期约西魏时期（535～556 年），洞窟多分布在东崖，如 135、172、127、147、146、120、102、20、44、123、145 窟等。

第四期约北周时期止于周武帝废佛前（557～574 年），洞窟亦以东崖为主，如 141、36、39、32、109、35、65、62、12、7、27、26 窟等。

第五期约当隋代（581～618 年），洞窟集中在东崖中上部，如 14、15、5、24 窟等。

一　麦积山石窟北朝佛衣类型

佛衣由内而外披覆三层长方形的三衣。里层第一衣安陀会（意译下衣），中层第二衣欝多罗僧（意译中衣），外层第三衣僧伽梨（意译上衣）。根据印度和汉地佛教造像中三衣披覆形式，首先，从层次上将佛衣区分为上衣外覆类和中衣外露类。上衣外覆类仅表现上衣的披覆形式，中衣外露类则既表现上衣也表现中衣的披覆形式。其次，上衣外覆类据上衣披覆形式可分出通肩式、袒右式、覆肩袒右式、搭肘式、露胸通肩式等五种类型；中

---

① 魏文斌、白凡：《麦积山石窟历次编号及新编窟龛的说明》，《敦煌研究》2008 年 5 期。

② 麦积山的佛教活动在西秦时已具一定规模。（梁）慧皎：《高僧传》卷一一《宋伪平城释玄高传》记高僧释玄高"杖策西秦，隐居麦积山。山学百余人，崇其义训，禀其禅道。时有长安沙门释昙弘，秦地高僧隐在此山，与高相会，以同业友善。"汤用彤校注本，北京：中华书局，1992 年，409～410 页。

③ 国家文物局教育处编：《佛教石窟考古概要》，北京：文物出版社，1993 年，79～90 页。李裕群：《北朝晚期石窟寺研究》，北京：文物出版社，2003 年，112～140 页。陈悦新：《从佛像服饰和题材布局及仿帐、仿木构再论麦积山北朝窟龛分期》，《考古学报》2013 年 1 期。

衣外露类据上衣及中衣披覆形式可分出上衣搭肘式、上衣重层式、中衣搭肘式等三种类型①。

麦积山北朝佛衣具备上述八种佛衣类型中的五种，分别为：覆肩袒右式、通肩式、露胸通肩式、上衣搭肘式和中衣搭肘式。以下据分期说明麦积山石窟北朝佛衣特点。

（1）北魏孝文帝初至景明时期（471~503 年）

佛衣以覆肩袒右式为主，有少量通肩式，佛衣衣褶表现细密。覆肩袒右式佛衣的披覆形式为外层的上衣通覆两肩，右衣角由右腋下方绕过搭左肩，衣褶多有相互咬合的勾联纹。如 74、78、70、71、128、115、114 窟（图 1）。通肩式佛衣的披覆形式为，外层的上衣通覆两肩，右衣角绕颈搭左肩。如 76、114、155 窟（图 2）。

（2）北魏景明时期至北魏灭亡（500~534 年）

佛衣主要流行上衣搭肘式。其披覆形式为，外层的上衣通覆两肩，右衣角在胸腹前横过搭左肘；中层的中衣与外层的上衣披覆形式一致。底端覆座前，有两种表现方式，一种底端呈三分或四分，主要表现佛衣前身的底端部分。如 163、122、142、133、85、81 窟（图 3）。一种底端呈二分，可见佛衣前身的三层，由右脚伸出形成左右二分；后身两层或一层，表现为整个块面。如 132、92、87、83、81 窟（图 4）。

（3）西魏时期（535~556 年）

佛衣仍流行上衣搭肘式，披覆形式与北魏时期相似，但底端均呈二分，个别前身只表现二层。如 135、120、20、44、123 窟（图 5）。

（4）北周时期止于废佛前（557~574 年）

佛衣主要有通肩式、露胸通肩式和中衣搭肘式三种类型。通肩式佛衣的披覆形式与北魏时期相似，但衣褶表现疏朗。如 141、62、7 窟（图 6）。露胸通肩式佛衣的披覆形式为，外层的上衣通覆两肩，右衣角绕过前身搭左肩，衣缘呈"U"形垂至胸腹部。如 141、36、26 窟（图 7）。中衣搭肘式佛衣的披覆形式为，中层的中衣通覆两肩，右衣角垂搭右肘；外层的上衣通覆两肩或不覆右肩，右衣角由右腋下绕过搭左肩。如 62、7、26 窟（图 8）。

---

① 陈悦新：《佛衣与僧衣概念考辨》，《故宫博物院院刊》2009 年 2 期。

图 1 北魏孝文帝初（471 年）至景明时期（500～503 年）的覆肩袒方式佛衣
1. 74 窟正壁 2. 78 窟正壁 3. 128 窟正壁 4. 115 窟正壁 5. 114 窟右壁 6. 155 窟正壁

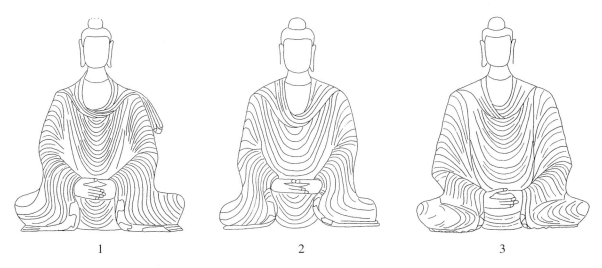

图 2　北魏孝文帝初（471 年）至景明时期（500～503 年）的通肩式佛衣
1. 76 窟正壁　2. 114 窟左壁　3. 155 窟右壁

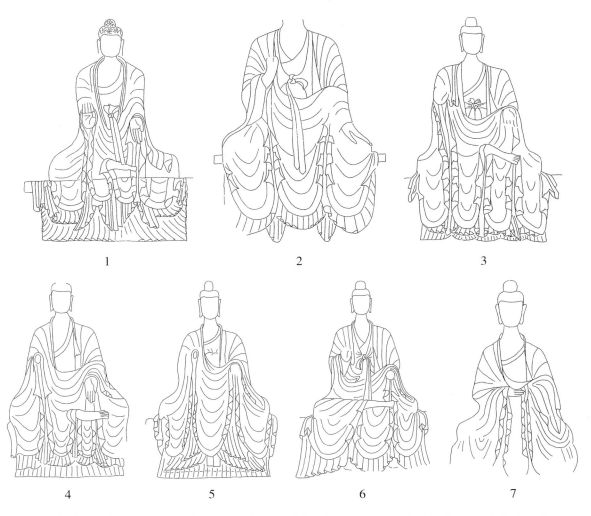

图 3　北魏景明时期（500～503 年）至北魏灭亡（534 年）上衣搭肘式的佛衣（底端呈三分或四分）
1. 163 窟正壁　2. 122 窟右壁　3. 142 窟正壁　4. 133 窟 4 龛正壁　5. 133 窟 3 龛正壁　6. 85 窟正壁　7. 81 窟左壁

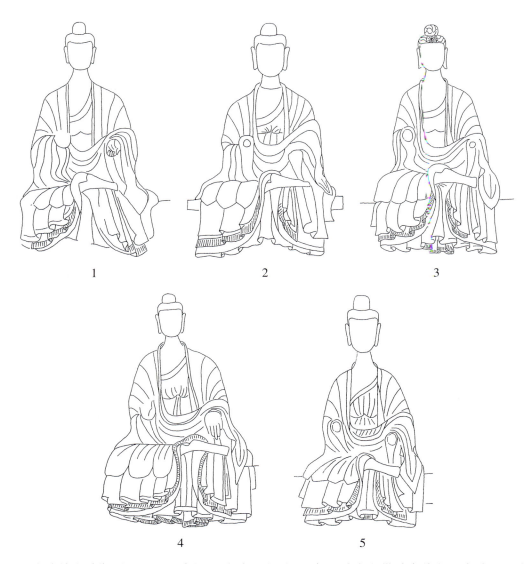

图 4 北魏景明时期（500～503 年）至北魏灭亡（534 年）的上衣搭肘式佛衣（底端呈三分）
1. 132 窟正壁 2. 92 窟正壁 3. 87 窟正壁 4. 83 窟正壁 5. 81 窟正壁

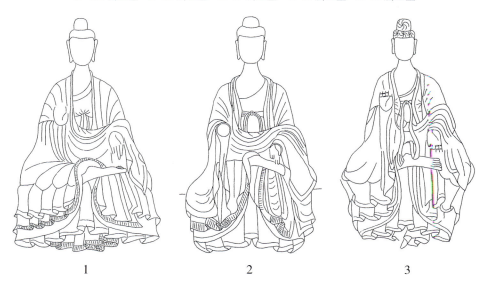

图 5　西魏时期（535～556 年）的上衣搭肘式佛衣（底端呈二分）
1. 135 窟左壁　2. 120 窟正壁　3. 20 窟正壁　4. 44 窟正壁　5. 123 窟正壁

图 6　北周时期止于废佛前（557～574 年）的通肩式佛衣
1. 141 窟右壁里侧　2. 62 窟左壁　3. 7 窟左壁外侧

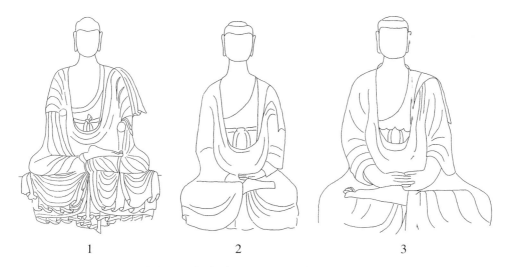

图7　北周时期止于废佛前（557～574 年）的露胸通肩式佛衣
1. 141 窟正壁　2. 36 窟左壁中间　3. 26 窟左壁里侧

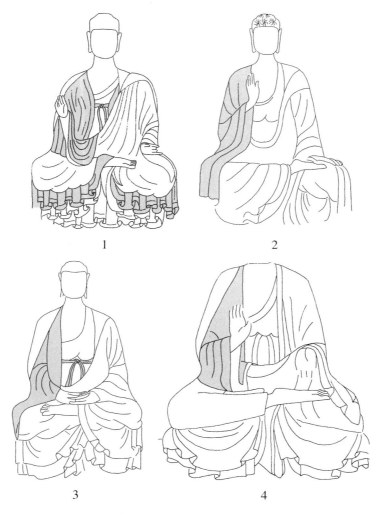

图8　北周时期止于废佛前（557～574 年）的中衣搭肘式佛衣（涂色表中衣）
1. 62 窟正壁　2. 7 窟正壁　3. 7 窟右壁中间　4. 26 窟正壁

（5）隋代（581～618 年）

佛衣以中衣搭肘式为主，披覆形式与北周时期相似，但底端覆座的形式略呈立体状，延伸至座两侧，上衣右衣角在左胸腹处做成挂钩纽状，然而钩纽起连接作用的形式尚未出现。如 14、5 窟（图 9）。

1　　　　　　　　　　　　2

图 9　隋代（581～618 年）的中衣搭肘式佛衣（涂色表示中衣）
1. 14 窟正壁　2. 5 窟右龛

二　麦积山石窟北朝佛衣类型来源

（1）覆肩袒右式佛衣

覆肩袒右式佛衣最早见于西秦和北凉地区，如炳灵寺 169 窟西秦（约 420 年）的 9 号塑像[①]及北凉缘禾[②]四年（435 年）索阿后塔佛衣；勾联纹最早见于太平真君四年（443 年）高阳（今河北博野县）菀申造像[③]。将覆肩袒右式佛衣与勾联纹结合在一起的形式，

---

① 9 号塑像年代参见常青：《炳灵寺 169 窟塑像与壁画的年代》，载北京大学考古系编：《考古学研究》（一），北京：文物出版社，1992 年，472 页。

② 缘禾年号，史籍无证，目前学界基本认同北凉"缘禾"即北魏"延和"之谐音异写的观点。关于该塔年号考证问题参见殷光明：《北凉石塔研究》，台北：财团法人觉风佛教艺术文化基金会，2000 年，65～67 页。

③ 造像铭文参见松原三郎：《中国佛教雕刻史论》（文本编），东京：吉川弘文馆，1995 年，245 页。插图据该书（图版编一）23 图绘制，仅见左腹处勾联纹较清楚。

首见于云冈"昙曜五窟"，如20窟佛像，左肩腹部衣纹，突起的两股曲线合为一股，每股上刻阴线一道或两道，同时在每股之间的凹面上刻阴线一道；在交合处两股的内边线相互咬合，每股上的阴线也随形咬合，外边线延伸合为一股（图10）。

麦积山北魏覆肩袒右式佛衣装饰勾联纹，应是受到云冈石窟的影响。

（2）通肩式佛衣

通肩式佛衣源于印度。在中国南北方的分布较为广泛，南方如东汉－蜀汉四川乐山麻浩崖墓佛像①；东吴至西晋时期长江下游地区墓葬中随葬的五联罐上贴饰的佛像②等；北方如酒泉发现的承玄元年（428年）高善穆塔（现藏甘肃省博物馆）佛像；炳灵寺石窟开凿于西秦时期的169窟③，壁画与塑像的完成主要在412～420年前后④，东壁壁画B15与塑像S7即为通肩式佛衣；云冈"昙曜五窟"中亦流行通肩式佛衣（图11－1）。

根据麦积山北魏覆肩袒右式佛衣所受云冈石窟的影响，推测麦积山石窟北魏通肩式佛衣的来源也与云冈石窟相关。

麦积山北周时期再度流行通肩式佛衣，可能与5世纪末期开凿的南朝栖霞山石窟⑤有关（图11－2）。

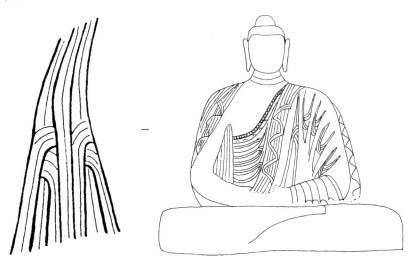

图10　云冈20窟正壁覆肩袒右式佛衣及局部图

---

① 唐长寿：《乐山麻浩、柿子湾崖墓佛像年代新探》，《东南文化》1989年5期。

② 宿白：《四川钱树和长江中下游部分器物上的佛像——中国南方发现的早期佛像札记》，《文物》2004年10期。

③ 甘肃省文化局文物工作队：《调查炳灵寺石窟的新收获——第二次调查（1963）简报》，《文物》1963年10期。

④ 参见常青：《炳灵寺169窟塑像与壁画的年代》，载北京大学考古学编《考古学研究》（一），北京：文物出版社，1992年，472页。本文所引壁画与塑像的编号亦据该文，见422页表一。

⑤ 陈悦新：《栖霞山石窟南朝佛衣类型》，《华夏考古》2010年2期。

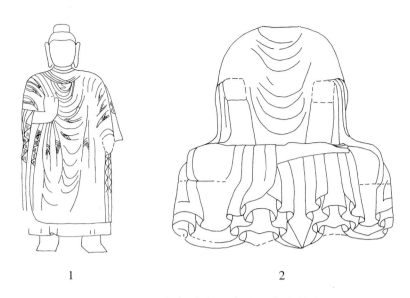

图 11　云冈与栖霞山石窟的通肩式佛衣
1. 云冈 20 窟左壁　2. 栖霞山 26 窟正壁

（3）上衣搭肘式佛衣

麦积山北魏迁洛后流行的上衣搭肘式佛衣，底端有两种表现形式。一种底端三分或四分、衣缘褶纹做锐角的形式，最早见于四川成都地区出土的南朝石刻造像①，如永明元年（483 年）造像碑正面、永明八年（490 年）背光式造像、建武二年（495 年）背光式造像等的佛衣（图 12 - 1~3）。

另一种上衣搭肘式佛衣，其底端二分，刻意表现出三衣的前后身，前三层为三衣的前身部分，一般上衣在右腿处呈瓣状，中衣饰竖道衣缘，这种形式与龙门北魏宾阳中洞正壁佛衣底端的表现形式最为接近②（图 12 - 4）。

麦积山北魏上衣搭肘式佛衣中，底端三分或四分，衣缘褶纹做锐角的形式，应受到南朝的影响；而底端二分，刻意表现出三衣前后身的形式，应受到北朝文化中心洛阳龙门石窟的影响。西魏的上衣搭肘式佛衣，则主要沿袭龙门石窟的传统。

（4）露胸通肩式佛衣

露胸通肩式佛衣最早见于 5 世纪末期开凿的南朝栖霞山石窟，如 19、22、24 窟等③。

---

① 麦积山石窟目前仅见第 126 窟一例，上衣搭肘式佛衣的中衣和上衣披覆形式不一致，中衣露胸通肩，上衣右衣角自右腋下绕过搭左肘，其与萧齐时期栖霞山石窟第 24 窟正壁佛衣的披覆形式一样，二者间的关系，值得进一步探讨。

② 龙门北魏宾阳中洞、普泰洞、魏字洞、皇甫公窟、地花洞、弥勒北一洞等正壁佛像为上衣重层式佛衣。这种样式的佛衣是在上衣搭肘式佛衣的外面，又增加一层衣，其覆右肩和左右腿，在右腿部呈瓣状装饰，其中宾阳中洞佛衣的中衣底端又装饰竖道衣缘。麦积山的上衣搭肘式佛衣右腿部呈瓣状装饰，中底端装饰数道衣缘，似吸收了龙门石窟北魏上衣重层式佛衣的一些因素。

③ 陈悦新：《栖霞山石窟南朝佛衣类型》，《华夏考古》2010 年 2 期。

其在四川成都地区也较为多见，佛衣底端右侧、上衣的里层多露出一个衣角，如万佛寺中大通元年（529年）鄱阳王世子侍从造像（图12-5），其铭记："中大通元年太岁己酉藉莫（姥）道献（与）见景光、景焕母子侍从鄱阳王世子西上，于安浦寺敬造释迦像一躯。"[1] 鄱阳王世子萧范为梁武帝九弟萧恢之子，父子二人均曾为益州刺史[2]，由"侍从鄱阳王世子西上"，可知造像主道献母子来自建康。

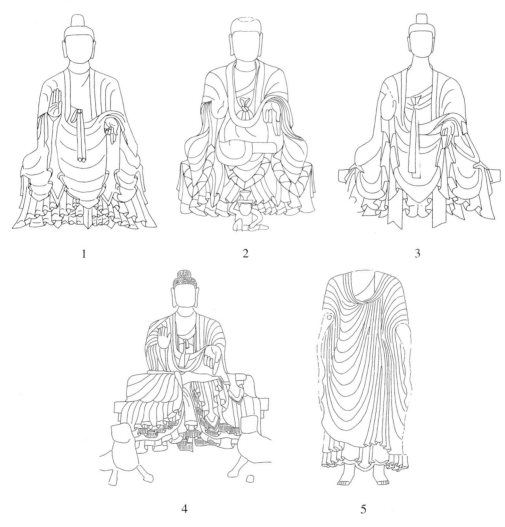

图12　成都地区石刻造像与龙门石窟的佛衣
1. 茂县萧齐永明元年（483年）造像　2. 成都西安路萧齐永明八年（490年）造像　3. 成都商业街萧齐建武二年（495年）造像　4. 龙门石窟宾阳中洞正壁　5. 成都万佛寺中大通元年（529年）造像

① 铭文参见高文、高成刚编：《四川历代碑刻》，成都：四川大学出版社，1990年，85页。
② 《梁书》卷二二《太祖五王传》："鄱阳忠烈王恢字宏达，太祖第九子也。（天监）十三年，迁……益州刺史……（天监）十七年，征为侍中、安前将军、领军将军。"北京：中华书局，1973年，350～351页。《南史》卷五二《梁宗室传下》："（萧范）出为益州刺史。行至荆州而忠烈王薨……大同元年，以开通剑道，克复华阳增封。寻征为领军将军、侍中。"北京：中华书局，1975年，1296页。

麦积山北周时期的露胸通肩式佛衣，就地理位置而言，大概与成都的关系更密切。

（5）中衣搭肘式佛衣

中衣搭肘式佛衣盛行于东魏、北齐时期的邺都[1]，如北响堂北洞佛衣、南响堂1窟佛衣以及济南五峰山北齐时期的莲花洞[2]佛像的着衣（图13）。济南五峰山莲花洞的佛衣，上衣自身后覆左肩，右衣角由右腋下方绕过与左肩钩纽联结，是目前所见最早有纪年的佛衣左胸腹处系钩纽的形式，稍晚的如山西平定县开河寺隋开皇元年（581年）摩崖大佛[3]，以及山东青州驼山石窟约凿于隋开皇初至开皇中（581~590年）的第2龛[4]等。中衣搭肘式佛衣主要在北齐境内和隋代东部地区流行。

麦积山北周和隋代的中衣搭肘式佛衣，都与东部的影响紧密相关。

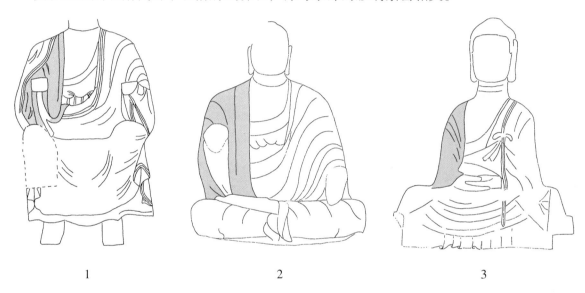

1　　　　　　　　　2　　　　　　　　　3

图13　响堂山石窟与五峰山莲花洞的佛衣（涂色表示中衣）
1. 北响堂北洞中心柱左壁　2. 南响堂1窟中心柱正壁　3. 济南五峰山莲花洞正壁

三　南北朝时期的秦州

麦积山石窟所在地天水，位于甘肃省东南部，地处六盘山、陇中黄土高原和秦岭山地

① 分期参见李裕群：《北朝晚期石窟寺研究》，北京：文物出版社，2003年，8~56页。

② 窟门外左侧岩壁有河清元年（562年）、窟内有乾明元年（560年）题记。见常盘大定、关野贞：《支那佛教史迹评解》（一），168~169页，东京：佛教史迹研究会，1925年。

③ 李裕群：《山西平定开河寺石窟》，《文物》1997年1期。

④ 李裕群：《驼山石窟开凿年代与造像题材考》，《文物》1998年6期。

交接处，地跨长江、黄河两大水系。其地"扼陇坻之险，临清渭之源，东走宝凤，绾毂关中，南下昭广，藩屏巴蜀，西入甘凉，历来为兵家必争之地。"① 天水东接关中，西通兰州，南控巴蜀，北倚陇东，是陕、甘、川交通要道，为东西、南北交通的咽喉所在。

在地理沿革上，天水为禹贡雍州之域，古西戎地；春秋时秦伐邽戎置县，即上邽；秦始皇统一中国后，属陇西郡；汉武帝元鼎三年（公元前 114 年），分陇西置天水郡，曹魏分陇右为秦州②。北周设总管府，大业初府废为天水郡③。

（1）北魏时期

北魏都平城、洛阳时期，昭成子孙中的元崘、位列代北"勋臣八姓"之首的穆亮、汝阳王元天赐第五子元修义等曾任秦州刺史④。景明三年（502 年），来自洛阳的张彝任秦州刺史⑤："彝敷政陇右，多所制立，宣布新风，革其旧俗，民庶爱仰之。为国造佛寺名曰兴皇。"⑥ 麦积山北魏时期流行覆肩袒右式佛衣、通肩式佛衣及上衣搭肘式佛衣底端二分，正是秦州与平城、洛阳政治中心关系密切的产物。

正始三年（506 年），邢峦任梁、秦二州刺史⑦，因"益州殷实，户余十万，比寿春、义阳三倍非匹，可乘可利，实在于兹。若朝廷志存保民，未欲经略，臣之在此，便为无事"⑧，屡上表图蜀，似在正始时期（504～508 年），梁、秦二州与蜀地往来密切。麦积山北魏流行的上衣搭肘式佛衣底端三分或四分，可能即是南北交通情形的反映。

（2）西魏北周时期

北魏末年北方边镇起事，至西魏政权建立，天水一带战事频繁⑨。西魏北周政权对天水的经营较为直接，从北魏末至北周历任秦州地方长官的背景，可见秦州与长安之间的密切关系（附表）。附表"家世"一项中，"北镇武将"指北魏后期镇守北边六镇，后因六

① 天水县文物志编写委员会编印：《天水县文物志》，1984 年，7 页。
② （唐）李吉甫：《元和郡县图志》卷三九"秦州"，北京：中华书局，1983 年，979～980 页。
③ 《隋书》卷二九《地理志》上"天水郡"，北京：中华书局，1973 年，813 页。
④ 《魏书》卷一五《昭成子孙》、卷一九《景穆十二王》、卷二七《穆崇传》，北京：中华书局，1974 年，383、451、667 页。
⑤ 《资治通鉴》卷一四四"齐和帝中兴元年（501 年）"："尚书清河张彝、邢峦闻处分非常，亡走，出洛阳城，为御史中尉中山甄琛所弹。"卷一四五"梁武帝天监元年（502 年）"："魏陈留公主寡居，仆射高肇、秦州刺史张彝皆欲尚之，公主许彝而不许肇。肇怒，谮彝于魏主，坐沉废累年。"北京：中华书局，1956 年，4483、4527 页。推测张彝在任时间为 502 年。
⑥ 《魏书》卷六四《张彝传》，北京：中华书局，1974 年，1428 页。
⑦ 《魏书》卷八《世宗纪》，北京：中华书局，1974 年，201 页。
⑧ 《魏书》卷六五《邢峦传》，北京：中华书局，1974 年，1441 页。
⑨ 《资治通鉴》卷一五〇、一五一、一五四，北京：中华书局，1956 年，4677～4709、4710～4732、4771～4797 页。

镇叛魏，流徙中原，陆续加入尔朱氏集团，随尔朱天光、贺拔岳、侯莫陈悦等入关的将士；"累世公卿"指随魏帝入关的北魏旧臣。

附表中所列 16 人中，北镇武将 5 人，北魏旧臣 1 人，皇亲国戚 10 人，特别在北周建立至天和六年（557～571）期间，多由皇族直接出任秦州地方长官，周武帝在保定五年（565 年）秋七月和八月曾两至秦州①。

西魏、北周时期，秦州与长安的关系最为紧密，并有西魏文帝乙弗后葬于麦积崖的史实②。麦积山此时期应受长安佛教的影响。西安现存西魏时期的造像如"大统三年（537 年）铭比丘法和四面造像碑""大统十一年（545 年）铭造像碑"③ 等，上衣搭肘式佛衣底端二分，大体仍沿袭了北魏洛阳龙门石窟的风格，麦积山西魏时期的上衣搭肘式佛衣，与此情况一致。

自北周天和三年（568 年）后，东西对峙局面打破，北齐、北周双方开始使节交聘④。东部的中衣搭肘式佛衣直接反映在麦积山石窟。

西魏末年（553～554 年）克蜀平江陵⑤，"逮太祖平梁荆后，益州大德五十余人，各怀经部送像至京。"⑥ 蜀地归入北朝范围，南北交通，南朝的露胸通肩式佛衣在麦积山北周时期流行。

（3）隋代

仁寿元年（601 年），隋文帝颁《隋国立舍利塔诏》⑦，"朕归依三宝，重兴圣教，思与四海之内一切人民，俱发菩提共修福业"，遣沙门分道送舍利往诸州起塔，"所司造样，送往当州"。似表明在全国统一的新形势下，各地所修舍利塔遵循标准划一的风格。这种趋同性可能同时影响到其他艺术表现形式，东西地区的佛衣样式呈现出的相似性，大概即属例证之一。秦州所起塔在静念寺，据北宋《秦州雄武军陇城县第六保瑞应寺再葬佛舍利记》残碑记载："又至隋文皇仁寿元年（601 年），再□（开）窟龛，敕葬舍利，建此宝

① 《周书》卷五《武帝纪上》，中华书局，1971 年，71～72 页。
② 《北史》卷一三《后妃传上·文帝文皇后乙弗氏传》，中华书局，1974 年，506～507 页。
③ 西安市文物保护考古所编著：《西安文物精华·佛教造像》，世界图书出版公司，2010 年，图版 40、42。
④ 《周书》卷五《武帝纪上》、卷六《武帝纪下》，中华书局，1971 年，75～76、79～83、91 页。
⑤ 《周书》卷二《文帝纪下》，中华书局，1971 年，33～36 页。
⑥ （唐）道宣：《续高僧传》卷一六《周京师大追远寺释僧实传》，《大正藏》第五十册，558 页上栏。
⑦ 隋高祖：《隋国立舍利塔诏》，（唐）道宣：《广弘明集》卷一七，《大正藏》第五十二册，213 页中栏。

塔，赐净念寺。"① 知秦州静念寺位于麦积山。

隋代中衣搭肘式佛衣成为主要流行样式之一，至唐代在两京地区成为范式。麦积山也融入在这个大背景之中。

基金项目：2015 年度国家社会科学基金重大项目"中印石窟寺研究"　（项目批准号：15ZDB058）。

笔者收集资料期间，得到麦积山石窟艺术研究所的鼎力支持与多方帮助，在此谨致诚挚感谢！

---

① 北宋《秦州雄武军陇城县第六保瑞应寺再葬佛舍利记》"阿育王始初□（兴）建，号无忧□（古）寺……又至隋文皇仁寿元年……赐净念寺。……又崇宁□□，……蒙恩改瑞应寺"。南宋嘉定十五年（1222 年）《四川制置使司给田公据》"麦积山瑞应寺……始自东晋起迹，敕赐无尤寺……次七国重修，敕赐石岩寺。大隋敕赐净念寺。大唐敕应乾寺。圣朝大观年……敕改赐瑞□（应）□（寺）"。两碑录文见张锦秀编撰《麦积山石窟志》，兰州：甘肃人民出版社，2002 年，168、171 页。

附表　北魏末至北周历任秦州地方长官

时间	姓名	籍贯	任职	家世	资料来源
530～534年	侯莫陈悦	代郡	开府仪同三司、都督陇右诸军事、秦州刺史	北镇武将	《魏书》卷80《侯莫陈悦传》
534年	李弼	辽东襄平	秦州刺史	北镇武将	《周书》卷15《李弼传》,《资治通鉴》卷156 "中大通六年" 条①
535年	念贤	金城枹罕	秦州刺史	累世公卿	《周书》卷14《念贤传》,《北史》卷49《念贤传》
537年	常善	高阳	秦州刺史	北镇武将	《周书》卷27《常善传》
538年	元戎	？	秦州刺史	西魏皇族	《周书》卷38《苏亮传》,《北史》卷13《后妃传上》
539年	念贤	金城枹罕	都督秦渭原泾四州诸军事、秦州刺史	累世公卿	《周书》卷14《念贤传》
540～547年	独孤信	云中	陇右十州大都督、秦州刺史	北镇武将	《周书》卷16《独孤信传》
547～550年	宇文导	代郡	陇右大都督、秦南等十五州诸军事、秦州刺史	北镇武将	《周书》卷10《邵惠公颢传附导子导传》②
550年7～9月	元郭	洛阳	出牧秦陇	西魏皇族	《周书》卷39《王子直传》,卷10《文帝子导传》,卷2《文帝下》
557～559年	宇文广	长安	秦州刺史	北周皇族	《周书》卷10《邵惠公颢传附导子广传》,《周故大将军赵公墓铭》,《文苑英华》卷948
559年	尉迟迥	代人	秦州总管	皇亲国戚	《北史》卷62《尉迟迥传》,《周书》卷4《明帝纪》③

① 平侯莫陈悦后任秦州刺史，大统初任雍州刺史，由念贤接任，据上引《资治通鉴》侯莫陈悦败于北魏永熙三年（534年）。

② 宇文导于东魏侯景举州来附任秦州刺史，据《周书》卷2《文帝纪下》侯景降西魏为大统十三年（547年）。

③ 水帘洞造像铭 "使持节大将军大都督陇右四州诸军事秦州刺史蜀国公尉迟迥"。

续表

时间	姓名	籍贯	任职	家世	资料来源
562～568 年	宇文广	长安	秦州总管、十三州诸军事，秦州刺史	北周皇族	《周书》卷 10《邵惠公颢传附导子广传》，《周故大将军赵公墓铭》《文苑英华》卷 948
568～570 年	宇文纯	长安	秦州总管	北周皇族	《周书》卷 5《武帝纪上》
570 年	宇文广	长安	秦州刺史	北周皇族	《周故大将军赵公墓铭》，《文苑英华》卷 948
571 年	宇文亮	长安	秦州总管	北周皇族	《周书》卷 5《武帝纪上》、卷 10《邵惠公颢传附导子亮传》
574 年	侯莫陈琼	？	秦州总管	柱国、大宗伯、周昌公	《周书》卷 5《武帝纪上》
579 年	尉迟运	代人	秦州总管，秦渭等六州诸军事，秦州刺史	卢国公	《周书》卷 40《尉迟运传》、卷 20《尉迟纲传》
580 年	刘昶	中山	柱国，秦灵总管	皇亲国戚	《周书》卷 17《刘亮传》
582 年	窦荣定	扶风	秦州总管	皇亲国戚	《隋书》卷 1《高祖纪》、卷 39《于义传附窦荣定传》

试论长安与泾渭河流域佛教文化艺术

项一峰 *

内容提要：长安（今西安）为古代多朝国都，丝绸之路始点。佛教自汉代传入中国，至东晋十六国北朝时期，长安佛教受到多朝诸多皇家的推崇，以及众多高僧的弘法，对中国佛教文化艺术影响最大。相邻的秦州（渭河）、泾州（泾河），自然会近水楼台先得月，从目前遗存的佛教石窟寺来说，泾河、渭河两岸皆形成"百里石窟长廊"和寺院。在佛教艺术方面现在有专家学者提出"长安模式"，何为长安模式，或许可以认为，只有唐代造像能作为其代表，唐以前长安模式的佛教造像风格特征，终难以定论。但如果认为泾、渭河流域佛教属于长安佛教文化圈，那么中国石窟寺造像佛教文化艺术"长安模式"就能形成较完整的链条和体系，对长安佛教文化艺术的研究会起到积极的推动作用。从而就长安佛教对其他地方的影响，以及丝绸之路路网上的石窟寺佛教文化艺术等研究提供一些重要信息。

关键词：长安　泾渭河流域　佛教　文化艺术　一体化

长安（今西安）作为古代多朝国都，丝绸之路（陆路）始点（关于丝绸之路始点有引至洛阳之说）。长安与甘肃泾、渭河流域间的联系，不仅由来已久，因历代因循承续，迄今仍位于中国西北重要的交通线路之中。佛教自汉代传入中国，不断的传弘发展，至东晋十六国北朝时期，形成几大佛教传弘的中心，如北方最显著的是凉州、长安、平城三大

---

* 作者简介：项一峰（1965 年— ），安徽合肥人，麦积山石窟艺术研究所副研究员，主要从事石窟考古、佛教历史、文化遗产等方面研究工作。

佛教集团。其中长安佛教受到多朝众多皇家的推崇，以及著名高僧道安、鸠摩罗什等的弘法，最为显赫，对中国佛教文化艺术影响最大。作为相邻的秦州（渭河）、泾州（泾河），自然会近水楼台先得月。从目前遗存的佛教石窟寺来说，泾河、渭河两岸皆形成"百里石窟长廊"和寺院。就其石窟寺所反映出的佛教文化艺术而言，无疑或多或少受到凉州、中原、南方等地多方面的影响，但实际应该受长安影响最大，最为直接。在佛教艺术方面现在有专家学者提出"长安模式"，何为长安模式，或许可以认为，只有唐代造像能作为其代表，长安地区虽然现存石窟寺多处，除彬县大佛寺，其他石窟寺规模，相对来说，属于国内中小型石窟；就其造像时代，早期造像数量也不太多，且残损破坏比较严重。唐以前长安模式的佛教造像风格特征，终难以定论。如果可认为泾、渭河流域佛教属于长安佛教文化圈，那么中国石窟寺造像佛教文化艺术"长安模式"就形成较完整的链条和体系。即又有"秦州模式"之说。本文主要基于这一点，对长安与秦州、泾州之间佛教文化艺术的关系，试作一些探索。

一　长安、秦州、泾州在丝绸之路上的地位

泾河与渭河分别由甘肃向东流入陕西，在西安以北的高陵县南部汇合后继续东流，在潼关与大荔之间出陕西而汇入黄河。这里是陕西省的核心地带，汉至唐一直是丝绸之路的主要通道和起始点，也是西北众多少数民族向关中、中原迁徙的定居地。

历史上形成的丝绸之路（陆路）实际上有多条互相平行的路线，其中，中国境内路线东段由陕西通往甘肃，即关中通往陇右的交通线主要有两条，即丝绸之路南、北线，南线早在秦国兴起、发展的过程中逐渐开辟，北线亦开辟于战国。丝绸之路南线：从长安出发于咸阳渡过渭河，大致沿渭河北岸西行经天水、甘谷、陇西、渭源至洮河流域继续西上；丝绸之路北线：从长安出发于咸阳渡泾河，西北行经渭河平原的醴泉、乾县、永寿沿泾川经彬县、长武，甘肃的泾川、平凉、泾原北上到宁夏的固原继续西上。这两条路线从长安出发基本上是沿渭河流域和泾河流域西上。沿渭河流域，上游沿岸的今甘肃天水、甘谷、武山等陇南地古属秦州，其地东接关中，南往巴蜀，西控甘南，北扼陇坻，向为关陇之会的锁钥之地，丝绸之路的交通要冲。沿泾河流域，沿岸的今甘肃泾川陇东地古属泾州，位于关中的上游，"外阻河朔，内当陇口，襟带秦凉，拥卫畿辅，关中安定，此之系也"，是"拱卫关中"屏藩西北的重镇。天水、泾川不论是从长安出发沿渭河，还是沿泾河西上，

都是分别必须经过之地。因此，长安、天水、泾川等地在丝绸之路上具有极其重要的地位。丝绸之路的开通，东西往来，在政治、商贸、宗教、文化艺术等方面，也无疑会给泾、渭两河流域各地带来较大的冲击和影响。

二　长安、秦州、泾州佛教文化艺术

1. 佛教弘传

印度佛教传入中国时间现已不可考，梁启超认为秦始皇时，阿育王派遣宣教师二百五十六人于各地，或有人至中国[1]。关于汉以后佛教传入的记载更多，《魏书·释老志》记载汉"袁平元年，博士弟子秦景宪受大月氏王使伊存口授浮屠经，曰复立者，其人也，中土闻之，未知信也"[2]，即公元前2年为佛教传入之始；另一说法为汉明帝永平七年，帝夜梦金人，身有日光，飞在殿前。后问群臣，此为何神？傅毅答，臣闻天竺有得道者，号"佛"，于是明帝遣使往西行求法，于大月氏写佛经《四十二章经》回国，即公元64年佛教传入之说，这一说法现为学界所公认[3]。两晋十六国时期，印度、西域来华的僧人大增，如：安世高、支娄迦谶、昙摩密多、竺法护、鸠摩罗什等，汉土往西域、印度者亦成风气，如：朱士行、于法兰、法显、慧常、康法朗，乃至唐代玄奘、义净等。佛法自印度经西域在内地广为传播，他们多来到长安或从长安出发，有至洛阳路必经长安、秦州、泾州之地。又中国境内僧人东西来往的学法传道之穿梭，佛教在丝绸之路上的传弘，也必经相邻的三地，故三地应该存在相互交往直接互通的传递关系。

汉魏间佛教译经重镇为洛阳，然当西晋竺法护译经，帛法祖（帛远）讲习，长安已成为要地。竺法护自敦煌至长安，沿路传译，又去各地弘法。据《出三藏记集》引《普曜经记》云："晋怀帝永嘉二年（308年）太岁在戊辰，五月本斋（谓布萨之日），（竺法）护在天水寺手执《普曜经》胡本，口译为晋言，沙门康殊、帛法巨笔受"[4]。说明西晋时秦州已有寺院，并有高僧译经。

《高僧传·帛远传》记帛远（法祖）长期在长安译经传教，"道化之声被于关陇。

---

① 汤用彤：《汉魏两晋南北朝佛教史》，北京：中华书局，1983年，1~10页。
② 《魏书·释老志》引《三国志·魏书》卷三一，加"中土闻之，未知信了也"。
③ 参见范晔《后汉书》，袁宏《后汉纪》，《洛阳伽蓝记》，《魏书·释老志》，《牟子理惑论》，《四十二章经序》等。
④ 《大正藏》第五十五册，497页。

崤函之右奉之若神。" "晋惠之末。祖见群雄交争，干戈方始，志欲潜遁陇右，以保雅操。会张辅为秦州刺史镇陇上，祖与之俱行。" 在陇右信奉佛教的汉族和少数民族民众中引起极大反响，是"戎晋嗟恸，行路流涕。陇上羌胡率精骑五千，将欲迎祖西归"。因"辅以祖名德显著，众望所归，欲令反服，为己僚佐。祖固志不移，由是结憾"。被张辅所害。"中路闻其遇害，悲恨不及，众咸愤激。欲复祖之仇。辅遣军上陇，羌胡率轻骑逆战。时天水故帐下督富整，遂因忿斩辅。群胡既雪怨耻，称善而还。共分祖尸，各起塔庙"①。

又《北山录》卷4记：帛远"值晋乱，将遁陇右，秦州刺史张辅重之，欲令反服，不从，遂杀之，蕃汉追悼"②。

由上可知西晋长安佛教中心对陇右佛教的影响，陇右境内的佛教寺院已具有一定的规模，并进行传教，且形成较好的布道环境和信众基础。当时陇右这种佛教情况也已被长安佛教信众所知，或说长安与陇右已有佛教徒来往，并具有一定的信息传递，方有帛远志欲潜遁陇右之行。

东晋十六国时期，前秦符坚对佛教特别崇信，东晋孝武帝太元四年（379年），苻坚遣苻丕占襄阳，并邀请著名高僧道安至国都长安弘法，曾开几千人的大道场，敕内外学士，有疑皆师于安，是"学不师安，义不中难"。又派绕骑将军吕光发兵7万西伐龟兹，迎西域名僧鸠摩罗什来长安，行至凉州滞留。384年，姚苌建后秦，继请罗什仍未至。姚兴为皇帝，于401年，罗什方被请到长安，姚兴"待以国师之礼，甚见优宠，晤言相对，则淹留终日，研微造尽，则穷年忘倦"③。长安当时有中外游学僧人5000多名。"州郡化之，事佛者十室而九矣。"④ 姚兴对佛教尊崇，著《通三世论》《通不住法住法般若》《通圣人放大光明普照十方》《通一切诸法空》以及《与安成侯姚嵩述佛书》等⑤。后秦任秦州刺史镇西将军的姚嵩为姚兴的弟弟，受姚兴的影响，也是一位极虔诚的佛教徒，姚兴曾赐佛像和自著关于佛教的文章于姚嵩，姚嵩上表感谢，并对姚兴的《通三世论》等进行评论，姚嵩还为姚兴在麦积山开窟造像。

----

① 与《晋书·惠帝记》陇西太守韩稚攻秦州，刺史辅杀之。记载不一定矛盾，富整杀辅，可能是接应韩稚之举。
② （唐）释神清：《北山录》，《大正藏》第五十二册，2113页。
③ （梁）释慧皎：《高僧传》卷二《鸠摩罗什传》。
④ 《晋书》卷一百一十七载记《姚兴》。
⑤ 《广弘明集》卷一八。

《祐录》载竺法念所作《王子法益坏目因缘经序》云：后"秦建初六年（391年），岁在辛卯，于安定城二月（亦作三月）十八日出，至二十五日乃讫，佛念译音"。安定、泾原、泾州等为同一地方不同历史时期的名称。这是泾川有关佛教的较早迹象。

417年后，著名高僧玄高① "乃杖策西秦，隐居麦积山，山学百余人，崇其义训，禀其禅道。时有长安沙门释昙弘、秦地高僧隐在此山，与高相会，以同业友善。——高学徒之中，游刃六门者，百有余人。有玄绍者，秦州陇西人，学究诸禅，神力自在，手指出水，供高洗漱，其水香净，倍异于常。每得非世华香，以献三宝。灵异如绍者又十一人。绍后入堂述山蝉蜕而逝。昔长安昙弘法师，迁流岷蜀，道洽成都"②。

长安作为前秦、后秦的国都，长安佛教兴盛为佛教中心，《祐录·竺法念传》云："姚兴弘始之初，经学甚盛"，即罗什入关之前，长安佛教就已经兴盛了。罗什至长安后，长安佛教活动更盛。陇右秦州、泾州是前秦、后秦皇帝的故乡，作为大后方的根据地，与长安相邻，无疑首先受到长安佛教的影响，姚兴与姚嵩多有表诏往来，说经谈佛。玄高隐居麦积山，有长安僧人释昙弘，秦地僧人玄绍。以及泾州僧人释道温为鸠摩罗什弟子，跟随学法。直接说明长安与秦州及泾州佛教存在传法的密切关系。

北魏宣武帝永平二年（509年）正月，泾州沙门刘慧汪聚众起义且有秦州沙门刘光秀相应，其规模盛大③。

又孝文帝文明太后冯氏一家世代崇佛，其父冯朗曾任秦、雍二州刺史。冯太后与其兄冯熙生于长安，冯熙特别信奉佛法，自己出资在各州建佛塔寺院，共72处，并且写经16部，与沙门竟日讲论佛法④。其"诸州镇建佛图精舍，合七十二处"，或有长安、秦州乃至泾州。这可看出北魏泾、秦二州当时佛教继后秦仍兴盛，两州之间的佛教联系也较为密切，同时与长安存在一定的关系。从后秦建初二年（387年）正月"后秦主姚苌徙秦州豪杰三万户于安定"⑤ 已奠定了秦州与泾州不可分割的联系。

西魏皇帝笃信佛法，文帝在位时，他的儿子武都王戊为秦州刺史，也是一位崇佛者，据《文帝文皇后乙弗氏传》记载："文帝文皇后乙弗氏河南洛阳人也。——年十六，文帝纳为

---

① 《资治通鉴》卷一一八《晋记》记秦州一带在永康六年（417年）归西秦。

② 慧皎：《高僧传》卷一一《玄高传》，《大正藏》卷五〇，397页。

③ 《魏书》卷八《世宗记》，北京：中华书局，2000年版，141页。《北史》卷四《魏本记第四》，北京：中华书局，2000年版，90页。

④ 《魏书》卷八三上《冯熙传》，北京：中华书局，2000年版，1229页。

⑤ 《资治通鉴》卷一〇七《晋纪二十九》，长沙：岳麓书社，1990年版，370、379页。

图1　麦积山第43窟

妃。乃帝即位，以大统元年册为皇后。……时新都关中，务欲东讨，蠕蠕寇边，未遑北伐，故帝结婚以扶之。于是更纳悼后，命后逊居别宫，出家为尼。悼后犹怀猜忌，复徙后居秦州，依子秦州刺史武都王，帝虽限大计，恩好不忘，后密令养发，有追还之意。然事秘禁，外无知者。六年春，蠕蠕举国渡河，前驱已过夏，颇有言虏为悼后之故兴比役。帝曰：岂有百万之众为一女子举也？虽然，致此物论，朕亦何颜以见将帅邪！乃遣中常侍曹宠赍手敕令后自尽。……召僧设供，令侍婢数十人出家，手中落发。事毕，乃入室，引被自覆而崩，年三十一。凿麦积崖为龛而葬，……后号寂陵。乃文帝山陵毕，手书云，万岁后欲令兵配飨。公卿乃议追谥曰文皇后，祔于太庙。废帝时，合葬于永陵。"① "寂陵"即麦积山石窟现存第43窟②（图1）。

北周宇文氏建立政权，实质上是西魏政权的延续，西魏、北周立国一直以秦州为根据地，在两朝统治时期，长安仍为佛教中心，由于多位皇帝推崇佛教，秦州开凿大型石（洞）窟造像多处，如麦积山石窟现存国内最大的仿木构建筑殿堂第4窟造七佛菩萨等像，拉梢寺开凿摩崖造亚洲最大的浮塑释迦三尊等像。北周天和二年（567年）在今泾川水泉附近建宝宁寺，天水各地寺院众多，见于碑刻中的寺院有"建崇寺""佛富寺""还乡寺"等，这不能不说是受长安佛教的影响（图2）。

隋唐时代众多皇帝崇佛，中国佛教发展到又一顶峰时期，长安佛教中心佛教甚盛。据《集古今佛道论衡》记载："帝昔所龙潜所经四十五州，及登极后，皆悉同时为大兴国寺。"③又《辩正论》记："始龙潜之日，所经行处四十五州，皆造大兴国寺。"④ 隋文帝杨坚称帝

---

① 《北史》卷一三列传第一《后妃上》。
② 项一峰：《麦积山第43窟研究》，《敦煌研究》2003年6期。
③ （唐）道宣：《集古今佛道论衡》卷乙，《大正藏》卷五二，509页。
④ （唐）法琳：《辩正论》卷三，《大正藏》卷五二，509页。

图 2   麦积山第 4 窟外景

以后，立即在其以前经历的 45 州，统一建造大兴国寺，不仅如此，曾在仁寿元年（601年）、二年、四年先后三次诏令在全国诸州建立舍利塔，共计达 113 座。并在《诏书》中云："宜请沙门三十人谙解法相兼宣道师……分道送舍利往前件诸州建立其塔"①。泾州营大兴国寺建舍利塔。此朝泾川高僧辈出，据《高僧传》等记载有释洪满，俗姓梁，住救度寺、法海寺等；释法安深受隋炀帝器重，卒后重葬。

图 3   麦积山山顶舍利塔（修复前）

隋文帝三次下诏在诸州建舍利塔，秦州皆有响应，第一次是麦积山石窟寺"隋文帝仁寿元年再开窟龛，敕葬舍利建此宝塔，赐净念寺"。记录见《秦州雄武军陇城县第六保瑞应寺再葬舍利记》、王劭《舍利感应记》。第二次是仁寿二年正月二十三日，诏告扬州、兰州、陕州、秦州等 53 州。今天水秦州区建南郭寺立塔葬舍利，其感瑞为"秦州，重得舍利，函变玛瑙"。第三次是仁寿四年在麦积山石窟寺，《太平广记》之《玉堂闲话——麦积山》记载："隋文帝分葬神尼舍利函于东阁之下。"② 又麦积山石窟还建造东崖（13 窟）16 米摩崖弥勒大佛及胁侍菩萨（图 3）。

---

① （唐）道宣：《广弘明集》卷一七，《大正藏》第五十二册，213 页。
② 参见宋进喜主编：《天水通史》，北京：中华书局，2014 年，332～336 页。

隋炀帝曾于大业五年（609 年）西巡，从今甘肃南部抵达河西，往返历经半年，有众多僧尼、道士相随，沿途州县的许多大寺院均受到炀帝的巡视和布施，同时又有僧尼讲经说法，佛事活动极为昌盛。

唐女皇武则天诏令全国各州建大云寺，泾州建大云寺。又武则天特推崇弥勒信仰，陕西彬县造弥勒大佛，秦州甘谷也造弥勒大佛；宣宗大中元年（847 年）敕各州府修建佛寺，开国伯段归文奉旨修建高公佛堂。据《高僧传》等记载，泾州高僧释智首在弘福寺翻译梵本佛经，并培养了中国律宗南山律派第一代祖师释道宣，圆寂后太宗以国礼葬之；释悟空出家前为泾州四门府别将，俗名车朝奉，曾奉旨出使古印度；释玄会，俗姓席，字怀默，以精研佛经而闻名，敕住弘福寺①。秦州麦积山石窟寺唐"敕赐应乾寺"，据《高僧传》《续高僧传》《宋高僧传》记载，此朝高僧有 13 人，代表人物有道兴、智严、爱同。著名高僧玄奘西行求佛"时有秦州僧人孝达在京学《涅槃经》，功毕返乡，遂与俱去。至秦州一宿，逢兰州伴，又随去兰州"②。玄奘从印度回国以后，给皇帝上表，就在泾州等待朝廷的召见，以上等等，可说明长安与秦州、泾州之间佛教长期以来互为弘传和影响的关系。

2. 佛教文化艺术

佛教文化博大精深，艺术包罗万象，就中国经典的译传教化而言，长安是中国佛教中心洛阳、长安、凉州、建邺、平城等最为显著之地，译经传法代表高僧有竺法护、道安、鸠摩罗什、玄奘等。

竺法护，音译竺昙摩罗刹，意译法护。祖籍月支（即大月氏），世居敦煌，八岁出家，事外国沙门竺高座为师。诵经日万言，并博览《六经》，涉猎百家之言。"是晋武帝之世，寺庙图像虽崇京邑，而方等深经蕴在西域。"护乃慨然发愤，志弘大道，遂随师至西域，游历诸国，遍学语言文字，"贯综诂训，音义文字，无不备晓"，搜集到大量佛教经典回中国内地，自敦煌至长安传译。他所译经中对后世影响较大的有《光赞般若经》《正法华经》《普曜经》《弥勒成佛经》《无量寿经》《渐备一切智经》等。

道安，常山扶柳人（今河北冀县境），出家曾师佛图澄学法，一生弘法主要活动于华

---

① 泾川县佛教文化研究会：《甘肃省泾川县佛教文化遗存与发现情况介绍》，杨曾文主编：〈泾川佛教文化论〉，北京：人民出版社，2015 年，279 页。

② 慧立、彦悰著，孙毓棠、谢方点校：《大唐大慈恩寺三藏法师传》。

北，约今河北、山西、河南一带，也曾南下襄阳十五年。前秦符坚早欲请他至，在晋孝武帝太元四年（379 年）遣符丕攻占襄阳，得道安至长安弘法。主要是组织翻译事业，道安的著作很多，多佚失，现存经论序等二十五篇①。

鸠摩罗什，祖籍天竺，生于龟兹，少时出家，参学西域印度诸国，早年在西域、凉州弘法，声望大震，前秦符坚听道安的谏言，曾发兵龟兹迎请罗什至长安，至凉州停滞。到后秦姚苌又虚心要请，后凉吕氏拒绝放行。直至姚兴建初九年（394 年）即位，再次遣使邀请，亦未获放行。弘始三年（401 年），姚兴派陇西公姚硕德西伐后凉吕隆大胜，罗什终于被迎请到长安。晚年在长安译经传道十五年，期间共译佛经三十五部二百九十四卷②。其中影响较大的有：《坐禅三昧经》《阿弥陀经》《弥勒成佛经》《妙法莲华经》《维摩诘经》《华首经》《弥勒下生经》《长阿含经》等等。

玄奘，河南洛州人，少年随兄学习佛教，十三岁出家，唐贞观三年（629 年）西行求法，十九年回长安，主要从事佛典的翻译和弘传，共译出经论七十五部，一千三百三十五卷，及著《大唐西域记》《阿弥陀经义疏》《阿弥陀经义解》《三弥勒经疏》《赞弥勒四礼文》等。

以上所述竺法护等几位高僧为印度佛教传入汉土，在中国传弘发展做出了巨大的贡献，他们的译经著述传弘深远广泛，不仅受到皇室、达官显贵、文人墨客上层阶级人们的欢迎、崇信、喜爱，也是教徒和一般信仰的民众学法、修习、善业遵行的准绳。具体体现在开设佛教道场、助译经讲习、供养、建寺立塔和开窟造像等等。除佛教《大藏经》和寺院遗存外，遍布中国各地的石窟寺尤为显著。长安和泾渭河流域，从目前遗存的佛教石窟寺来说，泾河、渭河两岸皆形成"百里石窟长廊"和寺院。如著名的天水麦积山石窟、武山拉梢寺石窟群、甘谷大像山石窟；泾川南石窟、王母宫石窟、罗汉洞石窟及庆阳北石窟等等。

石窟寺作为佛教道场，历史中曾是修禅、传教、布道及教徒善男信女们学法求知，愿求种种功德等的综合场所。其中开窟造像，除僧人自修的需要外，主要是用来宣传佛教文化思想，即"像教"弘法。由于地域、民族、文化的不同，在像教文化思想方面，存在佛教经变的共性和异性。在造像方面，在不同的地域，乃至不同的时代，也存在审美标准的

---

① 参见中国佛教协会编：《中国佛教》二，北京：知识出版社，1982 年，3、4 页。
② 此据《出三藏记集》卷二，此书卷一四和《高僧传——鸠摩罗什传》卷二，皆谓三百余卷，《开元释教录》卷四，谓七十四部三百八十四卷。

差异，产生中国民族化、地域化和时代化的艺术特征。如石窟寺造像题材内容方面，最为特出的是造释迦、弥陀、弥勒及其组合；释迦多宝、三世佛、七佛；净土经变、法华经变、涅槃经变、佛传故事、本生故事、因缘故事等。佛教造像无疑以佛教经典为依托，从佛教经典在中国译传和佛教文化思想教化来说，竺法护、道安、罗什、玄奘在中国佛教史中影响最大。长安佛教弘传在泾河、渭河流域佛教石窟寺造像中所反映的佛教文化思想和造像艺术之间存在什么样的关系呢？

石窟寺造像中"三世佛"造像，麦积山石窟后秦①74、78窟内造三世佛及交脚弥勒、思惟文殊菩萨（图4）。据考证应该是"麦积山……姚兴时建瑞应寺，在山之后，姚兴凿山而修"②。即姚嵩为姚兴造像③。姚兴十分注重"三世"观，曾著《通三世论》《通三世》等，其观点得到罗什的赞同。而罗什所译《妙法莲华经》《禅秘要法经》等，也强调

图4 麦积山第78窟三世佛局部

① 张宝玺：《从"六国共修"看麦积山石窟的历史》，《敦煌研究》1995年4期。董玉祥：《麦积山石窟的分期》，《文物》1983年3期。李西民：《试论麦积山石窟艺术史上的六个高潮》，《石窟艺术》第1期，西安：陕西人民出版社，1990年。亦有北魏之说，如东山健吾：《麦积山石窟的研究及早期石窟的两三个问题》，麦积山石窟艺术研究所编：《中国石窟——天水麦积山》，北京：文物出版社；东京：平凡社，1998年。陈悦新：《甘宁地区北朝石窟寺研究》，北京：北京大学博士学位论文，2004年。

② （南宋）祝穆：《方舆胜览》下，北京：中华书局，2003年，1210～1211页。

③ 项一峰：《麦积山石窟"六国共修"与历代赐名小考》，《丝绸之路》1999年学术专集。

"三世佛"的供养和禅法。姚兴又将所著《通三世论》《通三世》等送于在秦州任刺史的弟弟姚嵩，还专门赐珠佛像。姚嵩也十分精通佛理，两人在往来表诏中多有研讨佛理之事①。因此，74、78窟所造三世佛像与姚兴、罗什有直接的思想传承，交脚弥勒、思惟文殊菩萨像与罗什译《法华经》有关。故可说天水佛教文化思想直接受长安佛教集团译经传弘的传递和影响。

三世佛（及相关法华经）造像在麦积山自后秦74、78窟以后，北魏有100、133窟10号造像碑等，泾川北魏王母宫石窟中心柱四面开龛，其中三面造三世佛，一面造释迦多宝。又麦积山石窟单独题材的三世佛造像（或三身结跏趺坐佛，或二身坐佛一身交脚弥勒，菩萨），自后秦165窟后有北魏101、142、163、51、90、80、127、128、148、114、154、163、122窟等，西魏20、120、162窟，北周88、22窟及隋唐5窟，延续不断成为麦积山石窟自始至终贯穿一致的主线。西安市西郊通信学校出土北魏"佛菩萨造像"碑，上下开三层龛，上层三龛造三世佛坐像，若将上层中间主龛结跏趺坐佛与中层主尊交脚弥勒和下层中间主龛造释迦多宝佛结合来看，也是三世佛造像。比较特殊的一件造像是泾川水泉寺遗址出土的隋开皇元年（581年）"李阿昌造像碑"（图5），正面由上而下分四层开龛，上层中间开大龛主尊为释迦多宝佛，左右各开一龛造结跏趺坐佛；第二层中间开大龛主尊为结跏趺坐佛，左右各开一龛造结跏趺坐佛；第三层中间开大龛主尊为倚坐弥勒佛，左右各开龛造结跏趺坐佛；下层中间开龛造文殊维摩诘对坐。这件造像碑上层三龛以释迦多宝为主尊的三世佛；第二层以释迦为主尊的三世佛；第三层以弥勒为主尊的三世佛，以及上层以第二、三层中间大龛竖列释迦多宝、释迦、弥勒为主尊的三世佛。可说继承并综合了隋以前最频繁出现的三世佛题材内容造像。造像碑以三世佛为中心主题，还出现文殊维摩诘造像，这可看到麦积山石窟北魏133窟10号造像碑（图6）中以释迦多宝、交脚弥勒、释迦三世佛为中心主题，并造文殊维摩诘像题材的影响关系。这反映了长安、天水、泾川佛教经像弘传的题材内容思想的一致性和共同化。此造像碑发愿文："都邑主宁远将军右员外常侍鹑孤令李显""邑生长安县人车骑将军左光禄韩定□""邑生长安县人刘小洛邑生李道□"。造像功德主有长安人，也突出了长安与泾川的佛教联系。

---

① 《十六国春秋》卷六十《后秦录——姚嵩》，影印《文渊阁四库全书》，上海：上海古籍出版社，2003年，第463册，812～813页。

图 5　泾川李阿昌造像碑　　　　　　图 6　麦积山第 133 窟 10 号造像碑

　　弥勒、弥陀造像除与三世佛思想信仰造像外，石窟寺出现众多单立主尊及胁侍菩萨造像。如：麦积山石窟北魏 98 窟摩崖阿弥陀佛三尊立像（图 7），115 窟景明三年结跏趺弥勒像，135 窟西魏石雕阿弥陀佛三尊立像，隋代 13 窟摩崖倚坐弥勒及二胁侍菩萨立像三尊（图 8），北周武山拉稍寺释迦佛三尊（图 9）。甘谷大像山石窟唐代倚坐弥勒大佛（图 10），彬县大佛寺弥勒大佛。以及麦积山石窟 127 窟北魏西方净土变壁画（图 11），4 窟隋代西方净土变壁画，5 窟唐代西方净土变壁画。拉稍寺石窟 B16 窟弥勒净土壁画等（图 12）。其中 127 窟 "西方净土变" 依罗什所译《阿弥陀经》而变相。115 窟弥勒造像和 "六度" 思想内容的壁画，主要依罗什《弥勒下生经》而变相，因多种有关弥勒上下生经的译本中，唯有罗什译本中增加了 "六度" 的内容，这与《妙法莲华经》特出菩萨修六度的弘传影响也有一定的关系。当然，弥勒、弥陀思想信仰造像多受竺法护、罗什、玄奘所译相关经典和著述传弘的影响，或存在直接和间接的关系。尤其是道安特别推崇弥勒，"安每与弟子法遇等于弥勒前立誓愿生兜率" 净土，并侧重禅修神生兜率①。每次举行讲经法会多罗列尊像（应包括符坚送他的金箔倚坐弥勒和结珠

---

① 《高僧传》《道安传》《昙戒传》。

图 7　麦积山第 98 窟阿弥陀佛三尊立像

图 8　麦积山第 13 窟倚坐弥勒佛及协侍菩萨立像三尊

图 9   拉稍寺释迦佛三尊

图 10   甘谷大像山石窟唐代倚坐弥勒大佛

弥勒像）。又造弥陀像弘传西方净土①，使弥勒、弥陀（主要得力其弟子慧远）思想信仰广布盛行。以及唐代净土宗的传弘，武则天对弥勒信仰的推崇，促进信仰者对弥勒、弥陀造像的亲昵。

七佛造像，麦积山石窟有北魏 127 窟壁画（图 13），北周 4、9 窟等 14 个窟造像，拉稍寺石窟千佛洞 20 窟造像，泾川南石窟（图 14），水帘洞 8 窟壁画（图 15），庆阳北石窟造像等。其中 127 窟七佛特出戒律的教化②。这与《涅槃经》等经中宣教戒律有关，但道安也注重戒律的弘传教化，或许存在一定的影响。南石窟七佛及交脚弥勒与罗什《坐禅三昧经》等经中所说观像有关。

① 《法苑珠林——敬佛篇》，汤用彤：《汉魏两晋南北朝佛教史》，北京：中华书局，1983 年，155、156 页。
② 项一峰：《麦积山第 127 窟研究》，《麦积山石窟艺术文化论文集》上，兰州：兰州大学出版社，2004 年。

图 11　麦积山第 127 窟西方净土变

《维摩诘经》变相，麦积山石窟北魏 127 窟壁画（图 16），133 窟 10 号造像碑维摩诘与文殊菩萨造像。西魏 102、123 窟维摩诘与文殊菩萨造像等（图 17、18）。泾川县城关镇蒋家村出土北周武成二年（560 年）"张代李石造像碑"（图 19）及隋"李阿昌造像碑"中维摩诘文殊对坐像。需要注意的是第 127 窟维摩诘经变，依罗什《维摩诘经》绘出多品内容情节①。如：维摩诘与文殊菩萨对坐之间绘出《香积佛品》中说维摩诘神力至香积佛处请饭，香积佛国遣化菩萨以满钵香饭来娑婆维摩诘所与维摩诘内容②形象的化菩萨。泾川"景明元年造像碑""李阿昌造像碑"，大云寺出土"造像残碑"等中皆出现此相同内容中维摩诘文殊对坐像，在维摩

图 12　拉稍寺 B16 窟弥勒净土壁画

---

① 项一峰：《〈维摩诘经〉与维摩诘经变》，《敦煌学辑刊》1998 年 2 期。
② （后秦）鸠摩罗什译，僧肇注：《维摩诘所说经注》卷下《香积佛品》，光绪十三年六月，金陵刻经处识，1~8 页。

图 13　麦积山第 127 窟七佛图

图 14　泾川南石窟七佛

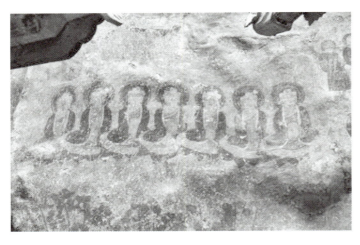

图 15　水帘洞第 8 窟七佛图

诘床前雕一身动物。此相同的画面在"麦积山第 133 窟 10 号造像碑"（图 20）泾川"景明元年造像碑"（图 21）"李阿昌造像碑"（图 22）及大云寺出土"造像残碑"（图 23）中皆有出现。这在佛教造像中较为特殊的现象，有何示教？这身动物形象，似狗，或鹿或狮，《维摩诘经》中有关这三种动物唯提到维摩诘借须弥相国狮子座，"维摩诘现神通力，即时彼佛（须弥灯王）遣三万二千狮子座，高广严净，来入维摩诘室。"其狮子座高广严净，维摩诘床前的动物形象若代表狮子座，或许不符①。经中又没有提到狗和鹿，读《维摩诘所说经注》《嘱累品》在"若未来世善男子善女人求大乘者，当令手得如是等经，与其念力"后注释中记，罗什曰：弟子泥犍"常于林中坐禅，见一饿狗，饥饿将死，常与诸比丘共分食与

---

① （后秦）鸠摩罗什译，僧肇注：《维摩诘所说经注》卷下《不思议品》，光绪十三年六月，金陵刻经处识，1～7 页。

图 16　第 127 窟维摩诘经变

图 17　麦积山第 102 窟文殊菩萨

图 18　麦积山第 102 窟维摩诘

之，狗遂腹胀欲死，诸比丘个个绳床围绕守视，诵经说法，狗以善心，视诸比丘，又闻法音，命终已，生第六天。有大威德，与魔王共坐，——观其本缘，乃知是狗"。说狗以善心闻法音，死后得生天上因缘①。因此，上述"维摩诘文殊菩萨对坐"造像中维摩诘床前动物应该为狗的释读较为合理。这几件造像碑中又存在一个特殊的现象是每件造像碑中皆有弥勒造像，《嘱累品》"是佛告弥勒菩萨言，弥勒，我今以是无量亿阿僧祇劫，所集阿耨多罗三藐三菩提法，附嘱于汝，如是辈经，于佛灭后末世之中，汝等当以神力，广宣流布于阎浮提，

①　（后秦）鸠摩罗什译，僧肇注：《维摩诘所说经注》卷下《嘱累品》，光绪十三年六月，金陵刻经处识，17～18页。

图 19　泾川张代李石造像碑

无令断绝"。如此，佛教造像碑中同时出现弥勒和《维摩诘经》造像与《维摩诘经》存在一定的关系。"维摩诘经变相"中出现狗的像，《维摩诘经》中虽然没有所载，但是，僧肇所作《维摩诘所说经注》中有记，说明这几件造像碑可能是依托罗什弟子僧肇所作《维摩诘所说经注》所变相，这又反映了长安、泾川、天水三者之间佛教（及造像）的传弘关系。

《法华经》变相，除上述与交脚、思维菩萨、六度等相关《法华经》思想教化的造像壁画外，特出的是"释迦多宝并坐说法"。麦积山石窟 133 窟 10 号造像碑中释迦多宝等造像，应该为法华禅观的造像的第 26 窟法华经变（图 24）。另泾川王母宫中心柱，其中一面造释迦多宝并坐像，及出土"张代李石造像碑""李阿昌造像碑"中释迦多宝佛对坐像。

拉梢寺石窟水帘洞壁画绘"牛车"（图 25），供养人头带项光，或许示教《法华经》

图 20　麦积山第 133 窟 10 号
造像碑局部

图 21　景明元年造像碑局部

图 22　李阿昌造像碑局部

图 23　大云寺造像残碑

图 24　麦积山第 26 窟法华经变

中所说"三乘应导众生，以大乘而度脱之""于一佛乘分别说三""三乘归一"①。如此相关《法华经》造像壁画也应该受竺法护、罗什所译《法华经》传弘影响。又麦积山石窟

①　《法华经》中说三乘三车，三车者，有羊、牛、鹿。修菩萨道，行菩萨行，皆为菩萨，人人皆可成佛思想。

图 25　拉梢寺石窟水帘洞牛车壁画

度杯"疏山凿洞，郁为净土，拜灯王于石室，乃假驭风，礼花首于山龛"。造灯王佛与花首菩萨。度杯曾至长安见罗什①，罗什译《花手经》中宣教灯王佛、花手菩萨。这或许说明罗什译经在麦积山石窟像教中的表现。

总之，竺法护、罗什、玄奘所译有关弥陀、弥勒、法华、维摩以及禅观等方面的经典内容思想，在他们的大力弘传和道安的推崇教化，在当时的社会产生极大的影响，据《高僧传》中记载北朝时期众多高僧一生着重学弘《法华经》《维摩诘经》《阿弥陀经》等一经或二经。至隋唐时期逐渐形成的宗派中，如天台宗，此宗教义正依《法华经》，所以也称为法华宗。净土宗，虽然以《无量寿经》《观无量寿佛经》《阿弥陀经》三经及《往生论》一论为所依经典，专修往生阿弥陀佛净土法门。但中土往生净土法门，起于东晋竺法旷，《高僧传》卷五说他"每以《法华》为会三之旨，《无量寿》为净土之因，常吟咏二部，有众则讲，独处则诵"。二祖善导，启初诵《法华》《维摩》，后依《观无量寿佛经》专修十六观。以及道安及其弟子们倡导修行往生弥勒净土。

正因所缘，佛教自传入中国便是经像并传，东晋十六国至隋唐像教弘传一直持续盛行，现存石窟寺造像最为辉煌，主要经变造像壁画题材内容无不特出相关弥陀、弥勒、法华、维摩等方面的弘法。长安、泾渭河流域石窟造像壁画也是如此，以上列举石窟寺中造像壁画所反映出的题材内容既符合佛教经典时代弘法的特点，也可说是反映了长安佛教集团佛经译弘像教弘法的展现。若就三处石窟寺像教佛教题材内容思想来说已是不可分割的一体化。

3. 造像艺术特征

东晋图像崇京邑，后赵"石勒以佛图澄之言，镌崖石为（弥勒）佛像"于河南浚县城东大伾山。明张肯堂纂《浚县志》；明嘉靖三十八年《重修天宁寺三大殿碑》。晚年至长安的道安曾在襄阳造佛像。长安、泾渭河流域，现存所知较早的造像泾川玉都镇太阳墩前凉华盖鎏金铜像，天水麦积山石窟后秦度杯造菩萨、姚兴造三世佛等像。

---

① （梁）慧皎：《高僧传》卷一〇，《晋书·鸠摩罗什传》。

临近洛阳的长安，东晋十六国时道安已至，罗什也到长安，罗什来长安之前所居西域、凉州早已开窟造像，佛教造像较为盛行。他们居长安之时在经弘教化的同时无疑有所像教活动，寺院应该有佛教造像或壁画，由于早期寺院在历史中被毁，现难知具体情况。至于长安周边陕西境内是否开窟造像，也由于缺失文献记载和实物，难以推论。北朝时陕西境内已有造像，如："北魏皇兴造像"，太和"姚文迁造像碑""释迦牟尼造像"等①。也开窟造像，如：安塞云山品寺石窟、黄陵香坊摩崖造像和麦洛安石窟等。石窟遗存虽然不多，基本集中在陕西北部，开窟规模较小，形制有马蹄形窟、中心柱窟和殿堂窟②。陕西石窟造像受周边"石窟环境圈"石窟造像的影响③。

马蹄形（又称穹窿顶）窟麦积山石窟后秦、北魏时期已出现。中心柱窟北魏泾川王母宫石窟也存在，殿堂窟麦积山、南北石窟北魏皆有。

北魏"皇兴五年（471年）造像"（图26），佛稠密的衣纹刻线，与麦积山石窟后秦78窟（图27）、北魏115窟（图28）、北周141窟（图29）等佛衣纹相似。

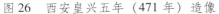

图26　西安皇兴五年（471年）造像　　　　图27　麦积山第78窟佛

---

① 李城筝编著：《陕西古代石刻艺术》，西安：三秦出版社，1995年，33～45页。
② 白文等主编：《陕西美术十六讲》，长春：长春出版社，2011年，90、91页。
③ 以云冈、天龙山、龙门、麦积山石窟、泾川南石窟、庆阳北石窟、广元千佛崖石窟等大中型石窟所构成了这个石窟环境圈。李淞：《陕西关中石窟的艺术演变》，《美术》1989年11期。

图28 麦积山第115窟主佛　　　　　　　　图29 麦积山第141窟主佛

又，北魏"双龛弥勒释迦造像"（图30），其中一龛造交脚弥勒佛为主尊的三世佛题材，麦积山石窟也有相同的题材造像，如后秦165窟以交脚弥勒为主的三世佛，北魏133窟16号造像碑以倚坐弥勒佛为主尊的三世佛（图31）。

图30 北魏双龛弥勒释迦造像　　　　图31 麦积山第133窟第16号造像碑局部

图 32　供养人

1. 水帘洞第 2 号壁画　2. 麦积山第 90 窟供养人壁画　3. 莫高窟第 428 窟（采自《敦煌研究文集》）　4. 陕西荔非明
达造像碑（采自李淞《关中北朝造像碑研读扎记》）

天水水帘洞第 2 号北周壁画，男供养人均头戴笼冠，穿圆领紧袖袍，下摆垂至小腿部，下身内穿紧裹腿部裤子，双手笼于袖中手持莲蕾，其形象与麦积山石窟第 90 窟供养人形象完全一样，这种供养人形象，在敦煌莫高窟第 428 窟和陕西关中出土的北周造像中也能见到（图 32）①。

西安北郊未央公社张家营出土的隋菩萨造像（图 33），所带双串小圆珠并列间隔之间用大圆珠连串垂下在两腿间为扁圆形片的璎珞式样，与麦积山石窟北周 62 窟菩萨所带璎珞几乎一样（图 34）。

庆阳北石窟 222 窟正壁唐代主佛头面部（图 35）与彬县大佛寺大佛头面部（图 36）有奇妙的神似之处。

① 李淞：《关中北朝造像碑研读札记》，《长安文明与宗教艺术》，北京：中华书局，2002 年，图 17。

图 33　西安张家营出土隋菩萨造像

图 34　麦积山第 62 窟菩萨

图 35　庆阳北石窟第 222 窟主佛头部

图 36　彬县大佛寺大佛头部

图 37　西安西郊通信学校出土佛菩萨造像　　　　图 38　麦积山第 100 窟交脚菩萨

西安市西郊通信学校出土北魏（500～503 年）"佛菩萨造像"（图 37）中的交脚菩萨与麦积山石窟北魏早期第 100 窟中的交脚菩萨（图 38）的姿势和手脚样式如出一辙。

又陕西宜川县清水湾北魏晚期摩崖造像中出现主尊两侧对坐思惟菩萨（图 39）；西安碑林博物馆藏"太昌元年造像碑"（图 40），大云寺出土造像碑（图 41）上方左右也出现，以及泾川"景明元年造像碑"中主佛龛外左右也出现。这种两身思惟菩萨在主尊左右或主要造像上方相对排列的形式，及似同的造像艺术特点，在长安及周边地方出现还有多件（处），似乎较为集中，这也反映此佛教造像存在一定的地域特征和区域之间的关系。

图 39　陕西宜川清水湾摩崖造像

图 40　太昌元年造像碑　　　　　　图 41　大云寺造像碑"双思惟菩萨"
　　　　"双思惟菩萨"

综上所述，长安、泾渭河流域的石窟在窟形、造像题材、造像艺术特征等方面存在众多相同之处，虽然在时间上有先后，但可将三者之间的关联作为互为影响和相互传递的承袭关系。

有学者认为唐贞观后期到高宗时期出现的以扭曲身体的菩萨为代表的造像风格是"长安模式"的盛唐风格①，其实，麦积山石窟北魏 127 窟（图 42），隋 14 窟（图 43）等窟中已出现扭曲身体的菩萨。北朝造像雕刻方面，那种繁密的阴刻平行纹装饰属于陕北特有的民间艺术风格和地方特色②，麦积山石窟造像中也多有出现，也可能存在一定的关系，或说存在承袭关系。

①　王建新：《试论佛教造像的长安模式与盛唐风格》，载西北大学考古专业等编著：《慈善寺与麟溪桥》，北京：科学出版社，2002 年，142 页。
②　白文等主编：《陕西美术十六讲》，长春：长春出版社，2011 年，91 页。

图 42　麦积山第 127 窟左壁龛菩萨　　　　　　图 43　麦积山第 14 窟菩萨

三　结语

　　长安是古代多朝国都，丝绸之路起点，丝路的开通西行，秦州、泾州是必经之路上的重要节点，又与长安相邻，是确保长安安定的重镇。也是前秦、后秦、唐代统治者（以及北魏冯氏等多位皇后）的发祥地和故地，坚守秦州、泾州之地官员不是皇亲，就是亲信。三地之间历史上的民族迁移徙置等，已形成不可分割的密切关联。丝路东西往来的僧人传弘佛教，统治者助推，使中国佛教形成几大佛教中心，长安就是其中最盛之一。长安佛教传播，秦州、泾州无疑是近水楼台先得月。从泾、渭河流域现存佛教石窟寺像教文化艺术来看，充分反映出长安佛教传弘的直接和强烈的影响。

　　当代佛教文化艺术研究者，在佛教石窟艺术研究中，通常所说凉州、云冈、长安等模式，在谈到长安模式时，由于唐以前实物较少，且大部分残损严重，难以具体描述出其一些较明显的特点。若说佛像稠密的衣纹刻线和菩萨扭曲的体态是长安造像为代表的艺术风格或地方特色，应该可依。若较系统地来探讨长安造像模式，还应该将秦州、泾州佛教艺术一体化。这样"长安模式"或称"秦地模式"（包括泾渭河流域）的佛教文化艺术特点就得到充分的彰显，同时具有一定的传承性、区域性、民族性的基石。为长安佛教文化艺术的研究起到积极的推动作用。从而就长安佛教对其他地方的影响，以及丝绸之路路网上的石窟寺佛教文化艺术等研究提供一些重要信息。

如今国家提出"关中经济开发区"，已将"关中一体化"，又提出"一带一路"倡议。习总书记说："人们有信仰，民族有希望，国家有力量。"人民的信仰是可以选择，但佛教所说慈悲、平等、奉献、受戒（法）、普度众生（一心为人民）等思想，应该与其他信仰思想不违。传播发扬中国优秀的传统文化，发展文化外交，繁荣文化产业，带动经济增长，促使社会的进步，提升人民的生活水平和质量。对作为中国传统文化艺术不可分割的一部分的佛教文化艺术的研究，使之充分发挥作用，长安、泾渭河流域的佛教文化艺术一体化研究不容忽视。

唐代敦煌石窟造像与天台判教思想关系之考察

赖文英*

内容提要： 本文整理唐代敦煌石窟可能涉及对天台判教思想的相关造像做初步考察。唐代前期石窟的法华造像反映出智𫖮所建立判教体系的教学思想已经进入敦煌石窟。唐代后期在诸宗竞起的大环境下，各宗相互间交流融合产生对话，石窟出现一壁多铺经变的现象，部分经变题材的特殊对应关系有相当程度反映了宗派间的判教思想，其中法华与华严的对应反映天台、华严二宗的圆教思想。中唐之后的石窟造像出现隋代唐初曾经出现又消失的题材，如隋代在法华会中强调涅槃主题，以及初唐劳度差斗圣变，均昙花一现，至中唐才再开始出现，重新出现的原因可能跟湛然中兴天台之影响有关。

关键词： 唐代　敦煌石窟　石窟造像　天台判教思想

一　前言

石窟造像以主尊为核心统摄全窟，窟内造像彼此间的结构关系反映其内在整体的思想架构，此一思想架构有相当程度反映当时的佛教思想。判教之目的是要整合佛教各部经论及其教义法门，建立宗派的理论架构，不同时期的判教是佛教思想在发展过程的重要阶段性指标之一，中国诸宗虽然各有独尊的经典，但也多能融摄他经而自成体系，形成宗派思想的特色。天台的判教思想承袭智𫖮对南北朝判教的整合，在唐代各宗派判教体系中具有特殊的地位。石窟造像与判教的思想体系是否有关？是本文关注的重点。

---

*　赖文英：台湾"佛教图像学"研究中心研究人员。

目前学界对于石窟造像与判教思想关系的研究不多。张元林、魏迎春在《试论法华判教思想对敦煌北朝－隋石窟的影响》一文首次讨论北朝至隋代敦煌石窟中受法华判教思想影响的具体表现，并提出北朝窟中表现法华与涅槃题材的组合，以及隋窟中表现法华与维摩题材的组合，是受到法华判教思想的影响[①]。胡垚《论判教思想对敦煌北朝至隋石窟的影响》一文则呼应前文法华与涅槃的关系，进一步指出真正在判教中完成《法华》《涅槃》二经并举者为南朝梁的法云，以《法华》融摄《涅槃》，智𫖮则承续其思路而形成五时八教的判教观[②]。殷光明先生亦从石窟中经变画的配置关系讨论敦煌华严经变与法华经变在判教思想上的关联，认为中唐至宋代华严经变与法华经变在石窟中的配置形成对应关系，体现当时天台与华严二宗的判教理念[③]。

上述研究初步显示出敦煌石窟所反映造像与判教思想的关系：北朝至隋代以法华融摄涅槃；中唐至宋代则以华严与法华融摄众经。中唐以后石窟有较大的转变，从早期法华与涅槃的关系转为法华与华严，透露出唐代诸宗判教相互间的微妙关系，但现有研究成果均从法华图像的角度泛论法华判教，而未从天台一宗的角度加以审视。石窟是实践修行的场所，各宗基于自家判教思想建立的教学体系会影响造像题材之选择与石窟整体的布局，法华图像固然反映法华思想，但《法华经》并非专属天台一宗，是否涉及判教仍有待进一步深究，对于法华图像与判教关系的认定，需要更具体、严谨的论证。同时须厘清的是，南北朝的判教思想对石窟的影响如何？进入隋唐宗派时期之后，呈现何种关系？与天台的判教发展又有怎样的关联？学界对天台判教思想之研究已有相当丰硕的成果，本文拟以石窟造像相互间的主从、配置关系为观察点，首先对唐代以前法华造像与判教思潮之关系作一检视，其次整理出唐代敦煌石窟可能涉及天台判教思想的实例，希望对石窟造像的思想面有不同角度的认识。

二　天台判教思想的发展

南北朝佛教的判教以义学为基础，精通众经的义学高僧或译经师对于经典解读侧重有

---

① 张元林、魏迎春：《试论法华判教思想对敦煌北朝－隋石窟的影响》，《敦煌研究》2008 年 5 期。

② 胡垚：《论判教思想对敦煌北朝至隋石窟的影响》，《敦煌学辑刊》2015 年 3 期。

③ 殷光明：《敦煌华严法华经变的配置与判教思想》，《敦煌壁画艺术继承与创新国际学术研讨会论文集》，上海：上海辞书出版社，2008 年，561～574 页。

别，对诸部经典之高低亦各有评价，形成不同的学派，是当时义学发展的结果；隋唐佛教的判教则以宗派为主，出于创宗的需要，建立自宗的理论体系，而对诸经加以简别判释，以维护宗派的正统性，是宗派成立的要素之一。汤用彤先生曾提出：隋唐时的"宗"与南北朝时学派之"宗"有很大不同，是真正的宗派。"此时宗派之特点与此前学说派别相较，盖为一有创始、有传授、有信徒、有教义、有教规之一宗教团体也。"其定义宗派之特质有三：教理阐明，独辟蹊径；门户见深，入主出奴；时昧说教，自夸承继道统。并认为南北朝时没有完全宗派之建立，而将南北朝判教诸说视为"时昧说教，列祖继宗之说"①。

天台以《法华经》立宗，《法华经》在中土传译后，历经不同时期的判教阶段②，兹先对天台判教的发展作一整理。

《法华经》虽在西晋时即有竺法护译本传入中土，但要到东晋鸠摩罗什重译此经，并将此经与般若、涅槃同列为"大化三门"③，又传出与禅修有关的"法华三昧观法"④，《法华经》之重要性才逐渐彰显，出自《法华经·见宝塔品》的释迦、多宝二佛并坐像成为南北朝佛教造像的重要题材。然而南北朝的佛教义学以涅槃为主，当时南北地通用的顿、渐、不定三种教相中，诸家均将《涅槃经》判为渐教的最高阶次，《法华经》则被认为未臻圆满，不如《涅槃经》之了义，故判教地位处于涅槃之下。

最先凸显《法华经》在众经之地位者，是南朝梁代的光宅法云。于《法华经义记》中，法云推崇《法华经》为众经之第一，云：

> 以众经格量乎此经，此经为第一者，若明称会物机为第一者，则五时经教皆是称会物机。今不论此处，只言会前开后，诂为第一。会前者，谈三乘无异路，语万善明同归；开后者，明万善皆成佛，寿命长远。此则开《涅槃》前路，作常住之由渐。然则前后两望二义双明，下即出言已说、今说、当说，已说者昔来三乘等教，当说者即指《涅槃》为当说，今说者即是《法华》，有如此义，故称第一也。⑤

---

① 汤用彤：《隋唐佛教史稿》，武汉：武汉大学出版社，2008年，101页、197页。
② 黄国清：《〈法华经〉于中国佛教的判教地位——从鸠摩罗什到法藏》，《世界宗教学刊》第16期，41～94页。
③ 此"大化三门"亦作"大法三门"，见长安叡法师：《喻疑》，《出三藏记集》卷五，《大正藏》第五十五册，42页。
④ （后秦）鸠摩罗什：《思惟略要法》，《大正藏》第一十五册，300页。
⑤ （梁）法云：《法华经义记》卷七，《大正藏》第三十三册，660页。

由引文可知，法云视《法华经》为众经之第一，是在"会前开后"的前提下而说，"前"指已说的三乘教，"后"指当说的《涅槃经》，今说《法华经》即是"会"三乘而"开"涅槃，《法华经》有着开《涅槃》前路的重要意义，因此堪称第一。又，法云于三乘教之外，别立一乘教，云："谈方便智即说三乘教，语实智即是说一乘教"①，意即三乘教是方便之权教，《法华经》之一佛乘则是实教，以法华"会三归一"，故能融摄诸经，藉以提升《法华经》之地位。世称此说为"光宅四乘"②。但若论判教，法华为前，仍以涅槃为高。

至陈隋时期，在慧思、智顗师徒的努力下，《法华经》在判教的地位被推至圆教之尊。慧思以深广义理的诠释融入《法华经》修行法华三昧，并将圆顿思想注入法华中，以般若会通法华，落实法华的经王地位③。智顗则严核南北朝以来诸家判教之得失，去其病、取其法，以"五味半满相成"建构其判教体系，《法华》《涅槃》分列前、后番众味之后，二经皆为醍醐④。尔后灌顶整合其师智顗对于化法、化仪两类四教之说撰成《天台八教大意》⑤，天台五时（味）八教的判教体系已具备基本之雏形。

初唐玄奘直接从印度带回大批经典，兴起中土佛教对经典重新认识的自觉性反思，成为唐代宗派判教的内在动力。天台宗虽有陈隋以来慧思、智顗等祖师建立基础，继而有灌顶祖述师说，但在唐代诸宗并起的时代背景下，已不同于智顗时开宗立教之需求，而需考虑与他宗的对话，以维护自宗之立场。

盛唐时华严、禅宗相继崛起，唐代天台宗人首要面对的是与华严的圆教之争⑥，如湛然作《止观义例》⑦驳斥华严圆教的渐、顿之判，又依智顗《法华玄义》十妙撰《十不二门》⑧，以十门不二显示法华迹本不可思议之圆融教法，阐明自宗方为究竟之圆教，并着

① （梁）法云：《法华经义记》卷二，《大正藏》第三十三册，594 页。
② （唐）澄观：《大方广佛华严经随疏演义钞》卷七，《大正藏》第三十六册，51 页。
③ 黄国清：《〈法华经〉于中国佛教的判教地位——从鸠摩罗什到法藏》，《世界宗教学刊》第 16 期，41～94 页。
④ 相关论述见陈英善：《论"五味半满相成"所建构的天台判教体系》，《中华佛学学报》第 17 期，173～213 页。
⑤ 《大正藏》第四十六册，769～773 页。
⑥ 法藏以小、始、终、顿、圆五教建立华严判教体系，将法华、华严列入第五之圆教，又将圆教分为同教一乘、别教一乘二种，法华为同教一乘，属于五教判教中的终、顿教，而以华严为别教一乘，超越诸经，胜于法华之同教一乘。同时，法藏认为法华是渐中之顿，虽有藏通别圆，然是渐圆，华严则是顿中之顿的顿圆。
⑦ （唐）湛然：《止观义例》，《大正藏》第四十六册，447～459 页。
⑧ （唐）湛然：《十不二门》，《大正藏》第四十六册，702～704 页。

《金刚錍》① 论无情亦有佛性，将天台性具思想进一步开衍，以强调自宗之特色，湛然因此被视为天台中兴之祖。

三　唐代以前法华造像与判教思潮关系之再检视

学界目前在论判教思想与石窟造像的关系时，多注意到石窟中法华与涅槃图像并举的现象，并推论此是受法华判教思想之影响，指出法华与涅槃题材并存的现象涉及早期判教思潮将二者并列为五时判教之最高阶位，基本上是以敦煌北朝至隋代的石窟为主要观察对象②。但其立论点仍存在诸多问题有待检视。

根据现有研究的统计，敦煌北朝至隋石窟造像中同时出现《法华经》与《涅槃经》题材的例子有四例：莫高窟第 285 窟（西魏）、第 428 窟（北周）、西千佛洞第 8 窟（北周）以及莫高窟的第 420 窟（隋）。兹先对图像在石窟中的配置关系整理如下：

石窟	图像的配置关系
莫高窟第 285 窟	覆斗顶窟，有中心佛坛，正壁开三龛（一大二小），两侧壁各开四小窟。南壁四小窟上方画五百强盗因缘、释迦多宝佛并坐，龛眉间画化跋提长者缘、佛度水牛缘、沙弥守戒自杀缘、婆罗门舍身闻偈等故事；北壁四小窟上方画七铺说法图；东壁门上画三世佛一铺
莫高窟第 428 窟	中心柱窟，中心柱四面各开一龛，内塑一佛二弟子。 四壁上部影塑千佛，西壁中段绘佛说法图、金刚宝座塔、佛说法图、涅槃图、释迦多宝并坐图；南壁中段绘佛说法图、卢舍那佛（法界人中像）、佛说法图、经行佛；北壁中段绘佛说法图、降魔变、经行佛；东壁门南绘萨埵太子本生、门北绘须达拏太子本生
西千佛洞第 8 窟	中心柱窟，中心柱正（南）面开龛，龛内塑一佛二菩萨；东、西向面各画说法图一铺；北向面无画。四壁上部绘千佛，正壁（北壁）中部西侧画释迦多宝并坐图；西壁中部画涅槃变；东壁中部画说法图
莫高窟第 420 窟	覆斗顶窟，窟顶四披绘法华经变，北披、西披部分绘涅槃情节。西壁龛内塑一佛、二弟子、四菩萨，龛外上侧绘文殊、维摩。南、北壁龛内各塑一佛二菩萨，龛外绘千佛

---

① （唐）湛然：《金刚錍》，《大正藏》第四十六册，781～786 页。
② 法华与涅槃图像并举的现象，学界在讨论北朝图像的研究多已论及，但将其置于判教议题下深入探讨者，目前笔者所见仅二篇，请参见张元林、魏迎春：《试论法华判教思想对敦煌北朝－隋石窟的影响》，《敦煌研究》2008 年 5 期；胡垚：《论判教思想对敦煌北朝至隋石窟的影响》，《敦煌学辑刊》2015 年 3 期。

上述诸窟中，莫高窟第 285 窟全窟的图像关系较为复杂，在此不尽列出。张元林以五百强盗因缘出自《大般涅槃经·梵行品》，述说五百强盗成佛因缘，与释迦多宝并坐以组合形式阐述《法华经》"众生皆有佛性"的佛性论思想，体现出当时流行的法华与涅槃并重的判教思潮。该文并引隋代费长房《历代三宝记》所载西魏丞相宇文家族命僧人"依大乘经撰菩萨藏众经要及一百二十法门，始从佛性，终至融门。而开讲时即恒宣述，永为常则，以代先旧五时教迹，迄今流行山东江南"①。认为文中的"佛性""融门"分别指《涅槃经》与《法华经》，"先旧五时教迹"指早期以慧观为首的"南三北七"诸家判教，代之以"佛性""融门"并重的"新五时教"，将《涅槃经》与《法华经》推崇至最高阶之"新五时教"，故智顗的"新五时教"观至少在西魏、北周时代已萌芽，尔后的智顗及天台诸师将其进一步系统化②。

但此一观点存在诸多问题，胡垚即指出"始从佛性，终至融门"是讲其先后顺序，不一定意味着并重，而且五时教是依佛陀说法之先后判释诸经，若解"始从佛性"将《涅槃经》置于说法之始，不符佛陀之教说③。而从图像上来看，第 285 窟南壁多铺因缘故事或有彰显"众生皆能成佛"之意图，此为当时流行之趋势，虽有部分故事出自《涅槃经》，但与判教的关系尚缺乏有力论证。

北周时期的莫高窟第 428 窟与西千佛洞第 8 窟有较明确的意图将法华二佛并坐图与涅槃图并置，但是否涉及判教仍须斟酌。莫高窟第 428 窟与西千佛洞第 8 窟二窟皆为中心柱窟，中心塔柱具有法身之象征，故中心柱窟自北魏以来一直都是以涅槃为主的传统，莫高窟第 428 窟位于正壁（西壁）的金刚宝座塔、涅槃图无疑属于涅槃系统，释迦多宝并坐像在此也是涅槃系统下的法身象征，南壁的卢舍那法界人中像则是华严系统的法身象征，或

① 《大正藏》第四十九册，100 页上。道宣《续高僧传》及《大唐内典录》亦有此记载，伹有差异。《续高僧传》卷一："西魏文帝大统中，丞相宇文黑泰兴隆释教，崇重大乘。虽摄总万机而恒扬三宝，第内常供百法师，寻讨经论讲摩诃衍。又令沙门昙显等依大乘经撰菩萨藏众经要及百二十法门，始从佛性，终尽融门。每日开讲即恒宣述，以代先旧，五时教迹迄今流行。香火梵音、礼拜唱导，咸承其则。虽山东江表乃称学海，仪表有归，未能逾矣。"（《大正藏》第五十册，429 页）《大唐内典录》卷五："魏丞相王宇文黑泰兴隆释典崇重大乘，虽摄万机恒阐三宝。第内每常供百法师，寻讨经论讲摩诃衍。遂命沙门释昙显等依大乘经撰菩萨藏众经要及一百二十法门，始从佛性，终至融门。而开讲时即恒宣述，永为常则，以代先旧五时教迹，迄今流行山东江南。虽称学海，轨仪揩则更莫是过。乃至香火梵音、礼拜叹佛，悉是其内。每事征核，领纲有据。"（《大正藏》第五十五册，271 页中）二则记载有异，对"先旧五时教迹"有不同解读。
② 张元林、魏迎春：《试论法华判教思想对敦煌北朝－隋石窟的影响》，《敦煌研究》2008 年 5 期
③ 胡垚：《论判教思想对敦煌北朝至隋石窟的影响》，《敦煌学辑刊》2015 年 3 期。

有地论思想的介入①，但整体而言，莫高窟第 428 窟反映的是北朝末期对涅槃学的反省，尝试在涅槃基础上重新整合当时的各家学派思想，法华也是其中之一。

法华与涅槃在图像上的关系在北魏后期的石窟造像中就已经呈现，炳灵寺 132 窟开凿于北魏延昌二年（513 年）左右，为覆斗顶方形窟，正壁（西壁）造释迦、多宝并坐像，南壁为一说法坐佛，北壁为一交脚菩萨，三壁主尊皆各有二胁侍菩萨，东壁门上一龛雕涅槃像。从整体造像布局来看，延续麦积山早期石窟三壁三佛的布局，并吸收北凉的三世思想，以交脚菩萨搭配坐佛组成三世佛，并融合关河义学的精华，以释迦、多宝为正壁主尊凸显法身不生不灭的特性，而以涅槃像与其对应，点出涅槃的本质，作为整窟思想的核心，这是南北朝涅槃学会通般若与法华的成果②。麦积山北周第 26、27 窟二窟相邻，第 26 窟窟顶画涅槃经变，第 27 窟窟顶画法华经变，虽是以经变的形态呈现，画面内容有所增加，而表现重点仍以释迦说法、涅槃与二佛并坐为中心，两窟窟内主尊均为七佛，也就是说仍然在涅槃的系统下。然而此时的涅槃经变与法华经变同等布局，说明二者地位同等。

吉藏《法华论疏》卷二云："大般涅槃经以醍醐喻涅槃，今此经以醍醐喻法身平等，故知法华、涅槃明义无二。"③ 笔者认为南北朝时法华的释迦多宝与涅槃图像并举，是在涅槃法身的思想下相互融摄。释迦多宝并坐与法华三昧有关，影响尔后禅者对法华的重视，至陈隋时的智顗始将法华判为圆教。从造像发展来看，敦煌莫高窟隋代第 280、295、427 窟均绘有涅槃变，或位于主尊上方，或与主尊相对应，具有法身内涵，可视为北朝涅槃思想之延续。隋代第 330 窟在中心柱窟涅槃思想的传统下将释迦、多宝并坐绘于北壁，窟顶前部东、西披绘《普门品》之救诸苦难与三十三应身，透露出法华介入涅槃思想的端倪。直到隋代莫高窟第 420 窟才明显出现以《法华经》为主体思想的洞窟，在窟顶四披以法华经变为主的内容中加入涅槃经变的题材，以法华融摄涅槃，而非如前期的以涅槃含摄法华，反映其法华为主的判教思想。灌顶著《大般涅槃经玄义》贯彻智顗将法华、涅槃同一味的教判，终使涅槃宗被天台所吸收而消失。

因此，从判教思想和图像的发展而言，到隋代智顗与灌顶建立天台教学系统，法华造像与判教思想才有较明确的定位。

---

① 南北朝诸师的判教中，地论南道将《华严》与《涅槃》二经并置于最高地位，地论北道则将《华严》置于《涅槃》之上。王仲尧：《论南北朝地论师的判教思想》，《佛学研究》第 8 期，100～106 页。
② 赖文英：《南北朝"涅槃"学与"般若""法华"的会通》，《圆光佛学学报》第八期，47～69 页。
③ 《大正藏》第四十册，812 页中。

四　唐代前期石窟造像对天台判教思想的阐释

唐代《法华经》的图像表现从窟顶进入窟内四壁或正壁龛，显示出法华思想在石窟中的地位已逐渐提升，法华经变的内容表现越来越丰富，画面构图的组织性也益发明确，与窟内其他造像题材间可看出对天台思想的反映。以下以莫高窟初唐第 331 窟与第 335 窟为例作说明。其中第 331、335 二窟的法华经变是此一题材在石窟中发展的阶段性代表作品，第 331 窟绘在东壁入口上方，第 335 窟绘在正壁龛顶，均从窟顶移至壁面较显著的位置，并且是在石窟中轴线的重要位置。

1. 初唐第 331 窟

第 331 窟为覆斗顶方形窟，正壁（西壁）开一龛，龛内塑一坐佛、二弟子、二菩萨、二天王（清代修），和清代塑二菩萨。龛外南、北侧绘文殊与普贤。南壁绘弥勒经变，北壁绘阿弥陀经变，东壁门上绘法华经变，门南、北各绘说法图一铺，门北说法图的二胁侍菩萨为十一面观音[1]。

本窟法华经变可视为早期横卷式连环故事构图向大型经变画表现的过渡性发展，以《法华经·见宝塔品》为中心，左右分别配置《序品》《普贤菩萨劝发品》《提婆达多品》《从地踊出品》，《见宝塔品》下方为《妙音菩萨品》，构图布局考虑到各品间的相互关系，使整铺经变的图像结构更为紧密[2]。

值得注意的是与法华经变同位于东壁的窟门两侧之说法图以十一面观音为胁侍，涉及法华与密法观音的发展。智𫖮相当重视观音法门，其弟子灌顶所记的《观音玄义》《观音义疏》是智𫖮对《法华经·观世音菩萨普门品》所开之教说，《请观音经疏》则是依《请观世音菩萨消伏毒害陀罗尼咒经》观音密法所说，以六字章句，消伏六道之障害，并依四悉坛施设方便而论境智，立藏、通、别、圆四教境智观音。经云："伏者调善令堪乘驭，伏三障之毒，为入道之门"[3]，初唐石窟之密法观音也多设于窟门处，或在窟门上方，或在窟门两侧。

---

① 内容见敦煌研究院编：《敦煌石窟内容总录》，北京：文物出版社，1996 年，137～138 页。
② 贺世哲：《敦煌石窟全集 7·法华经画卷》，上海：上海人民出版社，2000 年，40 页。
③ 《大正藏》第三十九册，968 页。

《普门品》的观音普门示现，遍逗法界之机，虽示种种身形，说种种法，在法华开显权实之下，本迹不思议一，体用亦然，对于天台圆教之实践具有重要意义，智顗之判教相云：

> 此品是法华流通分，既通于开权显实之教，令冥显两益被于将来。以十法界身圆应一切，使得解脱。圆人秉于圆法，流通此圆教故，即是流通圆教相也，五味为论，即是流通醍醐味也。

智顗提倡观音法门，和尔后天台性恶思想的发展有很大关系。《观音玄义》中智顗开十普门通释此品，其中第九为"缘了"，谓应身以缘因为种子，真身以了因为种子，在料简缘因了因时提出"如来不断性恶"，虽不断性恶而能不为恶所染，于恶自在，广用诸恶法门化度众生①。智顗为何在此提出此说？《普门品》中观音缘于众生应以何身得度即现何身，若因众生需要，权起种种恶念而作诸恶行，但在圆教思想下，此权起的诸恶与圆教的成佛依然不二。

2. 初唐第 335 窟

第 335 窟也是覆斗顶方形窟，正壁（西壁）开一龛，龛内塑一坐佛、二弟子、四菩萨。龛顶绘《法华经·见宝塔品》，两侧绘《从地踊出品》及灵鹫山，龛口两侧绘劳度差（亦作劳度叉）斗圣变，南壁绘净土说法图，北壁绘维摩诘经变，窟门上方绘阿弥陀佛及二菩萨。本窟有多处纪年题记：窟门上有"垂拱二年"（684 年）题记；西壁龛北侧有"长安二年"（702 年）题记，北壁有"圣历年"（698～700 年）题记②。

本窟西壁正龛为一组绘塑结合之法华经变，龛内为说《法华经》的释迦佛，龛内南、北壁释迦佛两侧各画一组菩萨分别从海及从地踊出，表现《提婆达多品》中从海涌出及《提婆达多品》中从地踊出的菩萨。两组菩萨乘云而上，至龛楣为一，形成的环状云里绘诸大菩萨、天龙八部，表现《见宝塔品》中释迦佛以神力接诸大众至虚空的情景，成为尔后法华经变虚空会发展的先声，是初唐法华经变具承先启后意义的代表作品。

龛口两侧劳度差斗圣变的劳度差与舍利弗并不见于《法华经》，但为何出现于此？是

---

① （隋）智顗说，灌顶记：《观音玄义》卷上，《大正藏》第三十四册，882 页。
② 《敦煌石窟内容总录》，137～138 页。题记内容见敦煌研究院编：《敦煌莫高窟供养人题记》，北京：文物出版社，1996 年，135 页。

本文讨论的重点。劳度差与舍利弗的故事出自《贤愚经·须达起精舍品》，梁代僧佑撰《释迦谱》、宝唱等集《经律异相》、隋代吉藏《金刚般若经疏》以及唐代道世撰《法苑珠林》均有收录，可见此故事从南北朝至唐代流传不衰①。故事叙述须达长者欲为买太子祇陀之园为佛陀僧团起立精舍，太子要求以布满园地之黄金为价，当须达以黄金布地即将完成时，太子后悔，出而阻止，要求共立精舍。须达应允，便回去开始着手建精舍之事。六师外道知此事后，告国王曰须达欲起精舍，要六师与沙门较量，沙门若赢，便可起立精舍，否则便不能。国王召而告知。须达为之烦恼，舍利弗得知此事，便担此重任与外道较量。善知幻术的六师弟子劳度差在几番回合都败下阵，舍利弗复展现神通使六师降伏。

劳度差斗圣变故事的重点在于降伏外道，劳度差则为外道之代表，这与智顗判教中的三藏教有密切关联。智顗所开藏、通、别、圆四教中，三藏教虽是最浅显，却也是最基础的修学。在《四教义》卷一，智顗释三藏教时，即先简别佛教与外道在戒、定、慧三学上的差异，若无正观即沦为外道，故须审慎。智顗又将外道分为三种，《四教义》卷四云：

> 一者一切智六师，二者神通六师，三韦陀六师。一切智六师者，邪心见理，发于邪智，辨才无碍也。神通六师者，得世间禅定，发五神通。亦有慈悲忍力，刀割香涂心无憎爱，皆是根本十二门禅定力用也。韦陀六师者，即是博学多闻，通四韦陀、十八大经，世间吉凶、天文地理、医方卜相，无所不知，故名韦陀六师也。②

为破此三种六师外道，智顗说三种四念处：性念处，破一切智六师；共念处，破神通六师；缘念处，破韦陀外道。对于以"共念处，破神通六师"，智顗指出：

> 外人但于根本四禅发五神通，禅定既浅，兼无理事观，故神力转变盖不足言。今佛说共念处，即能发背舍胜处、一切处、九次第定、师子奋迅，超越三昧，发诸神通禅定。既深行力大，所发神通无碍自在，变化无方，摧诸外道，事如指掌。是以身子降伏劳度差，目连化河溺诸外道，皆是共念处观所成神通也。③

六师外道之禅定仅止于四禅、五神通，禅定力不足，为世间禅定；佛说共念处则能发八背舍、八胜处、一切处、九次第定、师子奋迅等定，超越三昧，发大神通，变化自在，为出

---

① 《贤愚经》卷十，《大正藏》第四册，418～421 页。
② 《大正藏》第四十六册，735 页；《大正藏》第五十册，63～66 页；《大正藏》第五十三册，11～12 页、页 592。
③ 《大正藏》第 46 册，735 页；《大正藏》第五十册，63～66 页；《大正藏》第五十三册，11～12 页、页 592。

世间禅定①。引文中"身子降伏劳度差"便是本文所指劳度差斗圣变一事。后世天台山幽溪沙门传灯著《性善恶论》仍引用《舍利弗尊者降六师缘》来说明"相似即性恶法门"②，可知对于天台教学影响之深远。

值得注意的是，智顗晚年戮力于《维摩诘经》之注疏，现存《四教义》是其《维摩诘经玄赞》之少分，而莫高窟第335北壁绘的正是维摩诘经变。此铺经变以整个壁面表现《维摩诘经》是莫高窟首见，不同于以往绘在正壁龛两侧上方或窟门两侧。《维摩诘经》中维摩居士展现不思议之菩萨神通，与舍利弗之降伏外道均在强调佛教出世间禅定之神通。又，智顗以维摩诘之示疾来诠释菩萨下化众生之"病行"，《四教义》卷十：

> 病行从大悲生，众生病，是故我病。大悲熏心，游戏地狱，同众生恶业之病，如调达在地狱，如三禅乐，乃至畜生、饿鬼、修罗亦如是。又同人天有结业生老病死之病。又同二乘有见思之病，方便附近语令勤作，三藏教通教菩萨亦如是。又同别教尘沙无明之病。是故菩萨还同彼病，遍于法界，利益众生，是为五行之相也。病行即是此《维摩经·问疾品》室内六品之所明也。③

智顗引《大般涅槃经》之圣行、梵行、天行、婴儿行、病行来说明菩萨初地之"五行"，其中"病行是缘于菩萨对众生之大悲心，"同二乘有见思之病，方便附近语令勤作"指《法华经》之穷子喻，"《维摩经·问疾品》室内六品"指《问疾品》《不思议品》《观众生品》《佛道品》《入不二法门品》《香积佛品》等在维摩斗室论义之六品，智顗以三藏教正教小乘傍化菩萨，又以通教为摩诃衍教之初门，《法华》《维摩》二经皆诃小乘，令回小向大，故有共通之处。

晚唐五代的莫高窟第9、53、342窟等以及榆林窟第32窟等均以劳度差斗圣变与维摩诘经变相对应，可佐证二者的关联性。故莫高窟335窟将劳度差斗圣变之情节绘制在正壁龛口两侧，与侧壁维摩诘经变的配置，均呼应正壁龛的法华主题，与天台智顗以来的判教思想之教学有密切关联。

---

① 智顗在《释禅波罗蜜次第法门》开"禅波罗蜜门"为三：世间禅门、出世间禅门、出世间上上禅门。世间禅门以"息"为禅门；出世间禅门以"色"为禅门；出世间上上禅门以"心"为禅门。其中"出世间禅门"，智顗谓："如因不净观等摄心，则能通行心，至九想、八念、十想、背舍、胜处、一切处、次第定、师子奋迅、超越三昧等处，即是出世间禅门"。《大正藏》第四十六册，479页。
② 《卍续藏》第五十七册，411页。
③ 《大正藏》第四十六册，759页。

另一值得关注的是与第331窟相邻的初唐第332窟，本窟为一中心柱窟，中心柱东向面塑一佛二菩萨立像，南向面画卢舍那佛，西向面画药师佛，北向面画刘萨诃瑞像；窟顶前部西披画释迦多宝并坐。西壁开一横长圆券龛，塑涅槃佛；南壁后部绘涅槃变，前部塑一佛二菩萨立像；北壁后部绘维摩诘经变，前部塑一佛二菩萨立像；东壁门上绘洛迦山观音，门南绘五十菩萨，门北绘灵鹫山说法图①。从石窟整体布局来看，中心柱前部空间由三铺一佛二菩萨立像组成一礼拜空间，中心柱及后部空间则形成一可绕行的行道空间，依顺时针右绕的顺序，则第一铺是中心柱南向面的华严卢舍那佛，最后则是回到前部空间门北的法华灵鹫山说法图，与佛陀说法时序相符②。中心柱前部西披的释迦多宝并坐与后部西壁的涅槃佛在中轴在线前后呼应，有醍醐并举之意，整体布局观之，似乎也有天台判教思想之影响。

五　中晚唐石窟造像对天台判教思想的反映

中唐石窟出现一壁多铺经变以及部分经变题材的特殊对应关系引起学界注意，已故敦煌学者殷光明先生从三方面论证天台与华严教理在判教理论上的继承性以及二者在义理上的相似性：首先，在判教方面，指出天台、华严皆以圆教为极致，且以本宗为圆教，其圆教内容虽不同，但目的都是总持佛法，使各教派义理不相障碍，互相圆融贯通；其次，在义理方面，天台宗与华严宗都是理论与修行并重，强调定慧双修，在佛性思想上有许多共同点，盛唐时的澄观曾受学于天台大师湛然，并糅合天台性具学说改造华严教义，湛然也将华严教义的思想吸收入天台学说体系；其三，盛唐佛教各宗在思想上相互吸收融合的客观趋势，尤其是华严宗人倡导教禅一致之思潮影响，其判教理论调和各宗的倾向更加明显。又，在敦煌法华经变的绘制比华严经变早，随着华严经变的配置才出现法华与华严对应配置的关系。因此，殷先生从华严的角度着眼，认为敦煌石窟中华严与法华经变形成对应，是在华严判教思想及教禅一致思潮的传播与影响下出现和兴起③。

---

① 此窟原存有武周圣历元年（698年）李克让所建《重修莫高窟佛龛碑》，可作为断代依据。《敦煌石窟内容总录》，135~136页。

② 莫高窟北周第428窟的卢舍那佛也是位于右绕中心柱时首先面对的位置。

③ 殷光明：《敦煌华严法华经变的配置与判教思想》，《敦煌壁画艺术继承与创新国际学术研讨会论文集》，上海：上海辞书出版社，2008年，561~574页。

　　但若换个角度思考，盛唐佛教各宗在思想上相互吸收融合既是普遍的客观趋势，教禅一致思潮影响所及也并非华严一宗。盛唐时荆溪湛然中兴天台，特别是华严的澄观曾受教于湛然门下，澄观所撰《大方广佛华严经疏》便多处引用天台之说，其华严"性起"缘起无尽思想更是汲取天台"一念三千"的"性具"说而发展，就影响层面而言，天台判教思想也是不容忽略的。唐代诸宗竞起的趋势反映在石窟造像，便是中唐石窟出现一壁多铺经变以及部分经变题材的特殊对应关系。目前的研究显示盛唐以后敦煌石窟的华严题材有崛起之势，以华严与法华一乘圆教相对的配置布局或许有华严经变兴起的影响，但在圆教思想的前提下，此一配置布局是否亦反映天台的判教思想是值得再斟酌的。

　　依现有的石窟资料观察，敦煌石窟现存中晚唐时期法华、华严对应配置的有第159、231、237、449、472（以上为中唐）以及第12、85、138、144、156、196、232（以上为晚唐）等窟①。这些石窟大多呈现一壁多铺的对应配置，法华对应华严、观无量寿经变（西方净土）对应药师经变（东方净土）、天请问经变对应弥勒经变，呈现程序化的现象。法华经变的表现以灵山、虚空二会为主体，灵山会下方绘涅槃图，各品依经义作适当的布局，并成为定式②。法华会中强调涅槃主题，是继隋代第420窟以后至中唐才开始再出现，但涅槃题材在敦煌初、盛唐石窟均有出现，甚至出现如盛唐第148窟的大型涅槃窟，故中晚唐涅槃题材重新出现在法华经变的原因可能跟湛然中兴天台之影响有关。最早出现法华与华严呈南北壁相对配置的是中唐莫高窟第472窟，其南壁存法华经变，北壁存华严经变，东壁窟门两侧均绘观音变③。以天台教学对观音法门的重视，加上初、盛唐石窟观音变均在法华系统下的前例，故不能忽略天台的影响。

　　其次，需注意石窟出现的特殊题材——劳度差斗圣变。以敦煌石窟而言，劳度差斗圣变最早见于西千佛洞北周第12窟主室窟门东侧，与西侧的睒子本生对称布局④，稍后出现在前文已讨论的莫高窟初唐第335窟主室正壁龛口内两侧，其后便直到晚唐石窟才再出现，且不同于以往在窟门或龛口两侧，而是以整铺壁面的宏大场面呈现，学界对其短暂出

---

① 　此依《敦煌石窟内容总录》整理。
② 　贺世哲编：《敦煌石窟全集7·法华经画卷》，上海：上海人民出版社，2000年，90～93页。
③ 　《敦煌石窟内容总录》，191～192页。
④ 　此编号依《敦煌石窟内容总录》，199～200页。张大千编号为第9号。近年来考察现场均列为第10窟。

现及其消失后再次出现的原因均做过探讨①，但若延续前文所论，莫高窟初唐第 335 窟主室正壁龛口内两侧的劳度差斗圣变反映天台判教思想中对三藏教人简别外道的教化，那么晚唐石窟再次出现，或许可视为天台沉寂多年之后，在湛然中兴教门的影响下再度兴起的一项指标。晚唐以后的劳度差斗圣变，或绘于石窟的正壁（如晚唐的莫高窟第 85 窟、第 196 窟，五代的莫高窟第 98 窟、第 108 窟、第 146 窟，榆林窟第 16 窟、第 19 窟，宋代的莫高窟第 55 窟、第 454 窟），或绘在南壁与北壁的维摩诘经变相对（如晚唐的莫高窟第 9 窟，五代的莫高窟第 53 窟、第 342 窟，榆林窟第 32 窟，宋代的莫高窟第 25 窟），只有五代的莫高窟第 72 窟是位于窟门两侧。显示出此一题材在晚唐、五代、宋均受到重视，与维摩诘经变的对应配置也让人联想到初唐莫高窟第 335 窟的先例。而宋代莫高窟第 454 窟在窟顶正披（西披）绘释迦多宝二佛并坐，南披画法华经变、北披画华严经变，正壁绘劳度差斗圣变，或许可以间接说明中唐以来出现的法华与华严经变对应、劳度差斗圣变等题材，与天台思想可能也有着密切的关联。

晚唐绘劳度差斗圣变于正壁的莫高窟第 85、196 窟，题材、布局相当，其中第 85 窟是敦煌归义军时期督僧统法荣的功德窟，窟内整体的设计与配置颇能反映当时敦煌地区佛教发展的情况。第 85 窟为覆斗顶的中心佛坛窟，窟顶西披绘弥勒经变，东披绘楞伽经变，南披绘法华经变，与北披的华严经变相对。南壁东起画报恩经变、阿弥陀经变、金刚经变各一铺，北壁西起密严经变、药师经变、思益梵天问经变各一铺，西壁（正壁）画劳度差斗圣变，窟门两侧绘金光明经变与维摩诘经变②。窟内经变题材融合天台、华严、净土、禅等各宗经典，反映敦煌地区对佛教各宗的兼容并蓄，虽有天台思想的某些成分，但很难以一宗概论。

六 小结

综合以上的考察，初步整理如下：

---

① 殷光明认为此一题材在洞窟出现有其历史原因与宗教意义，是受到灭佛与佛道斗法思想的影响。殷光明：《从"祇园精舍图"到"劳度叉斗圣变"的主题转变与佛道之争》，《敦煌研究》2001 年 2 期。沙武田从石窟形制、壁画布局考察图像造型艺术的形式问题，认为中唐石窟一壁多铺的布局不适于劳度叉斗圣变的题材表现，《劳度叉斗圣变未出现于敦煌吐蕃期洞窟的原因》，《吐蕃统治时期敦煌石窟研究》第二章，北京：中国社会科学出版社，2013 年，414~425 页。

② 《敦煌石窟内容总录》，34 页。

（1）敦煌唐代以前的石窟造像以涅槃思想为主，虽有法华思想的表现，但主要是禅法相关的释迦多宝并坐像。随着判教思想的发展，石窟造像也反映出对当时各家学派思想的重新整合。南北朝末期至隋代开始有对《法华经》其他内容的表现，透露出法华介入涅槃思想的端倪，并出现以《法华经》为主体思想的洞窟。同时，法华经变中表现出对涅槃主题的重视，说明法华在判教思想中已逐渐取得主导的地位，融摄涅槃。

（2）唐代前期石窟的法华造像主题延续隋代的发展，《普门品》观音的普门示现凸显对天台圆教之实践，并且在法华主题的洞窟出现与天台判教思想中相关的题材如劳度差斗圣变、维摩诘经变，强调对小乘人简别外道的教化，并令回小向大，反映出智顗所建立判教体系的天台教学思想已经进入敦煌石窟。

（3）唐代后期在诸宗竞起的大环境下，各宗相互间交流融合产生对话，石窟出现一壁多铺经变的现象，部分经变题材的特殊对应关系有相当程度反映了宗派间的判教思想，其中法华与华严的对应反映天台、华严二宗的圆教思想。中唐之后的石窟造像出现隋代唐初曾经出现又消失的题材，如隋代在法华会中强调涅槃主题，以及初唐劳度差斗圣变，均昙花一现，至中唐才再开始出现，重新出现的原因可能跟湛然中兴天台之影响有关。

最后须指出的是，本文的讨论并非将石窟造像与天台判教划上等号，惟希望探讨石窟造像的实践面，对天台教学也可有不同层面的思考与理解。上述的整理仅是初步的观察，尚有许多未尽之处待努力，祈请方家不吝指正！

石窟保护

麦积山石窟部分残损洞窟的复原研究

刘　丹[*]

内容提要：麦积山石窟是我国著名的四大石窟之一，以精美的泥塑作品闻名于世，被称为"东方雕塑陈列馆"。因地处地震带，石窟多次受地震影响，毁损情况较为严重。本文选择麦积山石窟部分受地震破坏的洞窟：北魏太和时期的第80、148窟，北魏晚期的第16、17窟，西魏第44、146窟，北周第26、27窟，隋代第14、15窟，与其他同时代完整的洞窟进行对比研究，对其做出复原构想，包括洞窟形制的原状，造像的原貌及造像组合。

关键词：麦积山石窟　地震　残损洞窟　复原

一　麦积山石窟概况及地震对其影响

麦积山石窟始创于十六国后秦时期，尔后北魏、西魏、北周、隋、唐诸代相继开凿，五代、宋、元、明、清各代多为重新妆銮或修葺。洞窟开凿于高20～80、宽200米的垂直崖面上，窟龛层层相叠，密如蜂房，气势非凡。窟群现分成东崖、西崖及王子洞窟区三部分，麦积山崖面现存窟龛，西崖142个，东崖56个，王子洞窟区20个，另外在中区崖根外部塌落的堆积中清理出3个残空窟，总计221个[①]。

古代秦州为地震多发区，公元前780年以来，石窟附近先后发生5级地震28次，6级

---

* 作者简介：刘丹（1992年—　），女，甘肃天水人，兰州大学考古学及博物馆学研究所硕士研究生，研究方向为石窟寺考古。

① 魏文斌、白凡：《麦积山石窟历次编号及新编窟龛说明》，《敦煌研究》2008年5期。

地震 8 次，7 级地震 4 次，8 级地震 1 次①。可见地震活动的频率高、震级大是该地区地震活动最主要的特征。历史资料表明，对石窟影响较大的地震依次是隋开皇二十年（600年）天水 6.5 级地震，唐开元二十二年（734 年）天水 7.0 级地震，清顺治十一年（1654年）天水 8.0 级地震，清光绪五年（1879 年）武都 7.5 级地震以及民国九年（1920 年）宁夏海原 8.5 级地震。学术界普遍认为是唐开元二十二年（734 年）的大地震，使得中部崖壁大面积崩塌，主体窟群遂分为东崖与西崖两部分②。中部崩塌的范围大致从西崖的第78 窟向东延伸至东崖的第 43 窟，这是麦积山崩塌面积最大的区域，崖根以外基本都为塌落堆积。另外第 43 窟上部以东的崖面也有大面积的崖体崩塌，李裕群先生认为并非是唐代大地震，而应是隋开皇二十年（600 年）的地震破坏所致③。但历史文献中并未见到关于地震对麦积山石窟直接破坏的记载，所以地震对具体洞窟造成的损毁情况不得而知。

根据现存崖面的状况来看，历次地震至少造成崖面三个区域崩塌（图 1），受损洞窟数目为 90 个左右，各个时代的洞窟都有或轻或重的毁坏，现存的这些洞窟大多残缺不全，洞窟前部多已崩塌，窟门无保存，有些墙壁泥皮脱落；或塑像被震塌后已不存；或因地震损毁经过后代历次修复，原作不详，这些问题造成窟内布局不全，造像题材缺失，叠压层位较多等一系列问题，导致推断洞窟原貌的问题复杂化。

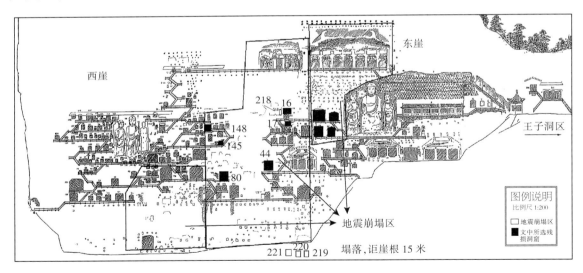

图 1　崖面地震崩塌区域及所选洞窟位置示意图（改绘自魏文斌、白凡《麦积山石窟历次编号及新编窟龛说明》图 3 麦积山石窟主窟区洞窟分布及新编号洞窟的位置）

---

① 陈永明、石玉成、王旭东：《天水麦积山石窟地震构造环境评价》，《敦煌研究》2005 年 5 期。
② 张锦秀编撰：《麦积山石窟志》，兰州：甘肃人民出版社，2002 年，15 页。
③ 李裕群：《麦积山石窟东崖的崩塌与隋代洞窟判定》，《考古》2013 年 2 期。

　　学术界从 20 世纪 40 年代就开始了对麦积山石窟的考察与研究工作，初始阶段国内外学者以对麦积山石窟的考察、介绍为主，50 ~ 70 年代为麦积山石窟研究的发展阶段，研究以调查报告和内容总录为中心，80 年代麦积山石窟的研究开始进入繁荣期，可谓百花齐放，成果颇丰，研究内容涉及各个方面，如洞窟介绍、造像题材与艺术风格、壁画内容、石窟对比研究、石窟寺考古等等，研究也愈来愈细致化、深度化。可是综合所有研究资料来看，还是有一些研究弱项，关于残损洞窟的复原研究就是其中很重要的一部分。国内针对麦积山石窟残损洞窟复原的研究成果屈指可数，并且也无系统研究。傅熹年先生在《麦积山石窟中所反映出的北朝建筑》[①] 一文中从建筑学的角度展开考证，从麦积山石窟洞窟外部所凿的窟廊和洞窟内部仿建筑的室内雕饰两个方面考证了第 3、4、43、15 窟等八个洞窟，并总结了第 140、127、27 窟等四个洞窟壁画中所表现的北朝建筑形象。复原研究主要是关于第 4 窟原状的推测，在推测通往第 4 窟的道路部分时初步推测出了第 3 窟的原状，傅熹年先生是通过建筑学的计算方式一步步推算，最后得出洞窟的原形数据来复原的。夏朗云先生执笔的《麦积山石窟第 4 窟庑殿顶上方悬崖建筑遗迹新发现》[②] 一文最后附上了麦积山中区悬崖坍塌 3 个窟龛建筑遗迹初步清理后的成果，这 3 个洞窟分别为第 219、220、221 窟。通过现存状况分析初步复原窟形，基本的洞窟大小，造像题材与组合都有简单介绍。李裕群先生的《麦积山石窟东崖的崩塌与隋代洞窟判定》[③] 一文通过对东崖大面积崖体崩塌所涉及的范围，崩塌年代以及崖体崩塌前后洞窟开凿情况的分析，重新对部分洞窟进行年代学的探讨。在分析因崖面崩塌所毁坏的第 3、4 窟，第 14、15 窟，第 26、27 窟，第 36、39、43 窟时将这些洞窟的开凿年代确定为隋开皇二十年之前，并分为三种类型进行讨论，对洞窟形制与造像组合情况做了初步推测。也有一些学者根据现存洞窟造像及所存布局情况，对崩塌洞窟的造像组合做出一些合理的推断。本文旨在通过对同期同类的完整与破损洞窟进行对比，从洞窟形制、造像题材与组合等方面进行洞窟复原研究。

---

①　傅熹年：《麦积山石窟中所反映出的北朝建筑》，《中国古建筑十论》，上海：复旦大学出版社，2004 年，112 ~ 172 页。

②　夏朗云、白凡等：《麦积山石窟第 4 窟庑殿顶上方悬崖建筑遗迹新发现》，《文物》2008 年 9 期。

③　李裕群：《麦积山石窟东崖的崩塌与隋代洞窟判定》，《考古》2013 年 2 期。

二   部分残损洞窟的现存状况及复原研究

坐佛   菩萨   弟子   二佛并坐

交脚菩萨   龛   背光

图 2   本文示意图图例（虚线为复原线）

本文按开窟时间顺序选取北魏早期第 80、148 窟，北魏晚期第 16、17 窟，西魏第 44、146 窟，北周第 26、27 窟，隋代第 14、15 窟，5 组共计 10 个受地震影响而残损的洞窟进行复原研究，复原时采取与同时期类似洞窟相比较的方法，着重对其洞窟形制、造像题材和组合进行复原研究，壁画、榜书题记等在本文中不予以进一步说明（图 2）。

麦积山各个时期现存窟门较为完整的洞窟共有 60 个，测量数据显示这些洞窟窟室内平面形状基本为方形，本文的复原方法与原则有：（1）以洞窟平面方形的设想为依据，将残存洞窟的其他壁面的尺寸根据正壁的数据进行恢复，这就要求准确测量，以保证复原的精确度。（2）根据现存造像的特征与风格推断洞窟的营造时代，按照该时期的特征进行复原，由于洞窟的残损程度不同，所以往往复原的可能性不止一种，存在两种或两种以上的复原方案。（3）对称原则：麦积山的洞窟比较规整，根据完整洞窟壁面布局观察，基本都为左右对称的布局，故本文也遵循这种原则。

（一）   北魏早期实例

1. 现存状况

（1）第 80 窟

此窟前半部及左、右壁大部分坍塌，仅残存正壁和右壁龛的内侧壁部分。大小造像共19 身，包括坐佛 1 身、胁侍菩萨 2 身及壁面 16 身较小的佛像及供养人像。正壁前主尊系北周重修，头部残失，现头部及部分泥皮为清代补修。内着僧祇支，外着双领下垂式袈裟，袈裟左衣襟搭于左肩及左臂处，衣着通体较薄，右手作施无畏印，结跏趺坐于方形佛座上。左、右胁侍菩萨为北魏早期典型风格，突出特征为头戴三圆轮宝冠，颈部饰桃状项圈，斜披络腋，披巾自双肩向下穿肘然后外扬，下穿羊肠大裙，一手持莲蕾于胸前，一手下垂提一净瓶，赤足立于覆莲台上。所以这一洞窟的开凿年代应为北魏早期，这一时期造像组合流行三佛。壁龛内坐佛均结跏趺坐，着通肩袈裟的坐佛施禅定印，而释迦多宝着半偏袒袈裟，左手提衣襟，做说法状，露双足。供养人均内着圆领内衣，外罩双层窄袖交领长衫，头戴冠，双手交叠于腹前而立。综合本窟造像布局与风格分析，应属麦积山北魏早期孝文帝太和改制前作品，为第74、78窟之后的二期窟代表作。窟内造像其造型和服饰都具有西域造像的某些特点，是麦积山石窟中北魏早期具有代表性的洞窟之一。在造像题材上出现了释迦多宝二佛并坐说法的内容，窟内正壁及两侧壁上方出现了并排开凿的小型圆拱形龛。

（2）第148窟

正壁塑一长方形佛座，下凿坛基，左壁残损严重，右壁保存较为完整，右壁大龛内侧左边有两小龛，正壁佛背光两侧各开三个圆拱形小龛，右壁上部并排凿有四小龛。现存泥塑造像大小共20身，其中佛1身，思惟菩萨及两小胁侍菩萨3身，交脚菩萨及两小胁侍菩萨3身，释迦多宝佛七组13身，均系原作。正壁为一坐佛，上部左、右两侧小龛内，左塑思惟菩萨与二身胁侍菩萨，右塑交脚菩萨及二身胁侍菩萨。右壁四小龛内各塑释迦多宝二佛，左龛佛及左壁龛外上方小龛及龛内佛像均已毁。主尊佛为高圆肉髻，方圆脸，高鼻大眼，薄唇大耳，形体挺拔、健硕，上身内着僧祇支，外穿半披肩袈裟，手施禅定印，衣纹线刻较为细密，具有犍陀罗造像的风格。思惟与交脚菩萨及小胁侍菩萨均披长发，头戴花蔓冠，宝缯下垂，赤裸上身，胸前饰璎珞，戴宽边项圈，着臂钏、手镯，下着轻薄贴体长裙。思惟菩萨呈舒相坐，两胁侍菩萨斜披璎络立于半圆莲台上，左侧小菩萨左手提净瓶，右手于胸前持莲花，右侧小菩萨左手于胸前持莲，右手提巾带垂下。交脚菩萨作交手状，两胁侍小菩萨与上述思维胁侍菩萨相同。

2. 对比研究

此两窟形制及造像风格类似，同为平面方形平顶，三壁两龛窟，正壁及左右壁、前壁开列龛。第80、100、128、144、148五个窟风格、形制基本相似，将第80、148窟与第100、144、128窟进行比较可以看出，洞窟形制均为三壁两龛窟，正壁通列高坛基，两侧壁的坛基变得非常窄，第100、128窟只是象征性地留出一道，而其他窟则看不出两侧壁保留的窄坛基，由于两侧壁的佛像置于壁面的龛内，所以窟内供于礼拜的空间比较大。第100、128、144、148窟正壁主尊左右上下各三个龛，第80窟于相同位置开两个龛，左右壁上方开列龛，其中第100、128窟前壁上方开两列小龛，其余前壁塌毁不详，第100、128、148左右壁大龛内又开两层小龛，小龛内影塑一坐佛、一佛二胁侍菩萨、二佛并坐以及半跏思维菩萨和交脚菩萨。第80窟左右壁上方未见小龛，左右壁大龛内塑小平台。主尊造像为三佛，正壁佛两侧有胁侍菩萨，第100、128窟前壁门两侧各立一菩萨①（表1、表2）。

表1　第80、　148窟与其他洞窟基本情况对比

窟号	位置	形制	开龛情况	主尊造像组合	通高（米）	面阔（米）	进深（米）	窟门			
								形状	高（米）	宽（米）	深（米）
80	西崖大佛东下部	方形平顶窟	三壁两龛	三佛	2.48	2.98	1.35				
148	西崖大佛东部	方形平顶窟	三壁两龛	三佛	2.40	2.45	2.15				
100	西崖西上部	平顶窟	三壁两龛	三佛	2.80	3.03	2.75	平顶	1.60	1.10	0.81
128	西崖中部	平顶窟	三壁两龛	三佛	2.70	2.70	2.70	平顶	1.45	1.00	0.68

3. 复原研究

根据以上的对比及洞窟现存状况，对此两窟作如下复原研究。

（1）第80窟

①洞窟形制

参照第100窟等相似的窟形推测，此窟原可能有前壁和长方形门道，为平面方形平顶三壁两龛窟。正壁宽度为2.98米，根据方形复原的原则，推断左右两壁宽度为3米。正壁前筑一石胎泥塑束腰形佛座，由右龛残留的内侧壁可以推断此窟左、右壁中部各开一大龛。正壁于主佛左、右侧上下各开二小龛，正壁前佛座下有坛基，佛座两边左、右壁前各塑一半圆形莲台，上立胁侍菩萨。第100、128窟窟门两侧各有一菩萨，推测该窟亦相同。

---

① 魏文斌：《麦积山石窟初期洞窟调查与研究》，兰州：甘肃教育出版社，2017年，221～222页。

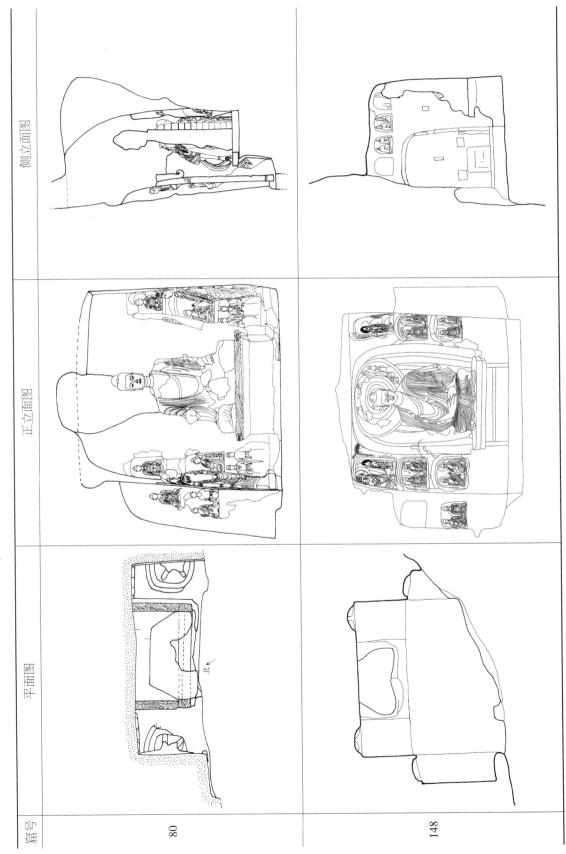

表 2   第 80、148 窟与其他洞窟形制及造像对比

窟号	平面图	正立面图	侧立面图
80			
148			

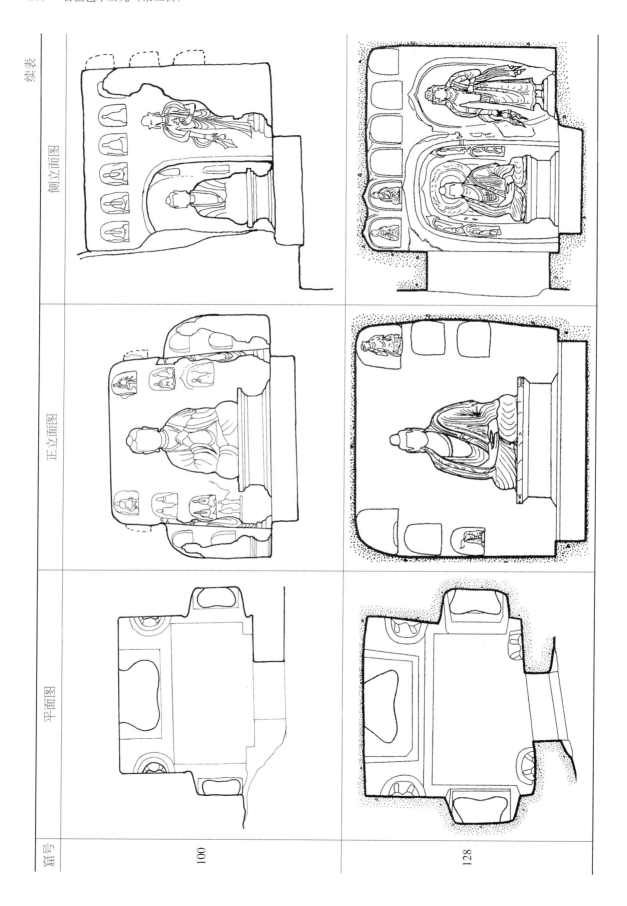

窟号	平面图	正立面图	侧立面图
100			
128			

②造像组合

主尊造像：正壁前佛座上为一坐佛，左右两个龛内塑坐佛，所以主尊造像组合为三佛。

单铺造像：由左、右壁现存的两尊菩萨推测单铺组合可能为一佛二菩萨。

附属造像：交脚菩萨和半跏思维菩萨、释迦多宝二佛并坐、千佛。

③形制图示（图 3、图 4）

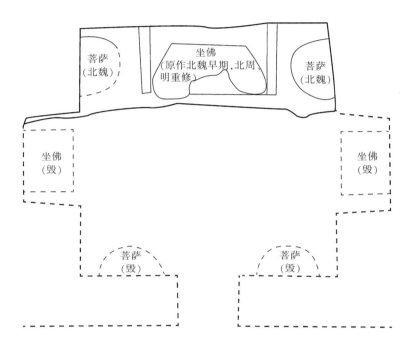

图 3　第 80 窟复原图（平面）

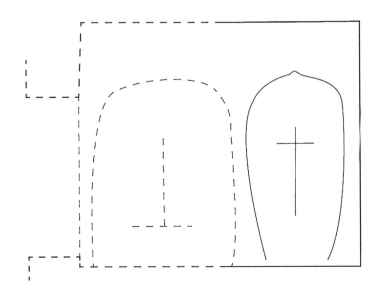

图 4　第 80 窟复原图（右壁）

（2）第 148 窟

①洞窟形制

根据现存状况以及与其相似洞窟如第 128、144 窟的规制分析，应为平面方形平顶三壁两龛中小型窟，并且有前壁与窟门。此窟面阔 2.45 米，据此判断进深为 2.5 米。根据左壁面有不规则的凿痕，初步判断左壁面应和右壁面上部一样并排凿有六小龛，左、右壁大龛内两侧壁面上、下又各开二小龛。

②造像组合

主尊造像：从现存布局及壁面桩眼分析，原作正壁塑一佛，左、右壁大龛内原各塑一坐佛，所以主尊造像组合为三佛。

单铺造像：两侧壁靠近正壁位置各有一胁侍菩萨，所以单铺组合是一佛二菩萨。

附属造像：正壁上部左右两侧角龛内分别塑思维、交脚菩萨及各自的二身小胁侍菩萨，壁面诸小龛内均塑释迦、多宝二佛。

③形制图示（图 5、图 6）

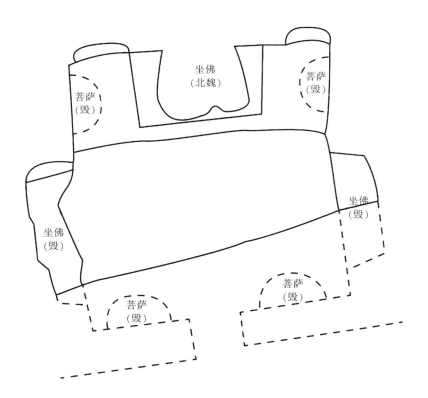

图 5 第 148 窟复原图（平面）

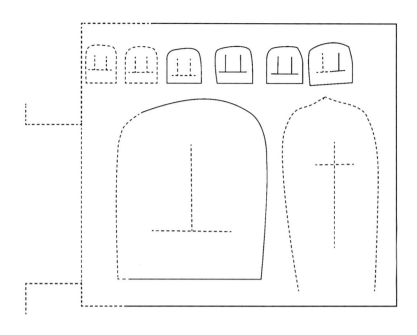

图6　第148窟复原图（右壁）

（二）　北魏晚期实例

1.　第16窟

（1）现存状况

窟前部及右壁龛已塌毁，现残存窟后半部及左壁残龛右侧壁面，残龛壁面上塑有两层小台，上层小台上影塑坐佛两身，头已失，下层胡跪小佛一身，无头。正壁左右两侧的上下部各开一小圆拱形龛，上部两小龛内各塑小立佛一身，下部两小龛内各塑一佛二菩萨，左下两菩萨头已失。左壁上方残存二小龛，龛内为坐佛，龛外影塑一菩萨一弟子，右壁上方残存一小龛，龛内塑一坐佛，龛外彩塑一菩萨、一比丘弟子。现存泥塑3身（其中佛1身、菩萨2身）、影塑21身（其中小佛11身、菩萨6身、弟子2身、飞天2身），共24身塑像。正壁主尊佛高肉髻，脸瘦长，细颈削肩，内着僧祇支，胸前系结，外穿褒衣博带式袈裟，轻薄贴体，衣纹简单流畅，半跏趺坐于长方形坛座上，裙裾分三瓣垂于座下。二胁侍菩萨均身材修长，面相清瘦，上身袒露，戴项圈，身披宽博披巾，巾带十字叠压于膝际上绕臂弯而下，一手持莲花于胸前，一手提玉璧或净瓶，下着长裙，赤足立于半圆形莲台上。窟内造像，包括龛内影塑小像，均系汉化后作品，塑像身材修长，潇洒俊秀，有着浓郁的汉民族正统衣冠及审美情趣，属典型的北魏晚期受南朝造像风格影响所产生"秀骨清像"的样式，窟内佛有着袒右胸及双领下垂袈裟，这也是典型的北魏晚期的特征。

（2）对比研究

本窟左、右壁开龛，壁面又开诸小龛，这属于北魏晚期洞窟形制特点之一，同时期保存的三壁两龛窟为第114窟，但第16窟其造像风格也与第142、163窟相似，但第142、163窟并无开龛（表3、表4）。

表3　第16窟与第114窟基本情况对比

窟号	位置	形制	开龛情况	主尊造像组合	通高（米）	面阔（米）	进深（米）	窟门			
								形状	高（米）	宽（米）	深（米）
16	东崖大佛西	方形平顶窟	三壁两龛	三佛	1.70	1.70	1.30				
114	西崖西上部	方形平顶窟	三壁两龛	三佛	1.64	1.68	1.65				

（3）复原研究

根据以上的对比及洞窟现存状况，对此窟作如下复原研究。

①洞窟形制

方形平顶中型窟，根据现有状况分析应为三壁两龛，正壁不开龛，左、右壁各开一大龛，而且前部还有平顶窟门，四壁的长度均为1.7米。左右壁上部均开两个圆拱形小龛，龛内为一坐佛，龛外为一菩萨一弟子。左右两个大龛内侧均有两层小坛台，上层为两身坐佛，下层为两身胡跪交脚式佛。

②造像组合

主尊造像：三世佛。值得注意的是这一时期麦积山洞窟的三世佛组合除了三尊坐佛之外，在第142、163窟还出现了其中一尊为交脚菩萨的现象，所以该窟三世佛组合形式可能有两种。组合一：正壁坐佛＋左壁坐佛＋右壁坐佛；组合二：正壁坐佛＋左壁坐佛＋右壁交脚菩萨（弥勒）。

单铺造像：主尊佛两侧为胁侍菩萨，单铺组合为一佛二菩萨。

附属造像：正、左、右壁面小龛内贴影塑小佛或一佛二菩萨，左右壁上部外贴影塑菩萨与弟子，组合形式为一佛一菩萨一弟子，佛头左、右影塑一组飞天。

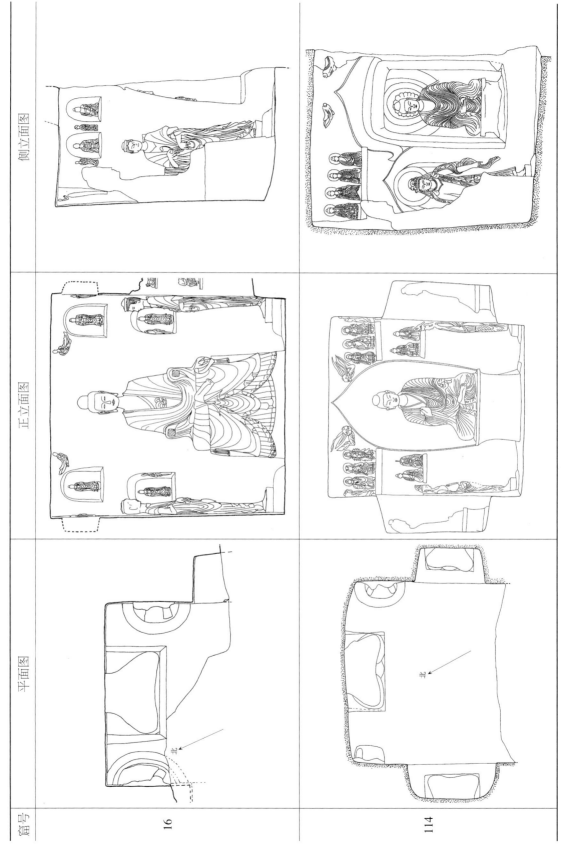

表 4　第 16 窟与第 14 窟形制及造像对比

③形制图示（图7、图8）

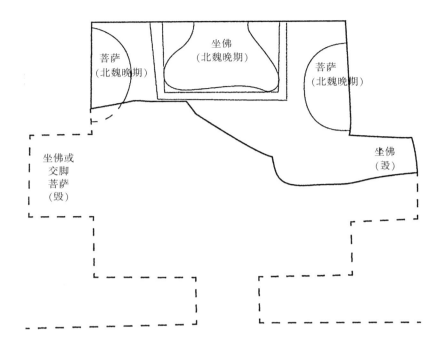

图 7　第 16 窟复原图（平面）

图 8　第 16 窟复原图（左壁）

2. 第 17 窟

（1）现存状况

洞窟保存大部分，前壁塌毁，其中左壁左侧塌毁，右壁仅存左侧少部分。正壁大龛内塑结跏趺坐佛一尊，左右壁残留影塑菩萨五身，龛外左右各塑胁侍菩萨一尊，龛下存二身无头残像。左壁大龛内塑结跏趺坐佛一尊，右壁小龛外存一尊无头影塑佛。窟内现存泥塑造像 4 身，其中佛 2 身，菩萨 2 身，影塑佛 4 身，弟子 3 身，共计 11 身造像。正壁佛为磨光高肉髻，长方形脸，额有白毫相，眉毛细弯，三角形眼，高鼻，双瓣小嘴，长颈宽肩，内着僧祇支，外着双领下垂袈裟，袈裟分三片下垂于座前。胁侍菩萨戴花冠，长条形脸，三角形眼，高棱鼻，小嘴大耳，颈较长，内着僧祇支，外披巾于腿前重叠搭双肘外侧而下垂飘扬，下着长裙，足穿云头履，立于半圆形坛台上，虔诚端庄。影塑佛着袒右肩袈裟，结跏趺坐于台上。

（2）对比研究

北魏晚期与第 17 窟形制相同且保存较好的三壁三龛窟为第 155 窟，但第 155 窟开凿时间略早于第 17 窟，与第 17 窟同时期开凿的第 142 窟并无开龛，但两窟造像风格与布局都较为相似，在对比研究中具有参考意义（表 5、表 6）。

表 5　第 17 窟与其他洞窟基本情况对比

窟号	位置	形制	开龛情况	主尊造像组合	通高（米）	面阔（米）	进深（米）	窟门			
								形状	高（米）	宽（米）	深（米）
17	东崖大佛西	方形平顶窟	三壁三龛	三佛	1.80	1.85	1.20				
142	西崖东上部	方形平顶窟	无龛	三佛	2.18	2.18	2.16	平顶	2.00	0.77	0.49
155	西崖东上部	平顶窟	三壁三龛	三佛	2.20	2.50	2.10	平顶	1.20	0.94	0.53

表 6　第 17 窟与其他洞窟形制及造像对比

窟号	平面图	正立面图	侧立面图
17	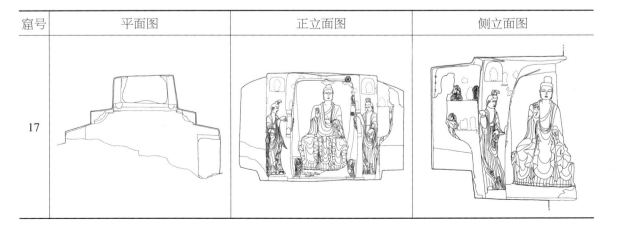		

续表

窟号	平面图	正立面图	侧立面图
142			
155	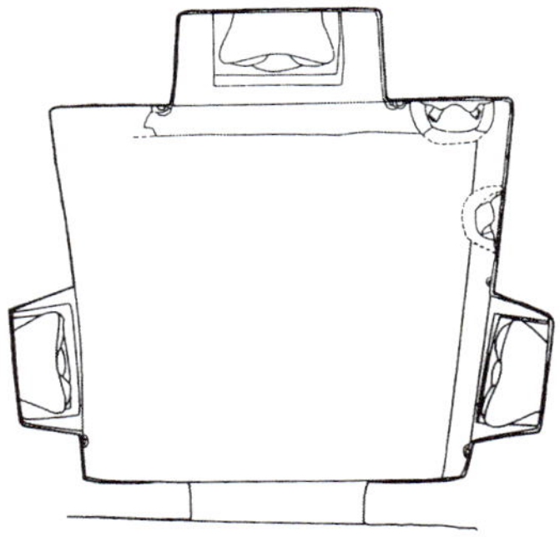		

（3）复原研究

根据以上的对比及洞窟现存状况，对此窟作如下复原研究。

①洞窟形制

平面方形平顶窟，窟内正、左、右三壁各开一圆拱形大龛，龛内左、右壁各有二层长条形坛台，龛内左右侧壁面上方各凿一圆拱形浅龛，所以第 17 窟为有前壁与窟门的三壁三龛窟。正壁面阔 1.85 米，所以其他三壁也应为此长度。此窟三壁龛内左右侧均有二排坛台，上影塑佛与弟子，龛内侧壁上方凿小龛，这种形制较为特殊。

②造像组合

主尊造像：与第 16 窟情况类似，应为三世佛。组合一：正壁坐佛 + 左壁坐佛 + 右壁坐佛；组合二：正壁坐佛 + 左壁坐佛 + 右壁交脚菩萨（弥勒）。

单铺造像：参照第 142 窟前壁有胁侍菩萨的情况，此窟前壁左右两侧各塑一身菩萨，与主尊共同组成一佛二菩萨，也有可能前壁无造像。

附属造像：三个大龛内左右壁面均上下两层影塑佛、弟子或菩萨造像。

③形制图示（图9、图10）

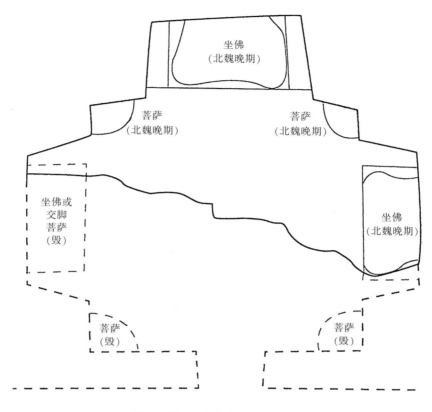

坐佛
（北魏晚期）

菩萨
（北魏晚期）

菩萨
（北魏晚期）

坐佛或
交脚
菩萨
（毁）

坐佛
（北魏晚期）

菩萨
（毁）

菩萨
（毁）

图9　第17窟复原图（平面）

（三）　西魏实例

1. 现存状况

（1）第44窟

窟前部已塌毁，现存后部及龛形基本完好。正壁凿一圆拱形浅龛，窟内及龛内壁面泥皮绝大部分已脱落。正壁龛中塑一坐佛，龛外两侧各立一胁侍菩萨，右壁立一弟子。窟内造像均比例匀称，雅致隽秀，佛像躯体饱满丰润，旋涡纹高肉髻，椭圆形脸，五官清秀，双眉细长，丹凤眼，俊鼻小嘴。内穿绿底蓝边僧祇支，腰间系花结，外穿双领下垂褒衣博带袈裟，身体微微前倾，低首下视，半结跏趺坐，垂于膝下的悬裳裙裾较为写实，衣褶分明，质感厚重。两身菩萨身材修长，头戴宝冠，长发披肩，面相五官与佛相似，上身袒露，下着长裙，一手持莲花，一手提净瓶，头微微向佛靠拢，双眼含笑微眯。弟子头略偏，细颈削肩，双手合十置于胸前，下着喇叭长裙，身穿褒衣袈裟，足穿履，似在听佛讲

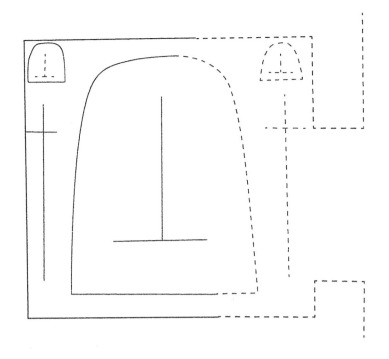

图 10　第 17 窟复原图（左壁）

法，有所开悟，面部表情生动，可见工匠在雕塑时注重对于人物内心的刻画，造像简练概括，朴实自然，富有世俗人情味。该窟主佛与第 102 窟的主尊佛在造型、技法，服饰等上均很相似，同属西魏时期的造像。

（2）第 146 窟

平顶方形窟，窟大部已残毁，残留正壁大部分和右壁少部分，左壁已完全塌毁，壁面泥皮多已脱落无存。洞窟内共 2 身造像，正壁龛内塑结跏趺坐佛 1 身，龛右侧存胁侍菩萨 1 身，尺寸较小。佛磨光高肉髻，面形方圆，宽额秀眉，双目略下视，直鼻，双唇薄且紧闭，细颈削肩，平胸鼓腹，内着僧祇支，外着双领下垂式袈裟，衣裾垂落于佛座之前，双手做说法状，面带微笑，端庄大方。菩萨梳双叉式高发髻，形象似佛，帔帛搭肩并于腹前十字交叉后绕臂下垂至脚面，左手笼于袖中自然下垂，右手于胸前持莲蕾，赤足而立，形象恬静美好，洒脱飘逸。佛与菩萨神态灵动，服饰华丽，是西魏早期的代表作品之一。

2. 对比研究

由于第 44、146 窟残损严重，基本仅存正壁，左右两壁情况不明朗，所以从是否开龛可以分为两种窟形进行对比。若第 44、146 窟为三壁一龛窟，则需要与麦积山现存西魏第 147 窟进行比较；若第 44、146 窟为三壁三龛窟，则需要与第 87、105、172 窟进行比较。

麦积山西魏的三佛窟，三佛均为坐佛，不见交脚菩萨（弥勒）（表 7、表 8）。

表 7　第 44、146 窟与其他洞窟基本情况对比

窟号	位置	形制	开龛情况	主尊造像组合	通高（米）	面阔（米）	进深（米）	窟门			
								形状	高（米）	宽（米）	深（米）
44	东崖大佛西下	方形四角攒尖顶窟	三壁一龛	三佛	2.25	3.20	1.90				
			三壁三龛	三佛							
146	西崖大佛东	方形平顶窟	三壁一龛	三佛	2.43	2.80	0.75				
			三壁三龛	三佛							
147	西崖东上部	平顶窟	三壁一龛	三佛	1.88	1.85	0.73				
87	西崖中部	覆斗藻井窟	三壁三龛	三佛	2.25	2.10	2.00	平顶	1.00	1.40	1.00
105	西崖西上部	平顶窟	三壁三龛	三佛	2.13	2.20	2.14	券顶	1.18	0.90	1.08
172	东崖西部	平顶窟	三壁三龛	三佛	1.05	1.33	0.63				

表 8　第 44、146 窟与其他洞窟形制及造像对比

窟号	平面图	正立面图	侧立面图
44			
146			
147			

窟号	平面图	正立面图	侧立面图
87			
105			
172			

3. 复原研究

根据以上的对比及洞窟现存状况，对此两窟作如下复原研究。

（1）第44窟

方形四角攒尖顶窟，壁长为3.2米，由于第44窟前部塌毁严重，左、右两壁情况不清，所以洞窟形制复原之后应该有两种可能性。

第一种：

①洞窟形制

四角攒尖顶方形窟，正壁只开一龛的三壁一龛窟。

②造像组合

主尊为三佛，即正壁龛内一坐佛，两壁不开龛但却起台座，其上各塑一坐佛。右壁原有与左壁相同的一身弟子塑像，单铺组合为一佛二菩萨二弟子，第87窟左右两壁前部存一身弟子像，所以据此推测第44窟亦相同。

③形制图示（图11）

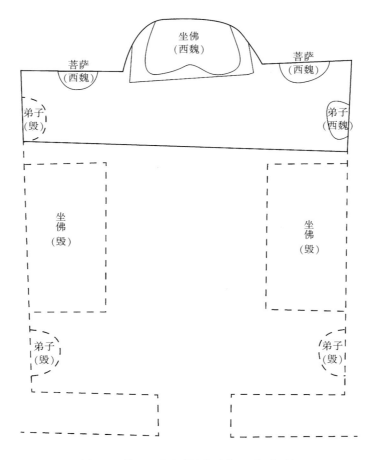

图 11　第 44 窟复原图（第一种平面）

第二种：

①洞窟形制

四角攒尖顶方形窟，正、左、右三壁开龛塑三佛，正壁龛两侧各塑一胁侍菩萨，左右壁后部塑弟子，也存在外侧或门两侧塑力士或弟子的可能性，即为三壁三龛形制。

②造像组合

主尊造像组合为三佛，单铺组合为一佛二菩萨二弟子。

③形制图示（图12）

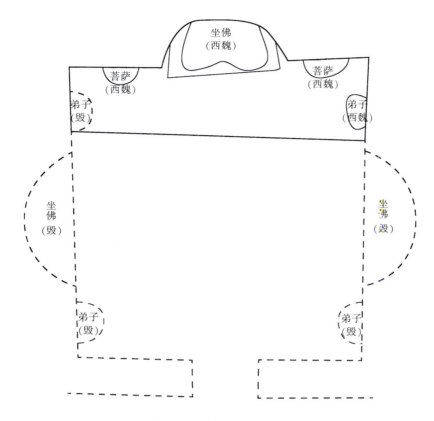

图12　第44窟复原图（第二种平面）

（2）第146窟

第146窟原为平面方形平顶窟，四壁边长为2.8米，由于此窟与第44窟都属塌毁情况严重的洞窟，只留正壁造像，左右两侧壁情况不明，所以第146窟的复原洞窟形制同样有两种可能。

第一种：

①洞窟形制

只在正壁开一大龛，其他壁面均无龛，为三壁一龛窟。

②造像组合

正壁开龛塑一佛，左右两壁不开龛，但设坛座，上各塑坐佛一尊，即主尊造像组合为三佛，正壁龛左侧与右侧对应，原塑一尊胁侍菩萨，单铺组合为一佛二菩萨，类似洞窟为第 60 窟。根据此窟右壁残留桩眼判断，右壁原塑弟子或胁侍菩萨造像，单铺造像为一佛二菩萨二弟子。对比第 87 窟也可知，左右两壁前部可能原有弟子或者胁侍菩萨造像。

③形制图示（图 13）

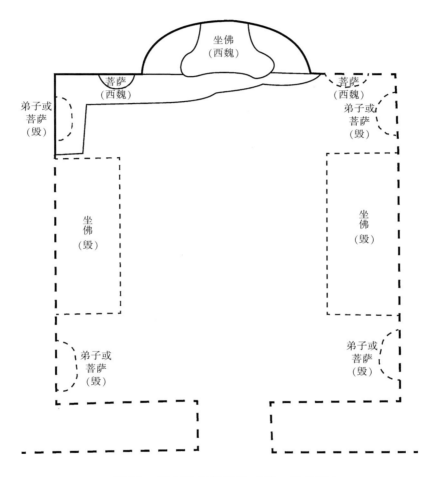

图 13　第 146 窟复原图（第一种平面）

第二种：

①洞窟形制

平面方形平顶窟，窟内正、左、右三壁可能各开一圆拱形浅龛，即为三壁三龛的形制。

②造像组合

主尊组合为三佛，单铺组合为一佛二菩萨。即与第 20 窟一样，窟内正、左、右三龛内可能原各有一坐佛，正壁龛外两侧各一胁侍菩萨。

③形制图示（图 14）

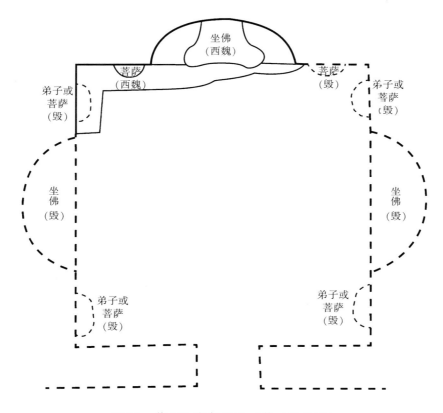

图 14　第 146 窟复原图（第二种平面）

（四）　北周实例

1. 第 26 窟

（1）现存状况

窟前部坍毁，仅保存后部分，正壁中间凿大型平拱浅龛，左右两侧作高坛佛座，宋时在塑像原作基础上又重新修塑。正壁龛内为一坐佛，龛外两侧各立一胁侍菩萨，左、右两侧长条形佛座上塑佛，每个佛座前面各浮雕伎乐天人二身。主尊佛头已失，内着僧祇支，半披肩袈裟，结跏趺坐，手施说法状，衣纹简洁流畅，质感轻柔单薄，造像比例适中，肌体饱满健壮。左胁侍菩萨头已失，长发披肩，上身袒露，内着僧祇支，戴项圈，胸前垂短璎珞，身挂串珠长璎珞，下穿贴体长裙，腰部翻边，左臂曲至腿面，右手持莲蕾置于胸前，披巾自双肩绕膝部自然下垂。右胁侍菩萨与左胁侍相似，头戴饰坐佛的冠，两菩萨造像体形挺拔健美。其他三佛像，低平肉髻，方圆脸，有白毫，端坐平视，内着僧衣，外着圆领下垂轻薄贴体袈裟，半结跏趺坐于佛座上，手施禅定印，造像线条简单，虽然表层经宋代重修，但仍有北周造像之韵味。左坛基面上的浮塑伎乐天人，梳高发，方圆脸，短颈，戴耳环、项圈，上肩袒露半乳，帔帛绕双臂腾空飘扬，呈胡跪式，双手拍打细腰长鼓，动作活泼奔放。右坛基面上伎乐天人，呈交脚蹲坐式，双手举排箫吹奏。洞窟形制为北周典型的四角攒尖顶中型窟，窟内菩萨比例均称，气质高贵。

（2）对比研究

第26窟北周时期开凿的方形四角攒尖顶洞窟，根据残存现状分析题材应为七佛，且只在正壁开一大龛，同时期类似于第26窟的洞窟有第7、32、36、39、109窟等。第26窟壁面上部绘有千佛，这一做法与第4窟壁面贴影塑千佛极为相似，也可以断定第26窟与第4窟应该是北周时期开凿的（表9、表10）。

表9　第26窟与其他洞窟基本情况对比

窟号	位置	形制	开龛情况	主尊造像组合	通高（米）	面阔（米）	进深（米）	窟门			
								形状	高（米）	宽（米）	深（米）
26	东崖大佛西下	方形四角攒尖顶窟	三壁一龛	七佛	3.86	3.83	2.15				
7	东崖东部	四角攒尖顶	三壁一龛	七佛	2.48	2.10	2.10	平顶	1.16	0.81	0.65
32	东崖中部	四角攒尖顶	三壁一龛	七佛	2.63	2.68	2.65	平顶	1.36	1.00	1.00
36	东崖西部	四角攒尖顶	三壁一龛	七佛	2.36	2.18	2.00				
39	东崖中部	四角攒尖顶	三壁一龛	七佛	2.21	2.17	2.03				
109	西崖西上部	覆斗藻井窟	三壁一龛	七佛	2.15	2.07	2.40	券顶	1.00	0.74	0.90

表10　第26窟与其他洞窟形制及造像对比

窟号	平面图	正立面图	侧立面图
26	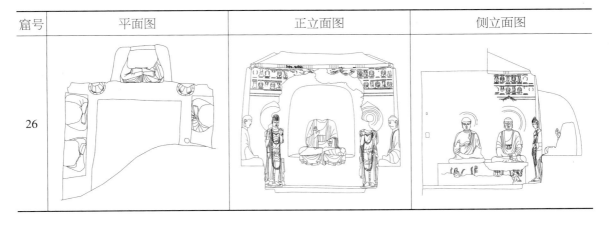		

窟号	平面图	正立面图	侧立面图
7			
32			
36			
39			
109			

（3）复原研究

根据以上的对比及洞窟现存状况，对此窟作如下复原研究。

①洞窟形制

方形四角攒尖顶窟，面阔为 3.83 米，四壁尺寸应为 3.8 米。只在正壁凿一圆拱形浅龛，其他壁面无开龛情况，左右壁前设佛座，与第 36、39 窟相似，为三壁一龛窟。

②造像组合

从现存布局分析，造像题材原应为七佛，正壁龛内塑一坐佛，左右两壁各起三佛座，上各塑一佛，结跏趺坐，每个佛座上浮塑一对伎乐天人。正壁龛左右两侧为二胁侍菩萨，由此可见单铺组合为一佛二菩萨。

③形制图示（图 15）

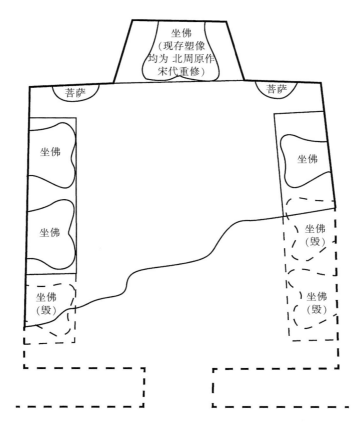

图 15　第 26 窟复原图（平面）

2. 第 27 窟

（1）现存状况

窟前部崩毁，其中右壁及顶部尤为严重，正壁凿一大龛，左壁存二龛，右壁存一龛。

正壁龛内塑结跏趺坐佛一尊，左右塑胁侍菩萨各一尊，存火焰宝珠柱头二个，左壁两个龛内各塑结跏趺坐佛一尊，右壁龛内塑结跏趺坐佛一尊。现共存造像 6 身，包括坐佛 4 身，菩萨 2 身，窟内造像均是宋代在北周原作基础上加塑而成。正壁坐佛宋塑特点明显，方圆脸，弯眉细目，平视前方，高鼻，小口薄唇且略呈四瓣形，双下颌，颈部粗短，内着僧祇支，衣带于腹前打结，外穿双领下垂式袈裟，衣裾分两片下垂，质感厚重。正壁龛外两侧的胁侍菩萨，身材挺拔俊秀，躯干微扭，长发披肩，上身袒露，下着长裙，手持披巾或桃形环，披巾及缨络于腹前十字穿环等装饰手法为北周所流行。左、右壁龛内佛像经重塑后，已改变了原作风格，基本为宋代造像特点，坐佛穿通肩袈裟，禅定印，结跏或半结跏趺坐，本窟系较为典型的北周仿木结构四角攒尖顶窟，特别是顶部法华经变图，绘画技法纯熟，场面壮观，是麦积山北周壁画现存的精品之一。

（2）对比研究

第 26、27 窟造像题材均为七佛，窟顶都绘有佛教经变画，应该是同一时期开凿的双窟，形制略有不同，第 26 窟左右两壁不开龛，而第 27 窟洞窟形制与佛像样式和第 141 窟类似，左右两壁各开三龛（表 11、表 12）。

表 11 第 27 窟与第 141 洞窟基本情况对比

窟号	位置	形制	开龛情况	主尊造像组合	通高（米）	面阔（米）	进深（米）	窟门			
								形状	高（米）	宽（米）	深（米）
27	东崖大佛西下	方形四角攒尖顶窟	三壁七龛	七佛	3.25	3.33	2.05				
141	西崖东上部	覆斗藻井窟	三壁七龛	七佛	2.68	3.08	2.80	平顶	2.03	1.63	0.40

表 12 第 27 窟与第 141 窟形制及造像对比

窟号	平面图	正立面图	侧立面图
27			

窟号	平面图	正立面图	侧立面图
141			

（3）复原研究

根据以上的对比及洞窟现存状况，对此窟作如下复原研究。

①洞窟形制

此窟为平面方形四角攒尖顶，三壁七龛窟。面阔为 3.33 米，四壁的长度应都在 3.3 米左右，窟内正、左、右三壁凿低台基，正壁开一圆拱形龛，左、右壁各开三个并列的圆拱形龛，均浮塑龛楣及龛柱，从地面残存的桩眼分析，原可能有力士顶托，壁角及顶部凿有仿木柱结构，顶部下侧四角原各塑一圆形饰物及飘带。

②造像组合

正壁龛及左右两壁六龛中均塑坐佛，主尊造像组合为七佛，正壁龛外两侧各有一胁侍菩萨，根据第 109 窟左壁左侧和右壁右侧立二弟子，二力士立于窟门内两侧，所以单铺组合可能为一佛二菩萨或一佛二弟子二力士。

③形制图示（图 16）

（五）　隋代实例

1. 第 14 窟

（1）现存状况

窟前半部坍塌，右壁较为严重，墙面泥皮多已剥落，四壁及顶部均浮塑仿木构建筑的梁柱。窟内正壁开一圆拱形龛，浮塑龛眉及龛柱，龛眉两端为卷云纹图案，龛柱为半圆形，龛内塑结跏趺坐佛一尊，左右塑胁侍菩萨各一尊。左壁塑力士一身。现存造像 4 身，包括泥塑圆雕坐佛 1 身、胁侍菩萨 2 身、力士 1 身。佛结跏趺坐于方形佛座上，肉

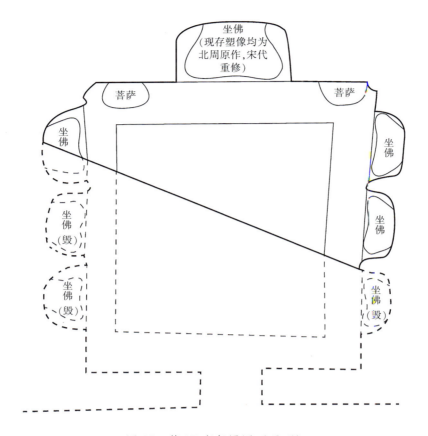

图 16　第 27 窟复原图（平面）

髻低平，宽额，方圆脸形，细长目，平视前方，鼻直挺且圆润，唇较厚且紧闭，嘴角内敛，下颌饱满，脖颈短粗，有两道纹。内着僧祇支，外着双领下垂式袈裟，其左角系带搭于左肩，衣纹流畅简洁，质感厚重。菩萨发髻后翻，面相与坐佛相似，发辫及宝缯搭于双肩，削肩挺胸鼓腹，戴臂钏，着僧祇支，下系贴身长裙，披巾搭肩后呈双重垂下至胸腹间再搭臂垂至莲台，服饰质感轻柔，赤足立于圆形仰莲台上，神态庄重肃穆，与第5窟菩萨像相似，身体健壮。力士头左仰，面部棱角分明，斜挑眉，怒目圆睁，狮孔高鼻，阔嘴厚唇，高颊方下颌，颈粗，宽肩袒胸，两腿分叉，足呈八字形立于长方形台坐上，造型孔武有力，气宇昂然，是麦积山隋代力士的代表作。本窟应为隋代开凿并塑像，造像神情雍容大度，体态刚柔相济，比例协调，蕴育着某些唐代造像特征，具有很高的艺术价值。

（2）对比研究

与第 14 窟相似且隋代开凿的洞窟在麦积山不存，所以第 14 窟的复原主要从洞窟自身的遗存遗迹出发，结合同时代出现的造像题材、组合，分析其原状（表13、表14）。

表 13　第 14 窟基本情况

窟号	位置	形制	开龛情况	主尊造像组合	通高（米）	面阔（米）	进深（米）	窟门			
								形状	高（米）	宽（米）	深（米）
14	东崖大佛西	方形四角攒尖顶窟	三壁一龛	三佛	3.45	3.53	2.23				

表 14　第 14 窟形制及造像

窟号	平面图	正立面图	侧立面图
14			

（3）复原研究

根据洞窟现存状况，对此窟作如下复原研究。

①洞窟形制

正壁开一大龛，其他壁面均不开龛的三壁一龛，平面方形四角攒尖顶窟，正壁宽 3.53 米，由此可知四壁均长 3.5 米左右。

②造像组合

该窟残损严重，根据左壁力士靠后且此窟壁长、整体空间布局，结合第 5 窟三世佛的造像组合，暂且推测该窟主尊组合为三世佛，窟内右壁对应左壁处原有一力士像，所以单铺组合为一佛二菩萨二力士。

③形制图示（图 17）

2. 第 15 窟

（1）现存状况

窟顶部大部分及左壁前半部坍毁，窟内露出仿木建筑椽、梁的石胎。窟内仅存 5 身坐

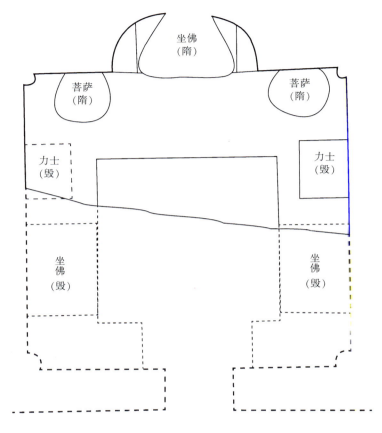

图 17　第 14 窟复原图（平面）

佛，其他造像全部残毁，正壁中间坐佛及左右壁坐佛为宋代重塑，正壁两侧小坐佛为明代
重塑，窟内地面正、左、右三壁残存低坛基。宋塑佛为螺纹头髻，方圆脸，丹凤眼，双目
下视，水泡眼睑，高直鼻，四瓣形嘴，面颊饱满，表情严肃，丰肩袒胸，禅定印或说法
印，内穿僧祇支，外穿双领下垂式袈裟，衣裾呈两片或三片垂于座前，结跏趺坐于方形须
弥座上，服饰上有明代沥粉堆金的方格、荷花、牡丹等图案，质感厚重。明塑佛为涡纹或
波折纹高肉髻，弯眉细长目，平视前方，鼻头大，薄唇，脸形方圆敦厚，粗颈，袒胸，禅
定印或说法印，结跏趺坐于方形须弥座上，内穿僧祇支，腰系带，外穿双领下垂式袈裟，
服饰上阴刻衣纹线并彩绘方格，此外还有沥粉堆金的龙、莲花、云朵等纹饰，整组造像风
格上明显继承宋风，但表情较为呆板，形体略臃肿。本窟为隋开凿的仿木构式殿堂窟，虽
残毁严重，原造像组合已无存，但从现存情况看，特别是其人字披顶结构和前廊后室的建
筑形式对研究当时的建筑艺术仍具有重意义。

（2）对比研究

第 15 窟的现存部分窟形保存较好，但窟室内部造像经明清重塑，原有造像题材、组合

表 15　第 15 窟基本情况

窟号	位置	形制	开龛情况	主尊造像组合	通高（米）	面阔（米）	进深（米）	窟门			
								形状	高（米）	宽（米）	深（米）
15	东崖大佛西	方形人字披顶窟	无龛	三佛	4.40	6.08	5.00				

表 16　第 15 窟形制及造像

窟号	平面图	正立面图	侧立面图
15			

已完全被破坏，所以只能从洞窟本身出发进行复原（表 15、表 16）。

（3）复原研究

根据以上的对比及洞窟现存状况，对此窟作如下复原研究。

①洞窟形制

从残留顶部可得此窟为人字披窟顶，平面横长方形，正壁长 6.08 米，对应的前壁长应为 6 米左右，右壁保留较为完整，长 5 米，左壁基本与右壁相同，无开龛。正、左、右壁下方凿低坛基，坛基上设佛座，其上塑坐佛。

②造像组合

主尊造像组合为三佛，正壁中间一坐佛，左右壁佛座上各塑一坐佛，正壁主尊左侧重修墙皮下露出一桩眼，根据所处位置判断主尊原有胁侍菩萨或弟子造像，所以正壁主尊两侧极有可能各为两身胁侍造像。若左右两壁各塑三尊坐佛，与正壁主佛构成七佛组合，理论上是存在可能性的，因为这一时期同时流行三佛与七佛的造像组合，但按右壁长度计算，实际上左右两壁并不可能各塑三佛，所以排除这一可能性。

③形制图示（图18）

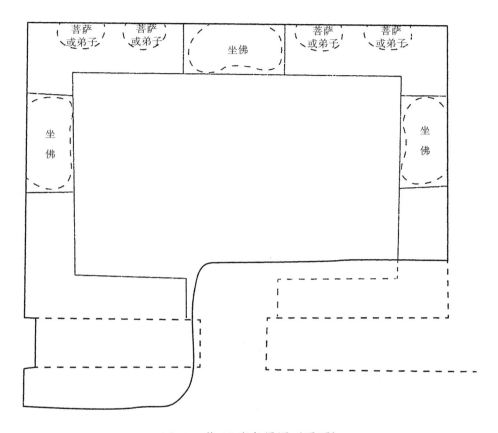

图18 第15窟复原图（平面）

三 残损洞窟复原研究的意义

综合多种因素来看，调查每一个洞窟时都有一定的难度，必须要经过反复地观察推敲，才能保证基本准确地反映出每个洞窟的现存状况，并尽可能符合历史原貌地进行年代等方面的研究，进而还原洞窟原貌。由于年代的久远和原始资料的缺失，麦积山洞窟自建窟以来受地震影响而残损的洞窟数量和详细毁损情况至今仍然没有相关的数据，所以复原工作很难进行。

不论是地震坍塌，还是渗水潮湿导致墙面泥皮脱落，又或是人为对洞窟的破坏，一旦造成毁坏，结果都是不可逆的，如东西崖中间崩塌的现存部分已经完全不能了解开窟状况，复原起来可能性太多，准确性过低。但像本文中涉及的五组十个洞窟，只要在数据准确，资料较为丰富的情况下，复原工作完全具备可行性。但这些洞窟的窟门已经完全不存，复原起来准确性较低，只能根据同时期同类型较为完整，保存有窟门的洞窟的数据进行恢复，但通常这类完整洞窟很少，计算出来的数据对比性弱，可信度低。另外洞窟前壁全部不存，导致前壁具体的造像分布情况不清楚，只能根据正壁胁侍的情况，进行对称复原，当然还可能是其他一些与正壁胁侍同类型的造像组合，又或者并没有造像，可能存在的情况比较多。将这些被毁坏的窟龛进行复原研究的意义有以下三点：

第一，恢复受损窟龛的原貌。洞窟受损之后如果不进行复原的话，想要了解整个洞窟内部的窟龛形制、造像组合和造像风格都是很难进行的，所以只要进行合理的复原，即可进行整个洞窟原貌的研究。甚至可以进一步解决麦积山开窟之初原始的崖体情况、栈道的位置、走向等疑难问题。

第二，洞窟复原后可以提供比之前更丰富的研究资料，拓展了研究的范围，有利于科研工作的展开。洞窟复原之后，整个崖面的开窟状况就更为清晰，这便于对洞窟和造像更加深入、系统的研究。

第三，有利于洞窟数字化工作，也方便洞窟的保护工作。若将残损洞窟进行复原，则可以呈现一种复原前后的虚拟展示，也就是说通过高科技手段，先将现存受损洞窟进行数字化展示，紧接着可以利用复原研究的成果，展现出洞窟被毁坏之前的完整面貌，这样不仅可以全面生动地展现洞窟状况，还可加深参观者的体验印象，更为身临其境。

以上只是在调查以及前人研究的基础上，对麦积山部分洞窟尝试性的进行复原研究。这种研究的可能性是存在的，而且应具有一定的合理性，希望通过本研究，进行麦积山石窟残损洞窟的全面复原研究，需借助于现代科技手段进行，相信会对麦积山石窟研究、展示、保护等工作有所帮助。文章对研究的五组洞窟的复原方案，可能会与原作有偏差，希望能得到从事麦积山石窟研究的学者们的批评与指正！

本文的写作得到魏文斌教授、张铭博士的指导，表2、4、6、8、10、12、14、16中图片由两位老师提供，特致谢意！

本文未标注出处的图片均由笔者绘制。

本文为2016年度国家社科基金西部项目"丝绸之路甘肃段石窟寺类文化遗产价值研究"（16XKG006）阶段性成果。

附录

麦积山石窟部分地震塌毁洞窟现存状况一览表

时代	窟号	位置	形制	通高（米）	面阔（米）	进深（米）	窟门				附属龛	
							形状	高（米）	宽（米）	深（米）	壁龛	小龛
北魏早期	80	西崖大佛东下	方形平顶窟	2.48	2.98	1.35						4
	148	西崖大佛东	方形平顶窟	2.40	2.45	2.15					2	14
北魏晚期	16	东崖大佛西	方形平顶窟	1.70	1.70	1.30					1	10
	17	东崖大佛西	方形平顶窟	1.80	1.85	1.20					3	4
西魏	44	东崖大佛西下	方形四角攒尖顶窟	2.25	3.20	1.90					1	
	146	西崖大佛东	方形平顶窟	2.43	2.80	0.75					1	
北周	26	东崖大佛西下	方形四角攒尖顶窟	3.86	3.83	2.15					1	
	27	东崖大佛西下	方形四角攒尖顶窟	3.25	3.33	2.05					4	
隋	14	东崖大佛西	方形四角攒尖顶窟	3.45	3.53	2.23					1	
	15	东崖大佛西	横长方形人字坡顶窟	4.40	6.08	5.00						

注：此表根据张锦秀先生主编的《麦积山石窟志》第一章洞窟建筑的附表：麦积山石窟洞窟形制一览表中的数据整理而成，文中所选洞窟的正壁尺寸数据也来源于此表。

麦积山石窟部分地震塌毁洞窟复原后状况一览表

时代	窟号	位置	形制	开龛情况	主尊造像组合	通高（米）	面阔（米）	进深（米）	窟门		
									形状	高（米）	宽（米）	深（米）
北魏早期	80	西崖大佛东下	方形平顶窟	三壁两龛	三佛	2.48	2.98	3.00	平顶	1.60	1.20	1.00
	148	西崖大佛东	方形平顶窟	三壁两龛	三佛	2.40	2.45	2.50	平顶	1.50	1.00	1.00
北魏晚期	16	东崖大佛东	方形平顶窟	三壁两龛	三佛	1.70	1.70	1.70	平顶/券顶	1.00	0.90	0.80
	17	东崖大佛西	方形平顶窟	三壁三龛	三佛	1.80	1.85	1.85	平顶/券顶	1.10	1.00	0.80
西魏	44	东崖大佛西下	方形四角攒尖顶窟	三壁一龛 / 三壁三龛	三佛 / 三佛	2.25	3.20	3.20	平顶/券顶	1.30	0.90	0.80
	146	西崖大佛东	方形平顶窟	三壁三龛	三佛	2.43	2.80	2.80	平顶/券顶	1.10	1.00	1.10
北周	26	东崖大佛西下	方形四角攒尖顶窟	三壁一龛	七佛	3.86	3.83	3.80	平顶/券顶	2.10	2.00	1.50
	27	东崖大佛西下	方形四角攒尖顶窟	三壁七龛	七佛	3.25	3.33	3.30	平顶/券顶	1.60	1.20	1.20
隋	14	东崖大佛西	方形四角攒尖顶窟	三壁一龛	三佛	3.45	3.53	3.50	平顶	1.50	1.00	1.50
	15	东崖大佛西	方形人字坡顶窟	无龛	三佛	4.40	6.08	6.00	平顶	3.00	2.60	2.00

注：此表中开龛情况、造像组合，洞窟尺寸大小均为通过文中推测而得出的，但这只是大概的估测数据，设想洞窟门的大小与洞窟的大小之间应该存在一定的比例关系，所以计算过程中发现并无规律可循，由于用数量少，但洞窟尺寸大小均为通过对比同时期保存完好洞窟的窟门的尺寸而得出的，窟门的大小数据是通过对比同时期保存完好洞窟的窟门的尺寸而得出的，比例关系无法固定值，需要利用更为专业的方法进行恢复。

龙门石窟洞窟渗漏水治理的新进展

陈建平*

内容提要： 龙门石窟的洞窟渗漏治理工作经过了长期的努力和实践，近几年来，龙门石窟将东西两山划分为若干区域，陆续开展了治理工程，工程采取了一些有别于以往的技术方法，以潜溪寺为例，勘察手段、设计理念、灌浆材料在以前的基础上都有所突破，取得了良好的效果，这些治理工程的新进展对今后的洞窟渗漏水治理将起到有益的借鉴作用。

关键词： 龙门石窟　洞窟渗漏　治理

龙门石窟的洞窟渗漏由来已久，甚至可以说与洞窟的开凿之时就相伴相生。至 20 世纪五十年代龙门石窟开始有计划地开展石窟保护工作，将围岩崩塌、洞窟渗漏、石窟风化明确为龙门石窟的"三大病害"，经过 20 世纪七八十年代实施的奉先寺等重要洞窟抢救性保护工程、1986~1992 年实施的东西两山的综合保护工程，龙门石窟得到了有效保护，重点解决了石窟崩塌，消除了大部分威胁石窟稳定性的隐患。但是，洞窟渗漏、石窟风化等病害仍然普遍存在，尤其洞窟渗漏在大、中型洞窟表现明显。调查表明，在龙门石窟的两千余大小窟龛中存在明显渗漏现象的有 344 个，占比 15%[1]，且岩体开裂破碎、岩体表面风化、岩溶覆盖、生物滋生等病害的发生发展都与洞窟渗水有着直接或间接的关系，因此洞窟渗水治理一直都是龙门石窟保护的重点工作。

---

* 作者简介：陈建平（1968 年—　），河南省洛阳市人，龙门石窟研究院副研究员，从事石窟保护方面工作。
① 中国文化遗产研究院：《龙门石窟保护管理规划基础资料附件 7——龙门石窟病害分析与评价专项研究》，2014年。

一　龙门石窟的洞窟渗漏

　　龙门石窟的窟龛一般位于稳定的地下水位以上，因此，我们认为石窟渗水均为大气降水形成的暂时性渗水。大气降水通过岩体的层理裂隙、卸荷裂隙、构造裂隙、岩溶构造等构成的渗流网络，形成渗流，进而影响石窟（图1）。

　　从渗流的通道来看，层面裂隙和卸荷裂隙两类构造对洞窟影响最大，首先是层理裂隙：龙门石窟崖壁走向为 NNW – NNE，崖壁岩体沉积层理倾向 NNW，岩体沉积层理倾向与崖壁走向基本一致，即山体的裂隙渗水沿层理裂隙由南向北渗流。大多数石窟沿崖壁开凿，垂直崖壁走向，与岩体沉积层理面斜交，石窟的开凿截断了石窟区域岩体层理面的渗流通道，成为层理裂隙面的排泄空间，当石窟截断的层理面中存在裂隙渗流时，裂隙水就在石窟内出露，形成渗水病害。与岩体沉积层理的发育相关，南壁面较北壁面严重，层理面渗水是龙门石窟最主要的裂隙渗水形式。再者是卸荷裂隙：根据勘察，龙门石窟崖壁岩体 15 米域内发育有 7 ~ 9 条卸荷裂隙，0 ~ 2 米区域比较密集，一般 2 ~ 3 条，其特点是裸露，延伸长，并且随着崖壁坡度变化，下缓上陡，卸荷裂隙大多切穿石窟岩体，卸荷裂隙与层理裂隙相互交切共同构成裂隙渗流网络。对某些洞窟，卸荷裂隙渗水是主要渗水通

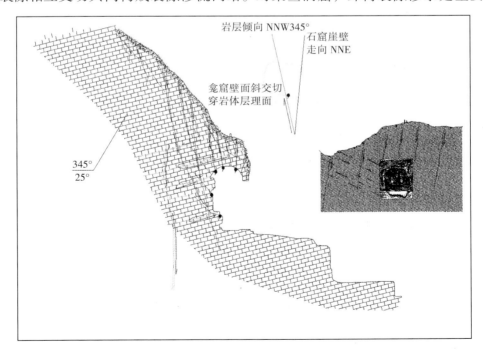

图 1　龙门石窟西山龛窟岩体结构及污水机理分析剖面图

道，比如潜溪寺石窟，顶板裂隙渗水主要来自卸荷裂隙渗水。

从渗流的时间来看，面临伊河的岩壁大多裸露，直接接受降水，渗透途径短，入渗洞窟的渗水持续时间相对较短；而通过石窟区山顶下渗的雨水，要通过山顶具有中、强渗透性的第四纪堆积物，加上山体缓倾，植被发育，延长了大气降水的滞留与下渗时间，这部分雨水的大部分通过各种连通裂隙及岩溶通道下渗形成潜水，以泉群等形式向伊河排泄，其中一部分汇入石窟内造成洞窟渗水，这种对石窟文物构成重要影响的渗水具有滞后性，持续时间相对较长。

在龙门石窟，可以将渗水的破坏作用分为化学作用、力学作用、生物作用，其中以化学作用最为明显。由于石窟位于灰岩、白云岩中，渗水在岩体内运动时发生溶蚀作用，使洞窟岩体中形成大小不同的溶孔、溶隙或溶槽，造成立壁的空架结构，破坏了岩体和雕刻品的完整性；流出岩体之后，物理化学条件发生改变，溶蚀物在洞窟雕刻品表面重新形成碳酸钙堆积，使石窟丧失艺术价值；岩体中的层面充填有较多的铁锰质，当渗水通过时，这些铁锰质溶于水中而带至石窟表面，并在空气中发生各种化学反应，形成铁红色、褐黄色、黄褐色等颜色，严重污染文物；渗水还加剧了洞窟内温湿度的改变，参与到化学风化的各个环节，加速了化学风化的速度。关于力学作用：石窟的开凿，切割了山体裂隙并在洞窟壁面形成排泄口，当雨季到来时，形成连续性涌水。连续性水流具有动力冲刷的破坏作用，造成石窟表层风化层脱离、流失。另一种力学作用是静水压力，渗水在岩体卸荷裂隙内部两壁形成垂直于卸荷面的水压力，不利于岩体的稳定，特别是在四壁角、窟顶等应力状态比较复杂的部位，当渗水在这种裂隙中充填时，会形成静水压力，造成石刻的失稳。生物作用表现明显，在石窟内部，不直接接受阳光照射且温差变化相对较小的底层、角落部位，只要有水补给，极适宜苔藓等生物生长，苔藓等生物生长形成的酸性物质对石窟表层具有一定的破坏作用，并在石窟表面形成粗糙的灰绿色或灰黑色附着物①。

二　以潜溪寺为例看龙门石窟洞窟渗漏水治理的实践

龙门石窟洞窟渗漏水治理工作集中于两个时期，一个是 1985～1992 年的五年综合治理时期，重点针对西山大型洞窟及周边岩体采取裂隙灌浆封堵，开挖排水沟，窟顶修筑防

---

① 严绍军、方云、孙兵、高洪：《渗水对龙门石窟的影响及治理分析》，《现代地质》2005 年 3 期。

渗覆盖层，加装雨棚窟檐等措施；第二个时期是 2010 年龙门石窟洞窟渗漏水治理列入国家世界文化遗产大型石窟寺保护"十二五"规划后，根据龙门石窟的水文地质特征将东西两山划分为七个片区，2012 年开始相继实施了擂鼓台区域渗漏水治理工程、奉先寺北至万佛洞区域渗漏水治理工程、潜溪寺渗漏水治理工程等，截至 2015 年，完成了三个片区的渗漏水治理主体工程。

龙门石窟历次渗漏水治理工程都会把潜溪寺列为重点洞窟，在潜溪寺开展的保护工作诸如洞窟病害调查、洞窟内外的环境病害监测、洞窟测绘与地质调查、表面病害修复试验、保护材料（防渗灌浆材料）及施工工艺试验、保护工程施工等等，涉及石窟保护全方位的工作，保护研究的广度和深度也最为突出。因此，以潜溪寺为例就可以比较完整清晰地梳理龙门石窟渗漏水治理的探索与实践。

潜溪寺是龙门石窟西山北端的一个大型初唐洞窟，窟高 9.95 米，南北宽 9.86 米，进深 7.15 米，洞内造像展现了唐初雕刻艺术的长足发展，开启了盛唐丰腴、典雅造像风格的序曲。洞窟内岩体层面裂隙和卸荷裂隙极为发育，顶壁、南壁漏水严重，由漏水引起的表面沉积、水锈、风化，甚至凝结水现象非常严重（图 2、图 3）。

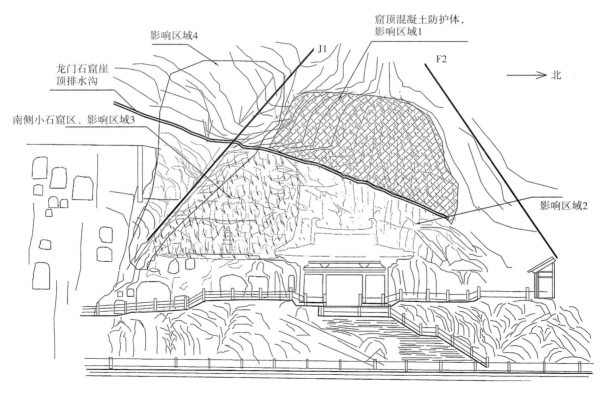

图 2　潜溪寺石窟渗水区域分析示意图

潜溪寺南壁渗水点分布图　　　潜溪寺北壁渗水点分布图　　　潜溪寺窟顶渗水点分布图

图 3　潜溪寺渗水病害图

近三十年来，潜溪寺开展过三次大型的保护工作。

（1）1990 年潜溪寺石窟渗水治理

在 1987 至 1992 年的龙门石窟"五年综合治理"中，为解决潜溪寺的洞窟渗漏问题，相继采取了拆除封闭式窟门、重建敞开式仿古木构窟檐，裂隙灌浆、封堵，窟顶清理，铺设钢筋网板水泥混凝土防渗层等措施，在一段时期内，治理效果明显。但经过十年左右潜溪寺裂隙渗水病害又重新产生，而且愈来愈严重。

（2）2007 至 2008 年潜溪寺石窟水害治理

在"教科文组织龙门石窟保护修复工程"中，根据潜溪寺的水文地质条件（潜溪寺北侧发育一条断层 F2，南侧发育一条延伸较长的 J1 构造裂隙，两条构造迹线分布在潜溪寺左右两侧，形成相对独立的地貌单元），提出了将潜溪寺作为一个相对独立的水文地质单元进行治理的设计理念，探讨从水源治理上解决洞窟渗漏的治理技术、措施。

潜溪寺石窟受水面积大，裂隙水来源途径多，地质结构比较复杂，单一的治理措施无法达到治水目的，必须采取综合的治理措施。潜溪寺裂隙水治理的设计思想是以疏导、排泄降水和截断裂隙水渗流为主，窟内裂隙封堵防止裂隙水在窟内出露为辅，两者结合全面治理。

根据影响潜溪寺石窟渗水的区域的特点，采取了 5 个方面的治理措施：截水、排水沟和钻孔高压帷幕灌浆措施；窟顶坡体防渗排水措施；窟外崖壁区域岩体裂隙封堵措施；石窟南侧坡体岩体裂隙灌浆、封堵措施；窟内裂隙封堵措施。

由于其中的关键措施帷幕灌浆的效果没有达到预期，同时工程的工期和资金又有所限制，潜溪寺的治理效果没有很好的呈现，成为项目专家和参与者共同的遗憾。

（3）2013 至 2014 年潜溪寺石窟水害治理

在总结潜溪寺以往渗漏水治理的经验后，2013 年重新启动了新一轮的治理工程。总结认为新的工程应是前期渗水治理工程基础上的延续，认为将潜溪寺作为一个相对独立的水文地质单元，以疏导、截断裂隙水渗流为主要技术措施的设计理念仍然是准确的，应该坚持，只是要在更加细致的施工勘察的基础上，确定裂隙水的渗流模式，确定防渗层的精准设计。

最终实施的治理措施主要有：潜溪寺三维立体扫描与数值建模；潜溪寺顶部人工覆盖层揭除；潜溪寺现场钻探和钻孔注水试验；潜溪寺上部布置弧形防渗层，采用钻孔灌浆实施；潜溪寺南排水沟处理措施；潜溪寺顶部采用 SNS 柔性被动防护网加固上部裸露岩体；生态恢复工程等（图 4）。

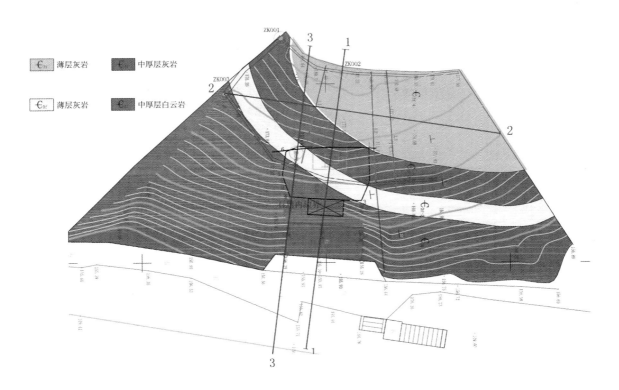

图 4　潜溪寺渗水治理工程地形图

图 5　潜溪寺治理前洞窟情况　　　　　图 6　潜溪寺治理后洞窟情况

2014 年，潜溪寺渗漏水治理主体工程完成，后经历了多次降雨，在降雨期，洞窟状况普遍较好，仅在 2014 年、2015 年各有一次极端天气情况下有渗漏水的出现，且渗漏水量也明显少于治理前，经过补充施工后，潜溪寺未出现洞窟渗漏现象，因此认为本次潜溪寺的治理效果显著，质量优良，于 2016 年 10 月顺利通过专家验收（图 5、图 6）。

四　潜溪寺治理工程的总结

纵观潜溪寺近三十年的渗漏水治理实践，无论是监测手段、勘察技术，还是设计思想、灌浆材料、施工工艺，还包括对渗漏水治理工作的认识，都有了较大的提高，或是改变，也正是因为多年坚持不懈的实践，才成就了潜溪寺治理的结果。

（1）注重石窟保护工程与石窟环境的协调

1990 年的潜溪寺治理工程，从洞窟渗漏水现象严重的现实出发，修建了窟顶防渗盖板，修建了仿唐窟檐，修筑了窟顶排水沟，在五到十年间，较好地解决了渗水问题，但是，盖板、窟檐等附加建筑物对石窟环境有一定的改变，出现了一些不同的意见和看法。

而 2007 年开始的再次治理工程，着重考虑了治理工程与环境的协调问题，努力体现不改变原状、最小干预原则，治理措施尽量体现为隐蔽工程；2013 年的工程中拆除了对景观影响较大的水泥覆盖层，工程后挂网植草，恢复原有生态景观。

（2）截、导结合，致力于长远解决洞窟渗漏状况

截、导、堵是石窟渗漏水治理的传统思路，如果仅仅从洞窟外部采取排水沟、防渗层，在洞窟内封堵裂隙的方法，只能暂时性地解决一部分问题，绝非长久之计。潜溪寺的渗漏水治理工程，以截断裂隙渗水水源为目的，探索长久、有效治水的措施和方法，提出了将潜溪寺作为一个相对独立的水文地质单元考察渗流系统，治理措施分为两个步骤实施，首先是设计窟外的截水帷幕，从窟外截断裂隙水的入渗通道，再将水通过适合的排泄通道导出，最后才考虑在窟内做裂隙封堵。这一思路是在 2007 年教科文项目潜溪寺治理工程当中提出的，一直贯彻到 2013 年的潜溪寺治理工程上。

（3）详细的勘察为技术路线的调整提供了方向

在潜溪寺的治理工程中，特别体现出勘察的重要性，每一次技术路线上的变化都来自于勘察的全面和深入。潜溪寺区域岩体结构复杂，层面裂隙、构造裂隙、卸荷裂隙纵横交错，相互连通，其中又以层面裂隙和卸荷裂隙组成的渗流结构对洞窟渗漏影响明显，加之石窟顶部受水面积大，来源多，洞窟渗漏时间表现不一，渗流途径极为复杂，一般性的地质勘查、调查远远不能满足治理工程的需要。因此在治理施工中，运用了传统的现场调查结合先进的物探手段，对潜溪寺进行了多次反复的勘查试验，最终确定了潜溪寺相对科学合理的渗流通道地质模型，为潜溪寺渗漏水的治理提供了理论依据。在潜溪寺水害治理保护研究过程中，先后做过四次勘察工作：一是对潜溪寺顶部人工混凝土防护体现状进行调查；二是采用物探技术对潜溪寺顶部深部岩体研究，为了查明潜溪寺的地质结构和渗流通道，对窟顶原有混凝土防渗层进行了彻底的揭除，露出原岩；采用地震探测、高密度电法、地质雷达探测等多种物探技术和地质钻孔方法对石窟区岩体结构构造特征进行分析研究，并在窟顶设置勘察孔，进行压水试验，分析渗流途径；三是对南侧浅部截水沟的现状进行了调查并做了渗水试验；四是施工阶段的补充勘察和钻孔注水试验。正是在如此反复和精细的勘察基础上，才提出在保留原来的水文地质特征，不破坏原来的渗流体系的基础上，在潜溪寺上部布置弧形防渗层，实施帷幕灌浆的防渗治理的技术路线。

（4）合适的材料奠定了治理的基础

关于裂隙灌浆材料，龙门石窟历史上曾经采用过的主要有水泥、环氧树脂两类。近年

来通过对历史灌浆材料研究表明，水泥易产生老化问题，碳化后孔隙率增加，并析出难以清理的可溶盐，参与石窟表面风化；环氧树脂是 20 世纪洞窟内部裂隙封堵主要采用的材料，1971 年至 1974 年、1975 年至 1985 年、1987 年至 1992 年龙门石窟加固维修工程中，都使用了这种材料。自然条件下，环氧树脂除了会出现老化问题之外，作为一种有机材料，与裂隙表面附着的大量泥质、钙质沉淀等物质间衔接较差，是造成洞窟重新渗水的主要原因之一。因此选用适合的灌浆材料是防渗工程中的关键问题。

工程施工中，灌浆材料在比选了有机、无机等多种材料后选用了重新研发的新型无机灌浆材料，该材料与石窟岩体性能更接近，与裂隙内物质具有很好适应性和耐久性，具有耐老化、抗酸碱、收缩率低、流动性好、经济环保等特点。这种新型灌浆材料的主料为偏高岭土（Metakaolin，MK），并掺入少于 20% 的超细水泥（MFC），少量的水玻璃（泡花碱）作为复合激发材料。

在室内试验和现场试验的基础上，提出结论：材料配方完全满足现场灌浆工作要求，能比较容易进入导水的构造与裂隙中，特别是裂隙宽度大于 0.5mm 情况下，灌浆效果较好。灌浆压力根据工艺要求及裂隙宽度可以在一个较大的（0.2～0.7MPa）范围内选取，适宜的水灰比可以在 0.4～1.0[①]。

（5）多次补充施工完善治理成果

洞窟渗漏水的治理是一项复杂的系统工程，需要分步骤、分阶段、渐进式地进行，甚至需要反复进行，一次性的解决所有问题不切实际。面对工程存在的纰漏，只能正视问题，不断解决出现的新问题，才能逐步达成目标，潜溪寺的渗漏水治理即是如此。

根据治理工程完工后出现的两次渗漏情况，通过观察分析、研究，先后实施了三次补充施工，增加工程的防渗能力。

在 2014 年 5 月工程结束后，6、7、8 三个月的夏季经历多次降雨，洞窟表现良好，直至 2014 年 9 月的极端降雨过程，降雨持续 20 余日，9 月降雨量达 222.5mm，日最大降雨在 9 月 14 日，当天降雨累计 54.22mm（洛阳市常年降雨量在 500～600mm），洞窟出现渗漏，之后经过了半年的观察，2015 年 7 月进行了第一次补充施工，在排水沟北部增加施工排水孔，把防渗层后面的地下水引到下部裂隙排除，减少防渗层下裂隙水的压力。

---

① 严绍军等：《龙门石窟偏高岭土——超细水泥复合灌浆材料研究》，《石窟寺研究》第四辑，北京：文物出版社，2013 年。

2015 年 12 月，一个强降雪过程后，洞窟出现了渗漏现象，于 2016 年 3 月进行了第二次补充施工：排出花台下面土工膜的渗水，在花台土工膜下施工截水槽，把花台下渗水引入排水沟内。

经过补充工程完成（2016 年 3 月）以来，洞窟未再出现渗漏现象。

2017 年 6 月为进一步加强排水沟底部和防渗层的防渗效果，主动性地进行了第三次补充施工：在排水沟底部和防渗层增加了钻孔灌浆，进一步在排水沟铺设防渗材料做防渗处理。

五　潜溪寺等区域治理工程对今后龙门石窟洞窟渗漏水治理的启示

在潜溪寺、擂鼓台、万佛洞区域渗漏水治理工程实施的同时，龙门石窟也开展了奉先寺区域、奉先寺以南区域、宾阳洞至摩崖三佛区域、东山万佛沟区域等其余四个片区的渗漏水治理工程的前期准备工作，相继完成了奉先寺区域、东山万佛沟区域的地质勘查和治理方案设计、审批工作，奉先寺以南区域和宾阳洞至摩崖三佛区域也已完成了立项程序。

潜溪寺等区域的渗漏水治理工程既是一个保护工程，也是一个不断探索、不断深入的研究过程，其中洞窟微环境监测、历史保护信息的收集、病害档案的建立、重要病害监测、地形测绘和地质勘查以及材料试验等研究内容，涉及与保护工程相关的各个方面，并且每项研究都进入到相当的深度，得出了相应的研究成果，为今后的洞窟治理提供了宝贵的经验。

另一方面，也会对今后洞窟渗漏水治理提供方向上的修正。

首先，对洞窟渗漏水治理应该有一个较为客观的认知，从潜溪寺渗水的治理实践上可以看出，洞窟渗漏治理的难度极高，想要准确判断洞窟渗流模式，存在技术和经验等方方面面的难度，且存在反复性，因此对问题的复杂性应有充分的计划。

其二，治理的程度需要一个判断的标准，洞窟的渗漏水来自复杂的多元的渗流通道，而任何治理措施都有针对性，如果主要的治理措施解决了主要的渗漏通道，大大地减少了渗流量，就可以认为这个措施的成功，希望一次性就解决洞窟渗漏问题也是不科学的。另一方面，将一个洞窟从渗漏严重改变到滴水不漏，是否是一个最好的结果，可能还需要专门的研究才能回答。

第三，渗漏水治理工程治理区域的选择不宜过大，即便是一个相对独立完整的水文地质单元，对于单个洞窟而言，也有其独特性，要在大环境下做到逐一甄别。

第四，治理工程的前期研究尽可能细致、全面，不能急于求成。例如在地质勘查方面，除了总体勘察之外，可能还需要施工勘察、专项勘察等，在施工的各个阶段都可能出现勘察需求。在保护材料方面，应重视材料施工工艺的研究，尤其是现场施工，考虑与实验室的误差等等。

第五，洞窟监测是长期的研究工作，应贯穿于保护工程的始终，不仅是石窟及其环境保存状态的记录，也是工程活动合理与否的验证，监测不求大而全，必要、合理即可，体现与实际目标的关联性，满足监测的最终的核心的要求。

文献题记

吐蕃王朝的骰卜与立法

——骰卜在借贷、利息、婚姻和征兵法律中的角色扮演（一）

布兰登·道特森 著　王东 译*

内容提要： 敦煌古藏文 IOL Tib J 740 号文书包括两个文本，第一个是 *mo* 骰卜条例，第二个文本是关于诉讼程序的问答。本文对该文本基本特征、文字拼写、文本结构进行了简要介绍，骰卜在吐蕃社会生活诸如借贷、利息、婚姻、征兵、宗教财产等方面中扮演了重要角色，充分论证了骰卜是吐蕃法律文化中的重要组成部分。

关键词： 骰卜　敦煌古藏文文本　法律　吐蕃社会

吐蕃王朝时期（600～850 年），为了支撑对占领区及其民众集权和同化的双重趋势之需而发展了一套复杂的职官系统和法律制度。大体上来看，这套法律和职官制度也促进了兵丁征发、税收征收和王朝立法。征服异族和占领他们的领土，所以他们的土地也是神圣的。这就产生了一种例行性的中央集权制，包括日渐增多的"国家"万神殿的神祇连同神圣皇帝的膜拜和为皇帝和王朝福祉所举行的季节性"古拉（*sku - bla*）"仪式，构成了这个"国家"宗教的主要部分。迄今尚未公布的敦煌古藏文 IOL Tib J 740 号法律文书中，政治集权和仪式集权的双重趋势显然是值得注意的。

本号文书包括两个文本，第一个文本是一个 *mo* 骰卜条例，第二个文本是关于诉讼程序的问答。在本章中，我将探讨这两个文本之间的关系，并将它们置于吐蕃法律传统之

---

* 作者简介：布兰登·道特森（Brand Dotson），英国伦敦大学东方及非洲研究学院讲师，主要从事藏学研究；王东（1980 年—　），河南漯河人，副研究馆员，硕士生导师，主要从事敦煌文献与西北民族史研究。

内。分析主要集中于第二个文本，它将有益于我们理解吐蕃王朝的社会与政治组织结构。

　　本节分为三个部分，第一部分为古吐蕃法律概述，以便将该文本置于这个传统之中，第二部分论述该文本的自然属性——拼写与结构，还强调了骰卜条例与法律文本之间的关系，并简要考察了骰卜在吐蕃法律中的作用。第三部分是对法律文本的专题分析，主要议题考察了债务、借贷、利息和徭役，女性和婚姻，宗教财产的法律地位和吐蕃关于士兵的征发体系。

一　吐蕃王朝的法律

　　在继续审视这份文本之前，先对我们所知的吐蕃王朝法律文化进行概述。《旧唐书·吐蕃传》载：

> 其刑严峻，小罪剜眼鼻，或皮鞭鞭之，但随喜怒而无常科。囚人于地牢，深数丈，二三年方出之。宴异国宾客，必驱牦牛，令客自射牲以供馔。与其臣下一年一小盟，刑羊狗猕猴，先折其足而杀之，继裂其肠而屠之。令巫者告于天地山川日月星辰之神云："若心迁变，怀奸反覆，神明鉴之，同于羊狗。"三年一大盟，夜于坛墠之上与众陈设肴馔，杀犬马牛驴以为牲，咒曰："尔等咸须同心戮力，共保我家，惟天神地祇，共知尔志。有负此盟，使尔身体屠裂，同于此牲。"①

完全驳斥《旧唐书·吐蕃传》是草率的，然而，这种说法可谓是一个无知和盲目爱国者关于一个野蛮民族的描述或早期吐蕃法律文化的描述。敦煌古藏文文本对吐蕃法律实践描绘出了一个更为复杂的景象。

　　法律，尤其是善法，是吐蕃皇帝神性继承和地上合法化的关键要素。同时，被官僚主义和大批官员们扶持的吐蕃王朝法典规范、立法是吐蕃政体的新兴基础。

　　早在吐蕃教法史中，立法与政治秩序的实施构成了这个王朝的宗教君主们历史的一部分而被传颂，它们被吐蕃统治者认为是不可缺少的价值。许多现存最早古藏文文本涉及吐蕃统治者——赞普，因其"良好（宗教）习俗和伟大官方艺术（*chos - bzang gtsug - lag che*）"②

---

① 转引自布谢尔（Bushell）：《从中国人来源看西藏早期的历史》，《皇家学会会刊》，1880 年，411 页。

② 关于这一主题讨论，参见石泰安（Stein）：《关于祖拉（*gcug - lag*）一词和土著宗教》，收录 A·米奇（A. Mckay）编：《西藏的历史》（卷1），伦敦：劳特利奇寇松出版社，2003 年，534～539 页、560 页。

而颂扬他。考虑到在现有《吐蕃编年史》中的许多段落中，颂扬吐蕃王族是一部英雄史诗的政治需要，并以理想化和美化皇帝的统治为原则。这包含的吐蕃君主介绍的排序原则，实例化了天覆地的途径，并带来法律来规范吐蕃民众。显然是被墀松赞（Khri Srong – brtsan，605 ~ 649 年）（后来以松赞干布 Srong – btsan Sgam – po 闻名）与他的首席宰相——噶尔·东赞（Mgar Stong – rtsan）及后来对手——象雄（Zhang – zhung）互换了胜利的赞歌。

> 上有知识渊博的君主——墀松赞；下有睿智的宰相——东赞域宋，君主以上天山神的方式展示，赋予了所有威严的条件（manga' – thang）；宰相则以世间威严的方式展示，并于外部四域扩展了政权。内部福利（kha – bso）① 的丰富与强化，他们创制出高低与［吐蕃人］黑头主题之间的奇偶性。他们削减了赋税隐瞒欺诈，创设了娱乐休闲。他们在春秋两季进行盟誓，并坚持这种循环往复。他们给予了剔除有害成分的必需品，他们雇佣强者，分化傲慢无知者（sdo – ba），他们摒弃了恐惧，形成了真正的联合，他们赞颂睿智和尊奉英雄。他们雇佣忠诚之士。作为习俗是好的，作为政治形态是崇高的，因此各阶层无不欢悦。

以前吐蕃是没有文字的，但是在墀松赞赞普统治时期，吐蕃习惯法（bod kyi chos kyi gzhung bzang – po kun）的整个良好基础被创立：吐蕃伟大的法律和管理制度（bod kyi gtsug – lag bka' – grims ched – po）、宰相等级制度、大小军阶、对善者的奖励、对邪恶欺诈者的惩处、对 thul – ka、dor – ka 和 slungs 领地和牧场的平等支配、度量衡（升、普尔、两）的标准等。所有人对他的仁慈充满了感激之情，作为回报，他们称之为"松赞班智达（松赞干布 Srong – btsan Sgam – po）"。

> *bla na rje sgam na/khrI srong brtsan/'og na blon'dzangs na stong rtsan yul zung/rje nI gnam ri pywa'I lugs//blon po ni sa'I ngam len gyi tshul//mnga' thang chen po'i rkyen du/ jI dang jir ldan te/pyi'i chab srid nI pyogs bzhIr bskyed//nang gI kha bso ni myi nyams par lhun stug/'bangs mgo nag po yang mtho dman nI bsnyams/dpya' sgyu nI bskyungs/dal du nI*

---

① 这个单词字面意思是"滋养嘴巴"，如此翻译之妙足以说明英文中的"福祉"，"福祉（kha – bso）"一词也可能与《吐蕃编年史》以及其他法律、职官渊源中所出现的 kha – bso 有关，在广义上最常作为"税务衙门"，或者，kha – bso 可能只是 kha – bsod 的一个错位，意思是"好运"。

mchis/ston dpyid nI bskyal//'khor bar nI spyad/'dod pa nI byin/gnod pa nI pye/btsan ba nI bcugs/sdo ba ni smad/'jigs pa nI mnan//bden pa nI bsnyen/'dzangs pa nI bstod/dpa'bo nI bkur/smon par nI bkol//chos bzang srId mtho ste//myI yongs kyis skyid do//bod la snga na yI ge myed pa yang//btsan po'di'I tshe byung nas//bod kyi gtsug lag bka'grims ched po dang /blon po'i rim pa dang/che chung gnyis kyI dbang thang dang/legs pa zin pa'I bya dga' dang/nye yo ba'i chad pa dang/zhing'brog gi thul ka dang dor ka dang/slungs kyi go bar bsnyams pa dang/bre pul dang/srang la stsogs pa//bod kyi chos kyi gzhung bzang po kun//bt-san po khri srong brtsan gyi ring las byung ngo/myi yongs kyis bka'drin dran zhing tshor bas//srong brtsan sgam po zhes gsol to(PT1287,446 – 455) [1]

从这段《吐蕃编年史》中可以看到，在早期的吐蕃社会中有一个传统，就是把法律和职官制度的改革归于松赞干布。这段文字里所描述的吐蕃习俗的全部优良之根基（*bod kyi chos kyi gzhung bzang – po kun*）的措施将在法律和职官守则（*dkar – chag/rtsis – mgo*）中编纂成文[2]。

《拔协》（*Dba' bzhad*）中的确存在这样的准则：松赞干布后来劝诫他的臣民，如果没有遵守他新编纂的法律制度，他们将会因为内部混乱和目无法纪而被击垮，吐蕃将会变成十二个小王国（*rgyal – phran*），所以，宣布它们为基本准则（*rtsis – mgo*）和善法（*chos – lugs bzang – po*）[3]。

除了吐蕃政治理论的解读外，《吐蕃编年史》中上述段落可能与最知名的吐蕃法律和行政创建的附注中简单描述的措施有关。《吐蕃编年史》是在吐蕃早期历史上唯一最为可靠来源。654 年条和 655 年条如下：

[654] 及至虎年。赞普驻扎于美尔盖，大论东赞在蒙布赛宗集会。区分武士（桂）和奴属（庸），为了大料集而开始清查户籍。是为一年。

[655] 及至兔年。赞普驻扎于美尔盖。大论东赞在"高尔地"制订法律条例。是

---

① 藏文文献参考 CD2，574 页；译文参考 CD3，33～34 页。这段法语译文与我的译文相差很大，参考巴考（Bacot）等编著：《敦煌本吐蕃历史文书》（1940～1946 年），160～161 页；也可参阅卡普斯坦（Kapstein）关于第二自然段的分析（《藏传佛教的同化：转变、论争和记忆》，牛津：牛津大学出版社，2000 年，55 页）。

② 这段本身参考关于吐蕃习俗的全部优良之根基（*bod kyi chos kyi gzhung bzang – po kun*）的来源，如果我们以 *gzhung* 作为"根基"来翻译的话，那么就取代了所谓"原始文本"。

③ 旺堆（P. Wang du）、戴姆伯格（H. Diemberger）译注：《拔协：佛法传入吐蕃与王室叙事》，维也纳：维也纳奥地利科学院，2000 年，28～29 页。

为一年。

#/:/stagI lo la bab ste/btsan pho mer khe na' bzhugs shIng/blon che stong rtsan gyis/ mong pu sral' dzong du' bsduste/rgod g. yung dbye zhing/mkho sham chen pho bgyI ba' I rtsis mgo bgyI bar lo gchIg/

#/:/yos bu' I lo la bab ste' //btsan po mer khe na bzhugs shing/blon che stong rtsan gy-Is/' gor tIr/bka' /grIms gyI yi ge brIs phar logchig/（PT 1288，Ⅱ. 26 – 29. ）①

这段文字陈述是明确的，吐蕃王朝在 654 年和 655 年发展了法律和行政文本，然而这些文本的内容并没被披露出来，这至少证明了一个事实，在吐蕃王朝发展的早期就拥有一套制度化的法律体系。

除了理论关注点和吐蕃法制文化起源外，一些古藏文文本阐明了司法实践。从敦煌幸存下来的零碎法律文本来看，吐蕃王朝发展了一套高度制度化的法律体系——在特定的案件中根据原告和被告的社会等级实施惩处。PT1071 号文本展示的最为明显，这是一个主要涉及当某人在狩猎过程中用箭不慎射中他人的抚恤金或赔偿金的处理文本。黎吉生（Richadson）从某些细节中概述了这件文本②，在他的著作中清楚地给出了依据社会等级所给予的惩罚分级。下面的表格（表 1）是一个简化的条目，展示了依据每个受害者的等级确定抚恤金总额。这些等级还包括一些受害者的亲属关系，因为太复杂，本文在此不再详述。应该指出的是，抚恤金并非总被接受。例如，如果四大宰相之一者被具有八到十等级的某人杀死，杀人者要被处死，他的男性后代被处死，财产根据 sgor – rabs – gcad 死刑惩罚条例被没收。因此，惩罚取决于凶手和受害者的等级。为了清晰起见，在下面表格中所列的赔偿金价格对应当凶手与死亡的受害者处于同等或者更高级别等级时所支付的价格。

正如我在别的地方所著述的那样，吐蕃阶级社会中的主要分歧在于由一到七分组的尚论阶层（zhang – lon，dku – rgyal，yi – ge – pa）和由九到十所表示的普通阶层（dman-gs）③。这一突破始于大藏（gtsang – chen）④，和其他诸如"银级宰相"一样，所描述的是

---

① 文本参考 CD2，580 页；译文参考 CD3，40 页；巴考和杜散的法文译文参考巴考等编著：《敦煌本吐蕃历史文书》（1940 ~ 1946 年），31 页。

② 黎吉生著，M. 阿日斯编：《高峰净土》之"吐蕃狩猎意外"，伦敦：伦敦塞林提亚出版社，1998 年。

③ 道特森：《关于"zan"之注释：吐蕃王室母系亲属与皇家的联姻》，《亚细亚学报》第 292 卷（1 – 2），81 ~ 82 页。

④ 李普华（LI pu hwar）被任命为地方总大农田官员，享有大藏级别（lI pu hwar spyi' i zhing pon ched por bskoste// thabs gtsang chen mchis pa/）（参 PT 1089，Ⅰ.61）

表1 抚恤金/赔偿价格 （*stong – mnyam/myi – stong*） （依据 **PT1071**）

	等级	赔偿价格（两）
1	四大宰相①	10000
2	瑜石级别	6000
3	金子等级	5000
4	镀金银质（phra – men）等级②	4000
5	银级别	3000
6	黄铜级别	2000
7	大藏、皇家武士、依附于贵族平民和总督的耕奴（rgyal – 'bangs rgod – do – 'tshal dang zhang – lon [dang] dmangs kyi bran rkya la gtogs – pa dang mngan gyi mngan – lag）(ll. 247 – 51)	300
8	王室民户、依附于贵族和平民田地的奴隶、边鄙蛮夷罪犯（lho – bal btson – pa）(ll. 288 – 89)	200

一个等级而非一个职位。然而，大藏并未显示出所指的是一种徽章类型。这一点在 PT1089 号文本中很明显，文本中一个人被任命为"首席伟大长官"就被描述成拥有"大藏"等级（thabs）的人。PT1071 号还将继续处理其他因狩猎而引起的其他问题，如某人陷于牦牛身下的案件，这取决于受害者的等级和旁观者的等级③。

---

① 四大宰相是：首席宰相、内相、赞普舅舅负责政务（*btsan po' i zhang drung chab srid la 'lbang ba*）、副宰相。参考道特森（Dotson）：《关于"zan"之注释：吐蕃王室母系亲属与皇家的联姻》，《亚细亚学报》第 292 卷（1 – 2），81 页。

② 东嘎（Dung – dkar）（《东嘎藏语大辞典》，中国藏学出版社，2002 年，1359 页）认为 phra – men 是一种"金和银的合金"，但是它可以根据《新唐书》中关于等级排序的段落翻译得更准确。布谢尔译文如下：从官员们肩膀上悬挂的大小不一的带状服饰饰物，用于区分穿戴者的等级——最高等级瑟瑟 [sè sè?]，其次金，再次镀金银质，银，最低铜。（《从中国人来源看西藏早期的历史》，《皇家学会会刊》，442 页）。伯希和（《西藏古代史》，巴黎阿德里安·麦松纳沃书局出版，1961 年，80 页）描述正好可以对应 PT1071、PT1072 和 PT1073 文献中所载，在银和红铜等级之间遗漏了省略的黄铜（ra – gan），这进一步表明了吐蕃徽章（yig – tsharg/yi – ge）可以被认为类似于肩章（1961 年，80 页）。我们注意到 se – se，意为类似"海蓝宝石"，可能暗指绿松石。这里的"镀金银"（金涂银）意思是"以金覆盖银"，因此，应当以"镀金之银"更为精确地呈现出来，这与藏文 phra – men 一致，从而澄清了一个晦涩的术语。关于贵金属在蕃汉徽章等级应用的密切对应关系可参考戴密微（Demiéville）《拉萨僧诤记》（巴黎法兰西学院汉学高等研究院，1952 年，284～286 页，n. 2.）。

③ 黎吉生：《高峰净土》之"吐蕃狩猎意外"，156～159 页。黎吉生对吐蕃王朝社会等级和地位的分析主要依赖于 PT 1071 和巴卧祖拉陈哇（Dpa' – bo Gtsug – lag phreng – ba）的《贤者喜宴（Mkhas pa' i dga' ston）》，参考聂贡·衮觉次旦（Gnya' gong dkon mchog tshes brtan）：《略谈吐蕃时期臣民等级制度研究（Bod kyi btsan po' i rgyal rabs skabs kyi' bangs mtho dman bar pa' i gral rim gyi dbye ba' gar rags tsam dpyad pa）》，扎西才让（Bkra – shis – tshe – ring）、喀岗（Kha – sgang）编：《吐蕃文献研究（Bod kyi yig rnying zhib' jug）》，北京：民族出版社，2003 年，210～228 页。

在"法律和国家章节"中记录了类似抚恤金支付标准，这一章节也存在于几个后吐蕃王朝时代的历史中，其目的是描述吐蕃王朝的法律和行政实践①。后来的西藏管理者如达赖喇嘛也遵循了类似的支付标准模式，但是他们的社会法律分层显然与早期模式有别，部分是由于佛经的影响。

在这些狩猎事故的案件审判中的实际形式有时候是非常有意思的，由于"陪审员（*gtsang - dkar*）"扮演了重要的角色。在法律文本 PT1071 中，当一个拥有绿松石、金或镀金银质级别的宰相级贵族（级别 2 - 4）被指控在狩猎过程中射杀一位在众宰相级贵族（级别 1）中拥有最高等级的人，其审判过程如下：

［受害人］无论是否丧命，蓄意有仇，据说必须受到惩罚，十二名陪审员连同他（事主?）自己共十三人，一同起誓，案件依据《凶杀律例》处理。（这一点上）赔偿抚恤金不是理所应当，审判员审判他，［倘若］这个男人系被箭射死，那么强制赔偿抚恤金（*myi - stong*）10000 两，一半分给原告（*yus - bdag*），另一半给原告关联人（*' dam - po*），如果没有关联人，10000 两则归原告所有；如果受害人中箭未身亡，赔偿 5000 两，一半归原告，另一半归原告关联方，如果没有关联方，5000 两则全归原告所有。当射中他人而在判决时称"这不是我的箭"，他的否认不会被接受，中箭者无论是否身亡，适用《凶杀律例》；如果坚持否认，由于它也是诽谤，它就成为一件虚假凶杀案件。

///gum yang rung ma gum yang rung/mkhon mchis te chad/kar'phangs re zhes/gtsang dkar bcu gnyis dang kho na bdag dang bcu gsum/bro stsaldo/dkar chagsna/thong myi/dang khrims gcig go/stong'jaldu yang myi gnango/dkar gyis changs tang/mda'phogs pa'gum dang/myI stong/ srang khri babste/yus bdag dang/'dam po phyed mar dbango/'dam po ma mchis na/srang khri yus bdag dbango/mda's phogs pa/ma gum na/gson stong srang lnga stong phabste/yus bdag

---

① 发现的"法律和国家部分"主要有三个主要版本——《弟吴教法史》（*the Rgya bod kyi chos' byung rgyas pa of Mkhas - pa Lde' u*）（后简称《弟吴》）、《弟吴觉色宗教源流》（*the Chos' byung chen po bstan pa' i rgyal mtshan of Lde' u Jo - sras*）和《贤者喜宴》（*Mkhas pa' i dga' ston*），明确称与松赞干布的法律和行政改革有关。由于图齐（Tucci）（《在尼泊尔两次科学考察的初步报告》，罗马中远东研究院编《罗马东学丛刊》卷 10，1956 年，76 页）、乌瑞（Uray）（《〈贤者喜宴〉中的立法与机构的记载：关于吐蕃第一位立法者和组织者松赞干布的传统渊源》，《东方学报》卷 26，67～68 页）、于伯特（Uebach）（《〈弟吴宗教源流〉中立法和国家部分的注释》，收伊莲昭原（S. Ihara）、山口瑞凤（Z. Yamaguchi）编：《藏学研究：第五届（成田）国际藏学会议论文集》，1989 年，成田：山新胜，831 页）和高瑞（Gnya - gong）（《略谈吐蕃时期臣民等级制度研究》，227 页）已分别指出，"法律和国家章节"大部分不涉及该君主的统治，但是涉及其他几个吐蕃君主。"法律与国家章节"与吐蕃来源的比较构成了道特森 2006 年论著的基础。

dang' dam po phyed mar dbango/' dam po ma mchis na/ srang lnga stong kun yus bdag dbango//
mdas phogste/ nga' I mda' ma yIn ces snyon snyon ma changste/ mdas/ phɔgs gum yang rung ma
*gum/ yang rung/ thong myi dang khrims gcIgo/ snyon snyon pa tshangs*①*daṇg/ skur pa zan kyang/*
thong myi' i skur pa zan dang khrims gcig du dbango//（PT 1071, ll. 8 – 15）②

像上述其他那些形式的审判一样，这次审判仪式中涉及宣誓。虽然在古藏文资料中记载了对
皇帝效忠的盟誓以及对支持佛教的盟誓相当普遍，但是这样的频率不应该作为琐事的标识。
祭品可能是吐蕃盟誓仪式中的一个关键因素，如果相信《唐书》所言，有时候的祭品可能是
人类。这将使得这样的盟誓成为一种可怕的经历。上述案例中，参与共同起誓的 12 名陪审员
（*gtsang – dkar*）连同他本人（可能指原告）在内共 13 人。这是很有意思的，因为数字公式
"12 + 1 = 13" 表示整体，从而使得这些"陪审者"作为吐蕃社会的一个明确缩影③。虽然判
决的结果是一方对另一方的赔偿，但就审判构成而言，很容易看到对危及社会的犯罪概
念。在这个案例中，陪审者是决定案件和支付必要抚恤金的人。此外，他们似乎还有权力
接受或者拒绝任何否认罪过的行为。这个案例与其他案例不同，因为它发生在狩猎过程
中，这是一件有时候涉及数千人的国家大事。然而，法律条款可能与其他地方发现的条款
有着惊人的一致，在狩猎过程中尽可能揭示自身作为涉及在关联性大事件的吐蕃社会各个
阶层的元社会的一部分。然而，既然狩猎揭示了自身作为一种吐蕃社会各阶层都参与其中

---

① 　读作 *changs*。

② 　也可参考黎吉生：《高峰净土》，150 页。

③ 　十二加一等于十三的这一同样公式也被用于 PT1286 中《小邦（rgyal – phran）名录》："十二小邦，加上 Se – re –
khri 构成十三个"，二十四位宰相，加上 Skyang – re – gnag，成为二十五位。（*rgyal pran bcu gnyis na/ se re khri dang
bcu gsum/ blon po nyI shu rtsa bzhi na/ skyang re gnag dang nyi shu rtsa lnga/ mkhar bcu gnyis na/ dbu lde dam pa dang bcu
gsum/ yul bcu gnyIs na/ byang ka snam brgyad dang bcu gsum.* PT 1286, Ⅱ. 22 – 24，CD2：p. 555，CD3：14）同样公
式在 PT1060 号文本的（十二加一等于）十三君主以马为主的仪式颂歌中出现，"十二君主和 Se – ra – gri 构成十
三位，二十四相与 Skyang – re – gnag 构成二十五位，十二域和 Hod gyi Se – mo gru 构成十三，十二要塞与 Dbu –
ste Ngam – pa – ra 构成一三（*rgya po bcu gnyIs na se ra grI dang bcu gsum blon po nyi shu rtsa bzhi na' //skyang re
gnag dang nyishu rtsa lnga' a yu bcu gnyis na' hod gyi ［se］ mo gru dang bcu gsum// mkhar bcu gnyis na' dbu ste ngam
pa ra dang bcu gsum.* PT 1060，Ⅱ. 94 – 96，in CD2：pl. 371，CD4：29）。"十三邦国是对已知世界的想象，通常在
诸如仪式环境下引用。该方案也被用于周边归附寺院的规划中，在大昭寺（*Jo – khang*）系统里，由主要方向的
三组四寺院所维系（索仑森（Sørensen）等编：《非常之猎鹰：西藏第一座佛教寺院昌珠（*Khra – ' brug*）寺历
史与崇拜之调查》，维也纳：奥地利科学院出版社，2005 年，172 页）。更多关于数字十二和十三作为整体性符号
标志，可参考道特森即将发表的论著、石泰安（1961 年，9 ~ 10 页）和埃克瓦尔（Ekval，《"13"在藏族和蒙古
族文化中的象征意义》，《美国东方学会会刊》卷 73，1959 年，188 ~ 192 页）。

的元社会的一部分，那么法律条款可能与其他地方发现的那些条款非常一致①。

在 PT1071 号文本中法律条款中另一个有趣的因素是原告的"助手"（'dam‐po）的角色。在赞拉·阿旺措成阅读这份古藏文文本时，他将当颇（'dam‐po）定义为告发者，或者换而言之为公诉人②。不管赞拉研读是否更加深入，这段话确实证实了吐蕃王朝时期法律专业人员的存在。"合伙人"或许不是作为中介人而有权得到赔偿金的一半，他拥有法律方面的知识，在法官判决之前，通过睿智和雄辩能够影响到案件进程。并不是说"合伙人"相当于现代的律师或者法律顾问，他可能仅仅只是一名具有某些法律常识的当地重要而又有影响力的人士。

另外一个法律文本关乎动物，这个时代驯养的品种，涉及关于犬攻击路人的惩处条款，黎吉生已对 PT1073 号文书进行研究，像狩猎法一样，惩罚依据于原告和被告的社会阶层分类③，唯一的不同是文本所载案件中的被告是一名妇女（lkog tu nyes skyon ther'don byed mkhan），第 14～15 行是对一名拥有银质到铜质等级的妇女纵犬咬某个拥有更高名望的镀金银质（phra‐men）等级者的法律惩处：

> 如果已婚妇女纵犬并咬死某人（具有镀金银质等级），将其所有从娘家所带的陪嫁物品全部赔偿给死者一方。（bud myed khyo mcis/pa'zhig/khyi sbod sbod de/bkum na/mo'da'gdod ma'/pa mying gyIs/cis brtsangs ④pa' /kund gum pa' I stong du stsald do)⑤

很显然，这位妇女必须给原告赔偿她出嫁离开娘家与丈夫生活时娘家所陪嫁的财富。

---

① 文本尾部的杂写部分也涉及动物适当的宰杀和分配，社会生活中对动物的宰杀分配的行为揭示了动物的哪个部位是被认作最可取的。这自然令人联想到祭品，动物的不同部位赋予了高度的意义，并根据社会成员的地位与之匹配。因此，动物祭品与其身体分配形成了共鸣，然而也强化了社会等级制度。正如《吐蕃编年史》中赛玛噶（sad mar kar）的一首歌中所唱"倒下的牦牛是象雄（Zhang‐zhung）的象征"，杀死的动物和对其合适的分配协议是吐蕃社会及其等级制度的基本隐喻。参考艾伦（Allen, N. J）：《吐蕃社会四分法的源头》，《亚细亚学报》卷 266，1978 年，341～360 页和麦克唐纳（Macdonald）：《尼泊尔的塔芒和夏尔巴人的创造性凌迟》，M. 阿日斯（M. aris）、昂山素季（Aung san sun kyi）编：《纪念黎吉生西藏研究文集》，沃明斯特：阿日斯飞利浦出版社，1980 年，199～208 页。像祭品一样，狩猎是吐蕃社会结构的一个仪式代码（参考哈如德：《雅桑之地：数据补充与总结》，《雅拉香布山下的文明——吐蕃王室拉·布巴坚和雅桑之历史》，维也纳：奥地利维也纳科学院出版社，2000 年，218～221 页）。
② 赞拉·阿旺措成（Btsan‐lha Ngag‐dbang Tshul‐khrims）编著：《古藏文词典》，北京：民族出版社，1997 年，363 页。
③ 黎吉生：《高山净土》，136～137 页。
④ 读 brdzangs。
⑤ 也可参黎吉生译文（《高山净土》，137 页）。

诚然，这和根据社会阶层来决定一个案件结果的情况是一样的，因为来自贵族阶层家庭的女性比那些来自下层社会家庭的女性可能拥有更多的财富。此外，这只是古吐蕃法律文本揭示有关王朝社会结构重要信息的众多例证之一。除了增加对吐蕃王朝中嫁娶婚姻是一种普遍做法的假设外，这段珍贵的段落还暗示了作为 p ［h］a－mying，即作为娘家人——父亲和兄长，把新娘所带去的陪嫁物带到新娘丈夫的家庭，但是，这位妇女仍然可以获得陪嫁物品为她的罪行支付赔偿金，她的财富可能是她自有而不可分割的财产，而不是送给丈夫或者夫家的礼品。

PT 1075 和 IOL Tib J 753 两件古藏文文本中的细节是对窃贼的独特惩处。这里的惩罚不取决于窃贼的社会等级（作为小偷，他可能是被认为低等级的），而是取决于受害者的等级和所偷物品的数量。按照托马斯（1936 年）所编辑翻译的 IOL Tib J 753 号文本所载，一个小偷被流放或处死取决于他所偷窃的价值。下面表格（表 2）显示了适用于盗贼正在偷窃国库财富时被当场抓住情形下的惩处措施。

表 2　盗窃国库惩罚

数量（两）	惩罚
100 及以下	盗贼及从犯均处死
99～80	三名首犯（*rab mgo*［sic?］）处死；其他人流放至边鄙地区（*pho reng du spyug go*）①
79～60	两名首犯（*ra bgo pa*）处死，其他人流放至边鄙地区
59～40	一名首犯处死，其他人流放至偏远地区（*shul ring－por spyug go*）
39～20	首犯流放至偏远地区，其他人流放至中路（*i.e., an outlying area, lam' bring－por spyug go*）
19～10	首犯被流放至中路，同伙处以二两（srang）之罚金（rkud）②
9 及以下	无论盗贼是否被抓，均处以二两（srang）之罚金（rkud）

phyag mdzod do' tshald gyi nang du/rkun po zhugs pa las/lag tu ma thob par zin pa' i

① 托马斯（Thomas）将 *rab mgo*（*pa*）/*ra－bgo*（*pa*）译为"首犯"（《中国甘肃的贼盗律：敦煌出土的九、十世纪文书》，（斯图加特）《比较法学杂志》，1936 年，283 页），这一读法得到了 Go－shul（388 页，n. 2）的支持。托马斯译"*pho－reng du spyug*"为"阉割后放逐"可能忽略了，我对 *pho－reng* 临时译法是不确定的，但是，由于它的主要依据是与以下条款类比，因此采用的不是指一个条件而是一定程度上的距离。*pho－reng* 古藏文含义为"光棍"，因此 *pho－reng* 作为副词的另一种译法"他们放逐了他"。

② 托马斯将 *rkud* 译为"罚金"，似乎是一个可以接受的临时翻译。

*khrims la////bla'i pyag mdzod do'tsald gyi nang du/rkun po zhig zhugste/dkor lag du ma tob par zind na dkor srang brgya yan chad gyi khra zhig/mcis pa'i nang du/zhugs te zind na/ rkun po mang gtogs nyung gtogs pa/kun dgumo///srang dgu bchu dgu man chad/brgyad chu mchis pa yan chad//gyi nang du zhugste zind na rkun po du gtogs gyang rung/rab mgo gsum dgumo///gzhan ni pho reng du phyug go///srang bdun chu dgu man chad//drug chu yan chad mcis pa zhig gi nang du zhugste/zind na'/rkun po du gthogs gyan*①20*rung/ra bgo pa gnyis dgumo//gzhan ni pho reng du spyugo///srang lnga bchu dgu man chad/bzhi bchu mchis pa yan chad chig yi nang du zhugs te//lag du ma thob par zind na/rkun po du gtogs gyang rung ra bgo pa gchig dgumo///gzhan ni shul ring por spyug go/srang sum chu dgu man chad//nyi shu yan chad mchis pa'i nang du//zhugste/zind na/rkun po ra bgo pa gchig shul ring por spyugo//gzhan du mchis pa lam'bring por spyug go//srang bchu dgu man chad/bchu yan chad mchis pa'i nang du zhugs te lag du ma thob par zind na/rkun po ra bdo pa gchig ni/ lam'bring por spyugo//slad na[bos ro]rkun po du mchis pa la/srang nyis gyi rkud da dbabo/ srang dgu man/chad mchis pa'i nang du/zhugs te/lag du ma thob par zind na/rkun po du mchis pa la/srang chig gyi rkud dbab'o///*（IOL Tib J753，Ⅱ.16－30）②

在该文本的这一部分结尾处表明：按照法律（*bka－grims*）规定，执行惩处的富人和财富以及流放的小偷是可以作为捕获者的酬劳（*'dzin'dzin pa'i bya dgar ni rkun po bkum ba dang spyugs pa'i nor pyugs dang/chal phab pa las/bka'grims bzhin du stshald to/phyag rgya' o//*）（IOLTib J 753，Ⅱ.30－32）。同样，正如狩猎意外所致的案件审判中那样，原告起诉被告可能获得利益，因为起诉成功会有经济上的回报。

在后继的西藏法律传统中，也发现了罪魁（*ra bago pa*）及其同伙在上述条款中的区别和相应惩处的差异③。

文本继续详述了对那些从贵胄（*bla*）到宰相级贵族（*zhang－lon*）和平民（*dmangs*）（Ⅱ.33－42）窃取财富的惩罚条款，对于从贵胄处偷窃财富的惩罚（Ⅱ.57－63）和对于

---

① 读作 *gyang*。

② 托马斯：《中国甘肃的贼盗律：敦煌出土的九、十世纪文书》，（斯图加特）《比较法学杂志》，1936 年，278～279 页。

③ 也可参考霍尔噶（Hor－dkar）对吐蕃法律实践的讨论，扎西才让（Bkra－shis－tshe－ring）、喀岗（Kha－sgang）编：《吐蕃文献研究（Bod kyi yig rnying zhib'jug）》，北京：民族出版社，2003 年，314～315 页。

从皇后、王室女性、公主（*btsan - mo lcam - sru dang jo - mo*）或者宰相级别的贵族，下至平民处偷窃财富的惩罚（Ⅱ. 64 - 72）。PT 1075 号文本中条款的语言与 IOL Tib J 753 号的语言几乎相同，但这些条款通常处理的数量则少得多。由于该文本与 IOL Tib J 753 的性质相似，因此这里无须从任何细节处对它进行描述。这两个文本特别有趣的是提到了一组王室女性（*btsan - mo*，*lcam - sru and jo - mo*），她们显然是按照等级降序排列的①。在这里，古藏文法律文本的碎片再次揭示了它们的社会学价值。

除了这些由陪审员或依据法律规定所判决的案件外，似乎还有被称之为"经济罪"的案件。这些案件由赞普亲自裁定，这可由《吐蕃编年史》中羊年（695 年）条证实，噶尔家族成员之一的噶尔·恭顿（*Mgar Gung - rton*）被发现不忠，不久就会与皇帝展开战争，文本载："于 Sha - tsal 宣布噶尔·恭顿有罪，赞普在辗噶江布下令杀恭顿。"（*sha tsal du mgar gung rton gyI zhal ce dbyangs nas/nyen kar lcang bur btsan poe bkas bcade/gung rton bkum*）（IOLTib J 753，Ⅱ. 69 - 70）②。这表明赞普可以直接判决，但是仅在特别重要的情形下，而且，这种特别案例可能被视为都松赞普（*Dus - srong*，676 ~ 704 年）为证明其权威，不允许噶尔家族内部裁决的一次尝试。

在读到这些文本和构建吐蕃王朝的法律文化类型中，必须牢记这些支离破碎文本不能反映真正案件的报告和备忘录。它们告诉我们吐蕃法律理论，可能不必要符合法律惯例。我们无法说出这些法律和实践是如何被执行的以及在整个王朝中所渗透的广度是怎样的。阅读这些法律碎片并注意到它们的一致性，然而，有人想知道它们是否来自曾在《吐蕃编年史》中提到的一部较大型的法律律例或者是否可能为了创制一部为了适应敦煌当地而编纂的律例。

由于仅仅粗略浏览了古藏文法律文本的一些片段，显然吐蕃王朝拥有一套（或一组）法律，吐蕃法律文化的许多要素已经存在于非常早的阶段。在对伤害和抚恤金的赔偿案件中，合法案件采取了双方根据有关法律规范处理纠纷的形式，涉及审判形式和适用惩罚。同样地，在盗窃案件中，合法法规决定了适当的惩罚，在这种情况下，盗贼或盗贼的抓捕者、案件中的受害者可以得到盗贼或盗贼们处死或放逐后的财产作为货币酬劳。尽管对官

---

① 关于这些词汇和依据它们在《吐蕃编年史》中运用的可能顺序，参考乌巴赫（Uebach）：《吐蕃王朝的杰出女性——以古藏文文本为例》，S. G. 卡尔梅（S. G. Karmay）、P. 萨岗特（P. Sagant）编：《世界屋脊的居民》，楠泰尔：民族社会出版社，1997 年，54 ~ 55 页。

② IOL Tib J 750，Ⅱ. 69 - 70；巴考等编著：《敦煌本吐蕃历史文书》（1940 ~ 1946 年），18 页、38 页。

方对罪行无论是执行死刑还是放逐惩处的假设是公平的，这在条款本身并不明确。在一些案件中，例如噶尔·恭顿的审判，显然不是双方之间的争端，而是来自赞普本人的惩处。大多数的法律实践中，特别是根据涉及某个争端者的社会等级的抚恤金、赔偿金和惩处均在后来的西藏法律传统中被复制。随即很快将变成明证，早期吐蕃法律与后来的吐蕃法律系统有着另一个共同特征——骰卜审判。

二　早期吐蕃法律的运气与骰卜—— IOL Tib J 740

现有法律文本——IOL Tib J 740 号文本进一步阐述了吐蕃王朝的法律实践，尤其是，它揭示了法律决断力在一种集中化和制度化的几率安排下创立的。在继续讨论该文本本身内容之前，我首先将对文本形式和一些更为有趣的正字拼写特征进行评论。

（1）文本的自然特性

IOL Tib J 740 号文本是一幅正面书写汉文背面书写藏文的长卷轴（849 厘米 × 26 厘米），汉文正文是书写了 473 列的《金光明最胜王经》（*Suvarnaprabhā sottamasūtrendrarājasūtra*），卷轴藏文一面包括了两个独立但有关联的文本，二者都是完整的。第一个文本包括前 237 行，涉及 *mo* 骰卜；第二个文本由 122 行组成，包括对履行新法规所产生的法律问题的各种答复。这两个文本似乎都是一种笔迹，均采用同样的标点风格，文本是用褪色墨汁的无装饰带头字体（*dbu - can*）所写，在卷轴的边缘附近有一些折皱和磨损，没有任何官方印章。骰卜文本要远比法律文本破烂的多，表明它被更频繁地查阅。藏文文本大约占有整个背面的四分之三，而汉文文本则占有近乎整个正面，正面没有藏文。

（2）正字注释

在对这件文本内容进行考察之前，我更想指出一些正字特征。由于 gi - gu 的反写和滥用（译为"î"），送气和不送气辅音间的变化，pe'i 或 pe 代替了 pa'i 的用法，ya - btags 的用法是共有的①。文本仅仅使用 gi/gis 和 gyi/gyis 作为属格、工具格和施动格小品词；kyi/kyis 之后没有跟 d、b 或 s 后缀的用法，而是 gyi/gyis。该文本的另一个特点是在行尾出

---

① 这在米勒著：《藏语元音和谐的早期证据》（《语言学》第 42 期，252 ~ 277 页）有描述，米勒将其转写为"î?"，并认为是抄写那一部分的抄写者懒惰所致。关于古藏文 gi - gu 及其反写的音韵学价值可能性，可看 Ulving 关于米勒（Miller）1966 的观点探讨（《藏语元音和谐的再考察》，《通报》卷 58，1972 年，209 ~ 215 页）和后来米勒的驳论（《古藏文中的音位理论与正字法》，《藏学学报》卷 1，1981 年，45 ~ 62 页）。

现重复音节：一行的最后一个音节经常作为下一行的第一个音节重复，这里没有语法上的原因。这仅仅是一种正规的惯例，不应被理解为一种语法上的重复。此外，由于 ba 在上部是完全闭合的，因此很难区分 ba 和 pa。这些都是非常普通的古藏文，但是文本中单双 tsheg 的使用上，可依照注释。文本全文中双 tsheg 占主导，单 tsheg 通常作为 ng、d、n 和 r 后缀使用。通篇审阅该文本，显而易见，文本中单双 tsheg 的使用不归于抄写者的奇思妙想，而是遵循了一种特定的模式。这显然是基于空间上的考虑：那些有长"尾巴"的字母之后有一个单 tsheg 而不是双 tsheg，因为"尾巴"作为了双 tsheg 较低的两点，在少数情况下特别明显，抄写者已经把双 tsheg 的两点作为 n 后缀"尾巴"两边。抄写句型时涉及一个问题是 ng 的后缀：由于抄写者以轻点来结束"尾巴"书写，这就制造了一个墨点，似乎是一种双 tsheg 较低两点的速记方式。其他早期藏文书写样本例如雪碑（*Zhol Inscription*），依据类似句式使用单双 tsheg。这里可能也有空间上的考虑，但是 IOL Tib J 740 中所依据的这种模式的笔迹比其他大多数藏文文本更密切。单 tsheg 作为 ng、n、d 和 r 后缀的时候大约为 75%，其他方式使用只有 5%。这是由于我们抄写者写法的特殊性，或者说暗示了这种特色方法已经在某些官僚习气方面系统化，这种情形下，它可能证明是一种鉴别古藏文写法的有用工具。

在介绍古藏文文本时，我已经将它作为原始文件进行了翻译，并作了一些修改，尽可能保留较古老的正字和不规范性。我没有费力去纠正一些明显的联系，如 stagi 作为 stag gi、be' i 作为 ba' i，或者 lagste 作为 lags te。同样的，我对送气和不送气辅音间的大多数变形未动，也保留了诸如 sla ~ zla 或 brtsad ~ brtsan 的验证无误拼写变异。注释没有随着不清楚的读法在注脚中明显的写出，最初的标点被保留在 IOL Tib J 740 号文本第二部分文本的这一章节结尾处，但是为了显而易见，已经从这一章节正文中的援引中移去。

更进一步的编辑规定如下：

I   gi – gu 的反写

Î   gi – gu 的随意写法

［abc］原文中故意删除

abc   abc   abc   文本下插文字

（3）文本结构

过去，大多数研究人员都关注于 IOL Tib J 740 号中的一个或者另一个文本，从未同时关注于二者。虽然目前大多数的分析所关注的是构成这个文献第二部分的法律文本，但我想要证明的是该号文献所包含的实际上是有关联的两个文本。首先让我们看一下 mo 占条文，据我所知，托马斯是第一位研究该文本的人，但是他仅仅提及第一个文本关于 mo 占的前半部分①。托马斯认识到该文本的结构及其与另一个骰卜文本是相似的，他分析：每一段前都有三组小圆圈，每一组包含有一到四个圆圈，表示三个骰子所摇的点数，这些摇动的骰子来自所投掷三个四面骰子，这些多样的长方体骰子出土于米兰（*Miran*）和玛扎塔克（*Mazar Tagh*）②。

这就创造了 64 种组合的可能，每一种组合对应用于查询骰卜条例的一个条目。*mo* 占条例也可以通过与迅速弹跳的鹅卵石相对照，这在一些引导性程式的以"如果鹅卵石弹跳……"（*rdi phur te*）为开端的段落中是显而易见的。

托马斯说，IOL Tib J 740 文本中的"mo"文本包含了 236 行中的 63 个段落③。事实上，有 62 个段落，由 412 和 432 联合组成的"mo"是缺失的，此外，该文本由 237 行组成，从 Nishida 和 Ishikawa 所编撰对 OTDO 的批评中略见一斑④。

在 IOL Tib J 740 的不同段落中发现的预言类型与其他古藏文骰卜文本是一致的⑤，这些通常是为了某个特定目的而咨询的，例如一个医学诊疗后。骰卜结果本身所预言的实质是相当模糊的，通常有好有坏，但是很少指定任何已设定的环境，设计是推测的，由于它给了骰卜人一些根据情况来诠释的余地。两个实例的翻译应该足以证明骰卜的一般性。

414：出自路神（Lam－lha）之口：你，人类！神怜悯你！如果你得到专为法律审判（*zhal－ces*）的骰卜，你就会获得自由。如果你去交易，你就会获得先机。不要在心里想着"我是睿智的"，你应该尊重神明，你的心愿就会被满足。这就是吉占（*mo*）。（414：//

---

① 托马斯：《西藏东北地区的古代民族文献》，柏林：学院出版社，1957 年，140 页。格桑央京对骰卜文本进行了更详细的论述（《敦煌藏文写卷 CH. 9. II. 19 初探》，《中国藏学》2005 年 2 期）。

② A. 斯坦因（A. Stein）：《古代于阗》，牛津：克拉伦登出版社，1907 年，LXXIV，n. xv. 004。

③ 托马斯：《西藏东北地区的古代民族文献》，柏林：学院出版社，1957 年，140 页。

④ 参考 OTDO（古藏文文本在线 http：//www. aa. tufs. ac. jp）和今枝由郎（Y. Imaeda）、武内绍人（T. Takeuchi）编：《法国国家图书馆和大英图书馆藏敦煌藏文文书》，《古藏文文本书系》卷 1，东京：东京外国语大学亚非语言文化研究所，2007 年，334～345 页。

⑤ 对于现有文本简介和古藏文骰卜文本中的散文和诗歌的应用类型，参考石泰安（《世界汉学研究：机构与概念》，《法兰西学院（1971 年）年鉴：1971～1972 年课程简介》，440～450 页）注意到古藏文骰卜文本中的 mo 占诗歌与那些骰占游戏中所用的骰子称呼之间的相似性是非常有趣（德庆卓嘎编：《民语文献》，北京：民族出版社，2003 年，2ff），两个类型都与神和著名事件或人物有关，相关影响不是不可能的。

lam lha'I zhal nas myI khyodlhas thugs rje gzIgste/zhal ces btab na yang/thar/tshong bya na yang

tshong rgyal/snyIng la bdag' dzangs snyam masem par lha la phyag' tshol[ɪ ɪang?]snyIng la bsam

ba' bzhIn ' ongste mo bzango/）（IOL Tib J 740，ll. 40－43）

343：出自神' O－de Gung－rgyal 之口：当国王作为神的时候，他抬起身；当王室成员作为领主的时候，他昂起脸。当他们在神的领地上燃起火的时候，他们在人的土地上歌唱。人类——不会在你自己的房子里发现财富，沿着道路前行，你就会遇到财富。这是吉占。（343 */lha' o degung rgyal gyI zhal nas rgyal po lhas mdzad na zhal mtho/rgyal rgyal'*①

bangs rjes mjad na go mtho lha yul na mye' bar myI yul na glu len myI khyim na nor myI rnyedel-

*amdu zhugsne*②*nor dang phrade mo bzango/*）（IOL Tib J 740，ll. 69－72）

正如每一个这样的例子，文本中的每个骰卜末尾都有一个简短的语句断言骰卜的质量。通常为"吉"和"凶"，但是有时候也有"大吉""大凶"或"中"（*'bring*）（表3）。

表3　IOL Tib J 740 号文本中的预测　（*mo*）

行数	骰子捻数	预测来源	预测效果
1－4	444	Lhe' u rje Zin－tags	吉兆
5－9	443	Lha Gangs－po Shon－gangs	吉兆
10－12	441	Lha－myi La－rgyung	吉兆
13－16	431		吉兆
17－20	442	Ltang Spu rje btsan－ba	吉兆
21－25	434	Lha Thang－lha Ya－bzhur	吉兆
26－29	424		吉兆
30－33	433	Rma－kho Rmo－snying	吉兆
34－39	421	Lha－myi La－rgyung	吉兆
40－43	414	Lam－lha	吉兆
44－47	423	Lha Ma－bar	吉兆和极吉兆
48－51	413	Myi lha chen－po' dra'	大凶兆
52－54	422		凶兆
55－58	411		大凶兆

---

①　在一行的末尾字又在下一行开始重复是形式（即非语法）上的。

②　读 *na*。

行数	骰子捻数	预测来源	预测效果
59 – 61	333	Mu – sman	吉兆
62 – 65	334	Lha Btsan – po	吉兆
66 – 68	314	Srog Stam – chen	吉兆
69 – 72	343	Lha' O – de gung – rgyal	吉兆
73 – 79	344		大吉兆
80 – 84	324		吉兆
85 – 90	342	Lha Dbyar – mo – thang	吉兆
91 – 93	312		吉兆
94 – 99	332		吉兆
99 – 102	331		吉兆
103 – 106	313	Lhe' u – rje Zin – tag	吉兆
107 – 109	323		吉兆
110 – 113	341		凶兆
114 – 117	321	Phyug – lha Snyer – ' bum	吉兆
118 – 120	322	Lha Mu – tsa – med	吉兆
121 – 124	311	Gar – theChos – bu	吉兆
125 – 128	222		凶兆
129 – 132	244		吉兆
133 – 138	224	Lam – lha	凶兆
139 – 141	213	Yul – lha Pom – ting	吉兆
142 – 146	233		吉兆
147 – 150	242		凶兆
151 – 153	243	Lha Rgyung – tsa	吉兆
154 – 157	241	Lhe' u – rje Zin – tags	吉兆
158 – 162	214		吉兆
162 – 164	232	Yar – lha sham – pho	吉兆
165 – 168	234	Rma Sha – bo	吉兆
169 – 171	223		凶兆
172 – 174	212	Myi btsan Tsom – po	凶兆

续表

行数	骰子捻数	预测来源	预测效果
175 – 176	211		中兆（'bring）
177 – 180	231	Ltang – ring Basis（gzhi）	
180 – 183	221	Srog – lha Stam – chen	凶兆
184 – 186	111	Srin – mtshan Dgu – po	凶兆
187 – 189	134		中兆
190 – 193	114		吉兆
194 – 196	123		中兆
197 – 200	143	Dpal – mo Mthong – chen	吉兆
201 – 204	132	Yar – lha Sham – pho	吉兆
205 – 207	112		中下兆（'bring – smad）
208 – 211	144	Sha – med Gangs – dkar	吉兆
212 – 215	142	Ngo – sa Khu – bar	中兆
216 – 218	131		中兆
219 – 221	122		凶兆
222 – 224	113	Lha Byi – rje	凶兆
225 – 227	133	Sla – bo Sla – sras	吉兆
228 – 230	124	Lha Thun – 'tsho	吉兆
231 – 234	141		凶兆
235 – 237	121		凶兆

　　这一骰卜条例最有趣的特征之一是，预测往往来自某位神明之口。他们将中心之地的神灵与周围神灵联系在一起时，这里所提到的神明引人关注。目录中"O – lde Gung – rgyal"就如 Yar – lung、Yar – lha Sham – po（Ⅱ.163，202）一样，是神圣的。Phan – yul 之地和环 Gnyan – chen Thang – lha 地区的山神——Thang – lha Ya – bzhur（Ⅰ.22）也是如此。这些都是藏地中心地区著名的高山，但是一些鲜为人知的神灵诸如文本中的 Sha – med Gangs – dkar（Ⅰ.209）、Lhe'u – rje Zin – tags（Ⅱ.2，104，155）和 Sla – bo Sla – sras（Ⅰ.226）也给予了预测。这些小神的前两个被作为《吐蕃编年史》中君主都松（Dus – srong）之歌的见证人[①]，这两位山神后来分别被纳入到"十二护法神（brtan – ma bcu –

---

① 巴考等编著：《敦煌本吐蕃历史文书》（1940～1946 年），119 页、164 页。

gnyis)" 和 "藏王所依止的十三位道歌神 (mgur – lha bcu – gsum)"①。神灵 Sla – bo Sla – sras 在敦煌仪式文献 IOL Tib J 734 （Ⅱ.88，100，165）② 中作为 Bla – bo Bla – sras 之主 (rje) 被提及。拉沃拉斯（Lha – bo Lha – sras）在后来文献——《贤者喜宴》（KhG）作为见识第一位吐蕃君主 Gnya' – khri Btsan – po 从 Lha – ri Gyang – tho 之巅下来，到达 Lha – ri Rol – po Btsan – thang Sgo – bzhi 的十二智者 (shes – pa can) 之一③。在《弟吴教法史》中类似叙述中，神明 Sgam Lha – bo Lha – sras 对吐蕃新君主从天上降临人间时期表示欢迎④。

骰卜条例中提到的其他不知名或者未经证实的神灵中，需要特别提及 Dbyar – mo – thang （Ⅰ.86）神明，毋庸置疑的与藏东遗址同样的名称有关⑤。正如麦克唐纳所详述的那样⑥，古藏文骰卜文本有很大的差异：有的预言出自菩萨之口，展示了明显佛教的影响力；其他文本似乎反映了很少或无法辨别佛教影响力的古代藏地传统。目前看该文本似乎属于后一类。这一文本中明确提到四次苯教徒（bon – po）⑦，在一个例子中，预测称："精通苯教的人不去履行苯教是不妥的，这为凶兆。（phon mkhas pas bon ma byas na myi rung te mo nganto∕，Ⅰ.54）"这并不能鉴别出该骰卜文本的作者是苯教徒，但是至少表明了它来自一个"苯教徒环境（bon – po milieu）"，或者至少由精通这一类藏地仪式的专家创作。

（4）问题诠释——骰子抑或税收

除了托马斯之外，瓦雷·普散（la Vallée Poussin）也注意到了 IOL Tib J 740 号文本的

---

① 关于十二护法神（brtan – ma bcu – gnyis），参考内贝斯基·沃杰科维茨（Nebesky·Wojkowitz）著：《西藏的神灵与鬼怪——藏地保护神崇拜与图解》，新德里：印度经典出版物，1998 年，181 ~ 198 页。按照内贝斯基·沃杰科维茨目录，Sha – med Gangs – dkar 位于 Lha – phu gangs、Rdo – rje Brag – dkar 或 Rdo – rje Brag – dmar。按照高瑞（Gnya – gong）观点，Lhe'u – rje Zin – brang 是藏王所依止的十三位道歌神之一，关于这组神灵可参考内贝斯基·沃杰科维茨：《西藏的神灵与鬼怪——藏地保护神崇拜与图解》，223 ~ 224 页。

② 托马斯：《西藏东北地区的古代民族文献》，柏林：学院出版社，1957 年，64 ~ 67 页、80 ~ 85 页。

③ 巴卧·祖拉陈哇（Dpa' bo Gtsug – Lagphreng – Ba）著：《贤者喜宴》，北京：民族出版社，1985 年，159 页。

④ 学者弟吴（Mkhas – Pa Lde'u）著，恰白次旦平措（Chab – spel tshe – brtan phun – tshogs）编：《弟吴教法史》（Rgya bod kyi chos' byung rgyas pa），拉萨：西藏人民出版社，1987 年，236 页；S. G. 卡尔梅（S. G. Karmay）：《〈五史册〉披露的第一位藏王出身的神话》，《箭和纺锤：西藏的历史、传说、仪式和信仰的研究》，加德满都曼：茶罗图书精要，282 ~ 309 页。

⑤ 关于这个遗址的可能位置与 821 ~ 823 年吐蕃、唐朝、回鹘和南诏之间的缔约有关。

⑥ A. 麦克唐纳：《伯希和藏文写本 PT1286、1287、1038 和 1290 号释读：兼论松赞干布时代吐蕃王室宗教中政治神话的形成》，A. 麦克唐纳编：《纪念拉露藏学研究文集》，巴黎：美洲东方书店，1971 年，271 ~ 287 页。

⑦ IOL Tib J 734，Ⅱ.14，54，111，206。

存在，在他所编的《印度事务部图书馆藏斯坦因收藏品藏文文本目录》，将文本的第一部分描述为"*mo*"占，第二部分为"关于税收的文本"。后来，IOL Tib J 740 号文本似乎完全消失了再也没有被人关注，直到 1989 年黎吉生（Richardson）在论文中将该文本的第二部分标识为"吐蕃早期关于狗咬法令"，他正确地指出了该文本"根据一套新的规章在涉及贷款、税收、婚姻纠纷等事项的案件中提供了适用决定的详情"，黎吉生进一步详细研究了该文本，但他的论文中只找到了部分译文①。

文本第二部分的标题为"*StagI lo' i bka' I sho byung be' i sho tshIgs gyI zhus lan*"或"关于虎年骰卜法令中的卜辞者之答复"。该文本包括有关财产、借贷、利息、婚姻、寺院和军队征兵问题的答复。这些问题分散于十一"条款"或一系列问题和答复的 122 行中。在每一个条款中，结构是相同的：外相向法院法官提交一个问题，法官回复他们的决定。在每一个案件中，总是一个问题，是否可以"通过骰卜之意"来决定。因此，请愿书最后一句话通常会以"我们是否经由骰卜之意决定——你如何命令？（*shos gcad dam myI gcad ji ltar' tshal*）"来结尾。

这强调了该文本的解释与翻译的关键问题：单词 *sho* 的定义。尽管亥词最常见的含义是"骰子"，但也许是由于借贷（*bu-lon*, *skyin*）文本中反复提到的利息（*gyur*, *skyed*）、罚金（*chad*）、司法惩处（*khrin*）、还款（*sbyang*），黎吉生将 *sho* 当做"税收"，之所以这么做，他可能考虑到了诸如 *sho-gam* 和 *sho-khral* 这样的复合词，二者都有"关税""税收"之意，或者一个较为宽泛的意思——税。虽然最初我在翻译文本时试图运用这种读法，但是关于 *sho* 这种读法显然是站不住脚的。

该文本的语言相当晦涩，不仅因其古老，而且也在于其法律环境。它运用了专门的法律词汇，包括很难翻译的一些法律术语。然而，语法通常是一致的。短语 *shos gcad* 中，*sho* 出现在程式化的案件里，因此，呈请者通过 *sho* 的方式询问是否当诛。当将 *sho* 作为税收来读的时候，会译为短语"税收的方式决定/分割"，要想理解文本中的这个意思，就必须有"征税"的含义，这就会使得这个短语有一个突然转折，如此翻译延伸了远非显而易见阅读意思的藏文语法的外延——用骰占方式决定。这种阅读的真实性可以在文本中的一些例子内容得到进一步证实。

条款 IV（ll. 251 – 58）关于借贷和利息的立法。这一段首先给出了仅仅有一小部分编

---

① 牛津大学图书馆的黎吉生手稿目录编号 MS. Or. Richardson 44 的下面保留着部分音译和翻译的草稿。

辑过的音译内容，然后，以两种不同方式进行翻译。第一种翻译将 sho 作为"骰子"来读，第二种翻译将 sho 作为"税收"。

bla'ogI bu londu gyur pe'i rnams shos myî gcado zhes byung na/bu lon gyi/gyur ded pe'i mchid nas nI gyur yang bu lon shos myI gcad pe'i nang'du'du/khrin ma lags/pas bka'shos myI gcad par gsol ces mchI/chags pe'i khungs po'i mchId nas ni bla'ogI bu lon shos myI gcad par'pyung gis/gyur shos myi gcad par yang myi'pyung la/gyur ces bgyI pa'bu lon dngos sho ma lagste/sngar bu lon dusu ma phul pe'i nongs pe'i chad par gyur pas/'dI yang nyes che phra[pa]'dra pas/chad pa'gum spyug man cad la thug pa/thugs dpag mdzad pe'I bka'shos bcad par gsol ces'byung'ba'di rnams gang ltar'tshal/kha mar las byung ba'shos gcad par'tshol cIg// (IOL Tib J 740, ll. 251 - 58) .

译文一：sho 作为骰子

[问题]：据说由权力层掌控下的那些借贷的利息不通过骰子的方式来决定，（贷方）追求借贷的利息（*gyur ded - pa*），要求应该包括那些不经由骰子方式决定的利息，利息不应该作为一种法律上的惩罚（*khrin*），因此，不应该以骰占法令的形式来决定，贷款来源（贷方）要求，既然在权贵层掌控下的借贷案例不由骰卜的方式决定，那么利息不能由骰卜方式决定的案例不应为一种事实，对贷款本身是不需要骰卜的，而是他们所做是什么被认作利息，我们根据犯罪的严重程度通过骰卜法令方式决定从死亡到流放的惩处，对于先前未付的已成为应受惩处罪行的未偿还贷款而言，您又如何命令［我们解决］这些［问题］？

[答复]：按照红色凹槽［指令］，由骰卜的方式决定！

译文二：sho 作为税收

[问题]：据说由权力层（*bla'og*）掌控下的那些借贷的利息不必征税，追求贷款（*gyur ded - pa*）利息的人（贷方）声明那些［案件］所包括的利息和贷款没有被征税，并要求由于它不符合法律上的惩处（*khrin*），税务法令并不适用，贷款来源［借方］要求，由于该权力层所掌控下的贷款情况属于未课税，但是利息是未课税的情况下，而且贷款本身不是税收，但是他们这么做是当作了利息，我们根据犯罪的严

重程度通过税收法令的方式决定从死亡到流放的惩处，对于先前元付的已成为不良罪行的未偿还贷款而言，您又如何命令［我们解决］这些［问题］？

［答复］：按照红色凹槽［指令］，征税！

这段中 *sho* 的读法决定了贷款偿还的方式。sho 作为骰子来读，贷方（*gyur ded – pa*，追逐利息者）希望不通过骰卜来偿还贷款，而借方（*chags – pa' i khungs – po*，贷款来源）希望利息由骰卜的方式决定。这显然是有利于借方，作为利息，常常是依据合同决定，并通常适用于延期支付的情况，可以想象，一个吉利的骰轴结果能使借方根本不需要支付任何利息，而且，债务人要求对逾期贷款的有罪惩处也可以用相同的方式决定，也许也希望于骰卜令他自由。

另一方面，如果有人将这段里的 *sho* 读作"税收"，*shos gcad* 作为"征税"，那么，债务人的诉求则是非常奇怪的，因为他被要求为他所欠的利息征税。请求者的进一步想法是他应当要求依据税务法典为他未偿还的债务而受到流放或处死的惩罚。这种情况下，如果我们假设借方没有表现出自我毁灭的冲动，而是他自身利益的反应，那么语境和语法一起支撑 *sho* 译为"骰子"的翻译，*shos – gcad* 译作"骰子方式去决定"。

这种读法的精确性由第 VII 条（II. 269 – 86）的一段内容进一步突出，这一段内容涉及未婚妇女贞洁的争议由骰卜方式决定（下文 42 – 46）。这样一段中以税收一词读出来会使得它翻译得毫无意义。

因此，我们再回到文本的题目《关于〈虎年骰卜法律（*bka' – sho*）〉的骰卜法令（*sho – tshigs*）之答复》上来。从文本本身很明显看出，骰卜法令规定了何时用骰卜来解决法律上的事务是适当的。构成 IOL Tib J 740 号文本第二部分的问答关乎在这些法令中不甚清楚，以致于需要授权一份正式呈请文的事务。当然，这也可以被证实是曾公布于众的虎年骰卜法令文本。这里应该注意《关于〈虎年骰卜法律（*bka' – sho*）〉的骰卜法令（*sho – tshigs*）之答复》的条款并不意味着只有在案件有争议或者不清楚时才使用骰卜。这些条款显然包括那些由骰卜决定的有争议事件、案件的最终结果和对有罪方的惩处。在文本的每一条款中，地方治安官员询问依据骰卜诏令的骰卜法令来如何决定一个案件或者某个案件的一个意向。因此，他们可以使用规定骰卜作为一种法律手段的法律规范，但是，由于规范不足以应对这些特殊案件的特殊性或不适用《虎年骰卜法律（*bka' – sho*）》的骰卜法令，治安官员在他们提到的先前骰卜法令中使用这种规范，导致这种混淆，貌似和新法令是一致的。

　　然而，像关于骰卜法律的问答，不清楚 *mo* 占文本是否由法庭（*pho - brang*）发布。虽然它们似乎是相同笔迹，但是该文件没有印章，很可能是官方文件的副本。因此，可能性依然是骰卜条例不是一套由中央朝廷颁布的标准化预测（*mo*）。这个结论似乎更有可能考虑到预测条例是非常通用的事实，而且他们也涉及像骰子一样的被用于预测的鹅卵石。那么，在案件裁决中，地方治安官员似乎采用了实用的一个通用骰卜条例，而不是来自法庭发布的官方条例。然而，在另一份脚本中，吐蕃王朝确实制订了一个裁决惩罚的标准化指导办法，此外，这个条例里那些口中所讲各种预测的神明们是否作为了一种有机的、非正式的神祇以配合某种特定基础，或者体现了来自中枢发布的一套标准，这个骰卜条例结合了许多为了统治和法治之目的的藏地神祇，为通过吐蕃创立"全民性"神祇所表现的仪式集中进程的一个见证。

　　已经证实了这个法律文本的确事关能否按照掷骰裁决案件和案件各方面，显然它与 *mo* 占有关：当一个案件以骰卜的方式来裁决时，可以在捻轴的第一部分来求助于 *mo* 占文本。

　　（5）骰卜与神性

　　在近代西藏历史上以骰卜和其他概率性游戏来决定法律上事务是众所周知的，例如，汉德森（Henderson）在对萨迦派凶杀案争端的研究中，提到了一个案件，被告被迫在刚被杀的牦牛皮上投掷骰子，获胜，获得了自由。卡森莱德（Cassinelliand）和埃克瓦尔（Ekvall）[1] 显然描述了同样的审判，但是在他们的分析中，似乎由于案件的事实不能确定，案件只能以这种方式来裁决。弗伦奇（French）[2] 也提到了两个案件，一个是 20 世纪 30 年代发生在拉萨的案件，另一个是西藏西南部关于借贷的案件，那里有争议的案件是由投掷骰子来决定的。

　　汉德森和弗伦奇所提到的现代法律案件中，双方不认为投掷骰子是一个小的概率，而相信是揭示了神的意志。

　　概率被用于解决可能被视为官方事务许多其他例子里。一个众所周知的挑选候选者的程序是在一个被指定的部门在纸张的一面（有时在一个面团里）写下候选者的名字，将它

① C. W. 卡森莱德、R. 埃克瓦尔：《一个藏地公国：萨迦政治制度》，伊萨卡：康奈尔大学出版社，1969 年，176 ~ 177 页。
② 弗伦奇：《黄金枷锁：藏传佛教的法律化宇宙观》，伊萨卡：康奈尔大学出版社，1995 年，134 ~ 135 页。

们放在一个碗中或者瓮内，然后随机挑选一个显示成功的候选者。在一些情况下，像昌珠寺（*Khra – 'brug Monastery*）守卫者的选择上，名字是当着神明塑像挑选的，在其他案件中，各种神明都可以被称作证人。兰博（Ramble）分析了在尼泊尔马斯坦（Mustang）地区的一个藏族民族村里的类似过程，通过精心安排的实际上随机游戏的方式来选举村庄的头领。对这一概率"游戏"的精彩分析，兰博根据神明作为亲自参与者揭示了他们在介入选择中所扮演的角色充其量是次要的。兰博总结道："证据让我们别无选择，这是由游戏本身得出结论。人们提名特定候选者，神明作为决议的证人，但是选择则是由游戏之外的无关紧要东西所决定的。"类似的过程可能会在先前文本中揭示出工作上的法律程序：虽然一般预测和法律裁决（但不是特定的句子和条款）通常来自神祇之口，但无论是否来自某个神明，预测总是骰子捻动的结果。

从实用主义的角度看，在这一过程中，将一个人归于神明意志或者随机运气是相差无几的。在任何情况下，当权者通过这种机制以将机构置之于外的方式使得裁决合法化。因此，负责主持裁决的地方治安官员的角色是以骰卜方式宣布的，由一个调解裁决的守护者或助手充任。

缩略语：

CD2：A. 麦克唐纳（A. Spanien）、今枝由郎（Y. Imaeda）合编：《法国国立图书馆所藏藏文文书选刊：以印度事务部图书馆和大英博物馆藏卷补充》，第 2 卷，巴黎：法国国立图书馆，1979 年。

CD3：今枝由郎（Y. Imaeda）、武内绍人（T. Takeuchi）合编：《法国国立图书馆所藏藏文文书选刊：以印度事务部图书馆和大英博物馆藏卷补充（音节语库）》，第 3 卷，巴黎：法国国立图书馆，1990 年。

CD4：今枝由郎（Y. Imaeda）、武内绍人（T. Takeuchi）等合编：《法国国立图书馆所藏藏文文书选刊：以印度事务部图书馆和大英博物馆藏卷补充（音节语库）》，第 4 卷，东京：东京外国语大学亚非语言文化研究所，2001 年。

Jo – sras：弟吴·觉色：《弟吴宗教源流》，拉萨：西藏人民出版社，1987 年。

KhG：巴卧·祖拉陈哇（Dpa'bo Gtsug – Lagphreng – Ba）著：《贤者喜宴》，北京：民族出版社，1985 年。

Lde'u：学者弟吴（Mkhas – Pa Lde'u）著，恰白次旦平措（Chab – spel tshe – brtan phun – tshogs）编：《弟吴教法史》（Rgya bod kyi chos'byung rgyas pa），拉萨：西藏人民出版社，1987 年。

OTDO：古藏文文本在线（http：//www. aa. tufs. ac. jp）

TLTD：F. W. 托马斯（Thomas，F. W）编著：《有关中国西域藏文文献和文本》第 I 至 IV 卷，1935 年，1951 年，1955 年，1963 年，伦敦：皇家亚洲学会。

附：IOL Tib J 740（2）文本内容转写

238 #：//stagI：lo'I：bka'I：sho：byung. be'i：sho：tshIgs：gyI：zhus：lan. /ngo. prang. ①nas：mchIs pa：//

239 #：/stagI：lo'I：sho：tshigs：las：//stagI：lo'I：dbyar. sla：［'pyar.］'prIng：po：tshes：drug：phan. cad. /

240 nyes：pyung：'o：'tshal：/shos：chod. ces：byung. na. /snga. dro：phyi：dro：dag. las：mchId. myi：mjal：pa：mchi s. na/

241 snga. dro：phyi：phyI：dro：gang. ［brtsan.］gI：tshigs：brtsan. par. bzung. par. 'tshal：//kha：mar. las：tshes：drugi. /

242 gtugs：pas：gyI：tshigs：gyIs：zung：shIg：/sho：tshigs：snga：ma：dag. las：myI：zhIng. dang. khyIm：sho：ma：/

243 ma：mchIs：pa：skad：gsang. par. 'byung. na. /myI：zhing. khyim：la：shos：gcad. dam：myi：gcad：/mchid. myi：

244 myI：mjal：pa：mang：na：mchId：myi：mjal：pa：phal：che：/shos：gcad. dam：myI：gcad. ji. ltar. 'tshal：/

245 zhIng. khyim：myI：stagî：lo'i：sho：tshigs：dang. spyor. la：［jI：］zhing. khyim：myi：ji：'ogdu：song. yang. shosmyi：

246 chod. gyIs：slar. bdag. po：stsol：cig：/par. byung：gIs：de：dang. sbyor. cIg：/bka'：sho'I：sngun：/

247 roldu：pud. med. pag：rgod. bgyIste：/da'：ltar. pha：myIng. la：gnas：［pa：］zhIng：mchIs：pa：/khyIm：thab.

248 gyis：nI：［drung.］myi：btang：par. gso l：/pha：ma：dang. dngos：gyIs：nI：thog：ma：yang. mchId. mjal：②pas：da'：/

249 rung. yang：mchI. mjal：parmyI：'byung：gis：/glud. 'tshal：par：yang：gsol：ba'：mchIsna. ji：ltar.

250 'tshal：//kha：mar：las：/pardu：rang. reng. 'tshal：pe'I：chad. pa：ni：ma：mchIs：/dngos：ni khyIm：thab. /

251 stsol：cig//bla：'ogI：bu：londu：gyur. pe'I：rnams：shos：myî：gcado：zhes：byung. na. /bu. lon. gyi：/

252 gyur：ded. pe'I：mchid. nas：nI：：gyur. yang. bu. lon. shos：myI：gcad：pe'i. nang：'du. 'du. /khrin. ma：lags. /

253 pas：bka'：shos：myI：gcad. par. gso l：ces：mchI：/chags：pe'i：khungs：po'I：mchId. nas：ni：bla：

254 'ogI：bu：lon. shos：myI：gcad. par：'pyung. gis：/gyur. shos：myi：gcad. par：yang：myi：'pyung：

255 la：/gyur. ces：bgyI：pa'：bu：lon. dngos：sho. ma：lagste：/sngar：bu：lon：dusu：ma：phul：pe'i：nongs：

256 pe'i. chad. par. gyur. pas：/'dI：yang：nyes：che：phra：［pa：］'dra：pas：/chad. pa：'gum：spyug：man. cad.

257 la：thug：pa：/thugs：dpag：mdzad. pe'i：bka'：shos：bcad. par. gsol：ces：'byung. 'ba'di：rnams：

258 gang：ltar. 'tshal：/kha：mar. las：byung. ba'：shos：gcad. par：'tshol：cIg：//nongs：skyon. mchIs：pa：

259 dang：/'og：dum：bgyis：pa：lastsogs：pa：/'ogdu：tshongsu：bgyis：pa：bu：lon. chags pa. snyadu. dam：rgya.

260 las：khungs：po'I：mchId. nas：nI：/tshongsu：bgyis：pa［s：］ma：［lagste：］'am：bu：lon. dngos：chags：pa：

261 chags：pa：ma：lags［te：］pas：shos：gcad. par. gsol：/

262 ded. pe'i. mchid. nas：nI：/dam：rgya：brtsan. shos：myi：gcad. par：gsol：ces：mchi：'dI：nyis：gang：

263 ltar. 'tshal：/bu/kha：mar. las：dpyong. ③bu：londu：gyur. na. shos：ma：gcad：cIg：//bzhag：btam：［s］lta：

---

① 读 *pho – brang*。

② 在 *ma* 的前缀有一个小圆圈。

③ 读 *dpyod*。

264 po: : shos: myI: gcad: ces: ' byung. ba' /myi: dang. rkang: ' gros: dang. nor: rdzas: gnag: rta: lastsogs: pa: /

265btams: pa: las/bka' : shogdu: blangs: nas: /bzhag: pe' i: mchId: nas: ' dI: : /bka' : shos: nI:

266myI: khums: na: /dngos: ma: mchIs: na: skyin. khrin: lta: po: shos: dgum: gam. myI dgum//jI: ltar. ' tshal: /

267kha: mar. las: bu: lor.. shos: myi: gcad. par: ' byung: bas: shos: myI: gcad. par: ' tshol: : cig: /

268 sho. tshigs: gyI: yan. lag: las: /pho: brang. khor: gyi: zhal: ce pe: sa r: [nas:]zhus: pa: /phyI: lon. sa:

269nas: dgyIgste: zhus: pa: /mchId. gyis: bcade: zhus: pe' i: zhus: lan. /bka' : sho' I: sngan. rol:

270 du: pud. med. khyIm: thab: mchIs: pa: gzhan: gyi: brkus: phrog: nas: /da' : ltar. ' tshos: pa: lta.

271 bo: /dbag: po: snga. ma: [stsa:]ngo. lendu: stsal: tam: /' tshos:

myI: dpral: bar: myI: skyin. stsal: tam: jI:

272 jI: ltar: ' tshal: /rta' I: lo' I: sho: tshigs: gyI: zhus: lan. las: ' pyung: ba' : /bud. med. bdag: po: dang. /

273dpang. pos: ' tshong. la: dpang. pa' : /ma: lags: pa: /phrog: pa: dang. brkus: pa: lastsogs: pa: myi: /

274dpang. pas: ' tshos: pa: rnams: khrIn. ni: shos: chod. /bud. med. dngos: nI: slad. gyis: /[slad:] ' tshos:

275 pa: dang: ' tsho: myI: dpral: par. gzhag: //myI: zhIng: khyIm: la: sho: ma: mchIs: gyis: /myi. skyin.

276 na: tshad. ' dra. re: re: phob. shIg: //myIg: mar. las: rta' I: lo' I: [lo:]sho: tshIgs: gyi: dpe' a:

277gsel: ba' . lagste: /' dI: lta: bu: khyIm: thab: ma: mchIsu: lags: gyis: gyang. /khong. ta. sun.

278 pas: slar. ' tsho. zhIng. ' du: pa' : la: myI: phan. bas: /rta' I: lo' I: sho: tshIgs: shus: lan. ' dI. bzhIn. mdza d. /

279 pe' I: rîgs: /kha. tshem: dang: phang: tshem①lta: bo: da' : ltar. ' tshos: pa: lta: bo: nî: /cang. ma: lags:

280gyIs: /tha: snyad. ' dog: ma' : dang. /mo: reng. nI: shos: chod. par. yang: bas: /dngos. nI: lendu. stsal:

281 pe' I: rîgs: /myI: dpang. par. brkus: pa: dang: /thugs: thubdu: btsongs pa' î: rnams: /khrIn. ni: s:os

282chod. na. /dngos: ' tshos: dpral: ' am: myI: dpral: sho: tshigs: las: gsang. las: gsa ng: par.

283myi: ' byung: na. jI: ltar. ' tshal: /myIg: mar. las: zhal: ce: pas: zhus: pa: /bud. med. khyim:

284thab: [ma:]mchIs: pa: las: /gzhan. phrog: pa: dang. brkus: pa: lastsogste. /sngar. myIg: mar.

285gongdu. gsol: pe' i: nang. ' du: ' du. zhIng: mchIs: //kha: mar. las: rta' I: lo' î: sho: tshigs:

286 gyî: zhu: lan. las: ' byung: ba' : [' tsho:]bzhIn. ' tshol: cIg: ///chIbs: shul: gong.

287 spa. dang: sde. ②pas: /zhang. lon. dang. ' tshal: zas: phor. mnos: pa: gum: pa: dang. stor. pa:

288skyIn. pa' . phab: nas: /bkye: bskyon: pa' : /stor. ba' . dang. gumpe' i: mdo: rIs: blar. ma: phul:

289 par. yang: bas: na. /gum: nas: mdo: rIs: ma: phul: pa' : lta: bo: /phor. [' tshel:] ' tshal: pas:

290 gso l: na: /bkye: bskyon. lta: bu: chad. khrIn. thebs. lags. zhes: bgyi: pa' . ' dI: lags: /stor.

291stor. lta: bo: myIs: nongs: pa: yang. ma: lags: /gum: pa' : mdo: rIs: phul: ba' : bka' . shos: bcad

292 par. gsol: na. /jI: ltar. ' tshal: /rta' i: sho: tshIgs: las: byung: ba' : mchibs: phor. mnos: pa: dang:

---

① *tshes*?

② *ste*?

293 g. yar. por. btang：ba'．nI：bzhag：btam：pa：dang．'draste：shos：myI：'chod．/pho：dang. g. yar. pa：las

294 gum：storte：/chad. khram：btab. dang. phyi：khungs：dang. nang. khungs：las：chad. pa：nI：shos：gcado：/

295zhes：'byung．//myIg：mar. las：phor. phog：pa：dang：g. yar. pe'i：skyIn. khrIn：/rta'i：lo'i

296 zhu：lan. las：shos：gcad. par．'byung．/gIs：gyang：/bka'：khrIms：gyis：skyin. ba'：'da'：

297 bar．'byung. pas：sbyangste：gum：stordu：gyur. na：/bla：'ogI：bu：londu：'gyur. pas：/shos：myi：

298gcad. pe'i：rIgs：/zhal：ce pas：zhus：pa：las：mdo：rIs：mchis：mchIs：pa：

299 ma：mchIs：zhes：bya：ba'：nI：stor. pa：la：nI. yong. yang：ma：mchIs：/gum：ba'：la：yang．

300 chab：gyIs．'tshal：pa：dang．/khyI：spyang：gIs：'tshal：pa：dang．/stor. pa：yang：mchIs：pa．

301 zhîg：mchIs：na．/gum：stordu：gyur. tam：ma：gyur. pa'：nI：spyang. be'I：nang：du：'du：bas：

302mdo：rIs：mchIs：ma：mchis. pa：myI. rma. be'i：rIgs：//kha：mar. las：shos：myI：gca d.

303 par．'tshol：cIg：/bka'：sho'î：sngun. roldu. bkon. mchogI：dkor. pa：las：zhal：ce：

304brtsad. bzung. pa'I：khrin：nI：shos：chod.［rkanga'：］dkor. gyI：dngos：'jal：pa'：sngar：ma：

305phul：pe'I：skyin. par. lha：rI.'da'：par：lha：ris：gyî：dpon. snas：gsol：ba'：dag：gyang．

306mchIste：/sho：tshIgs：'dî：las：gyang. gsang. par. myi：'byung. na. shos：gcad. dam：myi：gcad. ji：

307ltar．'tshal：/rta'i：lo'I：sho：tshIgs：gyi：zhu：lan. las：'byung：ba'：/mgon：mchog：dang．

308dge'：dun. gyi：dkor. las：'bangs：phal：la：chags：pa：dang．/'bangs：gyI：bu：lon：bko n

309mchogsdang：/dge：'dun. spyI：：［la：］pa：/chags：pa：dar：ma'I：gzhung. dang. gdugs. na. /

310bka'：shos：gcadu. myI：rung. par．'byung：gIs：sog：'tshal：dngos：［st］ong．①su：phul.

311 cIg：/dngos：dngosu：myi：'byor. na. rîndu：phul：cIg：/gyur. dang：skyed. nI：shos：gcado：/

312dge：slong. gI：rdzas：dang. lha．'bangs：rnams：［gyI：］nI：'bangs：phal：dang．'dra. shos：

313gcado：/zhal：ce：lastsogs：pa：khrin. du：rma'o：'tshal：bkon. mchog：man. cad：gyi：shos

314gcado：/bkon. mchog：gsum：gyI：dkor. las：bskyIs：pa：dang：bun. skyed. btang：

315dngos：nI：shos：myI：gcado：/bun：skyed. dang. chad. khrIn. nI：shos：gcado：/dge：slong. sgo：sgo'I

316'bangs：phal：dang．'dra'o．//myIg：mar. las：rta'I：lo'i：sho：tshIgs：gyI：dpe：'ang：gso l

317 pa：lagste：/bkon. chogi：dkor：gyî：［d］gyur：skyed. dang. khrin. nI：shos：gcad. /dngos：nI：

318shos：myI：gcad：par：sho：tshIgs：gud. las：［gtug：par．'ang．］thun. par．'byung. bas：

319'dI：yang. shos：myI：gcad：par：mdzad. pa'I：rigs．//kha：mar. las：rta'i：lo'I：

320 sho：tshigs：［las：'bya：］gyI：zhu：la n：［sa：］las：'byung：ba'：bzhin．'tshol：cIg：/sho：tshIgs

321ngos：chad. dang. gtIng. chad. lastsogs：pa：ser. la：thebs：pa：khram：nag：la：thebs：pa：dang：/

322dmag：myI：lo：bun. gyIs：bcad. pa：dang. mkhar. tsud. lo：chags：pe'i：rnams：/shos：

①　这个词语上有一个蓝色墨点，看起来像个 *na－ro*，牛津大学图书馆藏黎吉生的论文中，黎吉生在部分音译中将其转写为 *gting*。（MS. Or. Richardson 44，130～131 页）

323gcado：zhes：byungste：/chad. pa．nî：bka'：shos：khums：par：yang：bas：/rje：blang：ngo：

324blang：'tshal：tam：myI：'tshal//kha：mar：las：dmag：dang. mkhar：tsud. bcad. pa'i：

325rnams：chad. pa：yang：shos：chod. dngos：gyang：gzhI：gzhi：la：：mchIs：/dper：na. tshI：gu：

326 stag：nu：① la：gtogs：pa：lta：bu：lo：rtsis：ma：bgyIs：pas：ser. la：nI：ma：bebs：②

327sog：sa：che：chung. da. ③jag：rongdu. brtsis：pe'i：chad. byang：las：byung. ba'：ni：sho：tshIgs

328 las：sngan. cad. nyes：byungo. chog：shos：gcado：zhes：byung：bas：khrin. yang：bka：shos

329chod：gzhI：gzhi：la：yang：mchIs：par. gnango. /［rta］sta'I：lo'I：sho：tshigs：gyI：yal：ga'.

330 las：pho：brang. kho⌐. gyI：zhal：ces：pas/［phyi：blon. sar. ］zhal：ce'i：pe'I：sa：nas：zhus：

331 las：/phyI：blon：sar：dgyigste：mchId. gyis：bcad. pa：//bka'：sho'i：sngan.

332roldu：/rje：blas：skyar. btuste：/gzhI：bus：brdzangs：pa：las：dmag：myI：rje blas

333gcad. pa：dmag：chad. dngos：nI：khrin：myi：rma：bar. bka'：sho'i：tshigs：las：

334gyang. 'byung. na. /dmagmag：rdzangs：lta：bo：/dmag：god. thob：pas：④/thus：

335slad. ma'i：tshe：'ang. ［za：］rdzong. 'tshalte：/［sla：］'tshal：tam：/slar. 'buldu. stsal：/

336kha：mar. las：'di：ltε：bsdu：be'i：rIgs：sam. myi：rIgs：/phyi：blon. gyIs：

337dgyigste：gso l：cig：/myIg：mar. las：'byung：ba'：/：mun：dmag：btus

338 pe'i：rtsis：mgo：dang：bla'I：bka'：gsung：ba'：dag：da ng［ga］sbyar. na. /mun.

339 mun：dmag. gzhan：kun. bsdu. /skyar btab. pegi：sgos：rdzong. 'dI：lta：bo：rdzang.

340gzhan. la：dbab. par. nI：ltang：bur. bab. pas：da'：ltar. /stong：sde. so'i：'og.

341nang：srId. du：bgyis：nas：bcu：tshan. dang：khram：tshan. gyIs：rdzong. ba'：du. mchis

342 da'：dmag. chad：shos：khums：pe'i：dmag：rdzong. ded. pa：nI：spyi：mangdu. mchis

343 pa：yang. 'dra：/dmag. chad. dngos：gyI：bka'：chad. nI：shos：khums：par. yang：

344 bas：na. /gzhI：pus：brdzangs：pe. 'i：rdzangs. lta：bo：khrims：gyIs：dmag：myis

345dpangste：⑤/thog：ma：gzhI：bo：las：'gug：pe'i：tshe：yang：gtandu：stsal. pas.

346dmag：myI：nor. lagste：/bka'：sho：ma：byungdu：lags：gyIs：gyang. dmag. chad.

347'gum：'am：spyugs：na. /bu. smad. kun. yang. khrIn. gyI：bka'：chad. la：/

348 thug：pas：/gzhI：bus：rdzangs：bdar. ma：mchIs：pa：lagste：'dI：yang. rmyig⑥

349 dang. sbyar. na. /bu. londu. yang：myI：'gyur：la：/da'：ltar：gzhI：pus：bda'：

---

① *ru?*

② *thebs?*

③ *na?*

④ *las?*

⑤ 读 *dbangste*。

⑥ ［*r*］*myig?*

350 ba'：/yongs：'bangs：khrog：par：'gyur. pas：rdzangs：gyI：rnams：gyang：

351 shos：gcad. par. mdzad. pe'i. rIgs：/gong. du. gsol：ba：gzhIn. shos. gcad.

352 par：mdzad. na. /gzhI：po'i：mun：dmag：gyang：godu. ma：chud. pa：sa：①/bu：bran. . btu.

353 pe'i：'os：：mchIs：pa：mchIs：nI. dmag：myi：'ang：②bab：. /rdzongs：gyang：nyI：rimdu.

354 du：'jalte：pham：yang. rab：na：/bka'. chad. dang：'dra：bar. gyur. pa：dmag：chad.

355 lta. bo：'gum：spyugs：a：thug：pa：yang：khrin：chen：po：yang：bka'：shos/

356 khums：/rkya. 'ang：bka'：shos：dgum：zhIng：rkya：yuldu：ma：bsnan：pe'i：/

357 rIgs：sam：myi：rIgs：//kha：mar. las：dmag：chad. rnams：rkya. god.

358 stsal：par. myI：gnang：gIs：dmag：nI：gzhi：la：snon. cîg：rdzangs：［gya：］ni：

359 bu：londu. gyur. pas：shos：ma：chod. gyis：gzhi：bo：slar. stsol：cig. /

基金项目：本文系教育部人文社会科学重点研究基地重大项目：《敦煌民族史研究》（14JJD770006）、西北民族大学 2017 年度"一优三特"学科中央高校基本科研业务费专项资金重点项目：《财富思想与吐蕃政治生态关系研究——以出土文献为中心》（31920170109）、甘肃省文物保护科学和技术研究课题：《考古材料所见吐蕃财富观念研究》（201602）阶段性成果。

①　读 pas?
②　*gang*?

甘肃省成县五仙洞石窟与南宋禅宗

——《五仙洞记》碑和《孚泽庙牒》碑部分内容解读

王百岁[*]

内容提要：本文主要依据《五仙洞记》碑研究五仙洞石窟与南宋禅宗。该碑碑阴阴刻富于禅意的观音菩萨像；碑文词句反映了禅宗活动情况；宗辩依禅宗规制建造寺院；五仙洞僧人重视自悟、自信、自主；"轻举之术"兼有三教因素，是佛教禅学、道教内丹学派、儒家心学理学相互融合的事例。故南宋时期五仙洞石窟是禅宗的一处活动场所。陇南禅宗与四川佛教有一定联系。南宋朝廷对五仙洞石窟僧尼和财产加强了管理，控制着陇南禅林。《五仙洞记》碑和《孚泽庙牒》碑为研究中国禅宗史提供了新的材料。

关键词：五仙洞石窟　《五仙洞记》碑　《孚泽庙牒》碑　南宋禅宗

五仙洞石窟位于甘肃省成县城西南约 17 公里的鸡峰山西侧山系之五仙山中。当今的五仙洞石窟宗教活动佛、道、儒并存。洞中南宋时期《五仙洞记》碑[①]和《孚泽庙牒》碑[②]"书法极挺秀"[③]。二碑碑文见载于《成县新志》《阶州直隶州续志》《陇右金石录》《成县志》等。张忠先生介绍了《五仙洞记》碑所载宋代寺庙僧林管理情况[④]。长期以来，

---

[*] 作者简介：王百岁（1968 年—　），男，甘肃省西和县人，历史学博士，副教授，主要从事历史文献学与佛教石窟艺术研究。

[①] 《陇右金石录》将"《五仙洞记》碑"录为"《五仙洞碑记》"，碑文前云，"在成县五仙山，今存"。见张维：《陇右金石录》，甘肃省文献征集委员会，1943 年，16076~16077 页。

[②] 张维：《陇右金石录》，甘肃省文献征集委员会，1943 年，16078 页。

[③] 张维：《陇右金石录》，甘肃省文献征集委员会，1943 年，16077 页。

[④] 张忠：《记载我国古代森林法规的〈遵奉圣旨住庵文据〉碑》，《甘肃林业》2002 年 2 期。

人们多将该洞窟视为道教石窟，然而笔者通过研读《五仙洞记》碑文，乃知五仙洞石窟在唐宋时期是禅宗活动场所。二碑碑文可以研究的问题（线索）较多，其中对于唐宋尤其是南宋时期禅宗的研究似具有无可替代的作用。笔者于 2014 年 5 月和 2015 年 12 月两次考察了该石窟。本文利用考察所获信息，依据碑文，结合相关历史文献，就五仙洞石窟与南宋禅宗有关问题作一探讨。敬请方家教正。

一　五仙洞石窟现状

五仙洞石窟（图 1）坐北朝南。洞口高 15、宽 10、进深 18 米。洞窟平面近梯形圆拱顶形，不规则，是在天然洞窟的基础上稍作加工而成。除了洞窟轮廓、碑以外，其他古代遗迹遗物尚无发现。窟室正中正面依屏壁（屏壁未与洞顶相接）神坛上面南背北、并列而坐的三尊像自西向东依次是孔子、释迦牟尼、太上老君，屏壁背面依屏壁处无塑像。依洞窟北壁和东壁（北壁和东壁略呈弧形）自西向东、自北向南依次塑王母娘娘、斗宫圣母（或言阿修罗）、嫦娥、地母、金母、天母、鸡神、玉皇大帝、关圣帝君、羲皇、真武大

图 1　五仙洞石窟外景

图 2　《五仙洞记》碑阳局部

帝、长见祖师、地官、天官、水官、弥勒菩萨、地藏菩萨、观音菩萨一、普贤菩萨、文殊菩萨、观音菩萨二等，大体呈面南背北或面西背东。儒、释、道三教合一，且含民间、地方诸神，塑像庞杂。这种塑像方式颇具地方特色，在陇南诸石窟中并不多见，尤其是三教至尊同坛并坐的组合，为陇南诸石窟中所仅见。塑像虽为新作，然其所反映的宋代以后当地宗教信仰状况应属一脉相承、大同小异。《五仙洞记》碑系南宋宁宗开禧二年（1206年）由"宣教郎、通判成州军州事、崇国赵希遍潜父撰并书"。碑高 138、宽 80、厚 12 厘米，碑阳"五仙洞记"4 字字径 11 厘米，小字字径 1.5 厘米（图 2）；碑阴碑首阴刻观音像高 18 厘米，"遵奉圣旨住庵文据"（图 3）8 字字径 6 厘米，"成州"2 字字径 1.5 厘米，其余小字字径 1.2 厘米。碑座长 80、宽 56、高 22.5 厘米。《孚泽庙牒》碑（图 4）

图 3　《五仙洞记》碑阴局部

图 4　《孚泽庙牒》碑阳

图5　《孚泽庙牒》碑阳局部　　　　　　　　图6　《孚泽庙牒》碑阳局部

系宁宗嘉定八年（1215年）由参政郑昭先、左丞相史弥远奉敕赐。碑高105、宽67、厚13厘米，碑阳大字字径17厘米，小字字径1.2厘米；碑座长72、宽56、高27厘米（图5、图6）①。

二　南宋时期五仙洞石窟是禅宗活动场所

1. 富于禅意的《五仙洞记》碑观音菩萨像

两宋时期佛教向儒家思想靠拢，倡导入世报国，形成一股强大的时代思潮，对佛教艺术世俗化产生了广泛而深刻的影响。故佛菩萨像在艺术风格等都出现了全新面貌，开创了写实艺术的鼎盛时代②。

《五仙洞记》碑载："显又造观音像，为阁三间以覆之。"这是说，由宗显主持在五仙

①　材料主要来自笔者考察，同时参考了西北师范大学古籍整理研究所编：《甘肃古迹名胜辞典》，兰州：甘肃教育出版社，1992年，180~181页。

②　黄春和著：《汉传佛像时代与风格》，北京：文物出版社，2010年，121页。

山塑造了观音像，并建造了容纳观音的庙宇。因为五仙洞近处有"观音洞"，故或可将此专为观音造的庙宇视作（观音洞或五仙洞之）窟外建筑，称为"观音阁（殿）"。此事反映出观音在当地信众心目中具有重要地位。

《五仙洞记》碑阴碑额上部阴刻一尊观音菩萨像（图7）。观音结跏趺坐于一簇仰式莲花上，女性形象，身材端正，线条流畅，垂领广袖，头戴花蔓冠①，胸部裸露，身体丰满而不臃肿，竖长方形脸，面庞圆润俊俏，自然洒脱，娴静而温柔，慈祥而庄严，左手握净瓶置于左腿而净瓶大部分被衣裙覆盖只露出瓶颈和瓶嘴，右手拿杨柳枝朝前下方扬洒甘露。似有非有，清新明快，形神飘逸，出淤泥而不染。服饰简单淡雅，神态含蓄自然，形象温和朴素，体现出宋代观音形象的塑造更加倾向于世俗化和平民化。这符合禅宗反对偶像崇拜，居尘出尘、随缘悟道的主张，观音像清新超俗的审美意蕴②。观音的美学特征充分展现了女性的亲善和慈悯之美③。《六祖惠能示寂》云："识自本性，见自本性，无动无

图 7　《五仙洞记》碑阴碑额上部阴刻观音像

---

① 关于菩萨头冠，可参赵声良：《敦煌石窟北朝菩萨的头冠》，《敦煌研究》2005 年 3 期。

② 王莲：《宋代"观音图"的美学流变及其在日本的传播影响》，《西北大学学报（哲学社会科学版）》2015 年 6 期。

③ 杨春雨：《大足石刻宋代观音造像的艺术特征》，《艺术科技》2013 年 4 期。

静，无生无灭，无去无来，无是无非，无住无往。"① 由是可知此像充满了禅意。故此观音像是当时社会现实的反映，是禅宗艺术的升华。

2. 碑文部分词句反映南宋时期禅宗活动情况

《五仙洞记》碑文中诸如"观音阁""观音塑像""精进""禅林""晦庵禅师"、"四月初八日""一灯之传""本僧""比丘""飞锡南游""报恩寺""庵舍""副图""僧寮""塔亭""重门""丈室""轻举""舍状"（古代以佛寺名义颁发的布告②）"佛家者流""草衣木食""宅幽而阻深""屏远嚣尘""离诸染着""苦、空、寂灭之道""末世""戒律""陵迟""笃志自修""结茅岩洞""不与物接""其胸中所得必有过人者""炉香卷经""绝去俗累""不于其迹于其心""谈空析妄""设为问答""剪荒除秽""化为殊胜""自其心焉"等词句，或明确提到"佛家者流"，或本身是佛家用语，或虽未必是佛教用语但与佛教有关（如从佛教的视角观察事物），均不同程度地反映了佛教（禅宗）思想或活动。如果把这些词句串起来再加以充实，正好关联着唐宋时期禅宗演变的历史和相应的社会历史。事实上，与禅宗相关的概念、思想、史事贯彻碑文始终。从碑文亦可看出，这一历史时期，五仙山一带一直是佛徒（禅众）的修行重地。

地方志亦载明宋代五仙洞为佛窟，如《成县志》载：

> 至宋代，除凤凰山寺外，知名寺院，郭外又有鸡山光祥寺、广亿寺、五仙洞，郭内有兴教寺，声名以鸡山、五仙山、凤凰山三寺为著。知名释子有广化寺宗奭，五仙洞晦庵、宗鉴等。③

可见，宋代同谷（今成县）的知名佛寺中，五仙洞石窟为影响最大者之一，住持晦庵、宗鉴等为知名佛徒。

3. 宗辩建筑寺院符合禅宗规制

据《五仙洞记》碑载，"今子又增而大之，甍栋参差，户牖依约，炉香卷经，绝去俗累，视前人可谓无负。""宗辩不量力，营新葺旧，辛勤累年，始克创塔亭，建重门、丈

---

① （明）朱时恩：《佛祖纲目》卷 30，（日）前田慧云、中野达慧等编集：《卍新纂续藏经》，85 册，No.1594，615 页中栏。

② 张忠：《记载我国古代森林法规的〈遵奉圣旨住庵文据〉碑》，《甘肃林业》2002 年 2 期。

③ 成县地方志编纂委员会编：《成县志》，西安：西北大学出版社，1994 年，835 页。

室、僧寮，粗若备具。"（图）即是指，由宗辩主持，在晦庵、宗鉴、宗岳、宗显等人所建庙宇的基础上又扩大了规模，屋脊鳞次栉比，檩栋错落有致，密林之内、庙宇之间，门窗隐约可见，炉香青烟袅袅，诵经之声不绝于耳，世俗之气在此绝迹，此地不再受庸俗之风拖累，宗辩所做的工作和前人比较起来可以说无愧于前人、无愧于住持之责。宗辩也不顾现有条件之艰难，筚路蓝缕，修旧造新，辛苦劳作，积年累月，终于首次创建佛塔碑亭，并建成多重门廊、方丈居室、僧人寮舍等，一应俱全，初具规模，足可运转。于是便利了信徒敬香拜佛、僧人诵经修行。《佛教大辞典》谓："方丈为住持所居之室（取维摩诘菩萨所住卧室仅一丈见方而容量无限之意）；法堂为演说佛法之所；僧堂即禅堂，系禅僧昼夜参禅行道之处；寮舍置十务（十职），分司各事。寺院内，住持为一寺之主，以其所秉承的宗派教义传授学人。初期寺院尚无严格的宗派继承问题。唐末以后，由禅宗衣钵相传的习惯所决定，寺院的住持渐有按宗派世代相沿的标称。"① 结合碑文内容可知，塔亭、重门、丈室、僧寮等，应是按照禅宗规制、寺庙所在地的实际情况来建造的。"塔亭""重门"未必有宗派之分，佛教其他宗派可以有，当然禅宗也可以有；既然"法堂"为"演说佛法之所"，"禅堂"为"禅僧昼夜参禅行道之处"，那么五仙洞石窟一带必不缺少，若无之则不成其为佛教，故禅宗更当拥有。"丈室"即"方丈居室"，"僧寮"即"僧人寮舍"。既然塔亭、重门、法堂、禅堂、丈室、僧寮等在禅寺规制里都不可或缺，而五仙洞石窟都已具备，则南宋五仙洞石窟必为禅宗活动场所无疑。

4. 五仙洞石窟禅僧主张自悟、自信、自主

佛教各宗派大都有节衣素食、清贫乐道、甘于寂寞、远离尘世、超凡脱俗的思想倾向或修行方式。禅宗在唐代以后就出现了新情况，至宋代则发生了"巨变"②。由于受安史之乱的冲击、会昌"法难"的摧残，农民起义的打击，军阀混战的破坏等，致使以官寺庄园经济为基础的经院派诸宗一蹶不振，禅众不断转移扩散，流入山林的人数遂愈益增多。面临长期的内忧外患，而国家控制力减弱，在各种势力的夹缝中禅宗反而获得新生。原本"隐遁山林、自食其力"的禅宗后来被国家直接控制③。中晚唐以后，南禅成为禅宗乃至中国佛教主流，即使是远在西北"南北禅兼容"的敦煌地区，南禅的影响也要大于北禅，

---

① 任继愈主编：《佛教大辞典》，南京：江苏古籍出版社，2002 年，427 ~ 428 页。
② 杜继文、魏道儒著：《中国禅宗通史》，南京：江苏人民出版社，2007 年，397 ~ 482 页。
③ 杜继文主编：《佛教史》，南京：江苏人民出版社，2008 年，271 ~ 284 页。

敦煌禅宗崇奉"即心即佛或即心是佛的禅观"①，何况毗邻川蜀地区的陇南，五仙洞石窟一带之禅宗自然属于南禅。五仙洞石窟恰在深山老林之中，《五仙洞记》碑记载了宗辩所做诸多功德，却较少直接言及塑造佛菩萨像、布施、供养之类事，这和元代以后的金莲洞碑较详细地记载了历代建造洞窟寺观及塑造尊像的情形有所不同②，可见宋代五仙洞石窟塑造佛菩萨像并不被住持、僧人和当地信众特别看重。这种情况当是多少反映了禅宗"不读经""不礼佛""不坐禅""直指人心，见性成佛""反对偶像、轻蔑教条"，甚至"超佛骂祖""呵佛骂祖、非经毁佛"的风气或亦存在。这正如临济宗义玄的主张③，貌似极端，但其根本目的是要人们把解脱的希望寄托在"自悟""自信""自主"的基础上④。宋代禅宗传承了唐五代的这些思想，故宋代五仙洞石窟僧人当亦如此。

5. "轻举之术"反映禅、道、儒思想合一

据《五仙洞记》碑载，"世传公孙氏五子尝于此学轻举之术"。《成县新志》云，"洞有五，传五仙各居其一"⑤。此五洞，当是指今五仙洞及附近洞窟。所谓"轻举"，最大的可能是理解为"飞升""登仙"之类意思。李石《续博物志》云："后世必有人主，好高而慕大，以久生轻举为羡慕者。"⑥ 依"五子丹成轻举"诸语⑦可知，公孙氏五子所学"轻举之术"似有道教之风。北宋末年，徽宗推行排佛崇道、佛教道化，按道教模式改造佛教、用道教观点解释禅宗神话，禅僧们引道入禅，将修禅与胎息、长生等联系起来，认为修禅就是要达到延年益寿、羽化升天的目的，遂使禅宗发生了根本改观⑧。佛教的这种变化必然会影响到南宋时期的五仙洞石窟与陇南禅宗。"轻举之术"又或与禅宗所谓神通有关，亦指禅宗的一种修行方法。《庄子》中类似禅定的观点，道教当作神仙术一种的呼吸吐纳术，与佛教"数息观"禅法在构思上极为相似，由法华宗改编数息观而成的《六妙法

---

① 郑炳林、魏迎春：《晚唐五代敦煌佛教教团的戒律和清规》，《敦煌学辑刊》2004 年 2 期。

② 王百岁：《甘肃省成县金莲洞石窟与全真道》，《宗教学研究》2014 年 2 期。

③ （宋）赜藏主编集：《古尊宿语录》（上），北京：中华书局，1994 年，55 ~ 87 页。

④ 杜继文主编：《佛教史》，南京：江苏人民出版社，2008 年，283 页。

⑤ （清）黄泳第纂修：（乾隆）《成县新志》卷 3《仙释》，乾隆六年（1741 年）刊本，台北：成文出版社有限公司，1970 年，348 页。

⑥ （宋）李石撰：《续博物志》卷 3，（清）纪昀总纂：《文渊阁四库全书·子部小说家类》，新北：台湾商务印书馆（影印），1983 年，1047 册 943 页上栏。

⑦ （清）黄泳第纂修：（乾隆）《成县新志》卷 3《仙释》，乾隆六年（1741 年）刊本，台北：成文出版社有限公司，1970 年，348 页。

⑧ 杜继文、魏道儒著：《中国禅宗通史》，南京：江苏人民出版社，2007 年，439 ~ 440 页。

门》被视为佛教气功的经典之作①。法华宗曾被人们称为禅宗，真正禅宗的产生及其思想与法华宗密切相关。佛、道功夫都讲究运气，且彼此相通。《五仙洞记》碑没有正面提及佛、道功法或武术、气功等，但事实上，中国古代的武术、气功与佛、道教皆有不同程度的关联。中华武术博大精深、源远流长，并非创始于佛教或道教，但佛、道两家确使武术发展到相当的深度和高度，武术两大流派少林派和武当派的功法等即是明证，可以肯定地说，没有佛教就不会有少林武术，没有道教就不会有武当武术。少林和尚就是以禅入武、习武修禅，故此种禅法又被称为"武术禅"。虽然南宋时期五仙洞石窟中的"轻举之术"未必与少林武术或武当武术有直接关系（且不论孰先孰后），但是在长期进行宗教活动的洞窟中进行修炼的功夫，不能说与佛、道教没有关系。

"轻举之术"的精神实质或与全真道的思想有一定共同倾向。创建于南宋与金并立时期的全真道以"三教合一"为宗旨，这在道教教派发展史上是一个非常鲜明的特点②。南宋时期，内丹比北宋更为盛行，各符箓道派均吸收了内丹思想，内丹学流派众多，内丹学理论相当成熟，强调性命双修，融会儒学、禅学是这一时期内丹学的普遍特征③。后来"实现了由早期的以个体修炼了证为基本目标的单纯的内丹修炼团体发展为在整个道教史中占据重要地位的一大道教宗派的飞跃"④。全真道在修炼方术方面的鲜明特点是专主内丹、不尚符箓。而早在王重阳创教之时就已完全抛弃了"长生不死""轻举飞升"之类的荒诞言论⑤。不过，"轻举之术"的思想水平似还停留在全真道创立之前。碑文"世传"之辞说明"公孙氏五子"于五仙洞石窟"学轻举之术"不会晚于南宋，抑或更早，但这并不能否定全真道的思想是对全真道自身产生以前的道教乃至佛教、儒家思想的继承和发展，融汇与创新。

与五仙洞石窟相距仅30公里的成县店村镇新村金莲洞元代即有全真道在活动⑥。宋元之际禅宗与全真道在陇南的兴盛前后相继，这一现象绝非偶然。当然，禅宗在当时已有很长历史，而全真道还是一种新生事物。任何事物的兴衰存亡，都有一定原因，宗教及其思想发展有其自身的规律，陇南境内的禅宗和全真道也不例外。其实，儒、释、道

---

① 杜继文、魏道儒著：《中国禅宗通史》，南京：江苏人民出版社，2007年，25页。

② 卿希泰：《全真道是道教发展史上的一个革新派》，《社会科学战线》2010年10期。

③ 卿希泰、唐大潮著：《道教史》，南京：江苏人民出版社，2006年，204页。

④ 张广保著：《全真教的创立与历史传承》，北京：中华书局，2015年，201页。

⑤ 卿希泰：《全真道是道教发展史上的一个革新派》，《社会科学战线》2010年10期。

⑥ 王百岁：《甘肃省成县金莲洞石窟与全真道》，《宗教学研究》2014年2期。

相通，禅宗与全真道相通。陈致虚指出："三教之道，一者也。圣人无两心。佛则云：明心见性。儒则云：正心诚意。道则云：澄其心而神自清。语殊而心同。是三教之道，惟一心而已。"① "禅宗与全真道是中国释道文化中具有代表性的流派，是中国文化的重要组成部分，在很大程度上代表了中国宗教的特色"②。虽然宋、元、明时期儒家思想与佛、道思想有所不同，且"陆王学派和程朱学派都激烈地批评佛学"，但无论是心学还是理学，都借鉴、吸收了佛、道两家的思想，冯友兰先生甚至认为："新儒家比道家、佛家更为一贯地坚持道家、佛家的基本观念。他们比道家还要道家，比佛家还要佛家。"③ 由此可见当时佛、道思想对儒家思想影响之大以及佛、道、儒三教相互影响、相互融合程度之深。以致"儒释道三教合一思想，在明清之际，实质上已成为一种社会潮流"④。

汉晋以降，佛、道、儒之间的相互影响长期存在。自晋以来之中国思想"可以儒释道三教代表之"⑤。儒家为主体，辅之以佛、道，构成中国传统文化的基本框架。三教既相互对立又相互吸纳，由各自分立到趋于合一，成为中国传统文化的基本趋势。唐代禅宗，宋代心学理学和金元全真道是三教合一的主要标志⑥。五仙洞石窟"轻举之术"是三教融合趋势越来越明显的历史背景下的产物，是佛教禅学、道教内丹学派、儒家心学理学相互融合的一个特例，兼有三教因素，也体现出禅宗本身的时代特征。这是判定宋代禅宗是否在五仙洞石窟活动的又一重要根据。

三　南宋时期陇南禅宗与四川佛教的联系

在五仙洞石窟二碑刻立时期，陇南部分地区与四川部分地区属于同一地方行政区域。据《五仙洞记》碑载，当时的陇南地区属于"四川安抚制置使司"统辖。陇南地区向南宋朝廷请求"严立约束"的牒文，由"四川安抚制置使司"向三省上奏，三省的批文亦

---

① （元）陈致虚撰：《三教一家》，（元）陈致虚撰：《上阳子金丹大要》卷14，《道藏》24 册，56 页。
② 余虹著：《禅宗与全真道美学思想比较研究》，北京：中华书局，2008 年，《导言》1 页。
③ 冯友兰著：《中国哲学简史》，北京：北京大学出版社，2010 年，254～255 页。
④ 唐大潮：《论明清之际"三教合一"思想的社会潮流》，《宗教学研究》1996 年 2 期。
⑤ 陈寅恪著：《陈寅恪集·金明馆丛稿二编》，北京：生活·读书·新知三联书店，2001 年，283 页。
⑥ 余虹著：《禅宗与全真道美学思想比较研究》，北京：中华书局，2008 年，《导言》3 页。

下发于"四川安抚制置使司"。《宋史·地理五·成都府路》对这种行政建制有明确记载①。地理上的接壤，行政区划上的一致，极大便利了陇南与四川在佛教及石窟艺术方面的交流。

北传佛教主要是经过北方陆上丝绸之路传入中国内地。传入四川地区是比较早的②，东汉时期已传入陇南并且在魏晋南北朝以后获得很大发展。陇、蜀之间在佛教方面的交流及相互影响由来已久。早在唐代，蜀地的禅宗就很兴盛，"信衣"在该地传承，智诜、处寂、无相、无住等高僧在蜀地活动③，"弘化蜀地，传灯不绝，法脉流长，也是禅宗一支不可忽视的宗派"④，"这支禅宗的影响却远远超出了蜀地，成为中国禅宗中别具特色的一支"⑤。毋庸置疑，川地禅宗必会对陇南地方禅宗产生重要影响。

安史之乱后出现藩镇割据局面，地方势力大都重视农禅，尤其是在岭南、四川和西北等边地采取宽纵政策，于是促成禅宗内部的宗派发展。"社会的长期动荡和连年的战争，迫使许多人流入禅宗队伍，及至宋廷南迁，北方僧人也纷纷渡江，以杭州为中心的东南一隅再度成为禅宗的活跃中心。"⑥ 正是在唐宋之际禅宗重心南移、在南方发展的背景下，宗辩等从四川请入佛经。故《五仙洞记》碑有"飞锡南游""从成都置四大部经归镇山门"等语。说明陇南的佛教不仅受到中原地区佛教的影响，而且也受到来自西南地区佛教的影响。

北宋自仁宗始推行限佛政策，至徽宗时又信奉道教，佛教发展必然受到影响。由于南宋时期政治中心南移、统治者大多维护佛教，所以南方具有佛教弘传的深厚社会基础，故佛教发展及造像均盛于北宋。那时苏、浙、川、渝等地佛教造像空前兴盛，北方基本停滞，这就使得川渝成为唐以后全国石窟最为集中的地区。这些石窟造像题材丰富，密教和佛、道、儒三教合流题材最具特色⑦。这就是为什么南宋时期五仙洞石窟禅宗兴盛，兼具佛、道、儒三教因素。

---

① （元）脱脱等撰：《宋史》卷 89《地理五·成都府路》，北京：中华书局，1977 年，2221、2225 页。另参考谭其骧主编：《中国历史地图集》6 册《宋、辽、金时期·南宋·成都府路、潼川府路、夔州路、利州东路、利州西路》，北京：中国地图出版社，1982 年，69～70 页。

② 温玉成：《蜀汉至隋代的四川佛教》，《重庆师范大学学报（哲学社会科学版）》1991 年 1 期。

③ 杜斗城：《敦煌本〈历代法宝记〉与蜀地禅宗》，《敦煌学辑刊》1993 年 1 期。

④ 徐文明：《智诜与净众禅系》，《敦煌学辑刊》2000 年 1 期。

⑤ 杜斗城：《敦煌本〈历代法宝记〉与蜀地禅宗》，《敦煌学辑刊》1993 年 1 期。

⑥ 杜继文、魏道儒著：《中国禅宗通史》，南京：江苏人民出版社，2007 年，4、439 页。

⑦ 黄春和著：《汉传佛像时代与风格》，北京：文物出版社，2010 年，139 页。

四　南宋朝廷管理五仙洞石窟僧尼、财产及控制陇南禅林

《五仙洞记》碑印证了正史及佛、道教史籍所载南宋尤其是南宋中后期的社会背景，佛、道教状况和存在的问题，记载了政府对五仙山僧尼、庵舍、土地、财产、森林等的管理情况。南宋时期，由于社会矛盾尖锐，僧人道士数量很大，有些人在未得度牒的情况下私自出家，隐入寺观，以躲避徭役、兵役，栖身求生，一些寺观僧道擅自占有数量不等的土地、财物、树木等，一些僧道私下建修庵舍，扩大寺院规模。朝廷申明，如有不经官府批准，私下无度牒出家、建修庵舍者，违背了国家有关法律条例，则促令限期向官府有关部门申请补办手续，如在期限内不申办手续，其所建的庵舍等将被籍没入官。朝廷及各级（关于限期停止私建庵舍行为的）文据由住庵人接收保管。敢有继续私置庵舍者，允许别人告发，支付相当数量的偿钱，已建庵舍和财产全部没收入官，并按朝廷要求造籍登记。南宋中后期仍在执行北宋以后实行的鬻牒、出售紫衣师号、征收寺院田产税等措施，并得到进一步加强。由于度牒价格一再提高，民间的度牒买卖成为调剂官价的重要渠道。国家鬻牒就成了弥补国库亏空、增加财政来源的手段，而民间交易也多以谋利为目的。官场上盛行的贪赃行贿也渗透到了佛教净土，败坏了风气，给佛教以重大冲击。所以朝廷降敕严加约束。基于此，《五仙洞记》碑对当时当地存在的问题及朝廷敕令作了记述，载明"私置庵舍有逆条法""比年以来，有非给降度牒僧道所为，白衣道者私相庵舍，乞严立约束"。

南宋朝廷的一些宗教政策促使丛林寺院普遍重视生产经营和经济效益，以致在禅僧中形成了"以清贫为耻，以厚蓄为荣"的风气。需要专靠国家供养的义学进一步衰落①。孝宗以后诸帝对佛教基本上既扶植又限制，重视用经济手段进行调控。权相史弥远擅政时期，南宋政府全面加强了对全国寺观、佛道、僧籍、道籍、寺院树木、土地的管理。"公牒约束文榜"规定，对于砍伐树木、毁坏森林的人，要被抓到官府严肃处理；对五仙洞石窟应属的土地、林木的四至作了明确、具体的划定，并规定对故意或由于不知情而毁坏林木者，由窟寺住持负责处理。看来，在对佛寺、道观严加管束的同时，还赋予佛、道教一定的权力。

---

① 杜继文、魏道儒著：《中国禅宗通史》，南京：江苏人民出版社，2007 年，477～479 页。

　　唐末五代至两宋时期，禅宗的地位和作风渐次发生了巨大变化①。南宋朝廷赐予五仙洞的《孚泽庙牒》碑落款处载，"嘉定八年二月日牒　签书枢密院事兼权参知政事　郑正　右丞相正"②；张维《陇右金石录》云，"考《宋史》，嘉定八年参政为郑昭先，左丞相为史弥远。""其时，史弥远奏请定江南禅寺等级，'五山十刹'遂成为一个时期内禅僧游方参学的主要场所。"③ 试想，连《孚泽庙牒》碑——一通位于偏远地方几乎不被县境外百姓知晓的规模很小的石窟寺中的碑都要经由郑昭先和史弥远这样的朝廷权臣批准并署上官职名，这就说明像五仙洞这样的石窟寺都处在朝廷的监管之下，其他的窟寺怎能例外？这些状况与佛教史记载的情况是一致的。唐代以后直至宋代，禅宗逐渐"由朝廷直接控制"④。五仙洞石窟由南宋朝廷赐予《孚泽庙牒》碑这件事当是禅宗由朝廷直接控制的一个实例。我想这至少说明南宋时期以下情况：①五仙洞石窟受到朝廷重视；②五仙洞石窟在朝廷及社会上有一定地位和影响；③五仙洞石窟个别住持在社会上有一定影响、受到朝廷敬重；④禅宗与朝廷的关系不算疏远；⑤朝廷对于佛教（禅宗）、佛寺比较重视；⑥朝廷对于佛教（禅宗）、佛寺普遍加强了控制。

　　宋代强化君主专制主义中央集权制度，禅宗与士大夫的联系全面加强，一些士大夫产生无可奈何的沮丧和无所作为的失望，纷纷皈依禅宗，他们把丛林当作遁世的退路，在禅宗中寻求心理的平衡，官场失意者尤其从中寻找精神寄托⑤。《五仙洞记》碑云："闰八月，余被檄，虑囚武阶，因往游焉。"此语透露出，"余"已接到檄文的传唤，担心自己可能被囚禁到武阶、遭受牢狱之灾，心境悲凉，于是决定去游五仙洞，一心向禅。这是宋代文人士子、官僚贵胄们宦海沉浮之坎坷路径的绝好例证。

　　综上所述，《五仙洞记》碑和《孚泽庙牒》碑反映出，佛教（禅宗）成为唐末五代宋——尤其是南宋时期陇南五仙洞石窟及其周围一带宗教活动的主要内容。

结语

　　唐后期以后在痛苦中挣扎的人们将佛教作为精神寄托，敦煌文书 P. 2130 中以"愿离

---

① 杜继文、魏道儒著：《中国禅宗通史》，南京：江苏人民出版社，2007 年，402 页。
② "右丞相"实为"左丞相"。详情请参考本文附录一"《孚泽庙牒》碑"注。
③ 任继愈主编：《佛教大辞典》，南京：江苏古籍出版社，2002 年，427 ~ 428 页。
④ 杜继文主编：《佛教史》，南京：江苏人民出版社，2008 年，273 页。
⑤ 杜继文、魏道儒著：《中国禅宗通史》，南京：江苏人民出版社，2007 年，397 ~ 398 页。

此苦生安乐""愿共诸众生往生安乐国"等语反复表达信徒往生西方净土的愿望①即是明证。"隋唐以后，各派争道统之风渐盛，乃有各种教派之竞起"②。然"至唐末他宗衰歇，而禅风益竞矣"③。至宋代则禅宗在佛教各宗派中成为主流。陇南境内的禅宗一直延续到明清时期④乃至当代⑤。此前在陇南各石窟寺没有发现关于古代禅宗活动的直接文字资料。成县五仙洞石窟《五仙洞记》碑和《孚泽庙牒》碑树立已 800 余年，碑文公布从《成县新志》刊行算起也已近 300 年，然而，即使当代的人们也没有注意到二碑对于研究禅宗的重要性，甚至没有人注意到五仙洞石窟碑与佛教的关系。五仙洞石窟中现当代塑像及民众信仰状况展示出儒、释、道兼容格局。不过当代的信仰和造像或已与古代的状况没有直接关系。之所以判定南宋时期五仙洞石窟是禅宗的重要活动场所，以《五仙洞记》碑阴刻观音菩萨像尤其是二碑碑文所证实。碑刻观音像和二碑内容是宋代佛教发展状况的直接反映，是南宋时期禅宗思想与艺术进一步发展的体现。碑载"世传公孙氏五子尝于此学轻举之术"启导我们对于禅学、内丹学派、心学理学相互融合，"三教合一"的趋势进行探索。此二碑具有一定的文物价值和历史、宗教、艺术研究价值，为研究陇南佛教史提供了新的依据，也为研究中国禅宗史提供了新的材料。这正如杜继文先生所云："寺志和地方志也保留有禅宗的许多传说，尽管多属晚出，仍有参考价值"，"遗憾的是，至今尚未把有关禅宗的部分单独汇集起来，加以考订，出版成册。"⑥ 故搜集和整理这类珍贵历史资料，挖掘和利用其中重要信息，对于推进禅宗研究必有裨益。

注：本文图片均为笔者实地拍摄

基金项目：2015 年度甘肃省教育厅省高等学校科学研究自筹经费项目"丝绸之路与汉唐甘肃佛教"（2015B - 145）、教育部哲学社会科学研究重大课题攻关项目"法藏敦煌汉文非佛教文献整理和研究"（12JZD009）的后期成果。

---

① P. 2130 - 1《唐五台山竹林寺法照传》，P. 2130 - 2《净土五会念佛诵经观行仪》，《法藏敦煌西域文献》6 册，上海古籍出版社，法国古籍出版社，1998 年，211 ~ 217 页。

② 汤用彤著：《隋唐佛教史稿》，北京：北京大学出版社，2010 年，164 页。

③ 汤用彤著：《隋唐佛教史稿》，北京：北京大学出版社，2010 年，155 页。

④ 孙晓峰：《甘肃省两当县西姑庵佛教遗址考察》，《石窟寺研究》（第三辑），北京：文物出版社，2012 年。

⑤ 王百岁：《甘肃成县达摩洞菩萨洞调查与研究》，《陇南师专学报》2013 年 2 期。

⑥ 杜继文、魏道儒著：《中国禅宗通史》，南京：江苏人民出版社，2007 年，18 页。

附录：　五仙洞石窟碑

1.《五仙洞记》碑①（南宋开禧二年，1206 年②）

［碑阳］

篆额：

　　五仙洞记

碑文：

　　同谷以景名者八，五仙洞其一也。世传公孙氏五子尝于此学轻举之术。往往灵蛇／曝③日、神鱼泳渊。其事虽不经见，然意其林峦扶舆磅礴，必有如杨④子云所谓"山泽之／臞"者居之。闰八月，余被檄，虑囚武阶，因往游焉。爱其雪崖苍古，烟岩隐翳，翠篠寒松，／流泉飞瀑，映带左右，萧然若离尘浊。有道者宗辩揖余而言曰："昔吾晦庵禅师，崛起／关西，道价甚高，飞锡南游，辄关禅林之口而夺之气。茶马赵公、太守毋公深相敬重。／有《语录》行于世。游师门者众矣，而宗鉴实为上首。异时，五仙洞蔽于榛棘苍莽中，鹿／豕昼游，狐狸夜嗥，蹊术⑤不通，人迹罕至，独樵叟、猎师，斧斤置蔚，时肆蹂践。自鉴筚路／篮缕，以启山林，为之室庐，安处徒众，里人屈仕颜又举环洞之木章竹简，愿助清供，／气象蓊郁。于是，五仙之胜，遂与鸡凤争雄。继鉴者曰宗岳、曰宗显，显又造观音像，为／阁三间以覆之。显既游

---

① "按此碑高二尺六寸，广二尺二寸，凡二十二行，行三十二字，额篆'五仙洞记'四字，书法极挺秀。旧志所录碑文脱误数字，今依拓本正之。"见《陇右金石录》，16076～16077 页。《陇右金石录》（16076～16077 页）、《成县新志》（409～412 页）、《成县志》（942～943 页）只收录《五仙洞记》碑阳文字。

② 《五仙洞记》碑提到 3 个年份，即绍熙五年（1194 年）、嘉泰二年（1202 年）和开禧二年（1206 年），此碑当树立于开禧二年。碑文云，"绍熙五年五月日，住持董宗辩状""旨挥支给赏钱，其庵舍、产业尽行籍没，入官施行。嘉泰二年　月日给。付董宗辩""遂书之以为记。时开禧改元南至日也。宣教郎、通判成州军州事、崇国赵希遹潜父撰并书""开禧二年岁次丙寅十月二日，任山、任普戒记"。

③ "曝"，《陇右金石录》录为"曝"（16077 页），《成县新志》录为"暴"（409 页），《成县志》录为"暴"（942 页），后二者皆误。

④ "杨"，《陇右金石录》录为"扬"（16077 页），《成县新志》录为"扬"（409 页），《成县志》录为"杨"（942 页），前二者皆误。

⑤ "术"，《陇右金石录》录为"术"（16077 页），《成县新志》录为"径"（410 页），《成县志》录为"径"（943 页），后二者皆误。

方，乃命宗辩主扫洒①之役。宗辩不量力，营新葺旧，辛勤②累年，／始克创塔亭，建重门、丈室、僧寮，粗若备具。且诱化信士，从成都置四大部经归镇山／门。繇鉴迄今，盖三十余年矣。每惟开山之勤，未有纪述，使来者无所考信，愿以为请。"／则告之曰："子之师晦庵，余不得而见之，于鉴也，又无晤言之暂，然尝读毋、赵二公若／铭若赞，则知晦庵之为高；以其师信其徒，则知鉴之为贤。自昔佛家者③流，草衣木食，／宅幽而阻深，盖欲屏远嚣尘，离诸染着，以学苦、空、寂灭之道，末世比丘④，知此者鲜。鉴也，侍晦庵巾瓶最久，乃能于戒律陵迟之际，笃志自修，结茅岩洞，不与物接，其胸中／所得，必有过人者。今子又增而大之，甍栋参差，户牖依约，炉香卷经，绝去俗累，视前／人可谓无负。吾闻，善学于师者，不于其迹于其心。谈空析妄，设为问答，剪荒除秽，化／为殊胜，此皆其迹而非其心也。子诚能⑤不忘鉴之勤，与夫子之师所以付嘱⑥，盍自其／心焉者，求之精进不已，则晦庵一灯之传，虽与此洞相为无穷可也。"辩曰："唯。"遂书之／以为记。时开禧改元南至日也。⑦ 开禧元年，⑧ 宣教郎、通判成州军州事、崇国赵希逷⑨潜父撰并书，／朝奉大夫、知成州军州事，嘉定辛栖之明⑩父篆额。／信王府刘深刊⑪

［碑阴］

隶额：

　　遵奉圣旨住庵文据

---

① "扫洒"，《陇右金石录》录为"扫洒"（16077页），《成县新志》录为"洒扫"（410页），《成县志》录为"洒扫"（943页），后二者皆误。

② "勤"，《陇右金石录》（16077页）、《成县新志》（411页）、《成县志》（943页）皆录为"苦"，三者皆误。

③ "者"，《陇右金石录》（16077页）、《成县新志》（411页）、《成县志》（943页）皆无"者"。

④ "丘"，《陇右金石录》录为"邱"（16077页），《成县新志》录为"邱"（411页），《成县志》录为"丘"（943页），当以"丘"为是。

⑤ "能"，《陇右金石录》无"能"（16077页），《成县新志》（412页）、《成县志》（943页）俱有"能"。

⑥ "嘱"，《陇右金石录》（15077页）与《成县志》（943页）录为"嘱"，《成县新志》录为"属"（412页），当以"嘱"为是。

⑦ 《陇右金石录》此处在"改元南至日也"后有"《成县新志》：《五仙洞碑记》在县西南三十里五仙山"一句话（16077页）。

⑧ 《成县新志》（412页）、《成县志》（943页）此处无"开禧元年"4字，《陇右金石录》（16077页）则有此4字。

⑨ "明"，《陇右金石录》（16077页）与《成县新志》（412页）俱录为"明"，《成县志》（943页）录为"□"。

⑩ "明"，《陇右金石录》（16077页）与《成县新志》（412页）俱录为"明"，《成县志》（943页）录为"□"。

⑪ "信王府刘深刊"此6字，《陇右金石录》（16077页）、《成县新志》（412页）、《成县志》（943页）俱未录。

碑文：

上部：

成州/据同谷县五仙山灵光洞住持董宗辩状，伏缘五仙山系古/迹名山，自来求祷雨旸所在。洞傍建立龙神、观音庙宇，庵舍，/众人请到宗辩住持、看管，今来本州，坐奉/朝旨。指挥许行陈首给据，伏乞判下。本案给据施行者，/右契勘近准。提刑使衙牒，准/四川安抚制置使司牒。嘉泰二年八月空日，/行在尚书刑部，符准检会案连送。嘉泰二年八月一日，/敕中书门下省检会；嘉泰二年六月十三日，/敕即文臣寮札子奏："比年以来，有非给降度牒僧道所为，白衣/道者私相庵舍，乞严立约束。"三省同奉圣旨，令逐路监司，/各行下所部州县，日下多出文榜，晓示道民：私置庵舍有递/条法，自指挥到日，限半月许，令经本州、自陈出给公据，付住/庵人收执；如出限不行，自陈出给公据及再有创置之人，许人/告首，支给尝钱壹阡（仟）贯，先以官钱代支，都挨犯人名下，追纳其/庵舍、产业，尽行籍没入官，候出给公据足日，逐州置籍，申监司/类聚。申尚书省，奉/敕，如右牒到，奉行；牒请，遵奉。候出给公据足日，置籍，供申本州，/以凭类聚。申尚书省，使州除已遵奉出榜。本州并二县镇，晓/示道民，去后，今据前项状陈呈奉知府、朝散，判给。今出给公/据，付五仙洞住持董宗辩收执照用，自今后不许创置庵舍，许/人告首，以凭遵从前项。旨（指）挥支给赏钱，其庵舍、产业尽行籍/没，入官施行。　嘉泰二年　月日给。/付董宗辩。/迪功郎定差成州司法兼签厅公事丁正，/文林郎就差成州知录参军兼检察仓库孙庄，/承直郎、通判成州军州事兼管内劝农营田事赵□，/朝散大夫、权知成州军州事兼劝农营田事公边都巡检使李□。

中部：

立舍状人、青渠保税户屆仕颜父子等，今切见保内。/五仙洞系州图所载，古迹名山。诸保人户，祈祷常获/感应。监司□无不留题，守臣到，得□诗颂。次有乡村/人，各舍己财，修立观音、龙神阁，妆塑尊像。仕颜等遂/将本户所佃通判衙职田内，摘豁山地一段（段），系在绕/洞，开坐四至，永舍于五仙，用充赡副图，乞住人久为/看管，无致伤于坼毁。仕颜等先以请到僧岳南回住/持。自后本僧游礼于他处，不住此山。仕颜等乡村连/名邀请到本州报恩寺住持、丹长老门人董宗辩/于此扫洒焚献。及具状，经赴同谷县，及/使州陈告，给到就请住持。公牒约束文榜：如有斫毁/林木之人，把拽赴宫根治。今开具四至、下项，/东至承宣地及王宅职田地，岭西至孟家谷岭及九般谷大岭，/南至上仙洞大岭及九般谷源岭，北至杨家地大岭为界/右。仕颜等今将四至内山地委是，不堪耕种殊无出/产，更不椿坐，胜合官税，亦无诸般夫役。如有无图人/毁斫林木，令住持一面作主。恐人无信，故立此舍/状为凭。绍熙五年四月初八日立，揍瞻舍状文字人，/屈仕颜，并同男屈友谅。房屈友闻生屈友仲正/□□①见人屈仕琮□杨威□　写舍状人赵浩正/五仙洞住持董宗辩/右伏缘，系兴州管下长举县税户，自乾道八年间，年/一十五岁，父母同议，令宗辩参礼丹长孝为师。自后/本师游，南到临安府，不委身化。宗辩在诸山住庵，/昨来州西，税户屈仕颜及众人等，举请宗辩看守五/仙山龙神阁一所，令宗辩扫洒焚献。及屈仕颜舍到/绕洞山林地段（段），舍状文字粘连，谨具状上/判县中，太伏乞台慈判，押令宗辩执照，庶免无图/之人毁斫林木，伏候/台旨。/绍熙五年五月日，住持董宗辩状。

下部：

　　谨具：修造会首，/御位于后：/僧普晙、/屈友□、/屈友□、/屈友□、/杨晖、/杨威、/杨琪、/杨祐、/侯仲禧、/李信、/马昌、/潘源、/魏元、/宋□霞、/樊宗遇、/郝浩、/郝济，/都会首杨惠。/开禧二年岁次/丙寅十月二日，/任山、任普戒记。

2.《孚泽庙牒》碑②（南宋嘉定八年，1215 年）

［碑阳］

行额：

　　尚书省牒③

---

① 此处可刻 2 字处残缺，未知原本有无刻字。

② "按此碑高五尺，广二尺余，字作行书，大五寸，小者三寸余。其右侧有寸楷十四行，行二十九字。""碑末'五仙山住僧普敏、工匠江杨德'有十二小字。考《宋史》，嘉定八年，参政为郑昭先，左丞相为史弥远，其二正字，盖即名押。此碑旧志失录，今尚完好。皋兰马紫石拓以相寄，亟录存之。惟《宋史》，弥远以嘉定元年为右丞相；二年转左丞相，此牒既嘉定八年所下，何以仍署右丞相，疑为刻石之误。右丞相下不著其姓，当是令式如此，前录广严、仁济二院牒，俱韩魏公为平章事而俱系姓衔下，与此不同，或以是时弥远独相多年，遂省其姓欤？"见《陇右金石录》，16078 页。"遂省其姓欤"中之"其"，《成县志》录为"具"，当误。见《成县志》，944 页。《成县新志》未载此碑。《孚泽庙牒》碑于嘉定八年（1215 年）由参政郑昭先、左丞相史弥远奉敕赐，当立于是年，碑文云，"嘉定八年二月日牒　签书枢密院事兼权参知政事　郑正　右丞相正"。

③《陇右金石录》此处有"行一"2 字（16078 页）。

碑文（大字）：

　　牒奉①／敕

　　宜赐孚泽庙为额　　牒至准②／敕　　故牒③　嘉定八年二月　　日牒④／签书枢密院事兼权参知政事郑正⑤　右丞相正

碑文（小字）：

　　礼部状准都⑥省批下利州路转运司状奏，照对本司，昨于嘉定七年五月拾／壹日据成州申据同谷县申备，据本县乡官保义郎杨祐兴等状，"伏见本县／五仙山龙神，广有灵应事迹，乞备申转运司保奏朝廷颁降庙额，州司保明／是实申乞施行，本司重行勘验，保明是实。今开具灵应事迹一复⑦实。得成州／同谷县□⑧嘉青渠一保，境内有五仙山龙洞一所，灵光瑞露，示现非常，实列／仙之居，神仙之宅也。自古以来，乡村祈祷，凡遇岁霖岁旱，民必祈求，时旸时／雨，应如影响。兼自去冬及今春以来，民间祈祷，春干得雨，秋涝获晴，稔成丰／熟，以助美政，委有功迹显著，惠利及民，无不感应。乞赐颁降庙额，伏候／敕旨。后批送部勘，当申尚书省。本部寻行下太常寺勘，当依条保奏，取／旨加封。本寺照得今来本路转运司已依条差官体究，复⑨实保奏了当，应得／加封条法。今勘，当乞从建炎三年正月六日，已降指挥合行拟封。下项数内／一成州同谷县五仙山龙洞神合先拟赐庙额，合行降敕，伏乞省部备申，／朝廷⑩取　旨加封，赐额施行由部。本部今勘，当欲从太常寺勘当到事理，／伏乞　　朝廷指挥施行，伏候／指挥。"

［碑阴］

（无文字）

---

① 《陇右金石录》此处有"行二"2字（16078 页）。
② 《陇右金石录》此处有"行三"2字（16078 页）。
③ 《陇右金石录》此处有"行四"2字（16078 页）。
④ 《陇右金石录》此处有"四行书（？）字稍小"6字（16078 页）。
⑤ 《陇右金石录》此处有"行五"2字（16078 页）。
⑥ "都"，《陇右金石录》（16078 页）与《成县志》（944 页）俱录为"□"。
⑦ "复"，《陇右金石录》录为"覆"（16078 页），《成县志》录为"复"（944 页）。
⑧ "□"，此字处似剥落，《陇右金石录》（16078 页）与《成县志》（944 页）俱录为"□"。
⑨ "复"，《陇右金石录》录为"覆"（16078 页），《成县志》录为"复"（944 页）。
⑩ "朝廷"，《陇右金石录》（16078 页）与《成县志》（944 页）俱录为"□□"。

佳县化云寺题记明清文化因素分析

张诗蕴*

内容提要：佳县化云寺为陕北明朝代表性石窟寺院，其中保留着诸多题记资料。本稿在实地考察的基础上，从梳理化云寺题记资料入手，讨论了化云寺石窟和地面建筑及其造像情况，进而分析了其造像反映的佛、道教和民间信仰，并阐明寺院的社会功能。而且，该文详细整理并全面披露了化云寺资料，为中国石窟数据库添加新内容，有助于促进明朝石窟的研究和保护。

关键词：佳县化云寺　明朝石窟　佛教与民间信仰

一　引言

化云寺，又名郝家寺，位于佳县刘国具乡白家铺村西北约 750 米处，后倚古化云山，坐东北向西南。井沟水绕寺而过，从南向北流入盐沟河（图1）。

化云寺始建年代未知，有明朝石窟 9 个，总面积约 117 平方米。现存明正德八年（1513 年）、嘉靖年间（1522～1566 年）、隆庆年间（1567～1572 年）、万历年间（1573～1620 年）、民国三十一年（1942 年）等题记数处，其中碑刻 5 通、墨书题记 2 幅、石供桌铭文 2 则、洞窟壁面题记 1 处。民国及其以前地面建筑连同洞窟原有造像，已经被破坏，现有地面建筑和洞窟造像系现代所为（图2）。2008 年，陕西省人民政府公布化云寺遗址为省级重点文物保护单位。

---

* 作者简介：张诗蕴，清华大学美术学院艺术史论系。

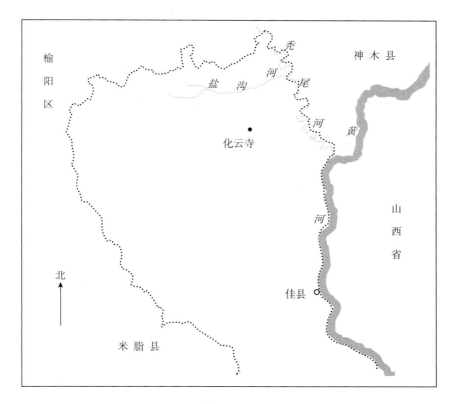

图 1　化云寺位置图（笔者绘）

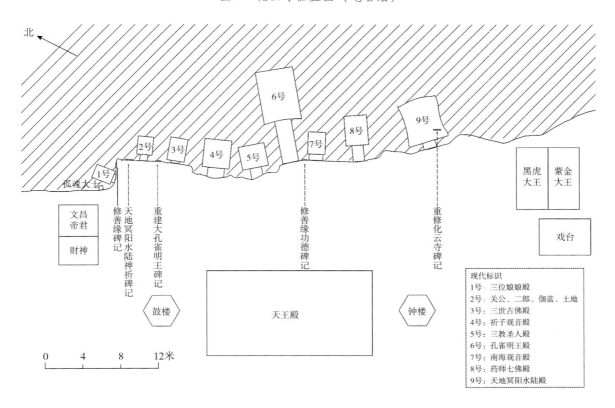

图 2　化云寺建筑总平面图（含现代建筑，笔者在《中国·佳县古代石窟艺术》78 页插图基础上修改而成）

　　化云寺石窟处在偏僻山区，原有造像、壁画一无所存，又因属于明朝遗存，已而关于该石窟群的调查研究起步较晚。

　　王富春率先调查并披露了化云寺石窟内容①，其刊布了石窟总平面图，简略介绍了洞窟和石供桌、碑刻及其题记的情况，这是迄今有关化云寺最详细资料。但记述太过概括，题记方面仅收录洞窟和石供桌铭文内容。呼延胜博士论文介绍了化云寺当前设置，以及水陆殿现代造像和壁画的情况②，但讨论没有将原有遗存和现代设置区别开来。

　　上述研究者介绍了化云寺石窟的大体情况，为学界进一步调查研究提供了可资参考的线索。然而，已披露的化云寺石窟资料残缺不全，相应的研究工作还处在起步阶段。

　　2012 年 7 月，清华大学和台北艺术大学联合考察队初步考察了化云寺石窟（图 3），获取了第一手基本资料③。2017 年 4 月，笔者考察了化云寺石窟（图 4），弥补了上次考察的遗漏和不足，尤其发现 5 号窟两块墨书题记资料。经过以上两次调查，获取化云寺石窟全部资料，构成本文写作的基础。

图 3　2012 年 7 月化云寺状况（李静杰摄）

①　王富春：《中国·佳县古代石窟艺术》，西安：陕西旅游出版社，2009 年，78、79 页。
②　呼延胜：《陕北土地上的水陆画艺术》，西安：西安美术学院博士学位论文，2012 年。
③　参加考察的有清华大学教师李静杰和研究生谷东方、李静、陈红帅、齐庆媛、黄文智、孙明利、王芳，台北艺术大学教师林保尧及其助手陈怡安。

图 4　2017 年 4 月化云寺状况（笔者摄）

　　基于化云寺原有造像、壁画全遭破坏，而石刻、墨书题记资料比较丰富的实际情况，本稿将从化云寺题记内容入手，首先逐一辨识各种题记并加以记录，依从题记类别和年代，建立完备的资料信息库。然后，综合分析题记反映的寺院殿堂和造像的建造情况、信仰情况和社会教化功能。最后，通过分析化云寺题记内容，了解该寺院乃至陕北明朝寺院发展情况和社会功能。

二　寺院殿堂与造像的建造情况

1. 单体殿堂与造像

　　化云寺现存题记记述了寺院殿堂与造像的建设情况，包括观音殿、药师七佛殿、三教圣人殿、水陆殿、大孔雀明王殿、正殿、西天如来佛殿、三世古佛殿等。下文按题记的时间先后顺序依次阐述。

　　（1）观音殿

　　关于观音殿的记述仅见于 5 号窟内石供桌前面右侧铭文："先于正德八年修观音殿，后至嘉靖七年修三教、三官，改伽蓝殿，白此腾修。"（录文 3.2）由此可知，观音殿修建于正德八年（1513 年），早于三教殿、三官殿及改建伽蓝殿。由于该石供桌可以移动，况且一并记述了几座殿堂的修建情况，无法判断观音殿在化云寺中的具体位置。

（2）三官殿

5 号窟内石供桌前面右侧铭文记述观音殿之后，又述三官殿的修建情况："后至嘉靖七年修三教、三官"（录文 3.2）。可知，三官殿修建晚于观音殿，始建于嘉靖七年（1528 年），与三教殿同期修建。和观音殿情况一致，由于记述此事的石供桌可以移动，无法判断三官殿在化云寺中的具体位置。

（3）三教殿

关于三教殿的建造情况共涉及四处题记，分别为：①前述 5 号窟内石供桌前面右侧铭文"后至嘉靖七年修三教、三官"（录文 3.2）；②5 号窟前壁窟门右侧墨书题记"……三教殿一座，修至靖九年八月十五日，原……大经一藏，存灯烛化经一藏，寺地名化经殿"（录文 2.1）；③5 号窟前壁窟门右侧墨书题记"诗曰：塑画丹青六□人，塑出三教□□□，塑出地藏并十王，十六罗汉□观音……嘉靖十年岁次辛卯四月□癸巳初一日乙卯、初八日壬戌，修造功德主阴阳人白此腾写记□□"（录文 2.1）；④嘉靖二十二年（1543 年）所立善缘功德碑记述"信士男善人、阴阳□人白此腾……□本州堂夜□□梦见□□观音□□座□□□满续后□修三教殿，□满□□□转大经隅夜……□□请石匠……自买田地，立契永远照用"（录文 1.2）。上述 4 条题记较为清晰地记载了三教殿及其造像的建造过程。

由题记①可知，三教殿修建始于嘉靖七年（1528 年），题记②记述三教殿竣工在嘉靖九年（1530 年），其中藏有大经一藏、存灯化烛经一藏，题记③记述功德主白此腾于嘉靖十年（1531 年）塑三教像，题记④文字残缺不清，大致可知功德主白此腾梦到观音后决定装修三教殿，其人曾经聘请石匠、自买田地。

关于三教殿的具体方位，根据 5 号窟内固有墨书题记内容可以判断，明朝所建的三教殿应该就是 5 号窟。

（4）药师七佛殿

关于药师七佛殿的建造情况，明嘉靖二十二年（1543 年）所立修善缘石碑叙述较为详细。"本州宁河都□□□年修造，善友郝珉后至嘉靖年修造。"（录文 1.1）此段文字记述了嘉靖年间，也就是立碑之前的嘉靖元年（1522 年）至二十二年（1543 年）某一时间，郝珉修建药师七佛殿堂的情况。

又云，"功德主郝志□、郝景儒，郝氏许愿，保乞子郝房儿平安，许打塑药师 七 □、八□之菩萨、十二神将，满堂神祇，圆满开光已毕焉。"（录文 1.1）记述功德主郝志□、郝景儒塑造药师七佛、八大菩萨、十二神像等造像情况，目的是祈求儿子平安，同时暗示其子可能遭受病患等灾祸。

另一通明隆庆二年（1568 年）所立天地冥阳水陆神祇碑文记述："药师七佛、八大师菩萨、日月菩萨、十二神将。功德主男善人白孟先，同室女善人徐氏，男白尚伸、白尚引。"（录文 1.3）所述应为先前的药师七佛、八大师菩萨、日月菩萨、十二神将等药师经造像，已经更换的功德主可能进行了妆新活动。

由于上述两通石碑可以移动，所以无法据此判断药师七佛殿在化云寺的具体位置。

（5）天地冥阳水陆殿

天地冥阳水陆神祇碑记："盖闻毗卢教主、□藏慈尊、金刚座上天人师、祥云影覆大能仁放光明，周□界微尘利刹土……清净法身大毗卢遮那佛……兹者发心僧人刘永德，见得地方缺少天地冥阳水陆圣殿，缺少钱两，诱引众善人等共同成愿，命请工匠，嘉靖三十八年三月二十八日启，打石殿、塑画圆满，至隆庆元年三月初六日，开光大吉。"（录文 1.3）由此可知，刘永德见此地缺少天地冥阳水陆圣殿，于是募捐请工开凿洞窟，塑像壁画，建造水陆殿及主尊毗卢遮那佛。该殿始建于嘉靖三十八年（1559 年），竣工于隆庆元年（1567 年）。该碑文还记述刘永德施舍牛两头、碾磨及钱财的情况。

此外，7 号窟内石供桌前面左侧铭文"陕西布政使司延安府葭州宁河都人氏，今见在盐沟地方□□刘宁则沟畔外好庄居住，□□在□□□庙郝家小井沟。化经寺金田住座□□□□修造天地冥阳水陆殿一座。僧人刘永德、永贞"（录文 3.3）。也提到修造水陆殿，题记内容与天地冥阳水陆神祇碑末段文字相似，似乎是记述僧人刘永德情况。可知，刘永德为当时化经寺的金田住座，是修建水陆殿的主要人物。

记述水陆殿和造像建造情况的题记刊刻在石碑和石供桌上，都是可移动的物件，无法借此判断水陆殿在寺院中的具体位置。但由碑记"打石殿""打殿碣"（录文 1.3）可知，水陆殿应为洞窟，但不知属于几号窟。

（6）大孔雀明王佛殿

重建大孔雀明王佛殿碑记详细记述了两度修建孔雀明王殿的情况："先于隆庆三年，前僧刘永德恭特短□募化，起打孔雀殿一座，修设间永德亡故，节年岁□，圣事不能原（通"圆"）成。今有助善功德主白孟何、郝朝挐、白孟雨喜舍资财，募录远近，施主共□，至万历二十六年十月十八日庚午己卯时，开光原（通'圆'）满大吉。功德姓名具刻碑阴。"（录文1.4）由此可知，僧人刘永德于隆庆三年（1569年）募捐始建，但修设途中永德亡故，工程搁置。二十余年后，功德主白孟何、郝朝夲、白孟雨再次募捐建设，并于万历二十六年（1598年）十月举行开光典礼。万历二十七年（1599年）立重建大孔雀明王殿碑记，并记载劝劳买金泊人、石匠、丹青、功德主和捐款人姓名。

在碑刻中题记为"起打孔雀殿一座"，可知大孔雀明王佛殿应与水陆殿一样，为洞窟结构。另在民国碑刻重修化云寺碑记中记述"孔雀明王上殿"（录文1.5），而化云寺九个洞窟中，6号窟明显位于其他八个洞窟的上方，需要拾级而上，因此，大体可以推测孔雀明王殿位于6号窟。

（7）正殿、西天如来西殿、三世古佛东殿、药师七佛南殿等

9号窟内所存民国三十一年（1942年）刊刻重修化云寺碑记："化云寺一所正殿、孔雀明王上殿、西天如来佛西殿、三世古佛东殿、药师七佛南殿，南海观音旁有三教圣人、祈子观音、关公、二郎、伽蓝、土地、三位娘娘、山神老爷、孤魂大士，一切神祇，创修始自成化，重修不/知几次。"（录文1.5）所谓"创修始自成化"，应是撰写碑记者参考了化云寺碑记。除前述6座殿堂修建于明朝以外，该碑提及其余殿堂的修建年代难以确知。从各殿名称可以判断，正殿、西天如来佛西殿、三世古佛东殿、药师七佛南殿应为地面建筑。

2. 寺院整体布局

如前所述，观音殿、三官殿、三教殿、药师七佛殿、天地冥阳水陆殿、大孔雀明王佛殿明确修建于明朝，民国碑记提及其余殿堂应修建于民国以前某时段，然具体建设年代已无从稽考。

民国碑记所述正殿，推测位于以6号窟为中心的石窟群前方中轴线上（图5）。从石窟群前进深不太宽阔场地来看，民国碑记西天如来佛西殿、三世古佛东殿可能处在正殿的两侧。药师七佛南殿或许就是明朝修建的药师七佛殿，所在不明。民国碑记祈子观音、关公、二郎、伽蓝、土地、三位娘娘、山神老爷、孤魂大士诸殿，可能位于寺院相对次要位置。

3. 寺院的施主身份

化云寺题记施主即建寺造像者，大体可分为家族、结社、僧人三类。

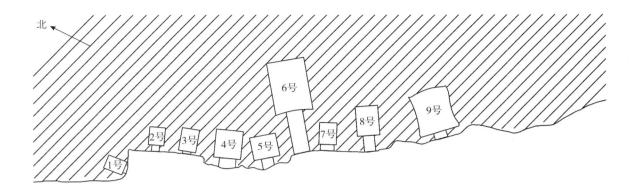

图5　化云寺明朝建筑总平面图（笔者在《中国·佳县古代石窟艺术》78页插图基础上修改而成）

　　药师七佛殿据修善缘碑记"……善友郝珉后至嘉靖年修造。功德主郝志□、郝景儒， 郝氏许愿，保乞子郝房儿平安，许打塑药师七□、八□之菩萨、十二神将，满堂神祇。" （录文1.1）可知药师七佛殿系郝氏家族修建，郝珉修建佛殿后，郝志□、郝景儒打造药 师七佛、八大菩萨、十二神将等像，属于家族施主。

　　三教殿据5号窟内前壁门右侧墨书题记"修造功德主阴阳人白此腾"，"□方施钱 □□□人……郝……白应贤……白□闪，男白□宣……白雅关，男白……贺……徐□， 徐□□"（附录2.1），可知主要为白姓施主出资修建，基本属于家族施主。

　　水陆殿据天地冥阳水陆神祇碑记："功德主僧人刘永德、白永硕""观井寺施钱僧人明 末、性朗、明辛""化云寺、龙泉寺、兴隆寺施钱僧人玄江、玄喜、福兴、义保"。（录文 1.3）可知水陆殿主要施主为僧人刘永德、白永硕，另有观井寺和其他寺院僧人出资，属 于僧人施主。

　　大孔雀明王殿据前述大孔雀明王殿碑记（录文1.4），僧人刘永德始建，因其人离世 而搁置，二十余年后异性俗人白孟何、郝朝夆、白孟雨出资并募捐再建，应属于结社修建 行为。

　　由于5通碑刻的碑阴一面贴墙，文字情况不明，难以更加准确地说明各殿堂及其造像的施主构成情况。

综上所述，化云寺于明正德八年（1513 年）至万历二十六年（1598 年）八十余年间相继修建了观音殿、三官殿、三教殿、药师七佛殿、天地冥阳水陆殿和大孔雀明王殿等殿堂，其中三教殿位于 5 号石窟，孔雀明王殿位于 6 号石窟，天地冥阳水陆殿为洞窟结构，但具体位置不详。民国以前，还修建了正殿、西天如来佛西殿、三世古佛东殿以及祈子观音、关公、二郎、伽蓝、土地、三位娘娘、山神老爷、孤魂大士等民间神祇，具体年代未知。其中，正殿推测位于以 6 号窟为中心的石窟群前方中轴线上，西天如来西殿和三世古佛东段可能位于其左右两侧，而其余民间神祇可能处于寺院相对次要位置。

化云寺主持建寺造像的施主由家族、结社、僧人三类构成，数量从几人到数十人不等（不含碑阴题名）。为了避免内容的重复，施主们修建不同类型的殿堂和造像。但归根结底，其目的不外乎两种，其一是为祈求平安，其二是为积善增福，反映了陕北民众质朴的需求和愿望。

由此，化云寺形成了一座由石窟和地面建筑结合，以佛教为主，兼有道教、儒家和民间神祇的多功能寺院。

三　寺院造像反映的信仰情况

1. 佛教造像反映的信仰

（1）观世音

观音，又称观世音，为反映大乘佛教下化众生教义的代表性菩萨。明清时期观世音信仰，主要体现了法华经普门品的救济思想。经云，受苦众生称名观世音菩萨，皆得解脱①。继而记述观世音救济七难，即遭遇火难、水难、罗刹难、刀杖难、饿鬼难、枷锁难、怨贼难的众生②。经典又云，观世音菩萨能够满足人们的生育愿望，欲求男子便生福德智慧男

---

① （后秦）鸠摩罗什译：《妙法莲华经》卷七《观世音菩萨普门品》："佛告无尽意菩萨，'善男子，若有无量百千万亿众生，受诸苦恼，闻是观世音菩萨，一心称名，观世音菩萨即时观其音声，皆得解脱。'"《大正藏》第九册，56 页下。
② 《大正藏》第九册，56 页下。

孩，欲求女子便生端正柔顺女孩①。

观世音菩萨能够救济人们现实生活中种种苦难，满足众生诸多愿望，有如此功德，于是自然成为人们，尤其基层百姓心中的救世者。值得注意的是，化云寺最早建设的一座殿堂就是观音殿，人们对观世音的需求甚至超过佛陀，反映了当地百姓的急切救济愿望和心声。

（2）药师七佛、日月菩萨、八大菩萨、十二神将

同时具备这些名号的经典，见于初唐义净译《药师琉璃光七佛本愿功德经》②。药师七佛为东方净土世界的七位如来，即①无胜世界善名称吉祥王如来，②妙宝世界宝月智严光音自在王如来，此二如来行菩萨道时各发八大愿。③圆满香积世界金色宝光妙行成就如来，④无忧世界无忧最胜吉祥如来，⑤法幢世界法海雷音如来，⑥宝海世界法海胜慧游戏神通如来，此四如来行菩萨道时各发四大愿。⑦净琉璃世界药师琉璃光如来，此如来行菩萨道时发十二大愿，行愿最为洪大，因此缘由，本经典以药师琉璃光七佛为名。药师琉璃光等七佛行菩萨道时发洪大誓愿，帮助众生度脱一切苦难，满足众生种种愿望，是为药师七佛信仰得以流行的基础。

经典记述药师琉璃光佛土，以净琉璃为地，没有各种贪欲，也没有畜生、恶鬼、地狱的苦恼。在其国土中，日光遍照、月光遍照二上首菩萨，能够护持药师琉璃光佛的教法③，助佛教化。继而记述，出家僧侣和在家居士，如果闻听药师琉璃光如来名号，临终时有八菩萨乘神通而来，指示亡者往生之处，亡者自然化生于众宝花中。或再生于天上，不堕恶趣，或生为王者、贵族，财富无量。形容端正，智慧勇健④。经典又云，其时大会之中有

---

① 《妙法莲华经》卷七《观世音菩萨普门品》："无尽意，观世音菩萨有如是等大威神力，多所饶益，是故众生常应心念。若有女人设欲求男，礼拜供养观世音菩萨，便生福德智慧之男；设欲求女，便生端正有相之女。宿殖德本，众人爱敬。"《大正藏》第九册，57 页上。

② （唐）义净译：《药师琉璃光七佛本愿功德经》卷下，《大正藏》第十四册，409 页上～413 页中。

③ 《药师琉璃光七佛本愿功德经》卷下："药师琉璃光（中略）佛土纯一清净，无诸欲染亦无女人及三恶趣苦恼之声，以净琉璃而为其地。（中略）于彼国中有二菩萨，一名日光遍照，二名月光遍照，于彼无量菩萨众中而为上首，能持彼佛正法宝藏。"《大正藏》第十四册，413 页下。

④ 《药师琉璃光七佛本愿功德经》卷下："若有四众苾刍苾刍尼近事男近事女及余净信男子女人，（中略）若闻药师琉璃光如来名号，临命终时有八菩萨乘神通来，示其去处，即于彼界种种杂色宝花中自然化生。或有因此生于天上，虽生天中而昔善根亦不穷尽，不复更生诸余恶趣。天上寿尽还生人间，或为轮王统摄四洲，（中略）或生刹帝利婆罗门居士贵族，多饶财宝，仓库盈溢。形相端严，眷属隆盛，聪明智慧，勇健威猛有大身力。"《大正藏》第十四册，414 页中。

十二神将，发誓救度有情众生，使那些读诵该经、受持七佛名号者摆脱危难①。

由此可知，药师七佛、日月菩萨、八大菩萨、十二神将，完整地表述了《药师琉璃光七佛本愿功德经》的内涵，使众生离苦得乐为该经的基本内核。该经流通分明确指示，善男信女们应该读诵此经，造七佛形象，至心礼拜供养，便可获得种种利益②。

（3）孔雀明王

孔雀明王，出自《孔雀明王经》③，经典记述，比丘莎底出家不久被蛇所咬，阿难陀见此情景问佛有何方法救助莎底，佛告知孔雀明王大陀罗尼有大威力，能灭毒害、恐惧和灾恼，可持此咒救护其人④。经典又云，佛告阿难陀昔日有金曜孔雀王居于雪山之南，早晚诵咒自护。忽于一时忘诵此咒，而与众孔雀女嬉戏昏迷误入山洞，被怨家捕猎，其时孔雀王再诵此咒，终得解脱⑤。

上述可知，《孔雀明王经》由比丘故事和孔雀王故事结合而成。入唐以后，孔雀明王

① 《药师琉璃光七佛本愿功德经》卷下："尔时众中有十二药叉大将俱在会坐，其名曰宫毗罗大将、跋折罗大将、迷企罗大将、頞儞罗大将、末尔罗大将、娑尔罗大将、因陀罗大将、波夷罗大将、薄呼罗大将、真达罗大将、朱杜罗大将、毗羯罗大将。此十二药叉大将，一一各有七千药叉以为眷属。同时举声白佛言，'世尊，我等今者蒙佛威力得闻七佛如来名号，于诸恶趣无复怖畏。我等相率皆同一心，乃至尽形归佛法僧，誓当荷负一切有情，为作义利饶益安乐。随于何处城邑聚落空闲林中，若有此经流布读诵，或复受持七佛名号恭敬供养者，我等眷属卫护是人令脱众难，所有愿求悉令满足。或有疾厄求度脱者，亦应读诵此经。（中略）常应如是利益安乐一切有情。'"《大正藏》第十四册，416页中。

② 《药师琉璃光七佛本愿功德经》卷下："若有净信男子女人，欲供养彼七如来者应先敬造七佛形像，安在清净上妙之座，散花烧香以诸幢幡庄严其处。（中略）鼓乐弦歌称赞功德，右绕佛像。念彼如来所有本愿，读诵此经思惟其义，演说开示。随其所愿，求长寿得长寿，求富饶得富饶，求官位得官位，求男女得男女，一切皆遂。"《大正藏》第十四册，415页上。

③ 鲍威尔写本《孔雀明王经》为已知最早的梵语文本。汉文译本现存有6种，即①（东晋）帛尸梨密多罗译《佛说大金色孔雀王咒经》1卷，②失译者名《大金色孔雀王咒经》1卷，③（后秦）鸠摩罗什译《孔雀王咒经》1卷，④（南梁）僧伽婆罗译《孔雀王咒经》2卷，⑤（唐）义净译《佛说大孔雀咒王经》3卷（附《坛场画像法式》），⑥（唐）不空译《佛母大孔雀明王经》3卷（附《佛说大孔雀明王画像坛场仪轨》）。

④ （唐）不空译：《佛母大孔雀明王经》卷上："时有一苾刍名曰莎底，出家未久新受近圆。（中略）有大黑蛇从朽木孔出，螫彼苾刍右足拇指，毒气遍身闷绝于地。（中略）尔时具寿阿难陀见彼苾刍。（中略）尔时佛告阿难陀我有摩诃摩瑜利佛母明王大陀罗尼，有大威力，能灭一切诸毒、怖畏、灾恼，摄受覆育一切有情，获得安乐。汝持我此佛母明王陀罗尼，为莎底苾刍而作救护。"《大正藏》第十九册，416页上。

⑤ 《佛母大孔雀明王经》卷上："佛告阿难陀，往昔之时，雪山南面有金曜孔雀王于彼而住，每于晨朝。常读诵佛母大孔雀明王陀罗尼，昼必安隐，暮时读诵，夜必安隐。（中略）忽于一时忘诵此佛母大孔雀明王陀罗尼，遂与众多孔雀采女从林至林，从山至山而为游戏，贪欲爱着，放逸昏迷入山穴中，捕猎怨家伺求其便，遂以鸟罥缚孔雀王。被缚之时忆本正念，即诵如前佛母大孔雀明王陀罗尼，于所紧缚自然解脱，眷属安隐至本住处。"《大正藏》第十九册，418页上。

信仰与造像于汉地开始流行，此时孔雀王咒的功能偏重于祈雨①。到两宋时期，逐渐转为逐痢治病②，至明朝，孔雀经仍然流行且功能更加强大。据各种文献的传说记述，大孔雀明王经有神通之力，能灭一切毒害、恐惧和灾恼，求者屡有灵验，可满足众生愿望，使其信仰得以流行。

（4）三世古佛

所谓三世佛，包含纵三世佛、横三世佛两种。纵三世佛即过去迦叶佛、现在释迦佛、未来弥勒佛的组合，有明确经典依据，表述佛法和佛陀相继传承的思想，南北朝时期比较流行。横三世佛即娑婆世界（五浊恶世）释迦佛、西方净土世界阿弥陀佛、东方净土世界弥勒佛（或药师琉璃光佛）的组合，并非出自某一经典，而是在净土信仰大发展背景中，表述民众综合的信仰观念，唐宋时期盛行一时。以延安为中心的陕北地区，北宋中晚期至金代早期石窟，普遍以释迦佛、阿弥陀佛、弥勒佛为主尊造像。对于一般信徒而言，无论东方净土还是西方净土，似乎没有多大本质上的不同，同样是观念中的理想世界。于是，出于对称构图的习惯，将代表娑婆世界的释迦佛安置在中央，代表东西方净土世界的佛陀配置在两侧。意味着处在娑婆世界众生，依释迦佛教法勤于修行，期望将来往生到弥勒下生净土或西方极乐净土世界③。陕北地区宋金石窟横三世佛造像，应为当地明朝三世佛像的来源。

2. 道教与佛道儒教混合造像反映的信仰

（1）三官

三官，即天官、地官、水官，是道教尊奉的三位天神。《三官灯仪》记述："上元一品九炁赐福天官紫微大帝，一切神仙诸灵官""中元二品七炁赦罪地官清虚大帝""五炁解厄水官旸谷神王"④。通常认为，天官能赐福，地官能赦罪，水官能解厄。《三教源流搜神大全》又记述天官诞生于正月十五日，地官诞生于七月十五日，水官诞生于十月十五日⑤，因而三官又称三元，民间祭祀三元日由来于此。

① （北宋）赞宁：《宋高僧传》卷 1《唐京兆大兴善寺不空传》："是岁终夏愆阳，诏令祈雨。制曰：'时不得瘥，雨不得暴。'（不）空奏立孔雀王坛，未尽三日，雨已浃洽。"北京：中华书局，1987 年，8 页。

② 严耀中：《汉传密教》，上海：学林出版社，1999 年，185 页。

③ 李静杰：《唐宋时期三佛图像类型分析》，《故宫学刊》第 4 辑，北京：紫禁城出版社，2008 年，308 ~ 341 页。

④ 《道藏》第三册，北京：文物出版社；上海：上海书店出版社；天津：天津古籍出版社，1988 年，571 页。

⑤ 《绘图三教源流搜神大全》，上海：上海古籍出版社，2012 年，368 ~ 369 页。

天、地、水是人类生产生活的根本，三官信仰源于民众对天、地、水的自然崇拜。天官、地官、水官作为赐福、赦罪、解厄的神祇，能够满足民众的现实需求和愿望，是其信仰流行的基础。

（2）三教

三教，即释、道、儒教。南北朝时期帝王大多推崇佛教，佛教地位明显高于儒、道二教，至隋唐两宋时期，三教思想交流频繁，道教和儒教势力日益上升，逐渐衍生"三教归一""三教合流"思想，到明清时期，"三教合一"成为流行趋势。

三教殿，或名三教堂、三圣堂、三教寺，是合并供奉释迦、老子、孔子三教始祖的场所。在三教殿内，通常为释迦居中、老子居左、孔子居右排列①，示意三教圣人各处一方，各司其职，又共融一堂，彼此相互助力，释迦佛则发挥着总摄全局作用。

如经典云，三教圣人所说的教法，无非在于劝人行善戒恶，正人心术②，也就是说三教的本质都是教人向善，这是三教融合思想得以形成和流行的主要原因。三教神祇各司其职符合民间社会的多元信仰，作为一般百姓只是为了祈福，凡属兴善的神祇都是人们需要的，是道是佛并不重要，这是三教融合思想流行的又一原因。于是，在民间广修三教之殿。

（3）水陆法会

所谓水陆，即水陆法会，全称为"法界圣凡水陆普度大斋胜会"，是超度亡灵的一种隆重仪式。其主要目的是通过佛法的威力，救度沦落于恶道的亡者幽灵。

传说记述，梁武帝梦见神僧来访，对他建议道，亡故的六道众生受苦无量，何不作水陆法会普济群灵。梁武帝梦醒之后广寻因缘，终于在"阿难遇面然鬼王"的典故中找到，并以此为基础上供佛、法、僧三宝，平等下施饿鬼等众生，制定仪文，于润州（今镇江）金山寺修设坛办会③。该传说记事流传甚广，从中可知水陆法会食施、法施成为重要手段。

---

① 李静杰：《陕北宋金石窟佛教图像的类型与组合分析》，《故宫学刊》第11辑，北京：故宫出版社，2014年，92~120页。

② 蕴闻：《大慧普觉禅师语录》卷二四："三教圣人所说之法，无非劝善戒恶，正人心术。"《大正藏》第四十七册，911页下。

③ （南宋）宗鉴编：《释门正统》卷四："又有所谓水陆者，取诸仙致食于流水，鬼致食于净地之义。亦因武帝梦一神僧告曰，六道四生受苦无量，何不作水陆，普济群灵，诸功德中最为第一。帝问沙门，咸无知者，唯志公劝帝广寻经论，必有因缘。于是搜寻贝叶，置法云殿，早夜披览。及详阿难遇面然鬼王，建立平等斛食之意，用制仪文，三年乃成。遂于润之金山寺修设，帝躬临地席，诏祐律师宣文。"《卍续藏》第七十五册，302页中。又，阿难遇面然鬼王记述，较早文献见于唐实叉难陀译《救面然饿鬼陀罗尼神咒经》。

宋代及其以后，水陆法会开始普及全国，如若不设水陆，则被认为不善、不孝、不慈。于是富人独自营办，贫者共同修设①。水陆法会一为亡者幽灵追善，又将施食功德回报给施主及其眷属，借此得以增福、延年，陕北明朝水陆法会亦因此而流行。

3. 民间神祇造像反映的信仰

（1）关公、二郎、伽蓝、土地

关公，即三国时期蜀汉名将关羽，以忠厚诚信、骁勇善战著称。入宋以后，关羽逐渐被神化，成为人们崇拜、祭祀的神祇，且在三教中都有重要的地位，佛教称之为守护佛法的"伽蓝菩萨"，道教尊为降魔伏妖的"关圣帝君"，儒家名为"武圣"，与"文圣"孔子并列②。关公代表忠信义勇，符合封建文化的道德标准，所以被官方推崇。而对民间大众而言，关羽则是保护神、道德神、战神，因而在民众中拥有超强的认可度和影响力。

二郎神，又称二郎显圣真君，为民间和道教神祇。二郎神来源众说纷纭，有李冰说、孟昶说、赵昱（清源妙道真君）说、杨戬说、邓遐说种种③。其中，以李冰、赵昱和杨戬三说最有影响力。李冰说中的二郎神来源于李冰治水的传说④，信仰重点在治理水患。赵昱说的原型是一位青城道士，因斩蛟之功而被封为神勇大将军⑤，也是平治水患的诉求。杨戬说的二郎神为英雄和战神形象，其流行归功于《西游记》和《封神演义》两部文学作品的普及。

伽蓝神，即伽蓝（寺院）土地的守护神。佛教经典记述伽蓝神有十八位⑥。中国民间

---

① （北宋）宗赜：《水陆缘起》："今之供一佛、斋一僧、施一贫、劝一善，尚有无限功德，何况普通供养十方三宝、六道万灵，岂止自利一身，独超三界，亦乃恩沾九族。（中略）以江淮、两浙、川广、福建水陆佛事，今古盛行。或保庆平安而不设水陆，则人以为不善；追资尊长而不设水陆，则人以为不孝；济拔卑幼而不设水陆，则人以为不慈。由是富者独力营办，贫者共财修设。"《卍续藏》第五十七册，114 页中。

② 蔡东洲、文廷海：《关羽崇拜研究》，成都：巴蜀书社，2001 年，1 页。

③ 吕宗力、栾保群：《中国民间诸神》下，石家庄：河北教育出版社，2001 年，450～461 页。

④ （西汉）司马迁：《史记》卷二九《河渠书》第七："蜀冰，凿离碓，辟沫水之害，穿二江成都之中。此渠皆可行舟，有馀则用溉浸，百姓享其利。"长沙：岳麓书社，2001 年，175 页。又，（宋）黎靖德：《朱子语类》："蜀中灌口二郎庙，当时是李冰因开离碓有功，立庙。"北京：中华书局，1986 年，53～54 页。

⑤ 《绘图三教源流搜神大全》卷三："清源妙道真君，姓赵名昱。（中略）昱右手持刀，左手持蛟首奋波而出。（中略）民感其德，立庙于灌江口，奉祀焉，俗曰灌口二郎。太宗封为神勇大将军。"上海：上海古籍出版社，2012 年，400 页。

⑥ 《七佛八菩萨所说大陀罗尼神咒经》卷四："护僧伽蓝神斯有十八人，各各有别名。一名美音，二名梵音，三名天鼓，四名巧妙，五名叹美，六名广妙，七名雷音，八名师子音，九名妙美，十名梵响，十一名人音，十二名佛奴，十三名叹德，十四名广目，十五名妙眼，十六名彻听，十七名彻视，十八名遍观。"《大正藏》第二十一册，557 页下。

又有以关公、苏轼、紧那罗王、慧感夫人为伽蓝守护神的情形，其中关公伽蓝神最为流行。宋代以来，禅宗道场供奉伽蓝神的风俗日益盛行。文献记载，禅林道院中的护法神称作伽蓝，要么当户而立，要么拱侍在旁。护法神不限定为一人，但十有八九是关公①。大概因为关公忠厚诚信、文武双全，而被吸收为寺院的守护神。

土地神，民间称为土地爷，是人类对土地的一种信仰。《白虎通》记载："古者天子至庶民皆得土地封土立社，以祈福报功。所祈之神及其所皆曰'社'。"② 因而，民间有相应的"做社"仪式，以此祈求得到土地爷的保护。

综上，关公、二郎、伽蓝、土地在陕北民间广泛流行，虽各有其职，其本质都是充当一方守护神的作用，守护当地水土，祈求一方平安，这也反映了陕北民众最本质的诉求。

（2）三位娘娘

三位娘娘，应指三霄娘娘，是云霄、琼霄、碧霄三位女仙的合称，又称感应随世仙姑正神，其来源见于明朝小说《封神演义》，其中记载三霄娘娘执掌混元金斗，神、仙、人、圣、诸侯、天子等降生于世，都要依靠从金斗转动。三霄娘娘成为专管妇女生产的神祇，于是三霄娘娘又有送子娘娘之称。

三霄娘娘信仰主要流行于中国北方地区，传说孕妇临产时祈求三霄娘娘，则会顺利分娩。在乡土观念浓厚的陕北民间，三霄娘娘信仰尤其受到重视。

（3）山神老爷

山神，即山岳的神格化体现，人们认为高山为神灵栖居之所。山神信仰由来已久，秦汉以来，五岳、四渎成为山神的代表，由皇帝直接控制其祭祀仪式。泰山神尤其受到重视，成为影响最大的山神，人们称其为"东岳大帝"，陕北民间所信仰的山神也主要是东岳大帝。

文献记载，东岳大帝知道众生生死之期，又统管鬼魂③，时时威慑众生，使人们产生莫大畏惧感。

---

① 《中国历代神异典》卷三七《伽蓝辨》："禅林道院中又护法神，曰伽蓝。或当户而立，或拱侍在傍，神不拘一，而以关帝作伽蓝者，大概十八九。夫释道各崇其教，今护法则争尚圣帝何也？或曰，世传圣帝受天台智者智颛五戒，得为伽蓝神，故释氏尚之。"扬州：广陵书社，2008 年，423 页。

② （清）陈立：《白虎通疏证》卷三《社稷》，北京：中华书局，1994 年，83 页。

③ （日）安居香山、中村璋八：《纬书集成·孝经援神契》："泰山一曰天孙，言为天帝孙也，主召人魂魄。东方万物始成，知人生命之长短。"石家庄：河北人民出版社，1994 年，961 页。

（4）孤魂大士

孤魂大士，即面然大士，也称面然鬼王，俗称大士爷、大士王，专管地府的孤魂野鬼。民间在中元节祭拜亡灵之前，都会先祭拜大士爷，以求祭祀顺利。孤魂大士来源，有佛教和道教两种说法。佛教经典记载，佛陀弟子阿难在修行时见一饿鬼名叫面然，鬼王告知阿难三天之后将堕落饿鬼道，除非布施千百饿鬼及婆罗门仙，并施食，且供养三宝。阿难求助于佛陀，佛陀告阿难有陀罗尼名为一切德光无量威力，持此陀罗尼便可解脱危厄[①]。道教说法则是太乙救苦天尊化身"面然鬼王"，主宰鬼魂，保护冥、阳两界，负责在中元节监督亡魂享领人间香火事宜。

面然大士作为专管地府亡者魂魄的神祇，直接关系生者利益，不能不让人产生敬畏之心。

从造像窥探当地民众的信仰情况，化云寺的佛教造像和民间神祇共存，其信仰包括佛教、道教、佛道儒混合以及其他民间信仰，内容繁多，反映了当地民众多元化信仰情况。

其一，佛教信仰方面，离不开一个共同的主题——"救济"。观世音像反映了人们希望其救济苦难和满足现实利益的诉求，药师七佛、孔雀明王像则反映祈福消灾的愿望，三世古佛则是人们对往生到弥勒下生净土或西方极乐净土世界的期望。上述所言，都是陕北民众希望通过信佛而满足自己的种种愿望，达到救济自己、救济众生的目的。

其二，三官像反映了人们信奉道教，希望借此祈福禳灾；三教像作为佛、道、儒三教融合思想的产物，佛教、道教强调修心养生，而儒家重在修身，但其根本都是教人向善，所以为一般百姓所信奉。

其三，民间神祇种类繁多，以满足当地民众种种愿望。其信仰侧重于保佑一方平安、超度亡灵、求子祈福、消灾免灾方面。

四　寺院的社会功能

化云寺设置以佛教神祇为主体，涵盖佛教、道教和民间多种神祇信仰。

[①] （唐）实叉难陀译：《佛说救面然饿鬼陀罗尼神咒经》："尔时阿难独居净处，一心计念。即于其夜三更之后，见一饿鬼名曰面然，住阿难前白阿难言，'却后三日汝命将尽，即便生此饿鬼之中。'（中略）身心战栗而白佛言，'救我世尊，救我善逝，过此三日命将终尽。昨夜见一面然饿鬼，而语我言汝于三日必当命尽生饿鬼中。我即问言以何方计，得免斯苦？'（中略）佛告阿难，有陀罗尼名曰一切德光无量威力。若有诵此陀罗尼者，即成已施具胝那由他百千河沙数饿鬼，及六十八具胝那由他百千婆罗门并诸仙等前。（中略）阿难汝今受持此陀罗尼，当自护身。"《大正藏》第二十一册，465 页下～466 页中。

就佛教功能而言，碑记着重叙述了觉悟众生和因果报应思想。其一，天地冥阳水陆神祇碑记，"以空虚寂灭为宗，以戒定惠为本"（录文1.3），从而觉悟人生。不过，记述这种抽象的佛教哲学思辨，大概只是碑记撰述者寻找的一种说辞而已，对地处偏僻山区的化云寺民众来说，难以说有多少现实意义。其二，修善缘碑记、重建大孔雀明王佛殿碑记及其他题记都提到因果报应说，所谓种瓜得瓜，种果得果，种什么因就会有什么报（录文1.1、1.3）。以此来劝诱善男信女，早早回头，念佛、斋戒、布施，种植善根，共结良缘，以期将来往生彼岸世界。天地冥阳水陆神祇碑记还叙述人生贫富贵贱皆由前世之因，从而教化众生多种善因，将来才会收获幸福之果。

就道教和民间神祇而言，三教像和关公像最有代表性。三教像代表佛、道教和儒家的存在，佛教、道教强调修心养生，而儒家重在修身，三者反映了不同层面的社会教化，整体在于教人弃恶向善，有助于社会治理和稳定。关公为诚信和正义的象征，十分符合儒家的道德规范，为民众树立了理想公民的样本，潜移默化地发挥着教化民众的作用。

五　小结

综上所述，本稿从梳理化云寺题记资料入手，系统地阐述了化云寺建设和造像情况，造像反映的佛道教和民间信仰，以及寺院的社会功能。

其一，阐明16世纪初叶至末叶相继修建了观音殿、三官殿、三教殿、药师七佛殿、天地冥阳水陆殿和大孔雀明王殿，其中部分属于石窟。民国以前还修建了许多民间神祇殿堂，形成一座以佛教为主，兼有道教、儒家和民间神祇的多功能寺院。

其二，从造像窥探出当地民众信仰的多元化。观世音像反映了救济苦难和满足人们现实利益的诉求，药师七佛、孔雀明王与三官像则反映了人民祈福禳灾的愿望，关公、二郎、伽蓝、土地充当一方守护神保佑当地平安，水陆法会、面燃大士反映了超度亡灵的努力。这些朴素的现实的追求，十分契合陕北乡村民众的心理。

其三，碑刻题记还强调了因果报应观念，告诫人们应弃恶从善，并叙述人生贫富贵贱皆由前世之因，从而教化众生向善才能收获幸福之果。三教像与关公像等突出了社会教化功能。

化云寺历经几代，借助多位施主不断开窟造像，呈现出内容丰富、布局较为完善的局面。本文通过分析化云寺遗留题记，有助于全面了解化云寺，为中国石窟数据库添加新内容，促进明朝石窟的研究和保护。

附录　题记录文

1. 化云寺碑刻题记

1.1　修善缘石碑记

刊刻于明嘉靖二十二年（1543 年），位于 1 号窟门外左侧，高 102、宽 52、厚 12 厘米（附图 1）。

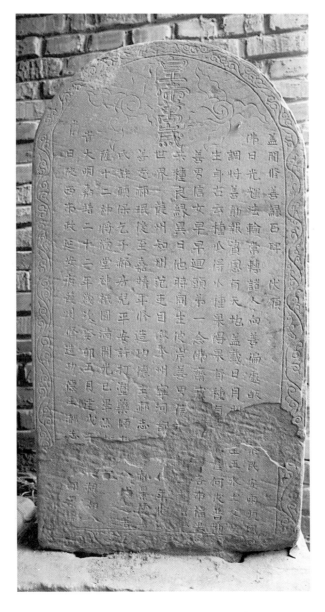

附图 1　化云寺修善缘石碑记（李静杰摄）

皇帝万岁/

盖闻修善绿（应作"缘"）石碑。伏愿/佛日光辉，法轮常转，诸人向善，遍处饭□，□泰民安，雨顺风/调。将善勋报资，恩有天地，盖载日月，□□□王水土父□/生身。古云，种瓜得瓜，种果得果，有种有□，□□何求。普劝/善男信女，早早回头。第一念佛，斋戒□□□□吝布福果，/共种良缘，异日他时，同生彼岸，善男信 女 □□□□/世界。

莜州知州范吏因缺。本州宁河都□□□年修造，/善友郝珉后至嘉靖年修造。功德主郝志□、郝景儒，□/氏许愿，保乞子郝房儿平安，许打塑药师 七 □、八□之菩/萨、十二神将，满堂神祇，圆满开光已毕焉。撰□记。/

旹大明嘉靖二十二年岁次癸卯五月建，戊午□□朔初八/日，陕西布政延安府莜州修造功德主郝志□、郝景儒。

1.2　修善缘功德碑记

刊刻于明嘉靖二十二年（1543 年），位于 6 号窟门外左侧，高 110、宽 55、厚 12 厘米（附图 2）。

寺名化经殿。/盖闻修造善缘功德碑文谨序。/信士男善人、阴阳□人白□□□□□□六十八岁□□□□/二月十一日吉□□生，先于正□□□在州□堂库……/□本州堂夜□□梦见□□观音□□座□□□满续后□ 修三 /教殿，□满□□□转大经隅夜……/殿……/年……/……/……/……为记，……/□□次后……/□□请石匠……/□□□□修□大园，自买田地，立契永远照用。□□□与后□/大明国嘉靖二十二年五月初八日造立。石匠 郝朝 成造。

1.3　天地冥阳水陆神祇碑记

刊刻于明隆庆二年（1568 年），位于 2 号窟门外右侧，高 166、宽 77、厚 13 厘米（附图 3）。

皇帝万岁/

天地冥阳水陆神祇碑记。/

盖闻毗卢教主、□藏慈尊、金刚座上天人师、祥云影 覆 大能仁放光明，周□界微尘刹土。大慈悲、大喜舍、大圣慈尊，更无去以无来，/不生不灭，度群迷，超十

附图2　化云寺修善缘功德碑记（李静杰摄）

地，总证无生。巍巍不动似金山，汤汤法身常湛寂，清净法身大毗卢遮那佛。/释迦
如来，西方圣人也，千百亿化身。周昭王二十四年四月初八日，中天竺国净饭王妃摩
耶夫人生太子悉达多。四十二年，太子十九岁入雪/山，阿蓝处落发，习不用处定。
周穆王三年，太子于菩提场中成无（脱'上'）道，号佛世尊。五十一年，世尊于泥

附图3 化云寺天地冥阳水陆神祇碑记（笔者摄）

莲河沐浴金身，于普光明殿侧说大/藏般若涅盘（应作'槃'）经。四十九年，以正
法眼藏付上首弟子大迦叶，世尊于拘尸维那国娑罗林树间入般涅盘（应作'槃'）。
住世七十九岁，自世尊灭度，化行西/域，下世千七百年，后汉明帝永平十一年，夜
梦金身飞入殿廷，光明普照十方世界。其后梁武帝舍身布施，颁降/天地冥阳水陆大

小神祇，敕修天下寺院。唐宪宗皇迎佛入宫，佛法大教兴隆。以空虚寂灭为宗，以戒定惠为本，佛觉也，人能觉悟无我/相、无人相、无众生相、无寿者相，即是无上正□觉也。佛者，是三界大师，四生慈父。地藏经云，布施金银财宝，造像修缘，当生/三十三天，寿命福德百千万劫，说不能尽；下生人间，国王帝主，寿福无尽。富贵荣华莫非宿种善根；着锦食馐乃是前生作福；聪/明智惠（通'慧'）昔日曾向修来；寿禄增延盖是近因喜舍之福。六道四生、地狱三途，苦海波中现在眼前。兹者发心僧人刘永德，见得地方缺少/天地冥阳水陆圣殿，缺少钱两，诱引众善人等共同成愿，命请工匠，嘉靖三十八年三月二十八日启，打石殿、塑画圆满，至隆庆元年三月初六日，开光大吉。僧人刘永德舍牛二双，共计舍钱二十三两，众人家的钱六十 两 。/

葭州知州、奉直大夫章平，本州丹青刘子宣、梅世清。观井寺施钱僧人明来、性朗、明辛。/葭州普照寺祖师祖鉴，门徒正 斌 ，门徒守玫，门徒玄锦，门徒福荣，门徒永德、永硕。/

开碑石匠房贤，男房佐山、房佐□。打殿碣□□□。/化云寺、龙泉寺、兴隆寺施钱僧人玄江、玄喜、福兴、义保。/

大明隆庆二年九月十二日，修造立碑。功德主僧人刘永德、白永硕，碾则一盘、磨一合，俱是永德用工价艮（通'银'）六钱，永远僧家使用。/

药师七佛、八大师菩萨、日月菩萨、十二神将。功德主男善人白孟先，同室女善人徐氏，男白尚伸、白尚引。/

陕西布政使司延安府葭州宁河都人氏，今见在盐沟地方，□□刘宁则□□□子庄祖贯居住，现今在郝家小□沟化经寺，全日住座僧人刘永德。

1.4　重建大孔雀明王佛殿碑记

刊刻于明万历二十七年（1599 年），位于 2 号窟门外左侧，高 145、宽 65、厚 14 厘米（附图 4）。

皇帝万岁。/重建大孔雀明王佛殿碑记。/

盖闻佛祖西方圣人也，千百亿化身。周昭王二十四年四月初八日，中天竺国 净饭 王妃摩耶夫人生太（脱'子'）悉达多。四十二年，太子入/雪山阿蓝处落发，习不用处定。穆王三年，太子于菩提场中成无上道，号佛世尊。于泥莲河沐浴金身，光明殿侧 说 /大般涅槃经，以正法眼藏付上首弟子大迦叶世（'世'字衍

附图 4　化云寺重建大孔雀明王佛殿碑记（陈怡安摄）

生），于拘尸维那国娑罗林树间入涅槃，住世七十九年。自世尊灭度，化行西域，□/世千七百年，后汉明帝永平八年，腾入中国。虚无寂，今经万千百余载，如来摄教，方便门多，我释迦如来神通广大，现化诸方，/发弘誓愿，留传佛法，劝诱世人诸恶莫作，众善奉行，多种福田。古云，种瓜得瓜，种果得果，有种有收，无德何来。普劝善男/信女早早回头，念佛、斋戒、布施，供（通"共"）结良缘，异日他时同登彼岸，早生西方极乐世界，福有所归矣。切（通"窃"）以人生在/世，向善为先，幻梦居尘，种因是本，积善之家须以广舍为缘。作福偈曰，"奉劝阎浮世上人，堪（通"慨"）叹生死在眼前，而今/仰告知因者，积善之人福有增。为官富禄前生定，续世修来共在今，明中舍施终有报，日月三光作正盟。"兹者发/心释子白永先，见得本境古设神砌之所，先于隆庆三年，前僧刘永德恭特短□募化，起打孔雀殿一座，修设间永德亡故，/节年岁□，圣事不能原（通'圆'）成。今有助善功德主白孟何、郝朝峯、白孟雨喜舍资财，募缘远近，施主共□，至万历二十六年十/月十八日庚午己卯时，开光原（通'圆'）满大吉。功德姓名具刻碑阴。/

葭州奉直大夫丹徒张洪典。/万历二十七年孟春三月吉日立。化云寺僧人永忠、广惠。/

写撰人白尚闰、白尚村、白尚游。/劝劳买金泊人白尚坚、□□□、郝应元、郝应春、郝应忠。/白水县石匠杨自保、杨恭。/丹青梅汝悦。/功德僧永先、义演。/舍资金郝广忠、白普厚、郝朝完。

1.5　重修化云寺碑记

刊刻于民国三十一年（1942 年），位于 9 号窟内左侧，高 245、宽 87、厚 15 厘米（附图 5）。

重修化云寺碑序/

从来莫为之前，虽美弗彰；莫为之后，虽圣弗传。是寺院之修也，前人有创建之功德，犹赖后人有补葺之良方。如/化云寺一所正殿、孔雀明王上殿、西天如来佛西殿、三世古佛东殿、药师七佛南殿，南海观音旁有三教圣人、祈子观音、关公、二郎、伽蓝、土地、三位娘娘、山神老爷、孤魂大士，一切神祇，创修始自成化，重修不/知几次。迨后周氏造反，破坏金殿，佛归西方，几乎芜没于空山矣。迄年来有求

附图 5　化云寺重修化云寺碑记（陈怡安摄）

必应，有祷则灵，人岂可听斯庙之倾圮而/不为之补葺乎。爰有会首王仲清、郝明忍、白瑞清等，触目惊心，不忍坐视，慨然有重修之志。但工程浩大，独立难支，于是/先输己囊之余，后谋集腋之裘，共得施财大洋三万三千八百八拾元、食米一十八石八斗八升。命梓匠于振兴，请丹青/以润色，兴工于戊寅五月之内，告竣于癸未中秋之节。内而金碧辉煌，外而鸟革翚飞，将见乐楼庙貌焕然维新，噫，人之/力欤，实神之祐也。使后之视今，亦犹今视昔，庶斯庙之永垂不朽，是为序。葭县增生吕文斌沐手撰书。/

清净成工、监工、帮工：韦陀护佛，紫金大王马脚韩思贵，黑龙大王，黑虎灵官马脚白中玉。郝家坬山主郝生盛、郝月仓。/

功德主：白瑞永、王仲清、郝明忍、白明福、白占本、白占利。总经领：白凤财。/

经理会长：王仲清、郝明忍、白瑞清、白云花、白长禹、白占本、白占利、李九云、闫长阁、白占斌。/

主土：叚玉瑚、白占有、刘占国、屈长荣、徐长旺、白中元、何万教、白占元、白阳贵、白占表、白瑞元、白占银。/郝明喜、郝月元、郝月海、韩德中、郝明亮、韩思贵、白明福、白瑞和、白明忍　白明亮、白中有、白占万。/白瑞阁、白瑞楼、白占贞、白占生、白中成、白瑞福、白占谋、白中贵、白占钱、白占学、白占旺、白中国。/

木匠、石匠、泥匠、丹青：刘得宝、马有林、刘秉和、刘秉福、贺□贵、房生元、刘大忍、刘德仁、雷兰亭、宣鸿仪、郝永耀、张时光。/白生元、白瑞祯、白毛椿、白占中、白占忍、白占花、白占兴、白占荣、白占德、白中尚、白占斗、白中花。/白关元、白中雨、白中万、白瑞中、白应本、白占表、白双贺、白长斗、白长本、白占荣、白中高、白长丰。/白中利、白长起、白长上、白长兰、白长选、白凤元、白中万、白中亮、白中富、白中魁、白中尚、白占义。

2. 洞窟墨书题记

2.1 5号窟墨书题记之一

位于窟内前壁门右侧，楷书，竖长方形，横45、纵61厘米（附图6）。

附图6　化云寺5号窟墨书题记之一（笔者摄）

　　大明国陕西布政使司延安府葭州葭芦都人氏祖 贯 …在盐沟…/□□□□□阴阳白

此腾，室人贺氏、牛氏。男白孟璋，室人刘氏。女……/……男白惟保，室人贺氏。

长男白□腾修造……/

　　……善友 郝 珉，男 郝 □干□修石佛一堂。后至□□十二年……/……三教 殿 一座，修至加靖九年八月十五日，原……/大经一藏，存灯烛化经一藏，寺地名化经殿。□□处打石匠邢□、邢□……/塑画丹青刘子漩，刘□□送钱，拜工 修缘 人作诗一……/

　　诗曰：今遇年充修造人，因为□无起善□，/上拜父母并兄弟，□□□钱□□亲。/祈佛有感增福寿，保祐人口家园宁，/ 奉劝 人人都作善，径后修造有功能。/庚寅年间修造人，荒□□福□神灵，/祈佛护祐增福禄，□□□□□□□。/

　　诗曰：塑画丹青六□人，塑出三教□□□，/塑出地藏并十王，十六罗汉□观音。/

　　诗曰：积善之人福 百 倍，造恶之人祸□侵，/奉劝世人行善□，绵绵福寿□□□。/

　　嘉靖十年岁次辛卯四月□癸巳初一日乙卯、初八日壬戌，修造功德主阴阳人白此腾写记□□。/

　　□方施钱□□□人：/……/郝……/白 应 贤，白□□，白……/白□闪，男白□宣。白子孙，白祥中，白□早。/白雅 关 ，男白……/白……/白……/白……/白思□，白……/白思□，白……/……/贺……/徐□，徐□□，徐□□，徐□□，徐□□。

2.2　5号窟墨书题记之二

位于窟内前壁门左侧，楷书，竖长方形，横 44、纵 53 厘米（附图 7）。

　　葭州葭芦都人氏祖贯，今见在盐沟地方□□□□/信士、修造主、男善人白此腾，室人□氏，男白孟彰。/现堂父白惟保，母贺氏，行□七十……/白延 室人 武氏、□氏。白□氏，男白文……/……贺氏，长（脱"男"）白此腾，男白孟璋……/……恭，邢温，邢戒，邢凤，兴顺，邢守。/□□□□□白大贞，郝景仲。/丹青 刘平 地，刘是。/嘉靖十二年青 龙 造钟，十五年□□□信士/□□□造像修造功德主、男善人白此腾。/修道善人白 此 腾，留下诗句□功能，奉劝世上好学者，□在此处□诗韵。

附图 7　化云寺 5 号窟墨书题记之二（笔者摄）

3. 洞窟壁面与石供桌题记

3.1　5 号窟壁面题记

刊刻于 5 号窟门道右壁（附图 8）。

大明嘉靖三十七年二月廿十四日。/亡过师长□□。僧人永德对面/水湾里头□/打石井一眼，工钱良□□，/石匠张定。

3.2　5 号窟石供桌题记

在 5 号窟内。长 128、宽 47、高 63 厘米（附图 9、10、11）。

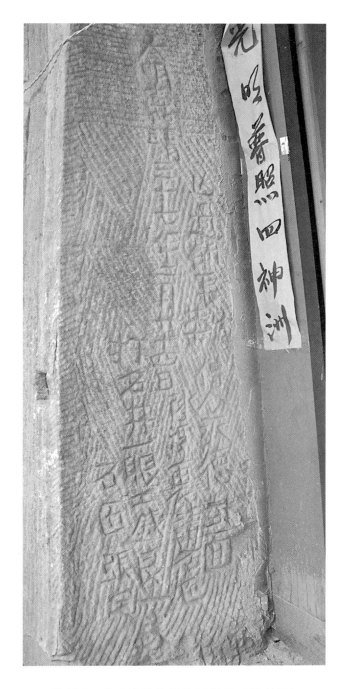

附图 8　化云寺 5 号窟壁面题记（笔者摄）

供桌前面左侧铭文：嘉靖十二年七月十七日打立供桌。

供桌前面右侧铭文：修造功德主人白此腾，室人贺氏、牛氏，现/堂父白惟侃，母贺氏，孙男白孟彰、刘氏，/先于正德八年修观音殿，后至嘉靖七年/修三教、三官，改伽蓝殿，白此腾修。

附图 9　化云寺 5 号窟石供桌（陈怡安摄）

附图 10　化云寺 5 号窟石供桌右侧铭文（陈怡
安摄）

附图 11　化云寺 5 号窟石供桌左侧铭文
（陈怡安摄）

3.3　7号窟石供桌题记

在7号窟内。长145、宽46、高60厘米（附图12、13）。

附图12　化云寺7号窟石供桌（笔者摄）

附图13　化云寺7号窟石供桌左侧铭文（笔者摄）

供桌前面左侧铭文：陕西布政使司延安府葭州宁/河都人氏，今见在盐沟地方□□/刘宁则沟畔外好庄居住，□□在/□□□庙郝家小井沟。/化经寺金田住座□□□□□修造/天地冥阳水陆殿一座。/僧人刘永德、永贞。/祖父刘久现，贺氏。男刘子金，贺氏。